한국지방재정론

이성근 · 박의식 · 서정섭 · 이현국

法文社

서　문

　　지방재정(local finance)은 지방자치단체의 재정으로서 국가재정에 대비되는 개념이다. 지방재정의 개념은 지방자치단체가 관할지역 내에서 공공욕구를 충족시키는 데 필요한 서비스를 획득, 관리, 사용하는 경제활동을 가리킨다. 이는 지방자치단체가 수행하는 자치활동을 경제적 측면에서 파악한 것으로서 지방자치단체가 그 기능수행에 필요한 재원을 확보, 관리, 사용하는 활동을 지방재정으로 정의할 수 있다. 한편 지방재정법 제2조에서는 지방재정을 지방자치단체의 수입·지출 활동과 지방자치단체의 자산 및 부채를 관리·처분하는 일체의 활동으로 정의하고 있다.

　　지방재정은 지방자치단체가 지역경제성장과 지역주민의 후생증진을 위한 효과적 정책실현의 수단이다. 많은 학자나 자치단체의 실무자들은 성숙한 지방자치발전을 위해서는 지방재정력 강화가 우선과제라는 점에 동의하고 있다.

　　그러면 우리의 지방재정은 어떠한가? 첫째, 국세중심의 조세구조이고 재산과세 중심의 지방세구조로 세원의 불균형과 지역간 편중이 심하다. 또한 재정자주권의 미약으로 신세원 발굴에 제약이 있다. 둘째, 지방자치단체간에 재정불균형이 심하다. 수도권과 지방, 대도시와 중소도시, 도시와 과소농촌간에 불균형이 나타난다. 이는 지방교부세와 국고보조금제도의 조정개편이 요구되는 이유이다. 셋째, 지방재정력 약화로 지방채무가 증가하고 있다. 재정지출관리의 강화와 지방공기업 등을 포함한 통합재정관리가 요구된다.

　　이와 같이 지방재정의 현안과제는 많다. 이들 가운데 지방재정의 핵심과제를 요약하면 자주재원의 확충, 이전재원의 조정·확대, 지방재정의 건전성·투명성 강화 그리고 지방재정의 효율화 등 네 가지로 구분할 수 있다. 먼저 자주재원 확충의 핵심가치는 지방재정의 자주성에 있다. 이는 지방자치의 기본이념과 기능면에서 대단히 중요한 의미를 갖는다. 재정의 자주성은 지방자치단체의 자율성과 책임성 그리고 창의성 확보에 필수적이다. 지난 지방자치 20년 동안 재정자주성의 미흡은 성숙한 지방자치발전에 큰 한계로 나타났다. 둘째는 이전재원의 조정과 확대의 필요성이다. 우리나라의 지방자치단체들은 인구와 면적 그리고 경제규모면에서 다양한 형태를 띠고 있다. 이들 지방자치단

체들은 세원과 재정규모면에서 격차가 크고 불균형적이다. 따라서 이전재원의 핵심가치
는 균형성에 있다. 이전재원의 조정과 확대는 지방자치단체의 중앙 의존성과 지방의 재
정불균형을 해소할 수 있다. 이를 조정하는 원칙과 기준은 부족한 지방재정의 보충성과
지방의 다양성에 대한 차등성 그리고 이전재원의 포괄성에 기반해야 한다. 셋째는 지방
재정의 건전성과 투명성의 강화이고, 이의 핵심가치는 건전성에 있다. 이를 위해서는 재
정운용에서 예측성과 투명성 그리고 합목적성이 확보되어야 한다. 마지막으로 지방재정
의 효율화와 성과극대화이다. 이의 핵심가치는 협업성에 있다. 이를 위해서는 지방재정
의 재정운용에서 중앙과 지방, 광역과 기초, 기초간, 지자체와 민간부문간에 협업적 체
계가 구축되어야 한다.

이와같은 지방재정의 현안과제를 해결하기 위해서는 중앙과 지방정부 관련 이해관
계자들의 지방재정의 중요성에 대한 인식과 이해, 그리고 공감대 형성이 필요하다. 이가
이 책의 발간목적이다. 이번에 발간하는 지방재정론에서 다루는 주요내용은 크게 지방
재정의 서설, 지방재정의 세입, 지방재정의 세출, 지방재정관리, 지방재정의 실제의 5편
으로 구성되어 있다. 먼저 제1편 지방재정의 서설에서는 지방재정의 의의, 지방재정의
본질, 지방재정의 법적기반과 운용을 다룬다. 제2편 지방재정의 세입에서는 지방세, 세
외수입, 지방채, 지방재정조정제도로 구성된다. 제3편 지방재정의 세출에서는 지방예산
제도, 지방예산의 편성과 운용, 지방재정의 지출 및 결산을 다룬다. 제4편 지방재정관리
에서는 지방재정관리제도, 중기지방재정계획, 지방재정투자심사제도, 지방재정영향평가
제도, 지방재정분석·진단제도, 지방재정위기관리제도, 지방재정의 정보공개, 발생주의
복식부기회계를 포함한다. 제5편 지방재정의 실제에서는 지방자치단체의 금고관리, 지
방자치단체의 기금관리, 지방자치단체의 채권관리, 지방공기업, 지방공공서비스의 민영
화, 지방교육재정, 지역사회복지재정, 외국의 지방재정제도, 지방재정의 전망과 과제로
구성된다.

이 책은 지난번에 발간된 최신 지방재정론의 내용을 다음과 같이 대폭 수정·보완
하였다. 첫째는 2010년 이후 2016년까지의 제도변화를 반영하였다. 그 내용으로는 지방
세의 세목변경 및 간소화, 지방소비세 및 지방소비세의 도입, 세외수입 세입예산 과목체
계의 변화, 지방채발행 총액한도제 산정기준의 변화, 지방교부세 제도변화, 조정교부금
변화와 지역발전회계로의 변경, 기타 지방재정조정제도의 변화, 투융자심사제도와 타당
성조사제도 등의 운영변화 및 제도도입 반영, 지방교육재정과 지방재정의 전망과 과제

의 전면 수정 등이다. 둘째는 각종법령 변화를 반영하였다. 그 내용으로는 국가의 예산회계법 등이 국가재정법, 국가회계법 등으로 개정된 것을 반영하였고, 지방자치법과 동법 시행령, 지방재정법과 동법 시행령, 재무회계규칙 등의 전면적인 개정을 반영하였다. 셋째는 신규로 추가된 부분이다. 지방세체계 변화를 전면 수용하였고, 지방교부세, 광역단체 지방재정조정제도, 기타지방재정조정제도 등을 추가・수정하였다. 또한 지방재정영향평가제도, 지방재정위기관리제도, 외국의 지방재정제도 등을 신규로 추가하였다. 마지막으로 지방재정 관련제도, 법령개정 내용을 반영하고 새로운 제도를 보완하였다. 또한 외국제도를 간략히 소개하고, 기존교재 집필 이후 지방행정 관련 제도, 법, 운영 등의 큰 변화를 반영하였다.

이 책은 몇 가지 체계상의 특징을 갖고 있다. 첫째, 지방재정에 관한 이론적 논의보다는 지방재정 실제에 대해 다루고 있다. 둘째, 우리나라 정부와 자치단체가 최근에 도입하고 있는 지방재정시책을 빠짐없이 다루고 있다. 셋째, 각 장별로 학습한 후 말미에 토론과 과제를 두어 탐구학습의 기회를 제공하고 있다. 반면 본서는 몇 가지 한계를 갖는다. 본서가 다루는 내용이 창의적이라기보다는 지방재정관련 법에 있는 내용을 정리하였고, 기존의 지방재정 관련도서의 내용도 크게 참고하여 내용의 유사성도 클 것으로 생각된다.

이 책의 집필에는 기존의 대표저자인 이성근과 박의식 박사에 새로이 서정섭 박사와 이현국 교수가 참여하였다. 이성근과 박의식은 1차로 기존의 내용을 수정・보완하였고, 서정섭과 이현국은 지방재정 법령개정 내용과 신규제도, 그리고 신규 추가내용을 담당하였다.

저자들은 이 책의 독자층이 다양하리라고 생각한다. 대학의 지역 및 국제개발, 정치・행정, 경제・경영, 세무・회계, 도시 및 지역계획 등 학부생과 대학원생, 이 분야의 국가 및 지방공무원과 연구원, 지방재정 관련 직업의 종사자, 기업의 CEO, 그리고 지방분권 관계자 등이 대상이다.

저자들은 이 책을 집필하면서 국내외를 비롯한 많은 학자들의 지방재정 관련 연구업적과 우리나라 지방재정 관련 정책보고서 및 자료집에 크게 의존하였다. 이들 국내외 학자들과 정책당국에 지면을 빌어 감사드린다. 필자는 대통령소속 지방자치발전위원회 1기 위원으로 활동하면서 지방재정 관련 중앙부처와 지방4단체협의회, 시・도 담당공무원, 그리고 지방재정 전문가들과의 수많은 토론을 통해 책의 수정・보완에 도움을 받았다. 특히 지방자치발전위원회 1·2기 심대평 위원장님과 1기 권경석 부위원장님 그리고 1기 오동호 지원단장님(현재 행정자치부 소청심사위원회 상임위원)과 한경호 국장님(현재 세종특별자치시 행정부시장), 김정훈 과장님, 김성현 전문위원을 비롯한 직원 여러분의 도움이 큰 힘이 되었다. 또한 경상북도 김현기 행정부지사님(당시 행정자치부 재정정책관)과 행정자치부 재정협력과 이광용 사무관, 그리고 지방재정세제실의 공직자 여러분들로부터 내용검토와 많은 자문을 받았다.

이 책의 출판과정에서 경일대학교의 고수정 박사, 경북테크노파크의 김상곤 박사, 대구경북연구원의 임규채 박사와 홍근석 박사가 1차 수정·보완에 참여하였다. 그리고 영남대학교 대학원 지역 및 복지행정학과 석·박사 통합과정의 서준교 군이 교정과정에 수고해 주었다.

아울러 출판의 기회를 주신 법문사 사장님과 편집과 교정을 담당해 주신 김진영 님께 감사를 드린다.

이와 같이 많은 분들의 도움에도 불구하고 이 책에는 부족함과 오류가 있으리라 생각한다. 앞으로 독자 여러분들의 좋은 의견과 비판을 받아서 더욱 알차게 수정·보완해 나갈 것을 약속드린다.

대표저자 이성근

차 례

제1편 지방재정 서설

제 2 편　지방재정의 세입

제 4 장　지방세

제 5 장   세외수입

제 6 장   지방채

제 7 장   지방재정조정제도

제 3 편　지방재정의 세출

제 8 장　지방예산제도

제10장 지방재정의 지출 및 결산

제 4 편 지방재정관리

제 5 편 지방재정의 실제

제 **1** 편

지방재정 서설

본 편에서는 지방재정의 의의, 본질, 법적 기반과 운용 등 지방재정의 기초개념과 특성에 대해 논의하고자 한다. 먼저 제1장 지방재정의 의의에서는 지방재정의 개념, 지방자치와의 관계, 성립, 대상과 실제에 대하여 살펴보고, 제2장 지방재정의 본질에서는 국가재정과 지방재정의 관계, 지방재정의 기능, 특성에 대하여 살펴보며, 마지막으로 제3장 지방재정의 법적 기반과 운용에 대해 살펴보고자 한다.

제1장

지방재정의 의의

제1절 지방재정의 개념

1. 재정의 개념

재정(finance) 또는 공공재정(public finance)은 정부부문의 경제활동을 총칭하는 개념이다. 일반적으로 경제주체는 기업·가구·개인으로 구분하나 여기에 공공부문, 즉 정부도 포함된다. 효율적인 자원배분을 위해 시장과 정부의 역할에 대한 논의는 오래 전부터 있어왔다. 정부의 경제활동은 궁극적으로 사회적 후생을 증진시키는데 있으므로 이윤극대화를 목적으로 하는 민간부문의 경제활동과는 근본적으로 차이가 있다.

재정이라는 용어는 중세 라틴어에서 비롯되어 법정의 판결에 의한 벌금, 국왕의 조세 징수인 등을 지칭하는 용어로 사용되었다. 재정은 초기에는 다소 부정적인 의미를 지니고 있었으나, 점차 공공기관의 자금과 관련하여 널리 사용되었다.

근대적 의미의 재정, 특히 근대적 조세의 첫 형태는 15세기 이탈리아의 도시국가(city-republic)와 독일의 자유시(free town)에서 찾아볼 수 있다. 그러나 본격적인 의미의 재정은 그 후에 나타난 민족국가의 단계에서 그 모습을 뚜렷이 나타내기 시작했다. 민족주의 이전의 공공행위는 국왕의 개인적인 일로 간주되곤 하였다. 예컨대 영국에서는 전쟁의 상대방을 국왕의 적(king's enemy)으로 표현하였는데, 이 시대에는 국가 간의 전쟁조차 군주의 개인적인 싸움으로 보곤 하였다. 이 시대의 군주는 자신의 토지로부터 거둔 지세와 인지세, 통행세 등의 수입원에서 통치와 생활에 필요한 자금을 충당하곤 하였다(이준구, 2004: 22).

그러나 용병과 상비군의 운영비용이 점차 증가하고 귀족과 관료조직을 유지하는 데 막대한 지출이 필요하게 되면서 전통적인 수입원으로 이를 충당하기가 어려워지게 되었다. 이 과정에서 물품세, 유통세 등의 간접세에 대한 의존도가 증가하게 되었다. 간접세를 통해 새로운 수입원을 만들다 보니 간접세의 과세범위가 확대되었고, 이러한 과정에서 조세제도는 임의적이고 복잡하게 되었다. 그리하여 당시의 행정가와 학자들은 조세제도를 바로잡을 방안을 찾는데 많은 노력을 기울이게 되었다. 이처럼 민족국가의 전개과정에서 재정학은 본격적인 관심을 받게 되었다. 민족국가의 단계 이후, 국가의 중앙집권체제가 강화되고 국가 혹은 정부의 역할과 기능이 확대되기 시작하면서 재정의 중요성은 더욱 강조되었다.

오늘날 재정의 개념을 살펴보면, 국가 또는 공공단체의 경제적 활동을 위해 공권력에 의거하여 재원을 확보하고 관리하는 과정이라고 할 수 있다. 그러나 광의의 재정을 말할 때에는 개인 혹은 가계 등 개별 경제주체의 재산 및 수지의 관리를 포함하며, 이를 공공재정과 구별하여 사재정이라고 한다. 우리가 일반적으로 재정을 말할 때에는 국가 또는 공공단체가 공공욕구(public wants)를 충족시키기 위해 필요한 물질적 수단을 조달·관리·사용하는 행위를 지칭하는 공공재정을 의미하는 경우가 많다.

최근 전통적으로 내려오는 재정이라는 이름 대신 공공경제(public economy)라는 새로운 이름을 사용하는 경향이 나타나고 있다. 이는 재정의 주요관심분야가 정부 혹은 공공부문의 경제적 행위를 다루는데 주안점을 둔다는 사실에 기인한 것이다. 재정은 국가, 지방자치단체, 그리고 공공단체 활동의 물질적 토대를 이룬다고 할 수 있다. 그러나 재정이 단순히 국가나 공공단체의 수입지출행위만을 의미하는 것은 아니다. 재정은 한 사회의 자원배분, 소득분배, 고용, 경제안정, 그리고 경제성장에 영향을 주는 등 경제적 사회현상과 밀접한 관계를 맺고 있다(김종희, 2006: 23).

2. 지방재정의 개념

지방재정(local public finance, local finance)은 지방자치단체의 재정으로서 국가재정에 대비되는 개념이다. 지방재정법 제2조에서는 지방재정을 지방자치단체의 수입지출 활동과 지방자치단체의 자산 및 부채를 관리·처분하는 일체의 활동으로 정의하고 있다. 그러나 일반적인 지방재정의 개념을 살펴보면, 지방재정은 지방자치단체가 관할지역 내에서 공공욕구를 충족시키는데 필요한 서비스를 획득, 관리, 사용하는 경제활동을 가리킨다(손희준 외, 2011: 23). 즉 지방자치단체가 수행하는 자치활동을 경제적 측면에서 파악한 것으로서 지방자치단체가 그 기능수행에 필요한 재원을 확보, 관리, 사용하는 활동을 지방재정으로 정의할 수 있다(김종희, 2006: 24; 권형신 외, 2006: 8). 오늘날 지방자치의 원칙은 중앙정부가 직접 지방행정을 관장하지 않고, 공법인의 독립적 지위를 갖는 지방자치단체로 하여금 자치하도록 하고 있다. 이는 총체적인 측면에서 다소의 효율의 저하라는 문제가 있더라도, 지방자치가 민주주의의 기초라는 본질적인 성격을 강조하기 때문에 나타나는 보편적인 현상이라 할 수 있다.

한편 지방재정과 대비되는 국가재정은 대한민국 정부라고 하는 단일 행정주체의 재정인데 비하여, 지방재정은 많은 지방자치단체 재정의 집합체이다(유훈, 2003: 44). 다시 말해, 지방재정은 하나의 실체가 존재하는 것이 아니며 다수의 지방자치단체가 각각 행하고 있는 재정활동의 집합체라고 할 수 있다. 지방재정은 지역주민의 생활과 지역경제에 크게 영향을 미치고 있으며, 국가적 시책의 지방적 구현과도 밀접히 연관된다.

제 2 절 지방자치와 지방재정

1. 지방자치의 개념

지방자치는 각 나라마다 성립·발전의 역사적·정치적 환경에 따라 의미하는 바가 다른 다의적인 개념이다. 지방자치의 일반적인 정의는 지방의 사무를 주민들이 스스로 처리하는 것이라고 할 수 있다. 즉 지방자치는 일정한 지역과 주민을 기초로 한 지방자치단체가 그 지역내의 행정사무를 지역주민의 의사에 따라 주민이 선출한 기관을 통하여 주민의 부담으로 처리하는 과정이다(김정수, 1999: 3).

지방자치단체는 지방자치의 본질을 실현하는 조직이라고 할 수 있는데 일반적으로 보통지방자치단체와 특별지방자치단체로 구분할 수 있다. 보통지방자치단체는 그 목적, 조직, 구성, 그리고 권능 등이 일반적 성격을 띠고 있는데 반해, 특별지방자치단체는 그 성격이 특수적, 예외적, 단일적인 성격을 띠고 있다. 우리나라의 헌법에서는 보통지방자치단체를 특별시·특별자치시·광역시·특별자치도·도의 광역자치단체와 시·군·구의 기초자치단체로 나누고 있으며 특별지방자치단체로는 지방자치단체조합과 지방공기업조합을 들고 있다.

지방자치단체의 역할은 크게 네 가지를 들 수 있다. 첫째, 지방자치단체는 지방자치를 실현한다. 즉 지방자치단체는 지방재정을 통해 지방자치의 물적 기초를 확보하고, 민주주의 실천에 주도적인 역할을 하고 있다. 둘째, 지방자치단체는 지역주민의 선호를 반영한 지방공공재를 공급한다. 그리고 지방공공재의 공급수준은 지역주민의 만족도와 지역의 후생수준을 결정한다. 셋째, 지방자치단체는 지역개발 및 지역경제의 활성화를 촉진한다. 지방자치단체는 지역의 실정에 적합한 지역개발과 지역경제활성화를 촉진함으로써 지역발전과 지역주민의 복리증진 역할을 수행한다. 마지막으로 지방자치단체는 중앙과 지방의 교량역할을 한다. 즉 지방의 성장과 발전은 국가의 발전으로 직결된다(유태현, 1999: 480). 지방자치단체는 중앙과 지역주민의 중간에서 중앙정부의 정책의도와 지역의 목표를 적절히 조화함으로써 지역발전을 도모하는 기능을 한다.

2. 지방자치의 조건

지방자치가 이루어지기 위해서는 주민, 구역, 자치권의 3가지 요소가 필요하다. 자치권은 자주조직권, 자주입법권, 자주재정권 등으로 이루어진다. 특히 자주재정권은 지방자치단체의 재정적 기반과 밀접한 관련이 있는데, 지방자치단체의 재정적 기반이 취약하면 예산의 상당부분을 국가로부터의 지원에 의존하여야 하고 이로 인해 건실한 지방자치의 발전이 저해 된다는 점에서 알 수 있다.

자주재정권이 성립되기 위해서는 지방자치단체가 처리할 사무의 범위가 명확해야 한다. 만약 지방자치단체의 행정활동 범위가 구체적으로 명확하게 정해져 있지 않다면 국가의 지시나 명령에 의해 정책이 결정될 뿐 아니라, 환경 및 여건의 변화에 따라 재량을 가진 독립된 행정주체로서의 기능을 계획적으로 수행할 수가 없게 된다. 또한 필요한 소요재원을 자주적으로 확보할 수 있는 제도가 마련되어 있어야 한다. 지방자치단체가 행정활동을 수행하기 위하여 필요한 재원은 모든 지방자치단체에 골고루 배분되어야 한다. 만약 지방자치단체가 수행할 행정활동 범위가 형식적으로 명확히 정해져 있다고 하더라도 그 집행에 필요한 재원이 부족하면 행정활동을 제대로 할 수 없거나 국가재정의 형편에 따라 일방적으로 배분받아 행정활동을 하게 됨으로써 경제활동의 자주성과 균형성을 보장할 수 없게 되기 때문이다.

이와 같은 두 가지 조건은 근본적으로 국가와 지방자치단체 간에 행정사무 담당범위와 재원의 배분을 어떻게 조화시키느냐에 따라 결정되며 이는 곧 지방재정이 자주적인 경제활동으로서의 기능을 유지하고 수행하는 데 근본적이고 선결적인 요건이 되는 것이다(김정수, 1999: 12).

한편 지방자치를 사상적 측면에서 살펴보면 지방자치는 분권사상과 민주주의 참여사상을 그 사상적 기초로 하면서 특정지역 내에 거주하는 주민들의 욕구를 실현시키기 위해 주민들이 직접 또는 대표자를 통해 주민들의 책임으로 공무를 수행하는 현상을 말한다.

실질적 지방자치를 확보하기 위해서는 먼저 지방분권이 확보되어야 한다. 지방분권이란 지역문제에 관한 의사결정을 해당 지방자치단체에 나누어 주는 현상을 말한다. 이것이 바로 지방자치단체가 국가로부터 독자적 자치권을 부여받는 단체자치의 측면이다. 한편 단체자치권이 보장되더라도 주민의 참여가 보장되지 않으면 실질적인 지방자치가 이루어질 수 없다. 이러한 관점에서 지역주민이 지방정치와 행정에 적극적으로 참여할 수 있도록 보장하는 주민자치의 측면 또한 중요한 요소이다(우명동, 2001: 10).

또한 지방자치단체가 국가의 단순한 하위체제로서의 역할을 수행하는 데 머무르지 않고 지역사회의 주체적 기구로서 실질적인 주민자치의 기능을 제대로 수행해 나갈 수 있는가의 문제는 그러한 지방자치단체 행정행위의 물적 기초로서 지방정부의 경제행위, 즉 지방재정행위가 제대로 뒷받침되고 있는가 하는 문제로 직결된다.

3. 지방자치와 지방재정

오늘날 지방자치단체는 독립된 행정주체로서의 지위나 권능 뿐 아니라 그 기반이되는 독립된 경제주체로서의 지위나 권능이 보장되어 있다. 그러나 지방자치단체가 지위나 권능을 행사하기 위해서는 재정이 뒷받침되어야만 한다. 지방재정은 지방자치, 지역경제와 불가분의 관계에 있다고 할 수 있다(김종희, 2006: 25).

지방자치단체의 자주재정력 보장은 지방자치의 본질적 요소로서 바람직한 지방자치는 건전한 지방재정을 기본전제로 한다. 지방자치단체는 지방재정을 통해 예산을 집행하고 지역개발사업을 시행하는데, 이를 통해 지역경제 활성화를 가져올 수 있다. 지역경제 활성화는 지방세수의 증대로 이어져 지방재정을 더욱 건전하게 한다. 지방재정은 지방자치의 필수불가결한 요소로 건전한 지방재정은 지방자치 활성화를 촉진할 수 있다.

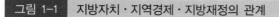

그림 1-1 지방자치·지역경제·지방재정의 관계

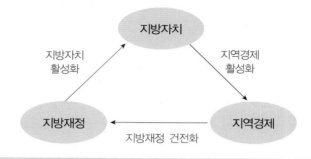

이러한 선순환구조의 마련은 지방재정의 확충과 효율적인 관리 및 운용에 달려 있다고 할 수 있다.

제3절 지방재정의 성립

1. 재정의 역사

재정의 개념은 대체로 15세기 경, 유럽에서 출현하기 시작하였으나, 17세기 이후 민족주의 국가의 형성을 기점으로 그 관심이 높아지기 시작하였다. 영국에서는 중상주의와 고전학파를 거치면서 조세 중심의 재정학이 성립되기 시작하였고 독일에서는 절대군주의 가계 및 왕실재정의 관리운영에 관련한 관방학을 체계화한 관방학파를 중심으로 재정학이 자리잡기 시작하였다. 공공재정에 대한 논의는 스콜라학파의 저술과 중상주의자들의 저술에서 발견할 수 있는데, 이러한 시기의 독일 관방학파와 프랑스의 중농주의 저작에서는 공공재정에 대한 다양하고 구체적인 논의를 볼 수 있게 된다.

그러나 근대적 의미의 재정은 아담 스미스(A. Smith)의 시대에 이르러서 나타났다고 할 수 있다. 그에 의해 시작된 근대적 의미에서의 재정은 경제학의 흐름과 발맞추어 발전되어 왔고, 리카도(D. Ricard), 밀(J. S. Mill), 마샬(A. Marshall) 등의 경제학자들이 재정학 분야에 뛰어난 업적을 남겼다(이준구, 2004: 23). 대체로 19세기 말까지의 재정연구는 수입(조세) 측면이 강조되는 영국적인 전통이 그 주류를 이루고 있었으나, 북구학파의 공공선택이론이 등장하였고, 이탈리아학파가 지출측면까지 관심의 영역을 확장하면서 재정학의 연구분야가 다양화되기 시작하였다고 할 수 있다(유태현, 1999: 3).

19세기 후반에 피구(A. C. Pigou)는 재정학과 후생경제학을 결합하여 재정학의 새로운 지평을 열었으며, 1930년대에는 케인즈(J. M. Keyens)의 사상을 기초로 한 재정의 경제안정기능이 재정학의 주요 관심대상으로 떠오르게 되었다. 1950년대에 이르러 사무엘슨(P. A. Samuelson)에 의해 미시경제학을 응용한 공공재이론이 정립되면서 현대 재정학은 다른 경제학 분야와 구분되는 독립적인 영역을 구축하게 되었다.

최근 재정은 사회후생의 근대화를 주요목표로 공공재의 최적공급, 경기조정, 자본축적, 소득재분배 정책 등을 적극적으로 수행하면서 재정학 분야는 영역의 확장과 발전을 거듭하고 있다.

2. 지방재정의 성립

민족국가의 출현과 국가권력의 중앙집권화는 재정학의 등장을 가져 왔다면 지방재정의 등장은 지방분권 및 지방자치제도의 시행과 밀접한 관련을 맺고 있다. 즉 지방재정은 지방자치단체의 재정활동을 주요 내용으로 하고 있어 지방자치제도의 시행과 발달에 밀접한 관련이 있다. 또한 지역경제의 수준과 지방자치단체의 활동내용에 따라 지방재정의 내용이 변화하기도 한다.

지방분권과 지방자치의 진전에 따라 중앙정부가 담당하고 있던 기능 중 상당부분이 지방자치단체로 이양되었으며, 주민들은 종전에 비해 질적으로 향상되고 양적으로 증가된 서비스를 요구하고 있다. 특히 주민의 사회복지서비스에 대한 기대와 수요는 지속적으로 증가하고 있는데 이에 따라 기초지방자치단체의 재정부담 역시 증가하고 있는 실정이다.

반면 증가하는 지방행정 수요에 상응하는 재원조달의 어려움이 가중되고 있다. 외국의 경우 조세저항이 주민들의 집단행동으로 이어지는 등 조세저항이 현실화되기도 한다. 한편 우리나라는 엄격한 조세법률주의의 시행으로 지방세의 소득탄력성이 낮기 때문에 지방자치단체의 노력으로 세수를 증가시키는데 한계가 있다. 이에 따른 효율적인 재원관리의 필요성과 지방행정수요의 증가는 지방재정에 대한 관심의 증대와 지방재정학 연구의 활성화로 이어지고 있다.

제4절 지방재정의 연구대상과 실제

1. 지방재정의 연구대상

지방재정은 지방자치단체의 재정활동을 연구대상으로 한다. 물론 재정학에서도 지방재정을 다루고 있으나, 재정학에서 다루는 지방재정은 대체로 국가전체의 재정활동에 중점을 두고 있다(김종희, 2006: 28). 그러나 지방자치를 전제로 하는 한 지방재정의 자주성과 독자성은 보장되어야 하므로 국가재정과는 다른 차원에서 접근할 필요가 있다.

지방재정학에서는 보통 세 가지 측면에 초점을 맞추어 지방자치단체의 경제적 행위를 분석하기도 한다. 첫째, 지방자치단체의 활동이 어떤 의사결정과정을 거쳐 나타나는지에 관심을 둔다. 지방자치단체의 경제적 행위를 이해하기 위해 지방자치단체 활동의 성격을 밝혀내는 일이 중요하다. 둘째, 지방자치단체의 활동이 지역경제에 어떤 결과를 가져올지에 대한 예측이다. 예측에 따라 지방자치단체 재정활동의 내용과 결과가 달라지기 때문이다. 셋째, 지방재정 활동을 통한 여러 정책대안 중에서 어떤 것이 바람직하고 어떤 것이 바람직하지 않은가를 평가하는 것이 필요하다. 앞의 두 가지가 실증적 분석의 영역이라면, 마지막의 정책대안을 비교하고 평가하는 것은 사실의 규명을 넘어 바람직한가를 판단하는 규범적 판단의 영역에 속한다(이준구, 2004).

한편 우리나라의 경우 1970년대까지 지방재정의 연구대상을 주로 법과 제도적 접근과 관리기술적 입장에서 다루어 왔다. 이 당시의 연구영역은 주로 예산제도와 예산과정, 그리고 예산편성기법과 관련된 예산개혁을 다루는 것이 일반적이었다. 그러나 1980년대 이후부터 의사결정론의 관점에서 예산과정을 재해석하고 세입과 세출을 연계한 정책론적 관점에 관심을 두기 시작하였다(나중식, 2007: 7). 지방자치가 정착되기 시작한 1990년대를 넘어오면서 지방재정은 지방자치단체의 재정영역과 세입영역 등을 포함하는 보다 광범위한 영역을 대상으로 논의되고 있다.

2. 지방재정의 정책대상

지방재정 활동은 지방자치단체의 행정구역을 대상으로 하고 있으며 해당 지역의 주민복리를 목적으로 이루어진다. 따라서 지방재정은 공간적으로 행정구역이라는 특정공간을 대상으로 하고 있다고 할 수 있다. 그러나 때로는 지방자치단체 재정활동의 영향이 하나의 지방자치단체를 벗어나기도 하고, 중앙정부 차원에서 시행하는 지방재정조정제도와 같이 복수 혹은 전체 지방자치단체가 정책대상이 되기도 한다.

한편 지방재정은 예산단년주의의 채택으로 지방자치단체의 재정활동은 시간적으로 당해연도에 해당되는 것이 원칙이나 매 회계연도별로 작성되는 예산안은 중장기재정계획에 기초하여야 한다. 이러한 경우 지방재정의 시간적 범위는 수년에 걸친 중장기가 되기도 한다. 지방재정은 때로 지방자치단체의 장기적인 행정활동을 뒷받침하는 물적토대이기 때문에 지방재정의 시간적 범위는 정해진 것이 아니라 행정활동의 시간적 범위와 대체로 일치한다고 할 수 있다.

3. 지방재정의 운용실제

지방재정은 지방자치단체의 재정활동에 의해 나타났다. 지방자치단체의 재정은 지방세의 징세, 지방채의 발행, 중앙정부에 의한 지방재정조정, 결산 등의 활동으로 구체화된다. 이러한 지방재정의 이론과 실제를 살펴보기 위해서 먼저 지방재정 서설에서는 지방재정의 이해를 위한 이론을 살펴보고, 뒤를 이어 지방재정의 세입, 지방재정의 세출, 지방재정관리를 살펴본 후, 마지막으로 지방재정의 실제를 살펴보고자 한다.

먼저 지방재정의 서설에서는 지방재정의 의의, 본질, 법적 기반과 운용에 대해 살펴보고, 지방재정의 세입에서는 지방세, 세외수입, 지방채, 지방재정조정제도에 대해 살펴본다. 또한 지방재정의 세출에서는 품목별예산제도를 비롯한 지방예산제도, 지방예산의 편성과 운용, 지방재정의 지출 및 결산에 대해 살펴본다. 그리고 지방재정관리에서는 지방재정관리제도, 중기지방재정계획, 지방재정 투·융자심사제도, 지방재정 분석·진단제도, 지방재정위기관리제도, 지방재정의 정보공개, 발생주의 복식부기회계에 대해 살펴보고, 지방재정의 실제에서는 지방자치단체의 금고관리, 기금관리, 채권관리, 지방공기

업, 지방공공서비스 민영화, 지방교육재정, 지역사회복지재정에 대해 살펴본다. 마지막
으로 외국의 주요 지방재정제도를 살펴보고, 우리나라 지방재정의 전망과 과제를 살펴
봄으로써 향후 지방재정의 발전방안을 제시하고자 한다.

탐구학습

1. 주요개념과 요약
   · 재정의 개념
   · 지방재정의 개념
   · 지방자치의 조건
   · 지방자치와 지방재정
   · 지방재정의 연구대상과 정책대상

2. 토론과 과제
   · 지방자치와 지방재정의 관계
   · 지방재정의 성립배경

참고문헌

권형신·이상용·이재성(2006), 한국의 지방재정: 이론과 실무(제3판), 서울: 해남.

김정수(1999), 한국지방재정의 이론과 실제, 서울: 법문사.

김종순(2003), 지방재정학, 서울: 삼영사.

김종희(2006), 지방재정론, 서울: 범론사.

나중식(2007), 재무행정론, 서울: 형설출판사.

노상채(2007), 미시경제학, 서울: 법문사.

손희준·강인재·장노순·최근열(2011), 지방재정론(개정4판), 서울: 대영문화사.

우명동(2001), 지방재정론, 서울: 법문사.

유태현(1999), 재정학, 서울: 상경사.

유훈(2003), 지방재정론, 서울: 법문사.

이준구(2004), 재정학, 서울: 다산출판사.

Anderson, J. E.(1994), *Fiscal equalization for state and local government finance*, Praeger
   Press.

Ayaz, M. & R. M. Ayaz(2004), *Local Government Finance*, London: Oxford University Press.

Hillman, A. L.(2009), *Public Finance and Public Policy*(2nd ed.), London: Cambridge University Press.

제2장
지방재정의 본질

제1절 국가재정과 지방재정의 관계

1. 국가재정과 지방재정

재정에 있어서 국가와 지방관계(state-local relations)는 권한배분의 문제이다. 또한 행정사무처리권한이 어디에 있는가 하는 자치권한의 규명문제이고, 누가 경비를 지불할 것인가 하는 경비부담의 문제이며, 누가 책임을 질 것인가 하는 행정책임소재의 문제이 기도 하다(김동기, 2005: 36).

국가재정과 지방재정의 관계는 보는 시각에 따라서 종속론, 독립론, 협력론의 세 가지 이론이 있다. 먼저 종속론의 경우 지방자치단체를 국가의 피조물로 보고 지방재정은 국가재정의 일부분으로 국가의 재정정책과 연계하여 통일적으로 운영되어야 한다는 것이다. 둘째, 독립론은 지방자치단체는 국가와 독립된 별개의 법인격체로서 지방재정을 국가재정과 대등하게 보는 입장이다. 마지막으로 협력론은 국가재정과 지방재정을 종속적 관계나 대립적 관계로 보지 않고, 지역주민이나 국민에게 양질의 행정서비스를 제공하기 위해 상호 보완하고 협력하는 관계를 유지해야 한다는 입장이다.

국가재정과 지방재정은 각각 독립된 기능과 역할을 수행하고 있지만 서로 불가분의 관계를 유지하면서 궁극적으로는 주민의 복리증진이라는 측면에서 상호 협력하고 있다. 따라서 국가재정과 지방재정의 관계는 단순히 제도화된 수입과 지출행위로서의 의미보다는 자원배분·소득재분배·경기조절 등 경제정책의 다양한 목표를 추구하는 수단이자 기능으로 이해되어야 한다. 이 중에서도 소득재분배 및 거시경제적 기능은 주로 국가재정이 담당하고, 자원배분기능은 지역특성을 고려한 투자와 주민편익 내지 복리향상에 직접 관련되는 공공서비스의 생산·공급 등을 통해서 지방재정도 일정부분을 분담하고 있다.

최근 교통·통신의 발달과 경제현상의 광역화 추세에 따라 지방재정의 기능이 잠식되는 경향을 보이고 있으나, 지역경제 활성화가 국가경쟁력 제고와 성장동력을 뒷받침하는 수단이 되고 지역주민의 생활과 지역경제활동에 대응하는 재정수요의 충족이 더욱 중요시 된다는 점에서 지방재정의 역할은 국가재정과 상호보완적 연계관계가 있다고 보아야 한다. 한편 지방자치단체 상호간에 재정력 격차가 상존하기 때문에 이를 시정하기 위한 국가적 관여(governmental intervention)가 필요한데, 지역 간 균형개발과 주민복지 수준의 균등화를 위한 수단으로서 국가에서는 지방교부세 및 보조금제도 등 재정조정제도 등을 운영하고 있다.

중앙정부와 지방자치단체 간의 재정적 갈등을 줄이면서 건실한 지방재정운영을 하기 위해서는 그 상호관계가 필요하다(김종희, 2006: 55). 이에 따르면, 첫째, 중앙정부는 지방자치단체의 자율성을 침해하지 않는 범위내에서 정책을 수립하거나 기준을 설정하여야 하고, 지방자치단체는 이러한 정책이나 기준에 따라 지방재정을 운영해야 할 것이다. 중앙정부는 지방자치단체의 재정집행에 있어 사안별로 구체적으로 통제하거나 관여하는 것을 지양하고 지방자치단체가 자율적으로 건전하게 운영될 수 있도록 유도하면서 사후통제에 주력해야 할 것이다. 둘째, 지방세의 전국적 획일화의 해소가 필요하다. 지방세가 당해 지역의 실정과 주민들의 선택에 따라 탄력적으로 운영될 수 있도록 법정외세목의 도입과 지역별 차등과세 등의 방안이 필요할 것이다.

정부의 재정지출은 원칙적으로 행정의 능률과 재정지출의 효율에 의해서 결정되어야 할 것이므로 지방자치단체의 경비지출능력과 조세징수능력과의 사이에 발생하는 격차를 조정하여야 할 필요가 있다. 아울러 국민경제의 발전 및 사회구조의 복잡화에 따라 중앙과 지방은 재정지출을 통해 분담·협력해야 할 사무가 점차 증대하고 있다. 이에 따라 중앙과 지방간 상호보완 내지 협력의 필요성은 더욱 증대하고 있으며, 재정부담에 관한 국가의 재원조정의 필요성은 커져간다고 할 수 있다.

2. 지방재정의 유형

지방자치의 유형은 단체자치와 주민자치로 구분되고, 단체자치는 국가와 지방자치단체의 관계라는 측면에서 국가로부터 지방자치단체가 독립하여 그 단체의 의사 및 기능을 결정하는 것을 말하며, 주민자치는 지방자치단체와 주민의 관계라는 측면에서 주민의 행정참여에 중점을 두는 것을 말한다. 지방재정의 유형은 여러 관점에 따라 분류가 가능하다. 지방자치의 유형과 자주재정권의 측면에서 자체수입이 차지하는 비율을 중심으로 지방재정의 유형을 분류하면 북유럽형, 남유럽형, 연방형, 영국형 등으로 구분할 수 있다. 첫째, 북유럽형은 지방사무를 국가의 감독하에 처리하는 단체자치를 특징으로 하지만, 자체수입비율이 높아 중앙정부의 지원에 크게 의존할 필요가 없어 재정적 통제는 비교적 약하다. 스웨덴과 덴마크 등의 국가가 대표적이다.

둘째, 남유럽형은 단체자치를 특징으로 하면서 자체수입비율이 낮아 상대적으로 중앙정부의 지원에 의존하고 있으며, 프랑스, 이탈리아, 벨기에, 네덜란드 등의 국가가 이에 속한다.

셋째, 연방형은 지방분권적 주민자치를 특징으로 하고 있으며, 자체수입비율이 높아 중앙정부의 통제를 거의 받지 않는다. 미국과 독일이 이에 속한다.

넷째, 영국형은 주민자치를 특징으로 하고 있으나, 자체수입비율이 낮아 상대적으로 중앙정부의 재정지원에 의존하고 있으며, 영국이 대표적이다.

각 국가마다 지방자치의 전통, 국가와 지방자치단체의 관계, 지방자치단체의 재정여건 등이 상이하므로 어느 유형이 이상적이라고 말하기는 어려우나, 대체적으로 자체수

〈표 2-1〉 지방재정의 유형

구 분	단체자치	주민자치
자체수입 비중 높음	북유럽형 (스웨덴, 덴마크)	연방형 (미국, 독일)
자체수입 비중 낮음	남유럽형 (네덜란드, 벨기에, 프랑스)	영국형 (영국)

자료: 김종희(2006: 45-46) 및 유훈(2003: 41-42)에서 재구성.

입 비중이 높은 북유럽형이나 연방형이 남유럽형이나 영국형에 비해 지방자치의 본질에 비추어 바람직하다고 할 수 있다. 우리나라의 경우, 단체자치를 기반으로 하고 있으며, 자체수입비율이 낮은 남유럽형에 속한다.

제 2 절 지방재정의 기능

1. 재정의 일반적 기능

머스그레이브(R. A. & P. B. Musgrave)는 재정의 3대 기능으로 자원배분, 소득재분배, 경제안정화 기능을 들고 있는데(Musgrave & Musgrave, 1984), 이것은 재정의 기능인 동시에 추구하는 목표이기도 하다. 이를 구체적으로 살펴보면 다음과 같다.

1) 자원배분 기능

자원배분(resource allocation) 기능은 희소한 경제적 재화를 효율성이 가장 높은 수준에서 사용하도록 하는 기능을 지칭한다. 시장실패에 의해 민간부문에서 효율적으로 공급할 수 없는 재화와 서비스를 정부가 적시에 공급하여 시장이 경쟁성을 회복할 수 있도록 하는 기능이다.

자본주의 시장경제체제에서는 가격을 중심으로 생산자와 소비자 간에 교환과 경쟁을 통해 자발적인 자원배분이 이루어진다고 본다. 이를 아담 스미스(A. Smith)는 보이지 않는 손(invisible hand)이라고 부르고 있다.

이론적으로 가장 효율적인 자원분배 상태를 파레토 최적(Pareto's optimum) 상태라고 하는데 현실에서는 공공재, 외부효과 등으로 인해 시장실패(market failure)가 발생하고 자원은 효율적으로 배분되지 않는다. 이러한 경우 재정은 시장의 실패를 치유하는 방향으로 운용되어야 한다(손희준 외, 2011: 30-31).

즉 공공성과 비수익성, 불확실성 등을 갖춘 일부 재화나 서비스의 경우 시장의 기능만으로는 사회전체의 합리적이고 충분한 수요를 충족시킬 수 없는 경우가 있다. 이러한 경우에 정부는 시장개입을 통해 직접 자원배분을 수정하거나 유도하는 등의 조정을 한다. 재정의 자원배분 기능이란 재정활동을 통해 시장실패를 교정하고 사회적 최적생산과 소비수준이 이루어지도록 하는 것을 말한다.

2) 소득재분배 기능

중앙정부나 지방자치단체는 조세정책이나 지출정책을 통해 각 개인이 향유하는 소득의 양을 직접적으로 변화시킬 수 있다. 또한 최저임금제 등을 통해 시장에서 각 생산요소가 갖게 될 상대적 가격을 변화시킬 수도 있으며, 교육기회의 확대를 통해 각 개인이 가지게 될 생산요소의 질을 향상시킴으로써 소득분배상태를 변화시킬 수도 있다(하연섭, 2008). 재정은 재화와 용역이 누구에게 어떻게 분배되는가의 소득분배에 영향을 미친다.

자원분배가 효율적으로 이루어졌다고 해서 결코 소득이 공정하게 분배되었다는 것을 의미하는 것은 아니다. 이러한 이유로 재정은 가급적 소득분배가 바람직한 방향으로 이루어지도록 유도하는 소득재분배(income redistribution)의 기능을 수행한다. 정부는 재정활동을 통해 소득분배의 상태를 바람직한 방향으로 개선하기 위해 시장에 개입하게 된다. 이를 위해 소득세, 상속세, 증여세 등의 누진세를 적용하고 취약계층을 위하여 조세감면, 주택지원, 교육지원 등의 정책을 사용하기도 한다.

3) 경제안정화 기능

재정은 경제의 안정(economic stabilization)을 이루기 위해 경기조절정책을 수행하기도 한다. 이러한 기능은 두 가지 측면에서 생각해 볼 수 있는데, 먼저 제도적으로 구조화되어 있는 경기의 자동조정기능이다. 호황기에는 세수입이 증가하면서 그만큼 시장에 수요를 감소시키기 때문에 경기과열을 억제하게 되며, 불황기에는 세수입이 감소하면서 구매력의 저하를 억제하는 것이다(김정수, 1999: 16). 정부가 별도의 시책을 강구하지 않아도 일정한 경제안정조정효과가 자동적으로 발생하는데 이를 재정의 자동안정장치(built-in stabilizer)라고 한다.

또 다른 하나는 경기상황에 따라 예산편성과 집행을 유효적절히 활용하는 것이다. 이를 통해 고용안정, 물가안정 등의 효과를 달성하기도 한다. 정부는 총수요의 부족으로 경기침체와 실업이 우려된다면 세수를 줄여 민간수요를 증가시킨다. 또한 정부의 세출규모를 확대하거나 집행을 앞당겨 경기회복에 자극을 주기도 한다. 반대로 총수요가 과다하여 인플레이션이 우려되면 세수를 늘리거나 정부지출을 줄여 총수요를 억제하는데

(손희준 외, 2011: 32), 이를 재량적 재정정책(discretionary fiscal policy)이라고 한다. 한편 머스그레이브는 재정의 경제안정화 기능이 단순히 경제를 안정시키는 데 그치는 것이 아니라, 적극적으로 성장을 촉진하는 기능까지 포괄하는 것이라 보기도 하였다.

2. 지방재정의 기능

머스그레이브의 재정의 3대 기능은 일반적인 재정의 기능 뿐 아니라 지방재정의 기능이기도 하다. 이러한 기능은 국가재정과 지방재정이 분담하여 수행하는 것이 일반적이다. 그러나 중앙정부와 지방자치단체는 관할범위가 상이하고 재정활동의 공간적 대상이 다르기 때문에 그 기능에서도 다소의 차이가 있다.

먼저 자원배분 기능에 있어서 재정을 통해 사회적으로 바람직한 공공재와 공공서비스를 제공하는데 국방, 외교, 고속도로 건설 등 파급효과가 전국적인 순수공공재는 국가재정이 담당하지만, 상하수도, 공원, 교육, 지방도로 건설 등 지방공공재는 그 파급효과의 범위가 지방자치단체로 국한되기 때문에 지방재정이 담당한다. 지방재정은 재정의 3대 기능 중 자원배분 기능을 중점적으로 담당한다.

다음으로 소득재분배 기능을 살펴보면, 소득재분배 기능은 상대적으로 중앙정부의 기능에 속한다고 할 수 있다. 그 이유는 소득재분배 활동은 어느 한 지역에 국한되지 않고 전국적인 차원에서 이루어지기 때문이다. 지역적으로 차별적인 조치가 이루어진다면 주민들의 이동성으로 인해 소득재분배 기능을 원활히 수행할 수 없게 될 것이다. 예컨대 한 지방자치단체에서 강력한 누진세 제도나 생활보호정책을 실시한다면 일부 고소득자는 다른 지역으로 이주하게 될 것이고 그 대신 다른 지역의 생활보호대상자들은 해당 지방자치단체로 이주해 올 것이다. 이러한 현상이 계속된다면 해당 지역은 저소득계층이나 영세규모의 사업체만 남게 될 것이다. 이에 따라 세수는 감소하고 재정악화로 인해 당초의 저소득층보호정책 추진에도 걸림돌이 된다. 그러나 최근의 선진국에서는 고령화사회 진입, 정보화와 세계화의 진전 등으로 소득재분배 기능에 있어서도 지방자치단체의 역할 증대가 나타나고 있다.

마지막으로 경제안정화 기능을 살펴보면, 지방자치단체가 중앙정부처럼 국민경제의 안정과 성장을 실현하는 데는 역할에 한계가 있다. 왜냐하면, 기본적으로 지방자치단체는 국민경제운용에 관련된 법과 제도를 자주적으로 제정, 시행할 권능이 부족할 뿐만 아니라 화폐, 금융, 물가, 조세정책에 관한 구체적인 수단이 지방자치단체에는 취약하기 때문이다. 따라서 국민경제의 안정화 기능은 중앙정부에 의해 추진되는 것이 바람직하다. 게다가 지방자치단체가 추진한 수요조정정책의 효과는 다른 지역으로 누출되어 당해 지역에 미치는 파급효과가 적어지기도 한다. 이러한 이유로 지방재정의 역할은 지역별 물가동향의 조사와 실업률 파악 등 기초 통계자료의 조사 등에 국한되어 왔으나 과거에 비해 지방재정의 역할이 확대되고 있는 실정이다.

최근 지방자치단체의 재정활동이 고용, 산업, 경제에 미치는 영향은 증대되고 있다. 각 지방자치단체는 공장이나 기업유치뿐 아니라, 지역의 고용, 산업구조 개선, 경제발전에 영향을 미치는 정책개발에 적극 나서고 있다. 지방자치단체는 국가의 경제안정화 정책에 무관심하거나 비협조적이어서는 안 된다. 따라서 지방자치단체는 국가구성원으로 국가적인 경제안정과 성장에 기여하여야 한다(김정수, 1999: 17-18). 결론적으로 국가재정과 지방재정은 대립과 경쟁이 아닌 상호보완과 협력의 관계에서 운용되어야 한다고 볼 수 있다.

제3절 지방재정의 특성

지방재정은 전국에 걸친 모든 지방자치단체의 경제활동을 통합한 개념으로 재정의 주체는 개별 지방자치단체가 된다. 지방자치단체의 독립적 재정권한은 이러한 지방자치를 실질화하는 파생적인 개념이라고 할 수 있다. 지방자치단체의 재정은 국가재정과 달리 다음과 같은 몇 가지 특성을 가지고 있다.

1. 지방재정의 재원적 특성

지방재정은 자주재원으로 운영되는 것이 원칙이다. 지방재정의 성립조건으로는 우선 지방자치단체의 사무범위가 확정되어야 하며, 자주적인 재원확보가 가능하여야 한다. 따라서 재정구조상 국가재정의 보조가 불가피하더라도 최소한의 자주재원은 확립될 필요가 있다.

또한 지방재정은 국가재정에 의존성을 띠고 있다. 대부분의 지방자치단체는 재정구조가 취약하여 국가에 의존할 수밖에 없고, 이에 따라 중앙정부의 국가재정정책 및 운용방침에 영향을 받는다. 특히 지방세의 세율과 세목이 법률로 정해지고 사용료나 수수료와 같은 세외수입도 대부분 대통령령에 의해 규제된다. 그리고 지방재정은 예산편성기본지침의 시달, 자료의 제출 등에 의해 중앙정부의 통제를 받는다. 국가재정은 내부적인 견제를 위한 제도화된 제약 이외에는 외부로부터 특별한 제한을 받지 않는 반면 지방재정은 국가로부터 의존성이 높아 지방자치단체의 재정자주권은 국가로부터 많은 제한을 받고 있다. 이에 따라 지방재정의 자율성은 어디까지나 일정한 범위 안에서의 자율, 혹은 제한된 독립이라고 할 수 있다.

지방재정의 재원조달은 국가재정에 비해 상대적으로 더욱 강한 응익성을 띠고 있다. 다수의 지방자치단체로 구성된 지방재정은 재정지출과 비용부담의 연계성이 국가재정보다 강하다. 특히 지방재정의 정책목표는 자원배분기능에 집중되기 때문에 응익주의적 요소가 상당히 가미되어 있다. 즉 지역주민이 소비하는 공공서비스의 크기에 따라 비용부담의 크기가 결정되는 부분이 상당히 크다(김종순, 2003: 35).

2. 지방재정의 구조 및 운용적 특성

지방재정의 운영은 지역성을 띠고 있다. 지방자치단체의 활동범위는 관할구역 내에 한정되기 때문에 재정의 범위도 그 지역적 경계를 초월할 수 없다. 이로 인해 재정정책의 결정시 지역적 경계를 초월하여 발생하는 경제적 효과를 중시하지 않으며 다른 지역의 주민들이 부담하게 될 비용이나 편익을 충분히 고려하지 않기 때문에 자원배분의 효율성이 국가재정에 비해 떨어질 수 있다.

또한 지방재정 구조는 다양성을 갖는다. 지방자치단체 상호간에 재정력의 차이가 있고 세입·세출의 내용도 각각 다른 모습을 보여주고 있다. 또한 지방자치단체는 위치, 기후 등 자연적 조건 뿐 아니라 인구규모, 산업구조, 소득수준 등 사회경제적인 조건이 서로 상이하다. 사회경제적 혹은 자연적 조건의 차이는 재정수요의 내용과 정도에 큰 차이를 가져온다. 예컨대 농어촌지역은 의료서비스의 확충이 필요할 것이며 도시지역은 교통문제나 환경문제 등의 해결이 필요할 것이다.

마지막으로 지방재정 주체가 복잡성을 띠고있다. 국가재정이 중앙정부라는 단일주체의 재정인데 비해 지방재정은 상호독립된 다수의 지방자치단체 재정을 총칭한다. 즉

도시형 또는 농촌형 지방자치단체 등 여러 유형의 지방자치단체가 상호 독립된 지위에서 각각의 주체가 되어 수행하는 종합적인 경제활동이다.

■ 탐구학습

1. 주요개념과 요약
   - 국가재정과 지방재정
   - 지방재정의 기능
   - 지방재정의 특성

2. 토론과 과제
   - 재정자주권과 지방재정의 유형
   - 지방재정의 핵심기능

■ 참고문헌

김동기(2005), 한국지방재정학, 서울: 법문사.

김정수(1999), 한국지방재정의 이론과 실제, 서울: 법문사.

김종순(2003), 지방재정학, 서울: 삼영사.

김종희(2006), 지방재정론, 서울: 범론사.

손희준·강인재·장오순·최근열(2011), 지방재정론(개정4판), 서울: 대영문화사.

유태현(1999), 재정학, 서울: 상경사.

이상엽(2004), "국가와 지방정부간 합리적 재원배분 방안", 한국토지행정학회보, 제11권 제2호, 한국토지행정학회.

하연섭(2008), 재정학의 이해, 서울: 다산출판사.

Ayaz, M. & R. M. Ayaz(2004), *Local Government Finance*, London: Oxford University Press.

Fisher, R. C.(2007), *State and Local Public Finance*(3rd ed.), Ohio: Thomson South Western.

Hillman, A. L.(2009), *Public Finance and Public Policy*(2nd ed.), London: Cambridge University Press.

Musgrave, R. A. & P. B. Musgrave(1984), *Public Finance in Theory and Practice*(4th ed.), New York: McGraw-Hill Book Company.

제3장

지방재정의 법적 기반과 운용

제1절 지방재정의 법체계

1. 헌법상의 지방재정 근거

우리나라 헌법 제117조에서는 지방자치단체는 주민의 복리에 관한 사무를 처리하고 재산을 관리하며 법령의 범위 안에서 자치에 관한 규정을 제정할 수 있다라고 규정하여 지방자치의 근거를 마련하고 있다. 또한 헌법의 위임 하에 지방자치법에서는 보통지방자치단체를 특별시·특별자치시·광역시·특별자치도·도의 광역자치단체와 시·군·구의 기초자치단체로 나누고 있으며, 특별지방자치단체로는 지방자치단체조합과 지방공기업조합으로 구분하는 등 지방자치와 지방재정의 기본근거를 제공하고 있다.

2. 법률상의 지방재정 근거

지방자치법은 1949년에 제정된 이후 여러 차례 개정되어 왔다. 지방자치법에서는 지방재정에 관한 기본적인 사항을 5개의 절로 나누어 규정하고 있는데, 재정운영의 기본원칙, 예산 및 결산, 수입 및 지출, 재산 및 공공시설, 보칙으로 구성되어 있다.

한편 지방재정법은 1963년에 최초로 제정되었으며 이후 여러 차례의 개정이 있었다. 지방재정법에서는 지방자치단체의 재정에 관하여 지방자치법에서 정한 것 이외의 필요사항을 규정하고 있는데 총 14장으로 이루어져 있으며, 지방자치단체의 재정 및 회계에 관한 기본원칙을 정하고 지방재정의 건전하고 투명한 운용과 자율성을 보장하는 것을 목적으로 하고 있다.

2011년에는 단일법이었던 기존의 지방세법을 지방세기본법, 지방세법, 지방세특례제한법으로 분법화하여 납세자 중심의 선진 지방세제를 구축하고자 노력하고 있다. 지방세기본법의 제정은 납세자 권익보호 강화와 지방세 통칙규정의 체계화를 뒷받침하기 위한 것이고, 지방세법의 전부개정은 지방세목 체계의 간소화와 납세자를 우선하는 지방세 운영을 위한 것이며, 지방세특례제한법의 제정은 비과세 감면의 전면 재정비와 감면조례 허가제 폐지를 주요 내용으로 하고 있다(유태현, 2014: 39).

제2절 지방재정의 구조

1. 지방재정의 회계별 구분

지방재정을 회계별로 구분하면 일반회계와 특별회계로 나눌 수 있다. 모든 지방자치단체는 기본적으로 일반회계를 운영하고 있다. 일반회계(general account)는 지방자치단체의 중심적인 회계로서 조세수입을 주요 재원으로 하는 일반적인 자치활동과 사업비를 경리한다. 예산단일의 원칙에 의해 지방자치단체는 예산도 일반회계예산 하나로 구성되는 것이 이상적이겠으나, 현실적으로는 별도로 여러 개의 특별회계예산을 가지고 있다.

특별회계(special account)는 임시적이고 특별한 회계로서 특정목적을 달성하기 위해 설치운용된다. 즉 중앙정부 혹은 지방자치단체에서 특정한 사업을 운영할 때, 특정한 자금을 보유하여 운영할 때, 그리고 기타 특정한 세출에 충당함으로써 일반회계와 구분하여 경리할 필요가 있을 때 법률로 정하여 설치하도록 하고 있다(하연섭, 2008). 우리나라에서는 공기업특별회계, 기타특별회계 및 교육비특별회계로 구성되어 있다.

2. 지방재정의 재원별 구분

지방재정을 재원별로 살펴보면 크게 자체재원과 의존재원으로 구분할 수 있다. 자체재원은 지방자치단체가 스스로 법령과 조례의 규정에 따라 부과·징수권을 행사하여 얻게 되는 재원을 말하고, 의존재원은 중앙정부와 지방자치단체의 외부로부터 출연·보조 또는 차입의 형식을 빌려 충당하는 수입을 말한다.

자체재원은 지방세와 세외수입으로 구성되며, 의존재원은 국가로부터 충당받는 지방교부세와 국고보조금, 광역자치단체로부터 충당받는 조정교부금, 시도비보조금, 재정보전금[1] 등을 들 수 있다.

3. 지방재정의 세출성질별 구분

지방세출은 성질별로 보면 기능별, 사업별, 경비성질별(품목별)로 구분해 볼 수 있다. 먼저 기능별로 살펴보자면 일반공공행정, 공공질서 및 안전, 교육, 문화 및 관광, 환경보호, 사회복지, 보건, 농림해양수산, 산업·중소기업, 수송 및 교통, 국토 및 지역개발, 과학기술, 예비비, 기타(인건비, 기본경비)로 구분된다. 지방세출의 기능별 분류는 지방자치단체의 활동내용과 성격을 파악하는데 유용하다. 다음으로 지방세출의 사업별 분류는 정책사업, 단위사업, 세부사업으로 구분한다. 사업별 분류는 지방자치단체의 전략과 정책을 체계적으로 사업에 반영하기 위해 일정한 규칙에 따라 계층을 형성하도록 사업을 구조화하는 것이다. 지방자치단체의 사업별 예산제도 시행에 3계층으로 사업을 구조화 하고 있으며, 사업별 예산제도에서는 지방자치단체 전체 세출을 정책사업, 행정운영경비, 재무활동으로 구분하고 있다(행정자치부, 2015: 86-87). 마지막으로 경비성질별(품목별) 분류를 살펴보면 인건비, 물건비, 이전경비, 자본지출, 융자 및 출자, 보전재원, 내부거래, 그리고 예비비 및 기타경비로 구분할 수 있다(김종순, 2003: 54).

제 3 절 지방재정의 운용

1. 지방재정의 기본조건

지방재정의 기본조건을 살펴보면 첫째, 지방자치단체가 그 사무를 자기책임 하에 독

---

1) 시·군이 시·도로부터 충당받는 재정보전금은 2015년도부터 조정교부금으로 명칭이 변경되었다. 자치구가 특별시·광역시로부터 충당받는 조정교부금과 명칭이 동일하지만 운영방식이 서로 다르다. 때문에 전자를 시·군조정교부금, 후자를 자치구조정교부금으로 명명하고 있다.

자적으로 처리할 수 있는 자치제도가 확립되어 있어야 한다. 지방자치의 발전과 지방재정의 발전은 상관관계에 있다고 할 수 있다. 둘째, 지방재정은 지방자치단체가 수행하는 행정활동의 경제적 표현이므로 우선 지방자치단체 행정활동의 범위가 명확하여야 한다. 지방자치단체의 모든 행정활동이 국가의 명령이나 지시에 의해 이루어진다면 지방재정의 자주성은 기대하기 어려울 것이다(김종희, 2006: 57). 셋째, 지방자치단체의 행정활동에 필요한 재원이 충분하게 확보되어 있고 재원의 자주적 사용이 보장되어 있어야 한다. 지방자치단체의 행정활동의 범위가 명확하게 정해져 있다고 하더라도 그 수행에 필요한 재원이 현저하게 부족하여 의존수입으로 많은 부분을 충당하고 있다면 국가나 상급자치단체의 간섭과 통제를 받지 않을 수 없을 것이다.

2. 지방재정의 운용원칙

1) 건전재정의 원칙

우리나라의 지방자치법과 지방재정법에서는 지방자치단체는 그 재정을 수지 균형의 원칙에 따라 건전하게 운용하여야 함을 규정하고 있다. 지방재정이 얼마나 건전한가 하는 것은 재정구조의 건전성 여부와 재정운영의 방법에 따라 달라진다.

지방재정은 부득이한 경우를 제외하고는 한 회계연도는 물론이고 장기적으로 세입과 세출이 균형을 유지하도록 운용되어야 한다. 이를 위해 세출요인이 증가하는 경우 가급적 지방채 발행을 억제하고 안정적인 수입의 증가를 도모해야 한다. 즉 재정수지에 있어 적자가 생기지 않도록 할 뿐만 아니라 세출재원은 지방채 이외의 수입을 그 재원으로 하도록 규정하고 있다(지방재정법 제35조).

일시적으로 부족한 재원을 충당하기 위해 조달한 차입금은 당해 회계연도의 수입으로 상환하여야 하고 지방재정의 건전성과 효율성을 유지하기 위해 합리적이고 효율적인 예산관리기법을 사용토록 하고 있다. 재정운용의 건전성을 측정하기 위해서는 주로 지방재정지표를 사용한다.

2) 국가시책의 구현

지방자치단체는 국가시책의 구현을 위하여 노력해야 하므로 지방재정도 국가의 시책 또는 정책에 반하여 운영되어서는 안된다. 지방자치단체에 재정적 자율성을 부여하는 것은 지역주민의 복리증진을 위한 것이지 지방자치단체의 완전한 독립성을 부여한다는 것은 아니다.

즉 지방자치단체는 자치에 관한 사무를 처리하는 독립성을 가지고 있지만, 다른 한편으로는 국가통치조직의 일환으로 존재하고 있기 때문에 그 자주성에는 일정한 한도가 있어야 한다. 지방자치단체도 어디까지나 국가통치조직의 일부이기 때문에 국가시책과 조화되는 범위 안에서 그 재정을 운용해야 한다.

3) 자주적 재정운용

지방자치단체는 그 재정을 수지균형의 원칙에 따라 건전하게 운용해야 하며, 국가는 지방자치단체의 자주성과 건전한 운영을 조장하여야 한다. 그리고 국가의 부담을 지방자치단체로 전가하여서는 안된다. 또한 지방자치단체도 국가 또는 다른 지방자치단체의 재정에 부당한 영향을 미치게 해서는 안된다. 이는 어떤 지방자치단체의 부당한 재정운영이 국가 또는 다른 지방자치단체의 경비를 증가하게 하거나 수입의 감소를 가져오게 해서는 안된다는 것이다.

지방재정의 자주성을 확대하기 위해서는 무엇보다 지방자치단체 스스로 자체수입을 늘려야 할 것이다. 그러나 세원이 지역적으로 편재되어 있고, 지방세의 세목과 세율을 법률로 규정하고 있기 때문에 현실적인 어려움이 존재하는 것은 사실이다.

4) 지방의회의 의결

지방재정에 대한 지방의회의 의결은 재정민주주의의 원칙이라고 하기도 하는데, 지방자치단체장은 지방채의 발행, 세입세출예산 외에 부담이 될 채무부담의 원인이 되는 행위, 보증채무부담행위 등을 하고자 할 때는 지방의회의 의결을 얻어야 한다.

또한 지방자치단체의 예산에 있어서 계속비, 예비비, 추가경정예산 등도 지방의회의 의결을 얻어야 한다.

5) 회계연도의 독립

회계연도 독립의 원칙이란 각 회계연도의 경비는 당해연도의 세입으로 충당해야 한다는 것이다. 우리나라의 회계연도는 국가나 지방자치단체 모두 매년 1월 1일에 시작하여 그 해 12월 31일에 종료된다.

기존에는 회계연도 독립의 원칙에 대한 예외로써, 당해 회계연도의 수입으로 경비를 충당함에 부족이 생길 경우 다음 회계연도의 수입을 앞당겨 사용할 수 있도록 하였다. 이 경우 앞당겨 사용한 금액은 다음 해의 세입세출예산에 편입해야 하며, 지방자치단체의 장이 다음 연도의 수입을 앞당겨 충당하거나 사용할 때에는 지방의회의 의결을 얻고 상급지방자치단체 혹은 국가에 보고하도록 규정하였다. 그러나 2014년 지방재정법 개정을 통해 회계연도 독립의 원칙에 대한 예외 규정은 삭제되었다.

6) 예산총계주의

예산총계주의의 원칙은 한 회계연도의 모든 수입을 세입으로 하고 모든 지출을 세출로 하며, 세입과 세출은 모두 예산에 편입해야 한다는 것을 말한다. 이것은 지방재정의 모든 수지를 예산에 반영함으로써 그 전체를 분명히 함과 동시에 의회와 주민에 의한 재정상의 감독을 용이하게 하려는 데 그 목적이 있다.

그러나 지방자치단체가 현물로 출자하는 경우, 기금을 운용하는 경우, 그리고 대통령령이 정하는 사유로 보관할 의무가 있는 현금 또는 유가증권이 있는 경우에는 세입세출예산 외로 처리할 수 있도록 하고 있다.

3. 지방재정의 운용

지방행정이란 지방자치단체가 그 존립목적의 실현에 필요한 공공사무를 수행하기 위한 구체적인 행정작용을 말한다. 지방자치단체의 존립목적은 지역사회의 안정과 주민의 생명과 재산의 보호, 지역개발과 지역경제 활성화, 그리고 주민 개개인이 필요로 하는 각종 행정서비스와 재화의 창출 및 공급을 통한 주민복지수준의 향상에 있다고 본다. 또한 이러한 존립목적 실현을 위한 공공사무라 함은 자치단체 고유의 자치사무와 국가로부터 위임받아 처리하는 위임사무가 있다.

그리고 지방자치단체가 그 존립목적을 수행하기 위한 구체적인 행정작용은 자치단체내부의 조직 및 인사관리, 지방세와 세외수입, 세출을 통한 각종 투자사업과 서민생활보호대책, 민간분야를 대상으로 하는 각종 인·허가와 규제행위 등을 포괄한다. 결국 자치단체의 궁극적인 존립목적은 당해 지역의 발전과 주민복지 향상을 도모하는 것이다.

지역이 발전하려면 발전에 필요한 요건을 갖추어야 한다. 아무리 주민들이 지역발전을 소망하더라도 지역발전에 필수적인 요소를 갖추지 못한다면 지역발전은 불가능할 것이다. 현실적으로 어떠한 지역이 발전하기 위해서는 적정규모의 행정구역과 인구가 필요하다. 또한 당해 행정구역에 보다 풍부한 부존자원이 있어야 한다. 또한 국가로부터 보다 많은 권한과 사무, 기능이 중앙정부로부터 보장되어야 한다. 그리고 부존자원과 권한, 사무를 가지고 지역발전을 선도하는 공무원 집단의 능력과 전문성이 제고되어야 하며 지역 내에 각 분야의 전문가가 있어야 한다.

뿐만 아니라 주민들이 법과 질서를 지키고 지역발전에 소요되는 비용, 즉 자치비용을 좀 더 부담하겠다는 의지와 노력이 있어야 한다. 하지만 이러한 요소들이 갖추어지더라도 지방은 저절로 발전하지는 않는다. 이와 같은 모든 요소를 가지고 지역발전이라는 결과물을 창출하기 위해서는 여기에 소요되는 재원이 있어야 한다. 따라서 지방재정은 지역발전을 위한 중요한 요건의 하나이며 지방행정의 구체적인 수단이 되는 것이다.

앞으로 모든 지방자치단체가 지역발전을 달성하기 위해서는 적정규모의 행정구역을 확보하기 위한 시·군 통합, 부존자원을 이용한 향토산업의 개발, 지방분권의 수용태세 확립과 지방공무원의 능력개발과 전문성 제고, 주민의 법질서 준수를 위한 의식과 행태의 개선 그리고 지방재정의 확충과 건전한 재정운영에 노력을 기울여야 할 것이다.

▊ 탐구학습

1. 주요개념과 요약
   · 지방재정의 회계별·재원별·세출성질별 구분
   · 지방재정의 운용원칙

2. 토론과 과제
   · 지방재정의 법적근거
   · 지방재정의 구분 필요성과 실익
   · 지방재정의 바람직한 운용방법

참고문헌

권형신·이상용·이재성(2006), 한국의 지방재정: 이론과 실무(제3판), 서울: 해남.

김종순(2003), 지방재정학, 서울: 삼영사.

김종희(2006), 지방재정론, 서울: 범론사.

손희준·강인재·장노순·최근열(2011), 지방재정론(개정4판), 서울: 대영문화사.

유태현(2014), "지방세법 개편의 연혁과 지방세제의 발전방향", 한국지방재정학회 춘계학술대회 발표논문집.

하연섭(2008), 재정학의 이해, 서울: 다산출판사.

Fisher, R. C.(2007), *State and Local Public Finance*(3rd ed.), Ohio: Thomson South Western.

제 **2**편

지방재정의 세입

본 편에서는 지방재정의 세입에 대하여 살펴보고자 한다. 주요 내용은 지방세, 세외수입, 지방채, 지방재정조정제도이다. 먼저 지방세는 의의, 법적근거, 체계, 운용, 세목별 지방세, 전망과 과제를 검토한다. 또한 세외수입은 의의, 구조와 규모, 전망과 과제를 살펴보고, 이어서 지방채는 의의, 발행의 총액한도제와 발행기준, 발행절차와 운용, 전망과 과제를 살펴본다. 마지막으로 지방재정조정제도는 의의, 지방교부세, 국고보조금, 광역자치단체의 재정조정제도, 지역발전특별회계, 기타 지방재정조정제도, 전망과 과제에 대하여 논의하고자 한다.

제4장

지방세

제1절 지방세의 의의

1. 지방세의 개념

지방세란 지방자치단체가 지방재정수요를 충당하기 위하여 주민 또는 이와 동일한 지위에 있는 자(법인)로부터 특정한 개별적인 보상이나 반대급부 없이 강제적으로 징수하는 조세를 말한다. 즉 관할구역내의 주민·재산 또는 수익, 기타 특정행위에 등에 대하여 부과·징수하는 재화로 지방자치단체의 자주재원의 근간이 되고 있다. 지방세의 유형은 특별시·광역시·도세와 시·군·구세로 총 16개 세목으로 구성되어 있었으나 2011년부터 단일세법으로 되어있던 지방세법이 지방세기본법, 지방세법, 지방세특례제한법의 3개 법으로 나뉘고 세목도 11개 세목으로 축소되었다.

국가의 경우에는 단일 과세주체인 반면 지방세는 전체 지방자치단체가 각각 독립된 과세주체가 된다. 지방세는 과세자주권을 행사할 수 있는 이론적 근거에 대하여 권력관계설, 채권채무관계설로 개념이 구분되고 있다.[1]

---

1) 권력관계설에 의하면 과세관청과 납세자의 관계를 공권력관계에 의거 판단하는 견해로서 과세권의 주체인 지방자치단체가 재정수요에 충당하기 위하여 필요한 재원을 조세법률주의에 의거 법률적 작용에 의하여 반대급부 없이 주민으로부터 특별한 개별적 보상 없이 강제적으로 징수하는 재화나 용역으로서 납세자는 과세관청의 재정하명에 근거하여 납세의무를 이행하여야 한다. 이와 같은 견해를 취하는 경우에는 조세법률 관계는 과세관청과 납세자의 관계를 지배-복종의 관계로 이해되며 납세의무의 확정은 과세관청에서만 가능하기 때문에 신고납부제도는 전혀 적용되지 아니하는 것이다. 한편 채권채무관계설에 의하면 지방세법에 의하여 성립된 조세채무는 과세관청의 아무런 행정처분이 없더라도 자동적으로 발생되는 것이며, 과세관청의 부과처분행위는 기 성립된 지방세채무를 확인하고 그에 기하여 납세자의 납세의무를 이행하는 것을 의미하게 되는 것이다. 따라서 지방세 채무의 존재가 확인되면 확정은 납세의무자가 하든 과세관청이 하든 문제가 되지 아니하는 것이다. 그리고 과세관청의 부과징수행위는 납세자가 신고납부를 하지 아니하거나 불성실하게 하는 경우에 적용하는 것이며 보충적으로 행하여지는 것이다(지방행정연수원, 시·도공무원교육원, 2016: 3).

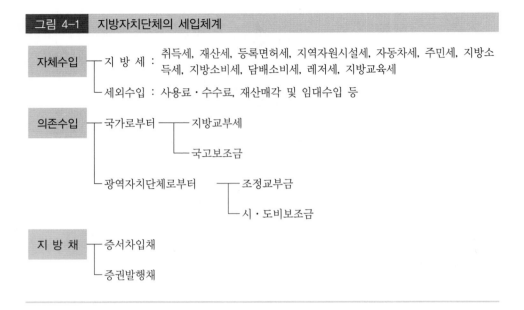

그림 4-1　지방자치단체의 세입체계

| 자체수입 | 지 방 세 : 취득세, 재산세, 등록면허세, 지역자원시설세, 자동차세, 주민세, 지방소득세, 지방소비세, 담배소비세, 레저세, 지방교육세 |
| 세외수입 : 사용료·수수료, 재산매각 및 임대수입 등 |

의존수입 ── 국가로부터 ── 지방교부세
　　　　　　　　　　　　── 국고보조금

　　　　　── 광역자치단체로부터 ── 조정교부금
　　　　　　　　　　　　　　　　　── 시·도비보조금

지 방 채 ── 증서차입채
　　　　　── 증권발행채

2. 지방세의 성격과 특징

1) 지방세의 특성

지방세의 특성을 살펴보면 첫째, 지방세의 과세주체는 지방자치단체이다. 둘째, 지방세는 지방자치단체의 지방행정서비스를 제공하는데 대한 반대급부로서 징수하는 것이지만 일반 보상적 원리의 성격을 강하게 갖는다. 셋째, 지방세는 강제적으로 부과 징수된다. 넷째, 지방세는 금전(재화)으로 표시되어 징수되는 특성이 있다(손희준 외, 2011: 87-88).

2) 과세권의 이론적 근거

지방재정권에 대한 해석은 여러 가지 견해가 있다. 조세의 종목과 세율은 조세법률주의와의 관계에서 조례에 위임된 범위 안에서 행사(고유권설)할 수 있도록 하는 반면 조세법률주의에 입각한 지방세체계는 지방자치의 개념이 확립되기 전에 대두된 점을 감안할 때 국가에서 창설하여 지방자치단체의 고유권한으로 보기에는 어렵다(국가귀속설)는 등 이론이 있다.

(1) 국가귀속설

국가귀속설에 의하면, 모든 조세의 과세권은 국가에 귀속되며, 지방자치단체의 과세권은 법률에 의해 창설된 것으로 보아 조세법률주의와 마찬가지로 지방세도 법률주의에 입각한다고 본다.

(2) 고유권설

고유권설에 의하면, 지방세를 부과·징수하는 직접적인 근거는 자치단체의 조례에 의하여 운영되는 만큼 이를 지방자치단체의 고유권이라 보아야 한다. 지방자치단체의 조례는 법률에 준하는 것으로 보아야 한다.

3) 지방세의 원칙

(1) 과세자주성

지방세는 자주재원의 가장 중요한 부분이므로 지방자치단체가 과세권을 가지고 자주적으로 행사하도록 권한을 부여하고 있으며, 이에 따라 탄력세율의 적용, 과표의 결정, 적용비율의 고시, 과세면제조례의 제정시행과 같은 사항은 과세자주성에 기인한 것이다.

(2) 보편성

각급 지방자치단체는 재정권이 각각 독립되어 있으므로 그 세입재원이 특정지역에 편재되지 않고 전국 각 단체에 골고루 분포되어 있는 것이 가장 바람직하다. 그러나 지역간 경제력의 불균형으로 인하여 격차가 심한 실정이며 이를 지방재정조정제도가 보완하여 재정의 형평성을 도모하고 있다.

(3) 귀속성

하나의 세원이 둘 이상의 단체에 관련이 있는 경우 어느 특정 자치단체에 귀속해야 하고, 해당 자치단체에서 징수할 것인가가 명백히 구분되는 세원을 지방세로 하여야 한다. 따라서 귀속성이 분명하지 아니한 경우 자치단체간 안분제도가 불가피하다.

(4) 정착성

지방세의 세원(과세대상)은 가급적 이동이 적고 어느 하나의 지역에 정착이 되어 있는 것이 지방세로서 적합하다. 만일에 자치단체의 경계를 벗어나서 자유로이 이동한 다면 과세기술상의 문제뿐만 아니라, 지방자치단체의 재정운영에 많은 혼란과 지장을 초래하게 된다. 따라서 지방세 세원(과세대상)은 사실상 이동이 불가한 부동산이 주종을 이루고 있다.

(5) 안정성

지방세목은 경기의 변동 등 특별한 사유로 인하여 급격한 세원의 감소를 가져온다면 주민의 생활민원 해결과 필수불가결한 의무적 경비부담에 큰 지장을 가져오게 되어 지방행정의 마비 현상이 일어날 수 있다. 이러한 입장에서 지방세는 보유세인 재산세를 중심으로 세목이 발전되어야 한다.

(6) 분임성

조세는 공평의 원칙에서 살펴본 바와 같이 그 사람의 부담능력에 따라 과세하여야 하는 것이나, 지방세는 지방자치단체나 주민의 생활과 밀접한 행정을 수행하는 협동체 이므로 지방자치단체 영역 내에 거주하는 주민은 그 행정에 소요되는 경비인 공통비용을 그 지방자치단체의 구성원이 상호 분담하여야 하는 것이 부담분임의 원칙이다.

(7) 응익성

지방자치단체가 제공하는 각종 공공서비스에 대하여 지역주민이 받는 이익의 정도에 따라 반대급부적인 납세의 응익원칙이 적용되는 것이 바람직하다. 즉 지방자치단체로부터 도시계획사업·소방행정 및 각종 인·허가를 받은 자에게 조세의 부담을 지우게 되는 것이 이의 예이다.

제2절 지방세의 법적 근거와 지방세 체계

1. 지방세의 법적 근거

우리나라 헌법 제38조에서 모든 국민은 법률이 정하는 바에 의해 납세의 의무를 진다라고 규정하고, 동법 제59조에서 조세의 종목과 세율은 법률로 정한다라고 규정하여 조세법률주의를 명확히 하고 있다. 이에 따라 지방자치법 제21조는 주민은 법령이 정하는 바에 의해 그 소속 지방자치단체의 비용을 분담하는 의무를 진다고 규정하고, 동법 제135조에서 지방자치단체는 법률이 정하는 바에 의해 지방세를 부과 징수할 수 있다고 규정하고 있는데, 이것이 바로 지방자치단체가 지방세를 부과할 수 있는 직접적인 법적 근거이다. 그리고 지방세의 세목과 구체적인 내용은 별도로 지방세기본법, 지방세법 및 지방세제한특례법에 규정하거나 지방자치단체의 조례에 규정하고 있다(손희준 외, 2011: 88).

지방세의 법원(法源)에는 지방세기본법, 지방세법, 지방세특례제한법 및 각 시행령과 시행규칙, 시·도세조례 및 시군·자치구세조례가 있으며, 관련 법규로는 국세와 지방세의 조정 등에 관한 법률, 국세기본법, 국세징수법, 조세특례제한법, 조세범처벌법, 조세범처벌절차법, 법인세법, 소득세법 등이 있다(지방행정연수원, 시·도공무원교육원, 2016: 4).

2. 지방세체계의 변천과정

우리나라 지방세체계 변천과정의 역사적 배경과 특징을 파악하기 위해서는 1945년 이후의 지방세제를 모두 개관하는 것이 바람직하나, 현재 우리나라의 지방세제 형성과 밀접한 관련이 있는 것은 1960년대 이후의 지방세제이다. 지방세체계는 점차적으로 단순화되어 왔고, 지속적으로 독립세주의와 정부계층단위별 세원분리를 추구하면서 발전되어 왔다. 따라서 지방세체계의 변천과정을 주요 세제개혁시점을 중심으로 1960년대 이후부터 2000년 이전까지를 5단계로 구분하여 보고(오연천 1987: 77-85), 2000년 이후의 변화를 년도별로 살펴보기로 한다.

1) 제1기(1961년~1966년)

1961년 5·16에 성공한 군사정부는 제1차 경제개발 5개년계획을 뒷받침할 수 있는 국내재원조달을 촉진하고, 일정수준의 재정자립을 유지하기 위하여 1961년 말 전면적인 세제개혁을 단행하였다. 당시 국세와 지방세간의 세원배분이 불합리하고 동일세원에 대한 이삼중의 중복과세 등의 문제점을 시정하고 국세와 지방세체계를 재정비·간소화함과 더불어 지방세원의 배양을 위하여 국세와 지방세 조정에 관한 법률을 제정(1961.

12. 2)하여 종래 국세 20종목, 지방세 18종목, 합계 38종목으로 구성되어 있던 조세체계를 국세 15종목, 지방세 13종목, 합계 28종목으로 대폭 개편하였다. 이러한 조세개혁의 결과로 토지세, 유흥음식세, 재산세, 자동차세 등을 근간으로 한 독립세와 국세인 소득세, 법인세, 영업세에 일정 지방세분을 부과하는 국세부가세의 이원적인 체계를 골격으로 하며, 여기에 도시계획세, 공동시설세 등 목적세가 지방세체계의 한 부분을 구성하였다.

2) 제2기(1967년~1972년)

1967년 이전의 지방세제의 특징 중 하나는 지방세수의 상당 부분이 국세 또는 도세부가세방식에 의하여 조달되었다는 점인데, 이는 지방자치단체의 자율적인 세원개발노력을 저해할 뿐만 아니라 중앙정부 내지 상위정부에 대한 재정의존도를 심화시키는 문제점이 제기되었다. 이에 국세부가세 폐지에 관한 특별조치법을 공포(1966. 8. 3)하였는데 기존의 도세와 시·군세에 존치하였던 국세부가세가 폐지되고, 시·군세에만 도세부가세가 남게 됨으로써 지방세체계가 훨씬 간결해졌다. 한편 동 세제개편으로 인하여 비록 지방자치단체에 대한 형식적인 세원배분의 규모는 감소하였으나, 실질적인 세원배분 규모는 적어도 이전과 동일한 수준을 유지하면서 지방교부세보강에 따라 지방세원의 지역적 편재가 다소나마 완화되었다고 할 수 있다.

3) 제3기(1973년~1976년)

1973년에 이루어진 지방세제 개편의 두드러진 특징은 보통세로서 주민세를 신설함과 아울러 여러 세목에 걸쳐 지방세의 과세기초를 확대하면서 대도시 인구집중억제 및 지방분산촉진을 위한 정책세제를 도입하였다는 점이다. 1973년 4월 1일 시행된 지방세법에서 대도시내 신설공장에 대하여 처음으로 중과세하도록 입법화하였는데, 그 내용은 대도시 인구증가를 억제하기 위하여 대도시내에 공장을 신설할 경우에는 취득세를 일반세율의 5배로 중과하도록 하고, 재산세는 일반세율의 3배를 5년간 중과하도록 한 것이었다. 한편 대도시 인구분산을 촉진하기 위하여 대도시 내에서 지방으로 공장을 이전할 경우 취득세와 재산세를 면제토록 하였다. 1973년에 이어 1974년에도 영세민의 조세부담을 경감하고 사치성재산의 취득과 고급 유흥행위에 중과세하는 지방세제개편이 대통령긴급조치 제3호(1974.1.14)의 형식으로 발효되었다. 이러한 조치는 저소득층의 부담을 경감하는 반면에 고소득층에 중과함으로써 지방세체계를 사회정책적 목적에 보다 부합하게 할 뿐만 아니라, 사치성 소비 및 사치성 물품에 대한 고율과세를 통하여 소비행위의 건전화와 자원절약기풍을 기하려는데 기본취지가 있었다고 할 수 있다.

4) 제4기(1977년~1984년)

1976년의 세제 개혁으로 1977년 7월 1일부터 부가가치세(특별소비세 포함)가 도입됨에 따라 지방세인 유흥음식세가 부가가치세에 흡수되고, 그 대신 국세인 등록세가 지방세(도세)로 이양되었는데, 그 뒤로 취득세는 지방세수의 20% 내외를 점하는 등 지방세체계에서 가장 세수비중이 높은 세목으로 존치하여 왔다. 또한 시·군세인 도세부가세를 폐지함으로써 지방세 체계에 일부 남아 있었던 본세부가세방식은 완전히 없어지게 되었다. 그리고 사업경영주를 대상으로 하는 사업소세가 목적세로 신설되었던 것도 세제개편의 특징 중의 하나라고 할 수 있다. 그 밖에 주민세, 자동차세, 재산세의 세율이 인상되고 취득세와 재산세의 과세대상이 확대됨으로써, 지방세제의 재원조달기능이 대폭 강화되었다. 1976년의 세제 개편으로 지방세체계는 도세 3개, 시·군세로 보통세가 6개, 목적세가 3개로 편성되어 1984년 담배판매세신설을 제외하고는 현재까지 이러한 지방세체계가 큰 변화없이 유지되고 있다.

5) 제5기(1985년~1999년)

1984년 말에 이루어진 농지세의 합리화와 담배판매세의 신설은 지방세체계의 골격을 종전대로 유지하면서 지방세수구조에 괄목할 만한 변화를 가져온 조치였다. 종전에 전체 지방세수의 7~8%하던 농지세의 세수 비중이 1985년부터는 1%미만에 불과함으로써 농지세가 지방세입에서 차지하는 위치는 미미한 수준이 되었다. 이러한 조치로 농지세가 과세의 균형을 회복하고 합리적인 과세표준설정의 기초를 마련하게 되었던 것이다. 또한 농지세제의 개혁으로 인한 세수감소를 충당하기 위한 방안으로서 판매이익금의 일부를 지방자치단체가 흡수하는 형식으로 고안된 담배판매세는 지방양여세적 성격을 띠고 있을 뿐 아니라, 자치단체별 배분방식에 지방재정조정적 성격이 가미되었다는 점에서 실질적인 지방세목으로서 특수한 위치를 점하고 있다. 1986년 말에는 종합토지세제의 한 형태인 토지과다보유세가 입법화됨으로써 보유재산과세 중심의 지방세체계에 큰 변화를 초래하였다. 1989년도에는 담배판매세가 담배소비세로 전환되었다. 이밖에도 1990년도에 종전의 토지분재산세와 토지과다보유세를 통합하여 소유자별로 전국의 토지를 합산·누진과세하는 종합토지세가 도입되었고 1991년에는 지방양여금제도가 도입되었으며 지역개발세의 신설, 등록세 및 주민세의 정액세율조정, 사업소세의 개선·보완, 자동차세의 지역별 차등과세를 주요 내용으로 하는 지방세법이 개정되었다. 그리고 1998년 토지초과이득세가 폐지되었다.

6) 제6기(2000년~현재)

2001년에는 농지세를 농업소득세로 개편하였으며 지방세에 부가·과세되던 교육세를 지방교육세로 바꾸어 지방으로 이양되었다. 그러나 국세대비 지방세 비중이 낮아 국세 일부를 지방으로 이양해야 한다는 주장이 꾸준히 제기되고 있다. 이러한 노력의 결과로 2010년부터 지방소비세와 지방소득세가 도입되었다. 지방소비세는 국세가 지방세로 이양된 사례로 지역주민의 소비가 지역경제와 재정확충에 기여하고 있다. 소득분 주민세와 종업원분 사업소세가 통합되어 지방소득세가 신설되었다.

2011년도에는 지방세법의 단일법을 지방세기본법(총칙), 지방세법(세목), 지방세특례제한법(감면)의 3개 법으로 분법하였다. 또한 지방세 세목 체계를 16개 세목에서 11개 세목으로 간소화하였다. 주요 내용은 중복 과세 통·폐합(취득세 + 취득관련분 등록세 → 취득세, 재산세 + 도시계획세 → 재산세), 유사 세목 통합(취득무관분 등록세 + 면허세 → 등록면허세, 공동시설세 + 지역개발세 → 지역자원시설세, 자동차세 + 주행세 → 자동차세), 영세 세목 폐지(도축세)이며, 주민세, 지방소득세, 지방소비세, 담배소비세, 레저세, 지방교육세는 그대로 유지하였다.

2014년에는 지방소비세가 납세자의 추가 부담 없이 부가가치세 총액의 11%(지방소비세 도입 당시 5%)로 인상되었으며, 지방소득세는 국세인 소득세·법인세의 부가세 형태(결정세액의 10%)에서 독립세로 전환되었다. 이로써 지방소득세는 소득세·법인세와 과세표준(소득 부분)은 공유하되, 세율, 세액공제, 감면등에 관해서는 지방세관계법에 별도로 규정하게 되었다.

3. 지방세의 체계

1) 지방세의 세목구조

지방세는 시세와 구세, 도세와 시군세로 구분하며, 이는 자치단체의 재원의 효율적 배분측면에서 각 세목의 세입실태와 자치단체별 재정형평 등을 고려하여 구분한 것으로 본다.

(1) 시세와 자치구세(특별시·광역시)

시세와 구세의 구조를 살펴보면, 시세는 취득세, 레저세, 지방소비세, 주민세, 지방소득세, 자동차세, 담배소비세의 보통세 7종과 지역자원시설세, 지방교육세의 목적세 2종으로 구분된다. 자치구세는 등록면허세, 재산세의 2종으로 구분된다.

(2) 도세와 시군세(도)

도세와 시군세의 구조를 살펴보면, 먼저 도세는 취득세, 등록면허세, 레저세, 지방소비세의 보통세 4종과 지역자원시설세, 지방교육세의 목적세 2종으로 구분된다. 또한 시군세는 주민세, 지방소득세, 재산세, 자동차세, 담배소비세의 보통세 5종으로 구분된다. 시군세 중 목적세는 2011년부터 복잡한 지방세 체계를 간소화하기 위해 재산세로 통합되어 폐지되었다. 기존의 도시계획세 세수를 확보할 수 있도록 재산세 과세 특례규정을 별도로 두고 있다.

그림 4-2   도세와 시군세의 구조

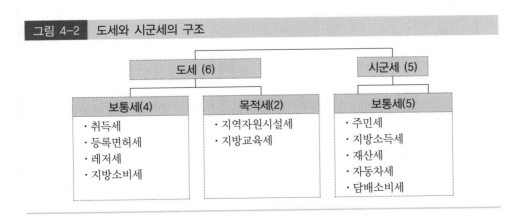

2) 지방세의 분류

(1) 보통세와 목적세

보통세(ordinary tax)는 조세의 사전용도가 정해지지 않고 일반적인 경비에 충당하기 위하여 과징하는 세를 말하고, 목적세(earmarked tax)는 충당하여야 할 경비를 특별히 정하고 그 경비의 지출에 의해 직접 이익을 받는 자에게 그 부담을 요구하는 세를 의미한다. 보통세의 종류로는 취득세, 등록면허세, 레저세, 지방소비세, 주민세, 지방소득세, 재산세, 자동차세, 담배소비세 등 9개 세목이 있으며 목적세의 종류로는 지역자원시설세, 지방교육세 등 2개의 세목이 있다.

(2) 독립세와 부가세

독립세란 국가나 지방자치단체가 세원을 각각 독립하여 보유하고 독자적인 과세표준에 의해서 과세하는 것을 말한다. 즉 지방자치단체가 국가 또는 다른 지방자치단체로부터 독립하여 세원을 보유하고 독자적인 과세표준에 의하여 부과하는 세목을 말한다.

부가세(sur-tax)는 국가 또는 다른 지방자치단체가 보유하는 세목에 일정한 비율을 부가하여 징수하는 세목으로 다른 과세주체가 부과하는 조세(본세)에 부가하여 일정한 세율로써, 그 본세의 납세의무자에게 부과하는 지방세인 지방교육세, 국세인 농어촌특별세 등이 있다.

(3) 법정세와 법정외세

① 법정세

지방세기본법 등에 규정되어 있는 조세로서 의무세와 임의세로 구분할 수 있다. 의무세는 통상 보통세를 말하는데, 이는 천재지변 등의 사유로 인하여 감면 또는 불균일 과세 등 특별한 경우를 제외하고는 지방세법의 규정하는 바에 따라서 반드시 과세가 강제되는 세목을 말한다. 임의세는 지방자치단체가 과세지역과 과세방법 등을 조례로 정하여 과세하게 되므로 반드시 과세가 강제되지는 않는 세로서 지방세의 재산세(도시계획분)·지역개발세 등이 여기에 해당된다. 이들 모두는 법률로 정하여진 세목으로서 임의세를 제외하고는 과세요건이 충족되는 한 지방자치단체는 반드시 이를 과세하여야 한다.

② 법정외세

지방자치단체의 자주재정권에 의해서 지방자치단체 스스로의 필요성과 의사에 의해 조례로서 세목을 설치하여 과세하는 조세를 말하는데, 이러한 법정외세의 세원은 특정 자치단체에 편재해 있다. 이러한 법정외세는 세원을 포착해서 그 지역에 적합한 세목과 세율로서 과세를 하여 재정수요에 적절히 대처해 가기 위한 것으로 현재 우리나라에서는 도입하지 않고 있다.

참고로 지난 1991년도에 도입한 지역개발세[2] 등 과세여부를 지방자치단체의 조례로 위임한 임의세가 있으나, 이 역시 법령이 정하여진 한도 내에서 부과·징수하기 때문에 이 또한 일종의 법정세로 보아야 한다.

(4) 기타 분류

① 과세대상의 성격에 따른 분류

과세대상이 재산, 소득 또는 소비인가에 따른 분류이다. 즉 재산과세는 재산의 보유에 관련된 조세로 재산세, 자동차세(자동차 보유에 대한 자동차세분), 지역자원시설세(기존 공동시설세로 부과하던 특정 부동산분)와 재산의 이전에 관련된 조세인 취득세가 있다. 소득과세는 소득원천에 대한 과세로 지방소득세가 있다. 소비과세는 지출에 대한 과세로 지방소비세, 레저세, 담배소비세 등이 있다.

② 과세주체에 따른 분류

지방자치단체의 재원의 효율적인 배분 측면에서 인위적으로 구분한 것으로 도세와 시·군세, 특별시·광역시와 구세 등으로 구분된다.

③ 기타분류

과세표준을 화폐단위로 표시한 과세물건의 가치로 하느냐 혹은 수량·용적 등(산출단위)으로 하느냐에 따라 종가세와 종량세로 나눈다. 또한 세율이 과세표준에 관계없이 일정한 금액으로 정하느냐 혹은 일정 비율로 정하느냐에 따라 정액세와 정률세로 구분된다.

---

2) 발전용수(양수 발전용수 제외), 지하수, 지하자원, 컨테이너부두를 이용하는 컨테이너에 부과하는 지역개발세는 1991년에 도입하여 1992년도부터 시행하였다. 최근 2006.1.1부터는 원자력발전, 2011년도부터는 화력발전에도 부과하고 있다. 지역개발세는 2011년도부터 공동시설세와 함께 지역자원시설세로 통합되었다.

제 3 절 지방세의 운용

1. 지방세액의 산정

과세표준에 세율을 곱하여 산정하는데, 과세표준은 세액을 산정하는 기준이 되는 가격·수량 등을 말하고, 대부분 금액기준(소득금액, 재산가액 등)을 적용하고(종가세), 면적·건수·배기량·세대 등으로 적용하는(종량세) 경우도 있다. 한편 세율은 세액을 산출하기 위하여 과세표준에 곱하는 비율 또는 일정액으로서 정률세와 정액세로 구분한다.

1) 정률세
정률세는 과세대상의 소득 및 재산에 대해 일정한 비율로 세금을 부과하는 방식이다. 정률세는 취득세, 재산세, 주민세 종업원분, 지방소득세, 레저세, 지역자원시설세, 지방교육세 등이 있다.

2) 정액세
정액세는 과세대상의 소득 및 재산 등의 여건과 상관없이 일정한 액수를 부과하는 방식이다. 정액세는 등록면허세, 주민세 균등분, 담배소비세 등이 있다.

2. 지방세의 부과 · 징수

1) 납세의무의 성립
납세의무는 지방세법에서 정한 요건을 충족하는 경우에 성립되고 납세의무가 성립됨으로써 과세권자(지방자치단체의 장)는 채권자의 지위에 서고 납세의무자는 채무자의 지위를 갖게 된다.

〈표 4-1〉 세목별 납세의무의 성립일

세 목	납세의무 성립일
취득세	· 취득세 과세물건을 취득하는 때
등록면허세	· 등록에 대한 등록면허세: 재산권·기타 권리를 등기 또는 등록하는 때 · 면허에 대한 등록면허세: 각 종의 면허를 받는 때와 납기가 있는 달의 1일
주민세	· 균등분 및 재산분: 과세기준일(균등분은 8월 1일, 재산분은 매년 7월 1일로 함) · 종업원분: 종업원에게 급여를 지급한 때
자동차세	· 납기가 있는 달의 1일 · 과세표준의 되는 교통·에너지·환경세의 납부의무가 성립하는 때
재산세	· 과세기준일(매년 6월 1일)
지방소득세	· 그 과세표준이 되는 소득에 대하여 소득세, 법인세의 납세의무가 성립하는 때
레저세	· 승자투표권·승마투표권 등을 발매하는 때
담배소비세	· 담배를 제조창 또는 보세구역으로부터 반출하거나 국내로 반입하는 때
지방소비세	· 재화와 용역의 소비에 대하여 부가가치세의 납세의무가 성립하는 때
지역자원시설세	· 특정자원: 발전용수·원자력·화력의 발전하는 때, 지하수 채수하는 때, 지하자원 채광하는 때, 컨테이너 입출항 하는 때 · 특정부동산: 재산세와 동일(과세기준일)
지방교육세	· 과세표준이 되는 세목의 납세의무가 성립하는 때

2) 납세의무의 확정

납세의무가 유효하게 성립된 후 지방세를 징수하기 위해서는 납세의무를 확정하여야 한다. 여기서 납세의무의 확정이라 함은 납부해야 할 세액이 구체적으로 확정되는 것을 의미하고 납세의무의 확정방법에는 신고납부방식과 부과·징수방식이 있다.

(1) 신고납부방식

취득세 등과 같이 납세의무자가 과세표준과 세액 등을 지방자치단체에 신고납부 함으로써 납세의무가 확정되는 방식을 말하며, 해당세목은 취득세, 등록면허세, 레저세 등이 있다.

(2) 부과·징수방식

재산세 등과 같이 지방세의 과세표준과 세액 등을 부과·고지함으로써 지방자치단체가 납세의무를 확정하는 방식으로 해당세목은 재산세, 자동차세, 지방소득세 등이 있다.

3) 지방세의 납부

각 납세의무자가 납세의무가 확정되어 납세고지서를 수령하는 경우에 각 해당지방자치단체의 금고은행 및 수납대행금융기관을 직접 방문하거나 인터넷뱅킹, 폰뱅킹 등을 통해 지방세를 납부하게 된다. 세무공무원은 원칙적으로 현금수납을 할 수 없다.

4) 체납자에 대한 조치

(1) 체납자 재산에 대한 강제집행

지방자치단체는 지방세 납세의무자가 지정된 기한까지 지방세를 완납하지 아니한 경우 체납자에게 독촉을 하고 재산을 압류한 후, 압류한 재산을 공매하여 그 매각대금으로 체납된 지방세를 징수한다.

(2) 납세의무의 간접강제

지방세 체납자의 재산을 공매하여 체납세를 징수하는 강제집행이외에 여러 가지 납세의무를 간접 강제하는 제도를 두고 있다. 예를 들면 관허사업제한, 납세증명서 제출, 출국금지·정지, 신용불량자 등록, 3천만원 이상 고액체납자 명단공개 등이다.

5) 납세의무의 소멸

지방세 납세의무는 지방세를 납부함으로써 소멸되나 지방세를 납부하지 않는 경우에도 법적 안정성 등을 고려하여 납세의무를 소멸시키는 제도를 두고 있다. 납세의무가 성립된 후 일정기간 부과권을 행사하지 아니하는 경우 그 권한이 소멸되는데, 부과권의 제척기간은 5년이다. 한편 납기가 경과하고 일정기간 징수권을 행사하지 아니하는 경우 그 권한이 소멸되는데, 징수권의 소멸시효는 5년이다. 하지만 납세자가 사기나 그 밖의 부정행위로 지방세를 포탈하거나 환급 또는 경감받은 경우에는 10년, 납세자가 법정신고 기한까지 과세표준신고서를 제출하지 않은 경우에는 7년으로 하고 있다(지방세기본법 제38조).

또한 납세자에게 납세능력이 없거나 징수가 현저히 곤란한 경우 지방자치단체는 스스로 지방세 채권을 포기하는 결손처분을 할 수 있다.

그림 4-3	지방세의 부과·징수 절차

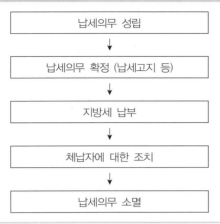

납세의무 성립

↓

납세의무 확정 (납세고지 등)

↓

지방세 납부

↓

체납자에 대한 조치

↓

납세의무 소멸

3. 지방세의 중과 및 감면·비과세

1) 지방세 중과

지방자치단체는 취득세, 재산세 등의 지방세를 〈표 4-2〉와 같이 중과할 수 있다.

〈표 4-2〉 지방세의 중과대상 및 세율

세목별	중과대상 및 세율
취득세	·사치성 재산(부동산)을 취득하는 경우: 표준세율+중과기준세율(2%)×4 　- 고급주택: 건물연면적 331㎡(공동주택 전용면적 245㎡)를 초과하거나 대지면적 662㎡를 초과하고 건물과표 9,000만원 초과 　- 별장 및 골프장 　- 고급오락장: 카지노장, 자동 도박기(슬롯머신 등) 설치 장소, 무도유흥음식점 등 　- 고급선박: 비업무용 자가용선박 ·과밀억제권역내에서 본점·주사무소 신·증축 또는 그 부속토지를 취득하거나, 공장 신·증설을 위한 사업용 과세물건 취득: 표준세율+중과기준세율(2%)×2
등록면허세 (등록)	·대도시내에 법인설립과 지점 또는 분사무소 설치에 따른 등기: 표준세율의 3배 ·대도시내에서 공장 신·증설: 표준세율의 3배
재산세	·과밀억제권역내 공장 신·증설: 표준세율의 5배(5년간)
지역자원 (특정부동산)	·화재위험건축물: 표준세율의 2배~3배 　- 4층이상 건축물, 소방법시행령 별표 1에 의한 호텔, 유흥장, 시장, 저유장, 극장 등
주민세 (재산분)	·오염물질 배출사업소: 표준세율의 2배 　- 사업소 연면적 1㎡당 250원 → 1㎡당 500원

2) 지방세 감면

(1) 지방세 감면근거 및 대상3)

지방자치단체는 ① 서민생활 지원, 농어촌 생활환경 개선, 대중교통 확충 지원 등 공익을 위하여 지방세의 감면이 필요하다고 인정될 때, ② 특정지역의 개발, 특정산업·특정시설의 지원을 위하여 지방세의 감면이 필요하다고 인정될 때에는 3년의 기간 이내에서 지방세의 세율경감, 세액감면 및 세액공제(지방세 감면)라 한다)를 할 수 있다(지방세특례제한법 제4조 제1항). 또한 지방자치단체의 장은 천재·지변 기타 대통령령이 정하는 특수한 사유가 있어 지방세의 감면이 필요하다고 인정되는 자에 대하여는 당해 지방자치단체 의회의 의결을 얻어 지방세를 감면할 수 있다(지방세특례제한법 제4조 제3항).

이를 개략적으로 살펴보면 세법에서 과세대상으로 규정한 것을 국가정책 또는 납세의무자의 개별적 사정을 고려하여 일정기간 세액의 일부를 경감하거나 전부를 면제하게 하는 것으로 감면근거 법령은 지방세특례제한법, 감면조례, 조세특례제한법 등이 있다. 법령 및 조례의 규정에 따라 감면되는 종류는 먼저 지방세특례제한법에 의한 감면으로 농어민 지원, 사회복지 및 국민생활안정, 지역균형개발 등의 지원, 공공법인 등에 대한 지원, 공공사업 등의 지원을 들 수 있고, 조례에 의한 감면으로 사회복지지원, 평생교육시설, 농어촌지원, 대중교통 등 지원, 서민주택건설 등 지원, 지역발전지원, 특정자치단체 지역개발지원 등을 위한 감면을 들 수 있다. 또한 조세특례제한법에 의한 감면은 개인기업의 법인전환, 창업중소기업, 창업벤처중소기업, 고용창출형창업기업, 법인합병·통합·분할, 기업 구조조정 지원, 외국인 투자기업 등을 위한 감면 등이 있다.

(2) 지방세 감면조례 허가

행정자치부장관은 지방자치단체에서 지방세 감면조례 개정허가 신청시 감면의 타당성 및 지역간 형평성 등을 검토하여 허가 또는 불허가 결정을 한다.

3) 지방세 비과세

지방세 비과세는 세법을 통해 공익상·정책상·과세기술상의 이유 등으로 과세대상

---

3) 지방세특례제한법이 2011년부터 시행되었기 때문에 종전의 감면 조례 등에 관한 경과조치로, 종전의 지방세법 제9조에 따라 과세면제·불균일과세 및 일부과세에 대하여 행정자치부장관의 허가를 받아 조례로 정한 경우에는 지방세특례제한법 제4조의 개정규정에도 불구하고 해당 조례의 효력이 종료될 때까지 그 조례에 따라 과세면제·불균일과세 및 일부과세를 적용한다(지방세특례제한법 제3조의2).

에서 근본적으로 제외하고 있는 것이다. 지방세법상의 비과세 종류는 ① 국가 등에 대한 비과세, ② 용도구분에 의한 비과세, ③ 천재 또는 토지수용 등으로 인한 대체취득에 대한 비과세, ④ 형식적인 소유권의 취득 등에 대한 비과세 등이 있다.

4. 지방세의 심사청구

지방세 이의신청 및 심사청구제도는 2001년 헌재결정(구 지방세법 제78조 제2항의 위헌)에 의해 행정소송의 필요적 전심절차에서 임의적 전심절차로 전환되어, 지방세기본법 제119조에 따라 시도지사 및 조세심판원장에게 해야 하며, 또한 감사원법 제43조 및 감사원심사규칙 제3조에 의거 감사원에도 심사청구가 가능하다.

1) 이의신청
이의신청은 처분청을 상대로 제기한다. 이의신청시 도세는 처분청을 경유하여 도지사에게 이의신청하며, 시·군세는 시장·군수에게 이의신청 한다(지방세기본법 제118조).

2) 심사청구
심사청구는 이의신청 결정에 불복시 처분청의 상급기관을 상대로 제기한다. 2006년부터는 선택적 이의신청제 도입에 따라 이의신청 없이 심사청구가 가능하다. 심사청구 또는 심판청구를 할 때에는 이의신청에 대한 결정 통지를 받은 날부터 90일 이내에 도지사의 결정에 대하여는 조세심판원장에게 심판청구를, 시장·군수의 결정에 대하여는 도지사에게 심사청구를 하거나 조세심판원장에게 심판청구를 하여야 한다(지방세기본법 제119조 제1항).

3) 심사청구·결정
이의신청에 대한 결정통지를 받은 날부터 90일 이내에 청구하여야 하며, 이의신청을 거치지 않은 경우 그 처분이 있은 것을 안 날(처분의 통지를 받은 때에는 그 통지를 받은 날)로부터 90일 이내에 제기하여야 한다.

4) 결정절차

이의신청 또는 심사청구를 받은 지방자치단체의 장은 그 신청·청구를 받은 날부터 90일 이내에 지방자치단체의 방세심의위원회의 의결에 따라 결정을 하고 신청인 또는 청구인에게 이유를 함께 기재한 결정서를 송달하여야 한다(지방세기본법 제123조 제1항).

제 4 절   세목별 지방세

1. 세목별 지방세 현황

아래의 표 는 세목별 지방세 현황을 보여주고 있다. 2012년도를 기준으로 전체 지방세에서 차지하는 비중이 가장 높은 세목은 취득세로 25.6%를 차지한다. 다음으로 지방소득세 19.0%, 재산세 14.9%, 자동차세 12.2%, 지방교육세 9.4%, 지방소비세 5.6%, 담배소비세 5.3%, 등록면허세 2.3%의 순으로 차지하는 비중이 높은 것으로 증가되고 있다. 특히 취득세의 경우에는 2011년도에 세목조정이 있은 이후에 그 비중이 급격하게 증가되었음을 알 수 있다.

〈표 4-3〉 지방세의 구성 추이

(단위: 조원, %)

구 분		2000	2001	2002	2003	2004	2005	2006	2007	2008	2009	2010	2011	2012
합계(조원)		20.1	26.1	30.9	32.6	33.6	35.3	40.6	42.9	44.9	44.6	48.5	51.6	53.3
현년도수입(%)	소계	97.7	97.9	98.1	98.4	98.3	98.2	98.4	98.5	98.7	98.7	98.7	98.6	98.7
	취득세	15.3	14.2	16.7	16.6	15.7	18.5	18.6	16.7	15.2	14.7	13.9	26.5	25.6
	등록면허세	-	-	-	-	-	-	-	-	-	-	-	2.4	2.3
	(등록세)	22.0	21.0	23.8	22.8	19.6	18.9	19.3	16.7	15.7	15.8	15.0	-	-
	(면허세)	1.2	0.2	0.2	0.2	0.2	0.2	0.2	0.2	0.2	0.2	0.2	-	-
	레저세	2.7	3.0	3.4	2.7	2.3	1.9	1.7	2.0	2.2	2.2	2.2	2.1	2.1
	지방소비세	-	-	-	-	-	-	-	-	-	-	5.4	5.7	5.6
	(지역개발세)	0.4	0.3	0.3	0.3	0.3	0.3	0.4	0.2	0.2	0.2	0.2	-	-
	(공동시설세)	1.7	1.3	1.2	1.2	1.4	1.2	1.3	1.2	1.3	1.3	1.3	-	-

	지방교육세	-	13.0	12.6	12.18	11.9	10.7	10.5	10.4	10.7	10.6	9.9	9.5	9.4
	주민세	16.6	13.4	12.4	13.8	14.4	15.3	15.1	17.0	17.9	16.7	0.5	0.5	0.5
	지방소득세	-	-	-	-	-	-	-	-	-	-	16.6	18.1	19.0
	재산세	3.5	2.9	2.6	2.7	3.0	7.2	7.5	8.6	9.7	9.8	9.8	14.6	14.9
현년도수입(%)	자동차세	9.7	7.1	5.6	5.4	5.2	5.3	5.2	5.4	5.7	6.3	6.3	12.4	12.2
	(농지·농업소득세)	0.0	0.0	0.0	0.0	0.0	0.0	0.0	0.0	0.0	0.0	0.0	-	-
	지역자원시설세	-	-	-	-	-	-	-	-	-	-	-	1.6	1.6
	(도축세)	0.2	0.2	0.2	0.1	0.1	0.1	0.1	0.1	0.1	0.1	0.1	-	-
	담배소비세	10.9	9.4	7.1	7.2	8.0	6.8	6.5	6.3	6.4	6.7	5.8	5.3	5.3
	(종합토지세)	6.2	5.1	4.5	4.8	5.9	0.0	0.0	0.0	0.0	0.0	0.0	-	-
	(주행세)	1.2	2.0	3.4	3.8	5.1	6.4	6.6	7.5	6.8	7.3	6.4	-	-
	(도시계획세)	4.0	3.2	2.8	3.0	3.5	3.8	3.9	4.3	4.8	5.0	5.0	-	-
	(사업소세)	1.9	1.6	1.5	1.6	1.7	1.7	1.6	1.7	1.8	1.8	0.0	-	-
과년도수입(%)		2.3	2.1	1.9	1.6	1.7	1.8	1.6	1.5	1.3	1.3	1.3	1.4	1.3

주: ( ) 내의 세목은 2011년 이전의 세목임.
자료: 한국지방세연구원(2015: 9-10).

2011년의 지방세 세목조정으로 인해서 기존의 중복과세에 대한 통·폐합, 유사세목 통합, 폐지 및 신설되었다. 우선 부동산, 자동차 등의 재산의 취득에 대한 취득세와 등록세의 구분하여 과세하던 것을 취득세로 통합하였으며, 취득과 관련 없는 등록세는 면허세와 통합하여 등록면허세가 되었다. 공동시설세와 지역개발세는 지역자원시설세로, 자동차세와 주행세는 자동차세로 통합되었다. 2011년에 도축세는 폐지되었다. 이에 앞서 2010년에는 주민세 균등분과 사업소세(재산분, 종업원분)가 주민세로 통합되었으며, 주민세의 소득분이 지방소득세로 신설되었으며, 지방소비세가 신설되었다.

〈표 4-4〉 지방세 세목의 변화

구 분	2009년(16개 세목)	2016년(11개 세목)
중복과세 통·폐합	· 취득세 · 등록세(취득 관련분)	· 취득세
	· 재산세 · 도시계획세	· 재산세 · 재산세 과세특례
유사세목 통합	· 등록세(취득 무관분) · 면허세	· 등록면허세(등록에 관한) · 등록면허세(면허에 관한)
	· 공동시설세 · 지역개발세	· 지역자원시설세(특정부동산에 대한) · 지역자원시설세(특정자원에 대한)
	· 자동차세 · 주행세	· 자동차세(자동차 보유에 관한) · 자동차세(자동차 주행에 관한)
	· 주민세(균등분)* · 사업소세(재산분)*	· 주민세(균등분)* · 주민세(재산분)*
	· 주민세(소득분)* · 사업소세(종업원분)*	· 지방소득세(소득분)* · 지방소득세(종업원분)* → 주민세(종업원분)
폐지 및 신설	· 도축세(2011년 폐지)	· 지방소비세(신설)*
기존유지	· 담배소비세 · 레저세 · 지방교육세	· 담배소비세 · 레저세 · 지방교육세

주: 1) 지방소득세 종업원분은 2014년에 주민세로 통합되었으므로 결과적으로 2010년 이전의 주민세 균등분
　　과 사업소세 전체가 주민세로 통합된 것이며 주민세 소득분이 분리되어 지방소득세로 신설된 것임.
　2) *는 2010년의 개편임.
자료: 한국지방세연구원(2015: 11).

2. 취득세

1) 과세대상

취득세는 부동산(토지·건축물), 차량, 기계장비(건설기계 등), 입목, 항공기, 선박, 광업권, 어업권, 골프·콘도미니엄·종합체육시설이용·승마 회원권을 취득하는 행위에 대하여 과세한다.

2) 과세표준

취득세의 과세표준은 취득당시의 가액으로 신고납부가 원칙이며, 과소신고 및 미신고의 경우는 시가표준액으로 한다.

3) 세율

취득세의 표준세율은 등록세와 통합되기 이전에는 취득물건의 가액 또는 연부금액의 2%의 표준세율로 과세하였으나 2011년 등록세와 통합되면서 표준세율은 과세물건에 따라서 1.0%, 2.0%, 2.01%, 2.02%, 2.3%, 2.5%, 2.8%, 3.0%, 3.5%, 4.0%, 5.0%, 7.0%의 12가지로 복잡해졌다. 구체적인 과세물건별 표준세율은 아래의 표와 같다.

〈표 4-5〉 세율별 과세물건: 표준세율

세율(%)	과세물건				
	부동산		기 타		
	주택(유상)	기 타	운송 수단	권 리	기 타
1.0	·6억원 이하	–			
2.0	·6~9억원	–	· 기타 선박 및 항공기 · 이륜 자동차(50~125cc) · 기타 자동차	·광업권 ·어업권 ·레저관련 회원권	·입목 ·기타 기계장비
2.01	–	–	· 대형 항공기	–	–
2.02	–	–	· 일반 항공기 ·원사취득 및 소형선박 ·동력수상레저기구	–	–
2.3	–	· 농지 상속 · 지분이전	–	–	–
2.5	–	–	· 선박 상속	–	–
2.8	–	·농지 이외 상속 · 비영리사업자의 무상취득 · 원사취득	–	–	–
3.0	·9억원 초과	· 농지 유상취득	· 일반 선박(상속 이외의 유·무상 취득)	–	·등록대상 기계장비
3.5	–	· 무상취득(상속 및 비영리사업자 제외)	–	–	–
4.0	–	·유상취득(농지 및 주택 제외)	·비영업용 경자동차 ·영업용 자동차	–	–
5.0	–	–	·비영업용 일반자동차 (125cc 초과 이륜 포함)	–	–
7.0	–	–	·비영업용 승용자동차	–	–

자료: 한국지방세연구원(2015: 30).

수도권 과밀을 억제하기 위해 그리고 사치성 재산 등에 대하여는 다음과 같이 취득
세를 중과한다.

〈표 4-6〉 수도권 과밀억제를 위한 세율 특례

구분	물건 유형	세율결정공식	세율(%)
1	본점 및 주사무소의 신축 및 증축 공장 신설 및 증설을 위한 부동산	· 표준세율(2.8) + 중과기준세율(2.0) × 2	6.8
2	대도시내 법인의 사업장 취득	· 표준세율 × 3 - 중과기준세율(2.0) × 2	8.0 (6.5, 4.4)
	비도시형 업종 공장 신·증설을 위한 부동산		
	주택(과세구산에 따라 다른 세율 반영)	· 표준세율(1.0, 2.0, 3.0) + 중과기준세율 × 2	5.0, 6.0, 7.0
3	1과 2의 동시 적용 과세물건(신·증축)	· 표준세율(2.8) × 3	8.4

자료: 한국지방세연구원(2015: 26).

〈표 4-7〉 사치소비 억제를 위한 세율 특례

물건 유형	세율결정공식	세율(%)
별장	표준세율(1.0, 2.0, 3.0) + 중과기준세율(2.0) × 4	9.0, 10.0, 11.0
골프장	표준세율(2.8~4.0, 2.0) + 중과기준세율(2.0) × 4	10.8~12.0, 10.0
고급주택	표준세율(2.0, 3.0) + 중과기준세율(2.0) × 4	10.0, 11.0
고급오락장	표준세율(2.8~4.0) + 중과기준세율(2.0) × 4	10.8~12.0
고급선박	표준세율(2.0~3.0) + 중과기준세율(2.0) × 4	10.0~11.0

자료: 한국지방세연구원(2015: 26-27).

4) 납부방법

취득세 과세물건을 취득한 자는 취득한 날부터 60일 이내에 이를 신고함과 동시에
신고세액을 납부하여야 한다. 또한 과밀억제권 안 취득 및 사치소비로서 중과세 대상에
대한 취득인 경우에는 대통령령으로 정하는 날로부터 30일 이내에 신고하고 납부하여
야 한다. 또한 취득세 납부의무자가 신고 또는 납부의무를 다하지 아니한 때에는 지방
세기본법 53조의 2부터 53조의 4까지의 규정에 따라 산출한 가산세를 합한 금액을 세액
으로 하여 보통징수의 방법으로 징수한다. 또한 납세의무자가 신고를 하지 아니하고 매

각하는 경우에는 산출세액에 100분의 80을 가산한 금액을 세액으로 하여 보통징수의 방법으로 징수하도록 하고 있다.

3. 등록면허세

1) 과세대상

등록면허세는 재산권과 그 밖의 권리의 설정·변경 또는 소멸에 관한 사항을 공부에 등기하거나 등록하는 행위(등록)와 각종법령에 규정된 면허·허가·인가 등이 특정한 영업설비 또는 행위에 대한 권리의 설정, 금지의 해제 또는 신고의 수리 등 행정청의 행위(면허) 존재를 과세물건으로 하여 부과되는 세목이다. 공부상의 등기 및 면허, 허가, 인가를 받은 자는 법적인 보호를 받기 때문에 이러한 행정행위의 반대급부로서 수수료를 징수하는 것이 등록면허세이다. 2010년 지방세법의 개정으로 등록세로 부과되던 부동산 취득에 대한 등기행위는 취득세로 부과되어 등록면허세의 비중은 감소되었다.

2) 과세표준

부동산·선박·항공기·자동차 및 선설기계에 관한 등록에 대한 등록면허세의 과세표준은 등록 당시의 가액으로 신고납부가 원칙이며, 과소신고 및 미신고의 경우는 시가표준액으로 한다. 또한 사실상의 취득 가액이 입증되지 않을 때에는 등록당시의 시가표준액으로 한다.

3) 세율

등록면허세는 등록에 대한 등록면허세와 면허에 대한 등록면허세로 구분된다. 등록에 대한 등록면허세는 부동산 등기, 선박 등기(등록), 차량 등록, 기계장비 등록, 공장재단 및 광업재단 등기, 법인등기, 상호등 등기, 광업권 등록, 어업권 등록, 저작권 및 배타적 발행권 등 등록, 특허권·실용신안권 또는 디자인권 등록, 상표 또는 서비스표 등록, 항공기의 등록 등으로 구성된다. 부동산 등기 및 법인등기에 대한 표준세율은 아래의 표와 같다.[4)]

---

4) 부동산, 법인 이외의 등기에 대한 세율은 지방세법 28조를 참고.

〈표 4-8〉 부동산 등기에 대한 표준세율

구 분		과세표준	세 율
소유권의 보존등기		부동산가액	0.8%
소유권의 이전등기	유상 이전	〃	2.0%
	무상 이전	〃	1.5%(상속의 경우 0.8%)
물권과 임차권의 설정 및 이전	지상권	〃	0.2% (구분지상권은 토지가액의 0.2%)
	저당권	채권금액	0.2%
	지역권	요역지 가액	0.2%
	전세권	전세금액	0.2%
	임차권	월 임대차금액	0.2%
경매신청·가압류· 가처분 및 가등기	경매신청	채권금액	0.2%
	가압류	〃	0.2%
	가처분	〃	0.2%
	가등기	부동산가액 또는 채권금액	0.2%
그 밖의 등기			건당 6천원

〈표 4-9〉 법인등기에 대한 세율

구 분	세 율
영리법인의 설립·증자	0.4%
비영리법인의 설립	0.2%
재평가적립금에 의한 자본증가	0.1%
본점·주사무소의 이전	매건당 112,500원
지점·분사무소의 설치	매건당 40,200원
위 이외의 등기	매건당 40,200원

다음으로 면허에 대한 등록면허세의 세율은 면허의 종별에 따라 1종에서 5종까지를 구분하고, 지역소재지의 규모에 따라 세율을 차등 적용한다. 면허의 종은 사업의 종류 및 규모를 고려하여 대통령령으로 정하고 있다.

〈표 4-10〉 면허에 대한 등록면허세의 세율

(단위: 원)

구분	인구 5만명 이상 시	그 밖의 시	군
제1종	67,500	45,000	27,000
제2종	54,000	34,000	18,000
제3종	40,500	22,500	12,000
제4종	27,000	15,000	9,000
제5종	18,000	7,500	4,500

4) 납부방법

등기 또는 등록을 하고자 하는 자는 등기 또는 등록을 하기 전까지 등록세액을 신고하고 납부하여야 한다. 납세의무자가 신고·납부의무를 다하지 아니한 때에는 가산세를 부과한다. 면허를 받거나 변경하고자 하는 자는 면허증서를 발급받거나 송달받기 전까지 등록면허세를 신고하고 납부하여야 한다. 등록면허세를 납부하지 않은 경우에는 지방자치단체의 장은 면허부여기관에 대하여 면허의 취소 또는 정지를 요구할 수 있도록 하고 있다.

4. 레저세

1) 과세대상

레저세는 경륜장 등 과세대상 사업장과 장외발매소 소재지의 시·도가 과세대상에 해당하는 사업을 영위하는 자의 승자투표권·승마투표권 등에 부과하는 조세이다. 레저세는 경륜·경정법에 의한 경륜 및 경정, 한국마사회법에 의한 경마, 전통 소싸움 경기에 관한 법률에 의한 소싸움을 과세대상으로 한다.

2) 과세표준

레저세의 과세표준은 승자투표권·승마투표권 등의 발매금 총액으로 한다.

3) 세율

레저세의 세율은 과세표준의 10%이다.

4) 납부방법

납세의무자는 승자투표권, 승마투표권 등의 발매일이 속하는 달의 다음 달 10일까지 경륜장 등의 소재지 및 장외발매소의 소재지별로 안분계산하여 해당 지방자치단체의 장에게 각각 신고하고 납부하여야 한다. 레저세의 납세의무자는 과세대상에 해당하는 사업을 영위하는 자인 경주사업자·한국마사회 및 소싸움 경기 시행자이지만 실제 담세자는 승자투표권·승마투표권 등을 구입하는 일반인이다.

5. 담배소비세

1) 과세대상

담배소비세의 과세대상은 담배로 한다. 납세의무자는 담배의 제조자 및 수입판매업자이지만 실질적인 납세자는 담배의 소비자가 된다.

2) 과세표준

담배소비세의 과세표준은 담배의 개비수, 중량 또는 니코틴 용액의 용량으로 한다.

3) 세율

담배소비세의 세율은 아래의 표와 같다. 2014년도의 담배소비세의 인상으로 기존의 세율에 비해서 제1종 권련을 기준으로 하면 기존 641원에서 1,007원으로 약 57%가 인

〈표 4-11〉 담배소비세의 세율

종 류		세 율
피우는 담배	제1종 궐련	20개비당 1,007원
	제2종 파이프담배	1그램당 36원
	제3종 엽궐련	1그램당 103원
	제4종 각련	1그램당 36원
	제5종 전자담배	니코틴 용액 1밀리리터당 628원
	제6종 물담배	1그램당 715원
씹거나 머금는 담배		1그램당 364원
냄새 맡는 담배		1그램당 26원

자료: 지방세법 52조.

상되었다.

4) 납부방법

제조자는 매월 1일부터 말일까지 제조장에서 반출한 담배에 대하여 산출세액을 대통령령으로 정하는 안분기준에 따라 다음 달 말일까지 각 지방자치단체의 장에게 신고 납부하여야 한다. 수입판매업자는 마찬가지로 보세구역에서 반출한 산출세액을 다음달 말일까지 대통령령으로 정하는 바에 따라 신고 납부하여야 한다.

6. 지방소비세

1) 과세대상

지방소비세의 과세대상은 부가가치세법상의 과세표준인 사업자가 행하는 재화 또는 용역의 공급, 재화의 수입에 대한 거래에 대하여 과세한다.

2) 과세표준

지방소비세의 과세표준은 부가가치세법에 따른 부가가치세의 납부세액에서 감면세액 및 공제세액을 제하고 가산세를 더하여 계산한 세액으로 한다.

3) 세율

지방소비세의 세액은 과세표준에 100분의 11을 적용하여 계산한 금액으로 한다. 이 경우 100분의 11중 100분의 6에 해당하는 부분은 감소되는 취득세, 지방교육세, 지방교부세 및 지방교육재정교부금 보전 등에 충당한다.

4) 납부방법

특별징수의무자(세무서장 또는 세관장)는 납부한 부가가치세의 11%중에서 5%는 기존의 안분율에 따라 분배하고 나머지 6%는 취득세의 감소분을 고려하여 대통령령으로 정하는 안분기준 및 안분방식에 따라 자방자치단체의 장 및 시·도 교육감에게 납입하도록 하고 있다.

7. 주민세

1) 과세대상

시·군내에 주소가 있는자와 주소가 없는자라도 시·군내에 사무소 또는 사업소를 둔 법인을 대상으로 주민세를 부과한다.

2) 과세표준

균등분의 과세표준은 개인 및 법인이 되며, 재산분은 과세기준일 현재의 사업소 연면적이 된다. 또한 종업원분에 대해서는 종원업에게 지급한 그 달의 급여 총액으로 한다.

3) 세율

주민세의 세율은 균등분, 재산분, 종업원분에 따라 구분된다. 우선 균등분에 대한 세율은 아래의 〈표 4-12〉와 같다. 균등분에 대한 세율은 지방자치단체의 장이 조례로 정하는 바에 따라 100분의 50의 범위에서 가감할 수 있다.

〈표 4-12〉 주민세 균등분의 세율

구 분		세 율
개인	· 지방자치단체에 주소를 둔 개인	10,000을 초과하지 않는 범위에서 조례로 정하는 세액
	· 지방자치단체에 사업소를 둔 개인	50,000
법인	· 자본금액 또는 출자금액(과세기준일 현재의 자본금액 또는 출자금액을 말한다. 이하 이조에서 같다) 100억을 초과하는 법인으로서 과세기준일 현재 해당 사업소의 종업원 수가 100명을 초과하는 법인	500,000원
	· 자본금액 또는 출자금액 50억원 초과 100억원 이하 법인으로서 과세기준일 현재 해당 사업소의 종업원 수가 100명을 초과하는 법인	350,000원
	· 자본금액 또는 출자금액 50억원을 초과하는 법인으로서 과세기준일 현재 해당 사업소의 종업원 수가 100명 이하인 법인과 자본금액 또는 출자금액 30억원 초과 50억원 이하인 법인으로서 과세기준일 현재 해당 사업소의 종업원 수가 100명을 초과하는 법인	200,000원

· 자본금액 또는 출자금액 50억 이하 30억 초과 법인으로서 과세기준일 현재 해당 사업소의 종업원 수가 100명 이하인 법인과 자본금액 또는 출자금액 10억원 초과 30억원 이하 법인으로서 과세기준일 현재 해당 사업소의 종업원 수가 100명을 초과하는 법인	100,000원
· 그 밖의 법인	50,000원

　　재산분의 표준세율은 사업소 연면적 1제곱미터당 250원으로 하고 있다. 지방자치단체의 장은 조례로 정하는 바에 따라 세율을 감액할 수 있으며, 폐수 또는 산업폐기물 등을 배출하는 사업소로서 대통령령으로 정하는 오염물질 배출 사업소에 대하여는 표준세율의 200%로 과세한다. 종업원분에 대한 표준세율은 종업원의 급여총액의 0.5%로 하며, 지방자치단체의 장은 표준세율의 50% 범위내에서 가감할 수 있다.

4) 납기 및 납부방법

　　균등분의 과세기준일은 매년 8월 1일으로 하며, 납기는 8월 16일부터 8월 31일까지로 한다. 재산분의 징수는 신고납부의 방법으로 하며, 과세기준일은 7월 1일이며 납기는 7월 1일에서 7월 31일까지이다. 종업원분의 징수는 신고납부의 방법으로 하며, 매월 납부할 세액을 다음달 10일까지 신고 납부하도록 하고 있다.

8. 지방소득세

1) 과세대상

　　소득세법에 따른 소득세 또는 법인세법에 따른 법인세의 납세의무가 있는 자에게 지방소득세의 납부 의무가 있다. 거주자의 개인지방소득은 종합소득(이자, 배당, 사업, 근로, 연금, 기타), 퇴직소득, 양도소득으로 구분되고, 비거주자의 개인지방소득은 소득세법 제119조에 따라 구분되며, 내국법인 및 외국법인의 지방소득은 각 사업연도의 소득, 청산소득, 양도소득, 법인세법 제56조에 따른 미환류소득으로 구분된다.

2) 과세표준

　　과세표준은 지방소득세의 분류에 따라 그 과세표준이 다르게 적용된다. 이 경우 소득세법 및 법인세법의 근거규정이 준용된다.

3) 세율

지방소득세의 세율 중에서 거주자의 종합소득에 대한 표준세율은 아래의 표와 같다.[5]

〈표 4-13〉 거주자 종합소득의 표준세율

과세표준	세 율
1,200만원 이하	과세표준의 1천분의 6
1,200만원 초과 4,600만원 이하	7만2천원 + (1,200만원을 초과하는 금액의 1천분의 15)
4,600만원 초과 8,800만원 이하	58만2천원 + (4,600만원을 초과하는 금액의 1천분의 24)
8,800만원 초과 15,000만원 이하	159만원 + (8,800만원을 초과하는 금액의 1천분의 35)
15,000만원 초과	376만원 + (15,000만원을 초과하는 금액의 1천분의 38)

주: 지방자치단체의 장은 조례로 정하는 바에 따라 세율을 표준세율의 100분의 50의 범위에서 가감할 수 있다.

4) 납부방법

소득세법과 법인세법의 조항에 따른 납세지의 지방자치단체의 장이 부과하고 동법에 의한 납세의무자가 지방소득세를 납부한다.

9. 재산세

1) 과세대상

재산세는 토지, 건축물, 주택, 항공기 및 선박을 과세대상으로 한다.

2) 과세표준

(1) 주택

주택에 대한 재산세는 부동산 가격공시 및 감정평가에 관한 법률에 의한 주택공시가격의 50%(2008년 기준)이었다. 2009년부터는 기존의 과표적용률 대신에 지방세법 제4조 제1항 및 제2항에 따른 시가표준액의 40%~80%의 범위내에서 지방세법시행령으

---

5) 기타 지방소득세의 세율에 대해서는 지방세법 103조의 규정을 참고하기 바란다.

로 정하는 공정시장가액비율(시사표준액의 60%)⁶⁾을 곱하여 산정한 가격으로 한다.

(2) 토지ㆍ건축물

토지에 대한 재산세는 나대지, 잡종지 등과 일반건물의 부속토지에 대하여 개별공시지가의 60%(2008년 기준)이었으며, 건축물은 시장ㆍ군수ㆍ구청장이 결정ㆍ고시한 시가표준액의 60%(2008년 기준)이었다. 그러나 2009년부터는 기존의 과표적용률 대신에 지방세법이 정하는 일정 범위(시가표준액의 50%~90%) 내에서 지방세법시행령에서 정한 공정시장가액비율(토지ㆍ건축물 70%)을 곱하여 산정한 가액으로 한다.

(3) 선박ㆍ항공기

선박ㆍ항공기에 대한 재산세는 시가표준액의 100%를 적용한다.

3) 세율

(1) 토지

재산세에 대한 과세대상과 세율을 살펴보면 먼저 종합합산 과세대상의 경우, 〈표 4-14〉와 같다.

〈표 4-14〉 종합합산 과세대상

시가표준액	세 율
5,000만원	1,000분의 2
5,000만원 초과 1억원 이하	10만원+5,000만원 초과금액의 1,000분의 3
1억원 초과	25만원+1억원 초과 금액의 1,000분의 5

또한 별도합산 과세대상에 대한 시가표준액과 세율은 〈표 4-15〉와 같다.

〈표 4-15〉 별도합산 과세대상

시가표준액	세 율
2억원 이하	1,000분의 2
2억원 초과 10억원 이하	40만원 + 2억원 초과금액의 1,000분의 3
10억원 초과	280만원 + 10억원 초과 금액의 1,000분의 4

---

6) 지방세법시행령 제109조에 의하면 공정시장가액비율은 주택의 경우 시가표준액의 100분의 60으로, 토지 및 건축물은 시가표준액의 100분의 70으로 규정하고 있다.

분리과세대상과 세율은 〈표 4-16〉과 같다. 세율은 전, 답, 과수원, 목장용지 및 임야의 경우 과세표준액의 1,000분의 0.7이며, 골프장 및 고급 오락장용 토지의 경우 과세표준액의 1,000분의 40까지 부과가능하다. 그리고 공장용지 및 주택공급용토지는 과세표준액의 1,000분의 2이다.

〈표 4-16〉 분리과세대상

대 상	세 율
전·답·과수원·목장용지 및 임야	과세표준액의 1,000분의 0.7
골프장 및 고급 오락장용 토지	과세표준액의 1,000분의 40
그 밖의 토지	과세표준액의 1,000분의 2

(2) 건축물

건축물의 경우, 재산세에 대한 세율은 일반건축물은 과세표준액의 1,000분의 2.5, 골프장 및 고급오락장용 토지는 과세표준액의 1,000분의 40, 주거지역내의 공장은 과세표준액의 1,000분의 5이다.

(3) 주택

주택에 대한 재산세 세율은 별장과 같은 사치성재산은 과세표준액의 1,000분의 40이며, 일반주택은 〈표 4-17〉과 같다.

〈표 4-17〉 주택에 대한 재산세 세율

시가표준액	세 율
6,000만원	1,000분의 1
6,000만원 초과 1억5천만원 이하	6만원 + 6,000만원 초과금액의 1,000분의 1.5
1억5천만원 초과 3억원 이하	195,000원＋1억5천만원 초과금액의 1,000분의 2.5
3억원 초과	570,000원＋3억원 초과금액의 1,000분의 4

주: 세부담 상한적용은 재산세 산출세액이 직전년도 재산세액의 100분의 150을 초과하는 경우 100분의 150에 해당하는 금액을 당해연도에 징수할 세액으로 한다.

(4) 선박

선박에 대한 재산세는 고급선박의 경우 1,000분의 50이며, 그 밖의 선박은 1,000분의 3이다.

(5) 항공기

항공기에 대한 재산세는 과세표준액의 1,000분의 3이다.

4) 납기 및 납부방법

재산세의 납기는 토지는 매년 9월 16일부터 9월 30일까지이며, 건축물은 매년 7월 16일부터 7월 31일까지이다. 반면 주택분의 1/2은 매년 7월 16일에서 7월 31일까지(제1기분)이며, 나머지 1/2은 매년 9월 16일에서 9월 30일까지(제2기분)이다. 주택분에 대해서 산출세액이 10만원 이하인 경우 조례에 정하는 바에 따라 납기를 7월 16일부터 7월 31일까지로 하여 한꺼번에 부과·징수 할 수 있다. 또한 선박과 항공기는 매년 7월 16일에서 31일까지이다.

재산세는 과세기준일인 매년 6월 1일 현재 토지와 건물 등을 사실상 보유한 자가 상기의 납부기간내에 납부한다(보통징수방법). 납세의무자가 납부의무를 다하지 아니한 때에는 가산세를 부과한다. 재산세를 납부할 때에는 재산세액의 20%에 해당하는 지방교육세를 부가하여 납부한다.

10. 자동차세

1) 자동차 소유에 대한 자동차세

(1) 과세대상

자동차 소유에 대한 자동차세는 자동차관리법의 규정에 의해 등록 또는 신고된 차량과 건설기계관리법의 규정에 따라 등록된 덤프트럭·콘크리트 믹서 트럭을 과세대상으로 한다.

(2) 과세표준

자동차 소유에 대한 자동차세의 과세표준은 배기량이다.

(3) 세율

자동차 소유에 대한 자동차세의 세율은 기본적으로 차종별과 용도별(영업용과 비영업용)으로 구분되어 다른 세율체계가 적용되며, 각 차종별로 배기량과 용도(승용자동차), 적재량과 용도(화물자동차), 크기와 용도(승합자동차, 특수자동차) 등에 따라 누진율이 적용되고 있다.

〈표 4-18〉 승용자동차의 세율

영업용		비영업용	
배기량	cc당 세액	배기량	cc당 세액
1,000cc 이하	18원		
1,600cc 이하	18원	1,000cc 이하	80원
2,000cc 이하	19원	1,600cc 이하	140원
2,500cc 이하	19원	1,600cc 초과	200원
2,500cc 초과	24원		

(4) 납부방법

자동차 소유에 대한 자동차세는 1대당 연세액을 2분기(1월~6월, 7월~12월)로 분할하여 연세액을 2분의 1의 금액으로 자동차 소재지를 관할하는 지방자치단체에 납부한다. 납세의무자가 연세액을 4분의 1의 금액으로 분할하여 분기별로 납부할 수도 있다. 납세의무자가 연세액을 한꺼번에 납부하려는 경우에는 연세액의 10%를 공제한 금액을 연세액으로 신고납부할 수 있다.

2) 자동차 주행에 대한 자동차세

(1) 과세대상

자동차 주행에 대한 자동차세는 휘발유, 경유 및 이와 유사한 대체유류(이하 과세물품)의 소비에 대한 국세인 교통·에너지·환경세액 중 일부를 세원으로 하고 있다. 납세의무자는 과세물품에 대한 교통·에너지·환경세의 납세의무자이다. 즉 과세물품을 제조하여 반출하거나 보세구역으로부터 반출하는자 등으로서 정유회사 및 유류 수입업자 등이 해당된다. 그러나 실질적인 담세자는 과세물품을 소비하는 일반인으로 간접세의 형태이다.

(2) 과세표준과 세율

자동차 주행에 대한 자동차세의 과세표준은 과세물품에 대한 교통·에너지·환경세액의 1,000분의 360이다. 이 세율은 30% 범위내에서 대통령영으로 가감조정이 가능한 탄력세율로서, 2016년 현재 적용되는 조정세율은 1,000분의 260이다.

(3) 납부방법 및 시·군별 배분

자동차 주행에 대한 자동차세는 납세의무자가 정유 제조장이나 세관장 소재지 시장, 군수(특별징수의무자)에게 교통·에너지·환경세 반부 기한 즉 다음 달 말일(제조업자), 수입신소 수리일로부터 15일 이내(수입업자)까지 신고 납부해야 한다.

특별징수의무자(시장·군수)가 징수한 자동차 주행에 대한 자동차세를 징수한 날이 속하는 달의 다음 달 10일까지 울산광역시장(주된 특별징수의무자)에게 송금해야 하고, 울산광역시장은 시·군별 비영업용 승용 자동차의 자동차세 징수실적 등을 감안하여 대통령령이 정하는 안분기준 및 방법에 따라 25일까지 전국 시(특별시·광역시 포함)·군에 송금해야 한다.

11. 지역자원시설세

1) 과세대상

지역자원시설세는 특정자원(발전용수, 지하수, 지하자원, 컨테이너를 취급하는 부두를 이용하는 컨테이너, 원자력 발전, 화력발전)과 특정부동산(소방시설, 오물처리시설, 수리시설, 그 밖의 공공시설로 인해 이익을 받는 자의 건축물, 선박 및 토지)을 과세대상으로 한다. 지역자원시설세의 반세의무자는 유수를 이용하여 직접 수력발전을 하는 자, 지하수를 이용(음용, 목욕용)하기 위해 채수하는 자, 지하자원을 채광하는 자, 부두를 이용하여 컨테이너를 입·출항시키는 자, 원자력 및 화력을 이용하여 발전하는 자, 특정 부동산 소유자 등이다.

2) 과세표준과 세율

지역자원시설세 중 특정자원에 대한 지역자원자시설세의 과세표준과 세율은 표와 같다. 또한 특정부동산의 경우 소방시설에 대한 과세표준은 건출물 또는 선박의 가액 또는 시가표준액으로서 재산세와 동일하며, 세율은 과세표준액의 최저 0.04%에서 최고 0.12%까지 6단계의 초과 누진세율로 되어 있다. 단 정유장, 정유소, 유흥장, 극장 및 4층 이상 10층 이하 건축물 등 화재 위험 건물에 대하여는 표준세율의 2배로 중과세 하며,

대형마트, 복합상영관, 백화점, 호텔, 11층 이상의 건축물 등 대형 화재 위험 건물에 대하여는 표준세율의 3배로 중과세 한다.

⟨표 4-19⟩ 특정자원에 대한 지역자원시설세의 과세표준과 세율

과세대상	과세표준	표준세율
발전용수	· 발전에 이용된 물	10㎥당 2원
지하수	· 용용수로 판매하기 위해 채수된 물	1㎥당 200원
	· 목욕용수로 이용하기 위해 채수된 온천수	1㎥당 100원
	· 기타	1㎥당 20원
지하자원	· 채광된 광물 가액	0.5%
컨테이너	· 컨테이너 1티유(TEU)당	15,000원
원자력발전	· 발전 1킬로와트시(kWh)당	1원
화력발전	· 발전 1킬로와트시(kWh당	0.3원

3) 납부방법

특정자원에 대한 지역자원시설세는 납세의무자가 납세지를 관할하는 지방자치단체의 장에게 조례로 정하는 바에 따라 신고하고 납부하여야 한다. 발전용수의 경우 납세의무자는 매월 1일부터 말일까지 발전에 이용된 물에 대하여 세액을 산출하여 다음 달 말일까지 해당 발전소 소재지를 관할하는 구청장에게 신고납부하여야 한다(서울특별시). 특정부동산에 대한 지역자원시설세는 과세기준일, 납기 등 재산세의 납부 규정을 준용한다.

12. 지방교육세

1) 과세대상

지방교육세는 지방세인 취득세 일부, 등록에 대한 면허세, 레저세, 주민세 균등분, 재산세, 자동차 소유에 대한 비영업용 승용자동차에 대한 자동차세 및 담배소비세의 부가세 형식으로 운영되고 있어 이들이 과세대상이 세원이다. 지방교육세는 지방교육의 질적 향상에 필요한 지방교육재정의 확충에 소요되는 재원을 확보하기 위해 과세하는 시(특별시·광역시)·도의 목적세이다.

2) 과세표준과 세율

지방교육세의 과세표준과 세율은 〈표 4-20〉과 같으며, 조례로 표준세율의 50% 범위 내에서 가감 조정할 수 있다.

〈표 4-20〉 지방교육세의 과세표준과 세율

과세표준	표준세율
취득세(부동산 · 기계장비 · 항공기 · 선박 취득)액	·100분의 20
등록에 대한 등록면허세액	·100분의 20
레저세액	·100분의 40
주민세 균등분 세액	·100분의 10(인구 50만 이상 시100분의 25)*
재산세액	·100분의 20
자동차소유에 대한 비영업용 승용자동차세액	·100분의 30
담배소비세액	·100분의 40

주: 도농복합형태의 시의 읍면 지역에 대하여는 100분의 10의 세율을 적용한다.

3) 납부방법

지방교육세 납세의무자는 취득세, 등록에 대한 등록면허세, 레저세 또는 담배소비세를 신고하고 납부하는 때에는 지방교육세를 함께 신고하고 납부하여야 한다. 또한 지방자치단체의 장이 납세의무자에게 주민세 균등분, 재산세 및 자동차세를 부과·징수하는 때에는 지방교육세를 함께 부과하여 납부토록 해야 한다.

제 5 절 지방세의 전망과 과제

1. 지방세의 전망

1995년 지방자치제도의 실시 이후 지방재정의 다양한 확충노력에도 불구하고 지방자치단체 자체수입이나 지방세로 인건비도 충당하지 못하는 단체가 과반수를 넘을 정도로 지방재정은 전반적으로 취약한 실태이다. 지방자치단체의 실질적인 지방분권과 자치를 활성화하고 지방자치단체의 자율성 확보와 동시에 책임성 제고를 위하여 지방재정의 독립적인 확충은 반드시 필요하다. 이러한 지방자치단체의 자주재원에 의한 지방재정의 확충은 궁극적으로 지방세수의 확대에 달려 있다. 따라서 현행 재산과세위주의 지방세체계에서 전반적인 세제개편을 통하여 국세에서 지방세로의 이양, 새로운 세원의 개발, 지방세체계의 개편 및 법정외세 도입 등에 대한 다양한 검토와 논의를 바탕으로 지방세를 비롯한 지방재정 확대를 위한 개선의 노력이 있어야 할 것이다.

2. 지방세의 과제

우리나라는 지방자치단체의 과세자주권이 상당히 제한되어 있다. 이러한 체제하에서 지방세제의 개편은 끊임없이 요구되고 있다. 이는 지방자치제 정착을 위한 진정한 지방분권화와 국가의 균형발전을 위해서도 필요하다. 지방세의 개편을 위한 방안을 몇 가지 살펴보면 다음과 같다.

1) 국세의 지방세 이양

국세의 지방세 이양은 재산세 과세 위주로 되어 있는 지방세의 체질을 개선하기 위한 노력이 일차적으로 이루어져야 할 것이다. 이를 위해서는 지역경제의 활성화 산물이 지방세로 연계될 수 있도록 2010년 도입된 지방소비세의 확대와 지방소득세율의 인상이 필요하다. 또한 양도소득세, 상속세 등 국세 중에서 지방세적 성격을 가지고 있다고 판단되는 개별 세목들에 대한 이양방안을 마련하여야 한다(김대영 외, 2016: 60-78).

2) 신규세원 발굴

신규세원을 발굴하여 이를 지방세원화하는 방안을 모색할 필요가 있다. 이는 재원확충의 의미를 가진다기보다는 편익을 수혜하고 있음에도 불구하고 조세가 부과되지 않음으로 인하여 다른 납세자들과의 관계에서 발생할 수 있는 불형평성의 문제를 해소하기 위하여 필요하다. 신규세원으로 관광세, 광고세, 온천세, 벌크화물세, 시멘트제조세 등이 거론되고 있다. 이와 관련하여 법정외세 도입도 검토할 가치가 있다.

3) 지방세체계 개편

지방세체계 내에서 지방세제를 개편하기 위한 노력이 있어야 한다. 또한 광역자치단체와 기초자치단체간의 수행기능, 세수규모 등을 중심으로 지방세목의 이양과 교환도 고려해야 한다. 지방자치단체의 재정자주권 등을 고려할 때 비과세·감면대상을 축소하고 과세대상의 조정과 확대, 세율과 과표를 조정하는 방안 등에 대하여도 논의되어야 할 것이다(라휘문, 2007: 306-309).

4) 탄력세율 제도의 적극 활용

탄력세율 제도는 각 지방자치단체가 특수한 재정수요를 충족하기 위해 자율적으로 탄력세율의 범위 내에서 세율을 정할 수 있도록 하여 세수확보에 신축성을 부여하는 제도이다. 현행 11개 지방세목 중 탄력세율의 적용이 보장된 세목은 취득세, 등록에 대한 등록면허세, 지방소득세, 주민세, 재산세, 담배소비세, 자동차세, 지역자원시설세, 지방교육세 등 9개 세목이다. 그러나 현재 탄력세율 제도는 주민세 균등분, 지역자원시설세(특정자원)의 일부에서만 활용되고 있어 이의 적극적인 활용이 필요하다. 탄력세율 제도의 소극적 활용에는 유인 기능이 약하고 조세저항등의 두려움 때문이다. 탄력세율 제도의 적극적인 활용을 유도하기 위해서는 추가적인 재정지원 등의 유인장치가 필요하다.

■ 탐구학습

1. 주요개념과 요약
   - 지방세의 개념
   - 지방세의 특성
   - 지방세의 원칙
   - 지방세의 분류
   - 취득세 · 등록면서세 · 지방소비세 · 지방소득세
   - 탄력세율제도 · 법정외세제도

2. 토론과 과제
   - 과세자주권 확대방안
   - 탄력세율 적극 활용 과제
   - 법정외세 도입의 장 · 단점

참고문헌

권형신·이상용·이재성(2006), 한국의 지방재정: 이론과 실제(제3판), 서울: 해남.

김대영·김민정(2016), 바람직한 지방세제 개편 방향, 한국지방세연구원.

김종순(2003), 지방재정학, 서울: 삼영사.

김종희(2006), 지방재정론, 서울: 범론사.

라휘문(2007), "지방세제의 개편방향 설정을 위한 논의들", 한국지방재정학회 춘계학술대회 논문집.

손희준·강인재·장노순·최근열(2011), 지방재정론(개정4판), 서울: 대영문화사.

오연천(1987), 한국지방재정론, 서울: 박영사.

우명동(2001), 지방재정론, 서울: 해남.

유훈(2003), 지방재정론, 서울: 법문사.

이재은(2006), "참여정부의 지방재정개혁의 실태와 전망", 지방분권과 지역혁신, 제61호.

지방행정연수원, 시·도공무원교육원(2016), 2016년 공통교재 지방세실무.

최광(2007), 큰 시장 작은 정부를 위한 재정정책의 과제, 한국경제연구원.

한국지방세연구원(2015), 취득세 과세체계의 정상화 방안연구.

제5장

세외수입

제1절 세외수입의 의의

1. 세외수입의 개념

지방자치단체의 재정은 지방세와 지방세외수입 그리고 의존재원으로 구성되어 있다. 지방세외수입은 지방정부의 자체세입원 중에서 지방세수입을 제외한 나머지 수입을 의미한다(오연천, 1987: 259). 지방세외수입이란 지방세, 법률에 따라 이루어지는 국가나 다른 지방자치단체로 부터의 지방교부금, 보조금, 재정보전금, 조정교부금 등 각종 지원금 이외의 지방자치단체의 수익금을 말한다.

일반적으로 세외수입의 개념은 분류범위에 따라 광의, 협의, 최협의로 달리 정의되고 있다(손희준 외, 2011: 130).

첫째, 광의의 개념으로는 지방자치단체의 세입 중 지방세, 지방교부세, 보조금, 조정교부금 그리고 지역발전특별회계 등을 제외한 모든 수입을 지칭하는 의미로 사용되고 있다. 따라서 실질적으로 세외수입뿐만 아니라 회계상의 수입 등 명목적 세외수입까지 포함한다.

둘째, 협의의 개념으로 일반회계상의 경상적 수입과 특별회계의 사업수입만을 의미한다. 광의의 세입 가운데 당해연도의 특별한 요인으로 발생하는 일반회계의 임시적 수입과 특별회계의 사업외 수입 등 소위 명목적 세외수입을 공제한 실질적 세외수입을 의미한다.

마지막으로 최협의의 개념으로는 협의의 세외수입에서 특별회계사업수입을 제외한 것으로 일반회계수입 중 경상적 수입인 사용료, 수수료, 재산임대수입, 이자수입 그리고 징수교부금 등을 말한다. 이는 지방재원 조달 수단으로서의 세외수입이 거론될 때 사용되는 개념이다.

2. 세외수입의 중요성

세외수입은 미국을 비롯한 각국에서 지방자치단체뿐만 아니라 중앙정부에서도 그 중요성이 크게 부각되고 있다. 최근에 와서 국민들의 조세저항이 높아져 증세에 어려움이 있기 때문에 큰 저항없이 징수할 수 있는 세외수입의 중요성이 점차로 커지고 있다. 특히 세외수입 가운데 사용자 부담(user charges)은 보수적인 성향을 지니는 사람들과 공공서비스의 민영화를 주장하는 사람들이 선호하고 있다.

우리나라의 경우 지방세는 지방세 관계법에 의거하여 모든 자치단체가 동일한 세목에 따라 부과하므로 자치단체의 과세자주권이 제한됨에 비추어볼 때, 지방자치단체의 자체수입을 늘릴 수 있는 실질적인 방법은 세외수입에 의존할 수 밖에 없다. 이러한 측면에서 세외수입의 중요성이 점차로 강조되고 있다(유훈, 2003: 194-195).

3. 세외수입의 특징

세외수입은 지방세, 지방교부세 등 다른 수입에 비하여 다음과 같은 특징을 가지고 있다(권형신 외, 2006: 96-97).

첫째 신장성이다. 세외수입은 지방자치단체의 노력과 창의력에 따라 신장가능성이 크다. 즉 법령에 저촉되지 않는 한 지방자치단체의 노력에 따라 계속적으로 확대·개발될 수 있다. 특히 주정차위반 및 버스전용차로 위반 과태료와 같은 경우에는 지방자치단체가 세수의 확대를 위해 최근에 활용정도가 증대되고 있다(성시경·이현국, 2015). 그러나 지방자치단체의 리더는 선거를 의식하기 때문에 실제 확대의 의지가 약하다는 점도 특징이다.

둘째, 응익성이다. 조세에 비하여 응익성을 지니므로 상대적으로 징수에 대한 저항이 적다. 이는 주로 공물사용 및 역무제공에 대한 반대급부 또는 대가이기 때문이다. 그러나 과태료나 이행강제금과 같은 행정의 실효성을 확보하기 위한 수단의 경우에는 국민들의 저항이 클 수 있다. 실제로 이들에 대한 체납이 높은 것이 특징이다.

셋째, 다양성이다. 세외수입은 종류가 많고 수입근거와 형태가 다양하다. 수입근거를 보면 법률, 대통령령, 부령, 조례, 규칙 그리고 사법상의 계약 등 매우 다양하다.

넷째, 분포성이다. 세외수입은 지역별·연도별로 차이가 있다. 지역여건이나 경제환경 및 자치단체의 노력 정도에 따라 수입규모가 달라지기 때문에 자치단체간 그리고 회계연도별로 다른 것이 특징이다. 따라서 지방재정의 세입부문에서 불안정한 요소로 작용하는 경우가 많아 합리적 예측과 계획성 있는 재정운영을 힘들게 하는 요인으로 작용하기도 한다.

다섯째, 용도의 지정이다. 일반적으로 세외수입은 사용용도가 정해져 있는 경우가 많다. 흔히 일반재원으로 분류하고 있으나, 개개의 세입근거를 보면 대부분 세출예산과 연결되어 있다. 하천사용료는 하천관리, 공원사용료는 공원관리와 개발 등에 사용되는 것이 그 예이다.

제 2 절   세외수입의 구조와 규모

1. 세외수입의 구조

세외수입은 회계의 성질에 따라 일반회계와 특별회계로 구분되고, 일반회계는 다시 경상적 세외수입과 임시적 세외수입으로, 특별회계는 사업수입과 사업외 수입으로 구분된다. 일반회계는 주민의 세금 등을 재원으로 하여 지방자치단체의 일반행정 기능유지를 위한 기본적이고 기초적인 행정수요에 사용되는 예산이다. 따라서 지방자치단체의 예산이라 함은 통상적으로 일반회계 예산을 말한다. 그리고 특별회계는 지방직영기업이나 기타 특정사업을 운영할 때 또는 특정자금이나 특정세입·세출로서 일반세입·세출과 구분하여 경리할 필요가 있을 때에 일반회계와 구분하여 별도 설치하는 회계로서 법률 또는 조례에 근거하여 설치한다(지방재정법 제9조 제2항).

한편 세외수입은 보통 수입의 규칙성을 기준으로 하여 경상적 수입과 임시적 수입으로 구분할 수 있다. 경상적 수입은 계속성과 안정성이 확보되고 매 회계연도마다 반복하여 조달되는 예측 가능한 수입으로 재산임대수입, 사용료·수수료수입, 사업수입, 징수교부금 및 이자수입이 이에 해당된다. 경상적 수입은 세외수입중 수입원이 가장 많고 지방자주재원확충에 기여도 가장 큰 수입이다.

임시적 수입은 불규칙적이고 일시적인 재산매각수입, 이월금, 융자금, 기부금, 부담금, 전입금, 과년도 수입, 잡수입 등 예측하기 어려운 수입을 말한다. 세외수입의 종류를 일반회계와 특별회계로 구분하면 [그림 5-1]과 같다.

그림 5-1 세외수입의 구조

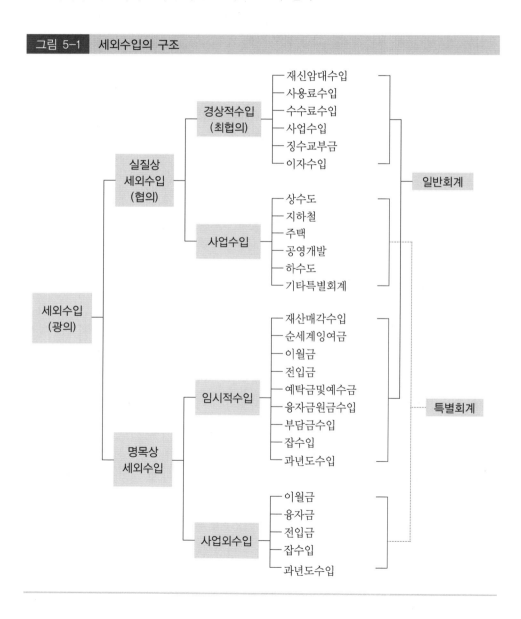

1) 경상적 수입

계속성과 안정성이 확보되고 매 회계연도마다 계속적으로 반복하여 조달되는 예측 가능한 수입으로 세외수입 중 수입원이 가장 많고, 지방자주재원 확충에 가장 기여를 많이 하는 수입이다.

(1) 재산임대수입

재산임대수입이란 지방자치단체가 국·공유재산을 관리, 운영함으로써 발생하는 수입을 말한다. 재산임대수입에는 국·공유재산을 매각·처분함으로써 발생하는 수입은 제외되며, 지방세입예산에 있어서는 국유재산 임대수입과 공유재산임대 수입으로 구분되는데 국유재산임대수입은 지방자치단체가 관리하는 국유토지(임야포함) 및 건물임대수입을 말하며, 공유재산임대수입은 공유재산 및 물품관리법령 및 관련조례에 의하여 부과·징수되는 행정·보존재산의 사용료와 잡종재산의 대부료를 의미한다.

(2) 사용료수입

사용료수입은 공공시설의 이용이나 재산의 사용에 대한 반대급부로서 이용자에게 부과징수하는 수입을 말하며, 이 경우 공공시설이란 주민의 이용에 제공하기 위하여 지방자치단체가 설치한 시설을 말한다.

사용료수입은 개별적 보상원칙에 의해 강제징수 하는 점에 있어서는 수수료와 같으나 수수료가 지방자치단체의 특별한 활동에 의하여 이익을 받는 경우에 부과하는데 대하여 사용료수입은 지방자치단체 공공시설을 개인이 이용함으로써 이익을 받는 경우에 부과하는 점이 다르다.

지방세입 예산과목 상 사용료수입은 도로, 하천, 하수도, 가축시장, 도축장, 운동장, 공연장, 복지회관, 시민회관 등 공공시설에 대한 입장료 및 사용료가 있다.

(3) 수수료수입

수수료수입은 지방자치단체가 특정인에게 제공한 행정서비스에 대하여 그 비용의 전부 또는 일부를 당해 서비스에 대한 반대급부로 징수하는 금전 또는 금전적 가치를 말하며(지방자치법 제137조) 호적, 주민등록, 인감, 도시계획확인원 등 제증명 발급에 대한 수수료수입과 보건소의 수입 시·도, 시·군·구에서 시행하는 각종 시험에 관한 증지수입, 쓰레기처리봉투 판매수입, 재활용품수거 판매수입 등이 있다.

(4) 사업수입

사업수입은 지방자치단체가 특정사업을 시행하면서 징수하는 수입으로써, 사업장생산수입, 주차요금수입, 통행료수입, 청산금수입, 분담금수입, 매각사업수입, 기타 사업수입이 있다.

(5) 징수교부금

징수교부금은 환경개선부담금, 시·도세, 하천사용료 및 도로사용료 등을 시·도, 시·군이 징수할 경우 징수위임 기관인 국가 또는 다른 지방자치단체에서 교부하는 것을 말하며, 이와 같은 징수교부금은 형식적으로는 위임한 세입 징수에 소요되는 경비를 보상하는 성질의 수입금을 말한다.

Tip 징수교부금의 예

· 국가의 징수교부금 수입 - 환경개선부담금징수교부금, 농지전용부담금부과 징수교부금 등
· 도세 징수교부금 수입 - 취득세, 등록면허세 등
· 기타 징수교부금 수입 - 하천, 도로 등 사용료 징수에 따른 교부금 수입

(6) 이자수입

이자수입은 지방자치단체의 각종 수입금을 금고·은행에 예치함에 따른 과실수입으로서 보통예금에서 발생되는 예금이자수입과 여유자금의 예치에 의하여 발생되는 이자수입이 있다. 그리고 공공예금 이자수입과 민간융자금에 대한 이자수입, 세입세출외 현금관리에 따른 이자수입 등이 있다.

2) 임시적 수입

임시적 수입은 각급 지방자치단체의 수입 중에서 불규칙적으로 발생하는 수입으로서 대체로 규모는 크나 수입원이 일회성에 그치는 경우가 많아 세입규모를 예측하기 어려운 수입이다.

(1) 재산매각수입

재산매각수입은 국가 또는 지방자치단체 소유의 재산으로서 그 재산을 계속적으로 보존·관리하는 것이 부적합하고 장래에 활용가치가 없는 경우에 이를 국가 또는 지방

자치단체 이외의 자에게 매각함으로써 얻게 되는 수입과 공유재산과 타인재산과의 재산교환에서 발생하는 교환차액 수입도 포함된다.

(2) 순세계잉여금

전년도의 결산결과 발생한 세계잉여금에서 이월금(명시이월금, 사고이월금, 계속비이월금) 국고 및 시·도비 보조금 사용잔액을 제외한 금액으로 당해연도 예산에 편입되어 새로운 사업에 사용할 수 있다. 다만 악성 지방채가 있을 경우에는 다음연도 세출예산에 구애됨이 없이 차입금을 상환할 수 있다.

(3) 이월금

전년도 결산결과 미집행 되어 다음년도로 이월된 것으로서 세입세출예산상 지방의회의 승인여부에 따라 명시이월, 사고이월, 계속비이월로 구분된다.

첫째, 명시이월비(지방재정법 제50조 제1항)는 세출예산 중 경비의 성질상 당해연도 내에 그 지출을 끝내지 못할 것이 예상될 때에는 세입세출예산에 명시하여 의회의 의결을 얻어 다음연도에 이월하여 사용하는 것을 말한다.

둘째, 사고이월비(지방재정법 제50조 제2항)는 세출예산 중 당해연도에 지출원인행위를 하였으나 불가피한 사유로 인하여 그 연도 내에 지출하지 못한 경비와 지출원인행위를 하지 아니한 그 부대경비의 금액을 다음연도에 이월하여 사용하는 것을 말한다.

셋째, 계속이월비(지방재정법 제50조 제3항)는 계속비의 연도별 소요경비의 금액 중 당해연도 내에 지출하지 못한 금액은 계속비의 사업완성 연도까지 차례차례로 이월, 예산에 편입하여 사용하는 것을 말한다.

(4) 보조금 사용 잔액

특정사업을 개발·촉진하기 위해 국가 또는 광역자치단체 등으로부터 지원받은 금액 중 광역자치단체에 있어서는 전년도의 국고보조금 사용 잔액, 기초자치단체에 있어서는 국고 및 시·도비 보조금의 사용 잔액으로서 다음연도 예산으로 편성하여 국고 또는 시·도에 반납하여야 할 금액을 말한다.

(5) 전입금

전입금이란 당해 지방자치단체 내부의 다른 회계 또는 기금으로부터 자금의 이동으로 발생한 회계조작상의 수입이다. 전입금은 특별회계수입의 일반회계 전입금이 있고 반대로 일반회계수입의 특별회계 전입금이 있으며 전출금의 상대적인 용어로 사용되고 있다.

(6) 예탁금 및 예수금

예탁금이란 일반회계와 특별회계 상호간 및 특별회계내의 계정간의 예탁금을 말하고, 예수금이란 일반회계와 특별회계 상호간 및 특별회계내의 계정간의 예수금을 말한다.

(7) 부담금수입

부담금 또는 분담금이라 함은 지방자치단체의 재산 또는 공공시설로 인하여 주민의 일부가 특히 이익을 받을 때 그 비용의 일부를 지변하기 위하여 그 이익을 받는 자로부터 수익의 정도에 따라 징수하는 공과금으로 수익자 부담금 또는 특별부담금이라 한다.

부담금은 개개의 사업마다 법률로써 그 징수근거가 정해 있는 것이 원칙이지만 지방자치단체가 징수한 것에 대해서는 지방자치법에서 일반적인 징수근거를 설정하고 있다(지방자치법 제138조). 현재의 부담금은 징수를 규정한 법령에 따라 대부분 국고로 귀속되고 자치단체에는 징수비용을 일부 교부하고 있다.

(8) 잡수입

① 불용품 매각대

사무용 비품, 차량, 기타 물품 등의 노후화로 그 용도를 폐기한 물품의 매각으로 인해 발생되는 수입을 말한다.

② 변상금

세출예산을 부당지출한 때와 같이 발생한 손해를 보전하여 가능한 손해가 없었던 것과 같은 상태로 회복하기 위하여 법규의 정하는 바에 의하여 변상하거나 변상명령에 의하여 변상되는 수입을 말한다.

③ 위약금

채무자가 채무를 이행하지 않을 때 지불할 것을 미리 약정한 경우 약정위반으로 지방자치단체에 귀속하게 되는 금전으로서 계약보증금 등이 이에 해당된다.

④ 과태료와 과징금

공법상의 의무이행을 강제하기 위한 수단으로 과거의 의무위반에 대하여 과하는 행정질서벌인 금전벌로서 형벌인 벌금 및 과태료와 구별된다. 과태료의 부과징수절차는 이원화되어 있다. 1차적으로 과태료를 행정청이 부과·징수하되 이에 불복하는 경우 비송사건절차법에 의하여 부과·징수하는 바, 법원이 직접 비송사건절차법에 따라 부과징수하는데 이 경우의 과태료는 국고로 귀속한다.

그동안 법령상의 의무위반행위인 질서위반행위와 그에 대한 과태료처분을 규율하는 총칙적 법규범이 마련되지 못하여 운용상 많은 문제점이 있을 뿐만 아니라 과태료의 실효성이 저조하여 법령상 의무이행 확보수단으로서 제 기능을 하지 못하고 있다는 지적이 있어 질서위반행위의 성립요건, 과태료의 부과·징수 및 재판에 관한 사항에 대한 총칙적인 법규범을 마련하고, 과태료의 실효성을 제고할 수 있는 제도적 개선·보완 사항을 마련함으로써 국민의 권익을 보장하고 법령상 의무의 효율적인 이행을 확보하기 위해 법무부에서 질서위반행위규제법안을 제정 중에 있으며, 동 법률안이 국회에서 통과될 경우 과태료 체납액을 징수하는 데 크게 기여할 것으로 보인다.

과징금은 일반적으로 행정법상의 의무를 위반한 자에 대하여 당해 위반행위로 얻게 된 경제적 이익을 박탈하기 위한 목적으로 과하는 벌과금 수입이다. 현행 자동차운수사업법은 법령위반 등의 경우 과징금을 부과할 수 있도록 하고 있는 바, 이는 행정벌과 부당이득의 환수적인 성격을 함께 가지고 있다고 볼 수 있다.

과태료와 과징금은 행정법상 의무위반행위에 대하여 징수한다는 점에서 구별하기 어려우나 과징금의 경우 다음과 같은 특징을 가지고 있다.

Tip 과징금의 특징

- 일반적으로 개선명령의 후속조치로 부과되고 있고
- 그 모든 수입은 일반재원으로 귀속되는 것이 원칙이지만 과징금은 대부분 그 분야의 행정 목적의 달성을 위하여 직접 사용되는 경우가 많으며
- 행정상의 의무위반에 대하여 부과되는 것이기 때문에 일반적으로 그 수입은 중앙정부에 귀속되는 것이 많다는 특징이 있다.

주: 과태료(과징금)의 부과·징수방법은 각 개별법령마다 다양하므로 부과·징수하고자 할 경우에는 각 개별법령을 확인하여 그에 따라 운용하여야 한다.

⑤ 체납처분 수입

지방자치단체가 지방세, 세외수입 등의 체납자에 대하여 지방세법상 체납처분에 의하여 재산을 압류하고 공매에 붙여 체납처분비로 징수하는 수입을 말한다.

⑥ 보상금 수납금

법령 및 조례의 규정에 의하여 자치단체에서 수납하는 보상금을 말한다.

⑦ 기부금

기부금이란 개인, 기업, 공공단체 기타 자치단체 이외의 자가 자의적인 의사에 따라 자치단체에 공여하는 금품으로서 용도를 지정하는 지정기부금과 용도를 지정하지 아니하는 기타(보통)기부금으로 구분된다.

⑧ 시·도비 반환금

광역자치단체에서 전년도에 기초자치단체에서 사용하고 남은 시·도비 보조금을 반환받은 금액을 말한다.

⑨ 기타 잡수입

기타 타 과목에 속하지 않는 수입을 말한다.

(9) 과년도 수입

당해연도에 징수 결정된 수입금이 출납폐쇄기한인 당해연도 12월말까지 수입되지 않고 그 후에 납부되었을 때에는 이를 당해연도, 즉 그 납부한 날이 속하는 연도의 수입으로 하고 이를 과년도 수입으로 정한다(지방재정법 제65조).

3) 사업수입

사업수입은 지방자치단체가 지방공기업법에 의거 특별회계를 설치하여 직접 사업을 운영하는 것을 말한다. 이러한 사업수입에는 상·하수도, 지하철·주택·공영개발과 기타 특별회계로 설치·운영하는 사업이 있다.

공기업 형태로 운영되는 사업수입은 대부분 수익성보다 공공성이 강하기 때문에 일부사업을 제외하고는 수익성이 없어 적자(예컨대 지하철, 의료원 등)로 운영하는 경우가 많다.

4) 사업외 수입

특별회계의 사업외 수입은 일반회계의 임시적 수입과 같이 전년도 결산결과 발생한 잉여금 투자를 위한 융자금회수 수입, 전입금, 이자수입 등 잡수입을 말한다.

2. 지방세외수입 예산과목의 재분류

지방자치단체의 세입예산과목은 지방세, 세외수입, 조정교부금 및 재정보전금, 보조금, 지방채 및 예치금회수의 6개의 장으로 분류하여 왔다. 그런데 2014년부터 보전수입 등 및 내부거래의 장을 신설하고 기존 세외수입의 임시적 세외수입 중 잉여금, 전년도이월금, 전입금, 예탁금 및 예수금, 융자금원금수입의 5개 수입항목을 세외수입에서 제외하고 새로이 신설된 보전수입 등 및 내부거래의 장으로 편입하였다. 이들 5개의 수입항목을 세외수입에서 제외한 주된 이유는 회계처리 기술상 발생하는 재원으로 지방자치단체의 실질적인 수입으로 보기 어렵다는 것이다. 또한 회계기술상의 명목적 수입이 세외수입에 포함됨으로서 지방세외수입의 부과·징수 및 관리의 효율화, 지방세외수입의 증대에 혼란이 발생하고 있기 때문이다.

지방세외수입에 대해 수익자부담원칙의 가격기능 적용, 부과·징수 및 관리체계의 효율화, 재원증대 방안 등을 논하기 위해서는 세외수입원에 대하여 부과형과 비부과형으로 구분하여 접근해 볼 수 있다(김대영 외, 2014: 14-15). 그리고 부과형과 비부과형 등의 유형에 따라 요금현실화, 부과·징수체계의 효율화, 적극적이고 창의적인 경제활동 등으로 세입외수입을 관리해야 한다.

부과형 세외수입은 지방자치단체의 장이 지방세외수입관계법에 따라 납부의무자에게 지방세외수입금을 부담하게 하는 유형의 세외수입이다. 이는 다시 징수목적에 따라 지방자치단체의 행정서비스 제공에 따른 행정서비스 대가 수수 유형과 행정목적 달성을 위한 행정의 실효성 확보 수단 유형으로 구분할 수 있다. 전자는 사용료, 수수료, 상·하수도요금 등이 있고, 후자는 과징금 및 이행강제금, 위약금 및 변상금, 과태료, 체납처분수입 등으로 이들은 체납율이 높아 징수·관리체계의 효율화 중점 대상이 된다.

비부과형 세외수입은 행정기관 내부 또는 행정기관간의 회계처리과정에서 발생하는 이른바 명목상의 세외수입과 지방자치단체장이 지방세외수입관계법에 따라 납부의무자에게 지방세외수입금을 부담하게 하는 것이 아닌 유형의 세외수입으로 분류할 수 있다. 예산회계 처리과정에서 발생하는 유형은 회계년도의 단년도주의에 따라 발생하는 경리기술상의 수입인 이월금, 잉여금, 일반회계와 특별회계와의 관계에서 생기는 전입금, 자치단체 간 이전재원인 징수교부금 등이 있다. 지방세외수입관계법에 따라 지방세외수

입금을 부담하게 하는 세외수입이 아닌 유형은 재산매각수입, 융자금원금수입, 지방자
치단체간 부담금, 기타 수입 중 불용품매각대, 보상금수납금, 시도비반환금수입, 기부금
등이 있다.

〈표 5-1〉 지방세외수입의 분류

구분	세부유형	세외수입 종류	특성
부과형 세외수입	· 행정서비스 대가	· 사용료 수입, 수수료수입	· 요금 체계상 수입 · 체납율 낮음
	· 경제활동	· 재산임대수입, 사업수입	· 경제활동 수입 · 체납율 낮음
	· 행정의 실효성 확보 수단	· 과징금 및 이행강제금, 변상금 및 위약 금, 과태료, 일반부담금, 기타수입 중 체납처분수입, 그 외 기타수입	· 징벌적 수입 · 체납율 높음
비부과형 세외수입	· 회계처리 과정상 발생	· 잉여금, 이월금, 전임금, 융자금원금수 입, 예탁금 및 예수금	· 경리기술상 수입 · 세외수입에서 제외
	· 자치단체 간 재원 이전 등	· 징수교부금수입, 이자수입	· 경제활동 수입 · 체납율 없음
	· 기타	· 매산매각수입, 지방자치단체간 부담금, 기타수입 중 불용품매각대, 보상금수 납금, 시도비반환금, 기부금	· 일시적·불안정 수입 · 체납율 없음

자료: 김대영 외(2014: 11) 및 서정섭 외(2015: 13).

2014년 지방세입예산과목 구조개편에서는 지방세외수입을 부과형과 비부과형으로
분류할 경우 회계처리 과정상 발생하는 잉여금, 이월금, 전입금, 융자금원금수입, 예탁
금 및 예수금을 세외수입에서 제외하였다. 이로서 지방세외수입은 수익자부담원칙에 따
라 지방자치단체의 행정서비스 제공의 대가로 징수하거나 행정의 실효성 확보 수단인
징벌적 수입, 적극적·창조적인 행정 및 경제활동에 따른 수입 등으로 정의하고 회계기
술상 수입은 제외하는 개념 정의로 전환되었다. 세외수입에 대한 정의를 새롭게 함으로
서 요금인상, 부과·징수의 효율화 및 세외수입 확충을 위한 행정·경제활동의 창조성
을 발휘할 수 있어 세외수입의 실질적인 재원확충을 기대할 수 있을 것이다(서정섭 외,
2015: 10).

3. 세외수입의 규모

2015년 기준 지방세외수입 규모는 20조 2,489억원으로 지방재정수입의 11.7%를 차지하고 있다. 한편 지방세는 59조 4,523억원으로 34.0%, 지방교부세는 31조 5,849억원으로 18.2%를 차지하고 있다.

〈표 5-2〉 지방세외수입의 규모

(단위: 억원, %)

지방예산 총규모 1,732,590					
의존재원 733,766(42.4)		자체재원 998,824(57.6)			
지방교부세	국고보조금	지방세	세외수입	지방채	보전수입 등
315,849	417,917	594,523	202,489	48,207	153,605
(18.2)	(24.1)	(34.0)	(11.7)	(2.3)	(8.9)

주: 2015년 당초예산기준임.
자료: 재정고(http://lofin.mospa.go.kr).

한편 최근 4년간 지방세입 구조를 보면 자체수입 비중은 대체적으로 매년 감소하고 있고 의존수입이 증가하는 추세를 보이고 있다. 자체수입에서 세외수입 비중은 20.3%로 낮은 실정이다.

〈표 5-3〉 자체수입과 의존수입 구조

(단위: %)

최근 4년간 의존수입 비율의 정보 및 데이터				
구 분	2012	2013	2014	2015
자체수입	59.5	58.2	57.7	57.6
의존수입	40.4	41.8	42.3	42.4

주: 당초예산 기준임.

〈표 5-4〉 자체수입 중 세외수입 비중(2015년 기준)

(단위: 억원, %)

자체수입 계(A+B+C)		지 방 세(A)		세외수입(B)		지 방 채(C)		본전수입 등	
금액	비율	금액	비율	금액	비율	금액	비율	금액	비율
998,824	100%	594,523	59.5%	202,489	20.3%	48,207	4.8%	153,605	15.4%

주: 당초예산 기준임.

제3절 세외수입의 전망과 과제

1. 세외수입의 전망

우리나라 세외수입(광의)의 규모는 2013년도 결산기준으로 보면 72.6조원으로 지방세 수입이 53.8조원인데 비해 그 규모가 크다.[1) 협의의 세외수입으로 볼 수 있는 경상적 세외수입은 14.4조원으로서 전체의 19.8%를 차지하는 반면 임시적 수입은 58.2조원으로 전체의 80.2%를 차지하고 있다. 지방재정에서 매우 중요한 세외수입이 주로 경상적 수입이 아닌 임시적 수입이라는 데에서 세외수입의 안정적 확보라는 차원에서 볼 때 바람직하지 않다(전상경, 2002: 18-27). 지방세외수입은 1995년에 31조 679억원, 2003년 59조 936억원, 2010년 59조 9603억원, 2013년 72.6조원으로 기복은 있으나 증가하는 추세를 보이고 있다. 그러나 그 증가가 임시적 수입 및 기타 특별회계 세외수입의 신장세에 의한 것이고, 경상적 수입과 공기업 특별회계 세외수입의 신장은 정체되어 있는 현실이다(김대영 외, 2014: 42).

우리나라의 세외수입에 대하여 다음과 같은 문제점을 도출할 수 있다. 먼저 경상적 세외수입 비중감소 및 임시적 세외수입의 비중증대에 따른 수입구조의 불건전성이다. 세외수입은 주로 임시적 수입, 사업외 수입에 의해 발생한다. 따라서 세외수입은 예외적이고 단순한 회계상의 이전에 불과한 수입에 의존하고 있는 바, 이러한 세외수입의 불안정성은 예측과 계획성 있는 재정운영을 어렵게 하고 있다. 둘째로는 지방세외수입 중에서 변상금 및 위약금, 과태료, 과징금 및 강제이행금의 징수결정액 대비 징수율이 50%이하로 체납이 많은 것이 문제이다. 이에 따라 2013년에 지방세외수입금의징수등에관한법률이 제정되었다. 그럼에도 불구하고 체납세외수입에 대한 우선징수권이 부여되어 있지 않는 등 간접강제징수권이 부여되어 있지 않아 체납처분의 실효성을 확보하기가 어렵다(김대영 외, 2014: 126).

한편 2014년부터 지방세외수입 중 회계처리로 발생하는 임시적 세외수입인 잉여금, 전연도이월금, 전입금, 예탁금 및 예수금, 융자금원금수입 등 5개의 수입이 세외수입에

---

1) 2014년부터 세외수입 예산과목의 변경으로 기존의 잉여금, 전년도 이월금, 전입금, 예탁금 및 예수금, 융자금원금 수입이 세외수입 통계에서 제외되고 있다.

서 제외되었다. 2015년 당초예산기준으로 세외수입은 20조 2,489억원으로 지방세입 전체의 11.7%에 불과하다. 지방세외수입의 효율적 관리를 통해 세외수입의 증대가 요구된다.

2. 세외수입의 과제

세외수입에 대한 발전적 과제를 다음과 같이 제시할 수 있다. 첫째, 사용자 부담원칙의 강화이다. 세외수입은 공공재의 효율적 세출수준을 결정해주는 데 유용한 메카니즘으로 사용되는 바, 사용자 부담원칙이 적용되면 사용자는 편익과 부담의 균형을 고려하여 사용자의 선호를 일치되게 함으로써 자원의 효율적 배분을 이룰 수 있다.

둘째, 세외수입의 확충이다. 지방자치의 실시에 따라 지방재정의 기업경영화 경향을 주목할 때, 경영수익사업, 공영개발사업, 공유재산의 생산적 활동 등에서 세외수입 관련 부문의 비중이 앞으로 상당히 커질 것으로 전망된다. 그리고 새로운 세외수입원들을 지속적으로 발굴될 필요가 있다.

셋째, 사용료 및 수수료의 요율조정이다. 각종 사용료·수수료의 요율체계가 수익자 부담원칙에 입각하여 합리적인 수준으로 조정될 필요가 있다. 요율을 합리적으로 조정하기 위해서는 먼저 사용료·수수료의 성격에 대한 분류가 선행되어야 한다.

넷째, 경영마인드의 도입이다. 세외수입의 규모를 증대시키기 위해서는 민간부문을 침해하지 않는 범위 내에서 공익증진과 수입증대를 동시에 확보하는 경영수익사업의 활성화가 요구된다.

다섯째, 세외수입의 효율적 관리가 필요하다. 2014년부터 회계처리 과정으로 발생하는 잉여금 등 5개 수입을 세외수입에서 제외하였다. 이의 주된 이유는 세외수입의 효율적 관리를 위해서이다. 세외수입의 효율적 관리를 위해서는 세외수입원을 성격별로 분류하고 그에 맞는 관리체계를 갖추어야 한다. 예를 들면 행정목적 달성을 위한 징벌적 부과형의 세외수입은 체납이 발생하지 않도록 하고 체납이 발생할 경우 최근 제정한 지방세외수입금의 징수등에 관한법률이 실효성있게 작동되도록 해야 한다. 세외수입 관리의 효율성 제고는 세외수입 체납징수 전담조직 신설, 세외수입 업무 시스템 통합, 세외수입 분류체계의 개선에 의해 달성될 수 있다(이상훈 외, 2016: 166-182).

탐구학습

1. 주요개념과 요약
   · 세외수입: 경상적 수입, 임시적 수입, 사업수입, 사업외수입
   · 새로운 세외수입의 개념정의
   · 부과형과 비부과형 세외수입

2. 토론과 과제
   · 세외수입이 가지는 의의
   · 세외수입의 확충을 위한 과제
   · 징벌적 세외수입 체납방지 방안

참고문헌

강종규 외(2007), "우리나라 지방세외수입의 확충방안", 영남지역발전연구, 제37집, 영남대학교
    영남지역발전연구소.

권형신·이상용·이재성(2006), 한국의 지방재정: 이론과 실무(제3판), 서울: 해남.

김대영·강민구·김민정(2014), 지방세외수입 징수체계 효율화 방안, 한국지방세연구원.

김종순(2003), 지방재정학, 서울: 삼영사.

서정섭·이효(2015), "지방세외수입 및 지방보조금의 효율적관리", 지방자치FOCUS, 제99호, 한
    국지방행정연구원.

성시경·이현국(2015), "과태료 결정요인에 관한 탐색적 연구", 사회과학연구, 26(1).

손희준·강인재·장노순·최근열(2011), 지방재정론(개정4판), 서울: 대영문화사.

안전행정부(2009), 지방세외수입 실무편람.

유훈(2000), 지방재정론, 서울: 법문사.

이창균(2002), "일본의 지방세외수입 사례", 지방재정, 제2002-3호, 한국지방재정공제회.

이상훈·사명철(2016), 지방세외 수입의 현황과 과제, 한국지방세연구원.

전상경(2002a), "지방세외수입의 현황과 문제점", 지방재정, 제2002-3호, 한국지방재정공제회.

_____(2002b), 현대지방재정론, 서울: 박영사.

행정자치부(2015), 2015년도 지방자치단체 통합재정 개요.

_____(2015), 2016년도 지방자치단체 예산편성 운영기준 및 기금운영계획 수립기준.

제 6 장

지방채

제 1 절 지방채의 의의

1. 지방채의 개념

지방채란 지방자치단체가 주민복지의 증진이나 지역개발 등의 기능수행에 소요되는 재정수입의 부족을 보충하기 위해 자치단체의 과세권을 담보로 하여 외부로부터 자금을 차입하면서 부담하는 채무로, 그 채무의 이행이 통상 1회계연도를 넘어서 이루어진다.

지방채는 지방자치단체가 부담하는 채무이다. 따라서 지방채발행과 채무이행의 주체는 지방자치단체가 되어야 하기 때문에 자치단체가 아닌 여타의 단체나 기관의 채무는 지방채가 아니다. 예컨대 지방공기업법에 의해 설립된 지방공사·공단의 차입금은 비록 증권발행의 형태를 취하고 있을지라도 이들 법인은 자치단체와 다른 별개의 법인이므로 이를 지방채라고 할 수는 없다. 따라서 지방채를 발행할 수 있는 경우는 현행 지방자치법 및 지방재정법의 규정에 의한 지방자치단체(특별시·특별자치시·광역시·특별자치도·도, 시·군·구, 자치단체조합)에서만 가능하다.

지방채는 지방채증권과 차입금으로 구분할 수 있다(지방재정법 시행령 제7조). 지방채증권은 지방자치단체가 증권발행의 방법에 의하여 차입하는 지방채를 말하며, 외국에서 발행하는 경우를 포함한다. 차입금은 지방자치단체가 증서에 의하여 차입하는 지방채를 말하며, 외국정부·국제기구 등으로부터 차관(현물차관 포함)을 도입하는 경우를 포함한다.

2. 지방채의 필요성

지방자치단체는 건전한 재정운영을 위해 지방재정법 제35조의 규정에 따라 모든 세출의 재원은 당해연도 내에 조달되는 수입으로 충당하는 것이 원칙(非募債主義)이나, 열악한 지방재정의 현실을 감안할 때 자치단체의 항구적 이익이 되거나 긴급한 재해복구 등 불가피한 경우에 한하여 지방재정법 제11조의 규정에 의하여 지방채를 제한적으로 발행하여 충당할 수 있도록 제도화하고 있다.

3. 지방채의 기능

지방채는 연도간의 효율적인 재정운영, 세대간 부담의 형평화, 그리고 부족한 재원의 확보라는 세 가지 기능을 수행하게 된다.

첫째, 지방채를 활용함으로써 재정부담의 연도간 조정을 통하여 계획적·효율적인 재정운영이 가능하다. 예를 들면, 재정규모가 작은 시·군에서 일시에 많은 경비를 필요로 하는 상수도시설사업을 시작한다고 할 때, 시·군의 지방세, 세외수입 등 자체수입만으로 이를 충당하려고 한다면 사업완공이 매우 어려울 수가 있으나 지방채를 활용하여 자금을 조성하면 시·군의 재정운영에 큰 무리를 가하지 않으면서 시설을 조기 완공하여 이를 활용할 수 있고, 향후 요금수입으로 원리금을 연도 간 조금씩 분할하여 상환해 나갈 수가 있어 일시적인 재정부담을 줄여 나갈 수 있다.

둘째, 지방채의 활용에 따라 세대간 부담의 형평화를 도모해 나갈 수 있다. 예컨대 대규모 상수도시설을 현 시대의 지역주민만이 모든 비용을 부담하여 완공한다면 그 후 이 시설을 이용하는 장래의 주민은 편익만 받고 이에 상응한 비용의 부담을 하지 않게 된다. 따라서 이 경우에 투자재원으로 지방채를 활용한다면 장래 주민도 향후 채무 원리금 상환에 따른 적정한 부담을 지게 되어 세대간 부담의 형평화를 도모할 수 있어 수익자부담의 원칙에도 맞다.

셋째, 지방채는 긴급하고 부족한 재원을 보완하는 기능도 있다. 지방자치단체가 수해·태풍 등 재해로 인해 지방세수가 감소되거나, 경제위기 등과 같은 예기치 못한 사태로 인하여 각종 세수입이 급격하게 줄어들어 연도 중 정상적인 재정운영이 곤란할 경우에도 부족재원의 보완적 조치로서 지방채가 활용되기도 한다.

제2절 지방채발행 총액한도제와 발행기준

1. 지방채발행 총액 한도제

1) 지방채발행 총액한도제의 개념

지방채발행 총액한도제[1]는 지방자치단체가 한도액의 범위 내에서는 중앙정부(행정자치부)의 승인 없이 지방의회의 의결을 거쳐 지방채를 발행할 수 있는 제도이다. 또한 한도액을 초과하는 경우는 행정자치부장관의 승인을 얻은 범위 안에서 지방의회의 의결을 거쳐 지방채를 발행할 수 있다. 다만 외채의 경우는 한도액 범위 내라도 지방의회의 의결을 얻기 전에 행정자치부장관의 승인을 얻어야 하는데, 이는 환율변동에 따른 환위험 관리를 위해서이다.

지방채발행 한도액은 행정자치부장관의 승인 없이 지방의회의 의결을 거쳐 지방채를 발행할 수 있는 상한액으로, 행정자치부장관이 지방자치단체의 재정규모, 채무상환 일정 등 재정상황을 고려하여 해당 지방자치단체의 전전년도 예산액의 10% 범위 내에서 정한다(지방재정법 시행령 제10조 ②).

지방채발행 한도액에는 ① 지방채발행액, ② 채무부담행위액, ③ 보증채무부담행위액 중 채무자의 파산 등으로 인하여 자치단체가 채무이행의 책임을 지게 된 금액(보증채무부담행위책임액), ④ 지방자치단체가 BTL(Build-Transfer-Lease, 임대형민간투자사업) 준공 후 민간투자사업자에게 순수 지방비로 지급해야 할 의무가 확정된 임대료 잔액, ⑤ 우발채무 총액의 50%에 해당하는 금액이 포함된다(지방재정법 시행령 제10조 ② 및 행정자치부, 2015: 8).[2] 예를 들면 특정연도에 A 지방자치단체의 한도액이 100억

---

1) 지방채발행총액한도제는 참여정부의 재정분권과제 중의 하나이며, 지방재정법을 개정(2005.8.4, 시행 2006.1.1)하여 동 제도를 도입하였다.

2) 일반채무는 지방재정법 제2조 제5호 및 시행령 제10조 및 제108조에 해당하는 지방채(지방채증권, 차입금), 채무부담행위, 보증채무부담행위책임액의 통상적인 지방채무를 말한다. 관리채무는 일반채무에다 사회기반시설에 대한 민간투자법 제4조 제2호에 따른 임대형 민자사업(BTL)에 대하여 순 지방비로 민간사업자에게 임차료 명목(운영비·이자 제외)으로 지급해야 할 총액(BTL임차료)을 합한 채무를 말한다. 우발채무는 지방재정법 제13조에 따른 보증채무부담행위 및 지방자치법 제39조 제1항 제8호에 따른 것(예산외 의무부담)으로서 보증·협약 등에 따라 지방자치단체의 채무 등으로 바뀔 가능성이 있는 것을 말한다. 우발채무 유형은 보증채무 부담행위 및 예산외 의무부담 유형으로 구분된다.

원이고, 당해연도에 지방채발행 50억원, 채무부담행위 20억원, 보증채무부담행위책임액 10억원, 순수 지방비로 지급해야할 의무가 확정된 BTL 임대료 잔액 10억원, 우발채무 총액의 50%에 해당하는 금액 10억원인 경우는 한도이하이기 때문에 의회의 의결만으로 지방채 발행이 가능하다.

2) 지방채발행 총액한도액 산정

(1) 산정기준

지방자치단체별 지방채 발행 총액한도액은 지방채 자율발행 가능지수와 관리채무상환비율을 기준으로 산정한다. 회계의 범위는 일반회계, 기타특별회계, 공기업특별회계, 기금을 포함한다. 채무는 지방채(지역개발공채 및 도시철도공채 포함), 채무부담행위, 보증채무이행책임액, BTL 임차료(순수 지방비로 지급의무가 확정된 총액), 우발채무 50%이다. 광역자치단체의 경우 해당 지역개발기금에서 차입·상환하는 금액은 제외한다. 지역개발기금은 지역개발공채로 형성된 재원이기 때문에 채무가 중복 계산되어 하나를 제외하는 것이다.

지방채 자율발행 가능지수는 1에서 경상일반재원 대비 지방채발행총액한도액 산정의 채무(일반채무, BTL임차료, 우발채무) 비율을 제하는 〈수식 6-1〉에 의해 산정한다.

$$\text{지방채 자율발행 가능지수} = 1 - \frac{\text{일반채무(결산)} + \text{BTL임차료(결산)} + \text{우발채무(50\%)}}{\text{경상일반재원(결산)}} \times 100 \quad \text{〈수식 6-1〉}$$

- 일반채무 = 지방채 + 채무부담행위 + 보증채무이행책임 확정액의 잔액기준 ※ 이자 제외
- BTL임차료 = 준공 후 자치단체로 소유권이 이전된 시설물에 대해 결산일 기준으로 향후 민간 사업자에게 지급의무가 생긴 총액 중 순지방비로 지급할 금액
- 우발채무 = 보증채무부담행위액, 지방자치법 제39조제1항제8호에 따른 것(예산외 의무부담)으로서 보증·협약 등에 따라 자치단체 채무 등으로 바뀔 가능성이 있는 것을 말함
- 경상일반재원 = 지방세(지방교육세 제외) + 경상적세외수입 + 지방교부세 + 조정교부금

예산외 의무부담은 부지매입 확약, 토지리턴, 기타 유형이 있다. 부지매입 확약은 자치단체가 일정기간이 지난 시점에 미분양 부지를 매입할 의무를 부담하는 형식으로 채무보증하는 형태이며, 토지리턴은 토지매매계약 해약 시 토지매수자에게 매매대금에 대한 조건 없는 반환의무가 부여된 계약 형식, 기타 유형은 부지매입확약, 토지리턴 이외에 협약 등에 따라 지방자치단체의 부담으로 바뀔 가능성이 있는 예산외 의무부담이다(행정자치부, 2015: 6-7).

관리채무상환비율은 미래 4년간 일반재원수입 대비 순지방비로 상환할 관리채무액의 비율로 〈수식 6-2〉에 의해 산정한다.

$$관리채무상환비율 = \frac{\text{미래 4년 순지방비로 상환할 평균관리채무액}}{\text{미래 4년 경상일반재원의 평균 수입액}} \times 100 \qquad 〈수식 6-2〉$$

· 연도구분: 한도액 산정 기준연도는 한도액산정 기초자료의 결산 다음연도부터 4개년간
　　　　　　예, 2016년 한도액 산정시 미래4년은 '15～'18년
· 관리채무: 일반채무 + BTL임차료 총액
· 평균 관리채무상환액 및 평균 경상일반재원 수입액 계산식
　- 미래4년 상환할 평균 채무액: [미래 4년('15～'18) 관리채무상환액] ÷ 4년
　　· 매년 6.30 현재 지방채무 잔액을 기준으로 미래 4년 관리채무상환액 산정
　　· 이자액은 과거 4년 평균 이자액을 미래 4년간 관리채무상환액에 합산
　- 평균 경상일반재원 수입액: [미래 4년('15～'18) 경상일반재원 수입액] ÷ 4년
　　· 직전 연도의 경상일반재원 규모에 과거 4년 경상일반재원 평균 증가율을 적용
· 미래 상환할 관리채무액에 조기상환액은 포함되지 않도록 산정

(2) 계층별로 차등화 된 한도액 설정

지방채 발행 한도액은 해당지방자치단체 전전연도 예산액의 100분의 10의 범위 이내이어야 한다(지방재정법 시행령 제10조 ②). 지방자치단체별 지방채 발행 한도액은 지방채 자율발행 가능지수와 관리채무상환비율을 중심으로 해당 자치단체의 채무수준 및 재정여건을 고려하여 설정한다.

우선, 특별·광역시 및 특별자치시·특별자치도, 도·인구 100만 이상의 대도시, 시·군, 구의 계층별로 발행가능비율을 차등 부여하고 있다. 예를 들면, 특별·광역시 및 특별자치시·특별자치도는 전전년도 예산의 10%, 도 및 인구 100만 이상의 대도시는 8%, 시·군은 5%, 구는 2%로 차등화 하고 있다. 관리채무상환비율이 20%를 초과하는 경우 '0'으로 처리하여 지방채를 발행할 수 없다. 최종적으로 지방자치단체별 지방채 자율발행 가능지수에 계층별 지방채발행 가능비율과 경상일반재원을 곱하여 산출한다(기본한도액).

차환의 경우 해당연도 지방채 상환총액의 25%이내이고, 한국은행이 발표하는 금융기관의 가중평균금리 중 공공 및 기타대출의 금리 이내의 일정 요건을 갖추어 지방채를 발행하는 경우는 별도한도액으로 간주하고 있다. 또한 시도의 경우는 지역개발공채와

도시철도공채 발행예상액을 승인받는 것으로 간주하여 그만큼 한도액을 추가한다(별도 한도액).

〈표 6-1〉 지방자치단체 유형별 한도액 산정 기준

구분		특·광역시 및 특별자치시·도	도 및 인구100만 이상의 대도시	시·군	구
총 한 도 액 A + B	기본 한도액(A)	지방채 자율발행 가능지수 × 계층별 발행가능 비율 × 경상일반재원			
	지방채 자율 발행 가능지수	1−{(일반채무(결산)＋BTL임차료(결산)＋우발채무(50%))/경상일반재원(결산)}			
	지방채발행 가능 비율	10%	8%	5%	2%
	별도 한도액(B)	지역개발채권 발행액 ＋ 도시철도채권 발행액 ＋ 일정요건 충족 차환액			

3) 지방채발행 총액한도제의 시사점

지방채발행 총액한도제의 도입은 참여정부의 재정분권로드맵에 포함된 과제이다. 종전의 지방채발행 사업별 승인제는 중앙정부의 권한에 속한 사항으로 이는 지방자치단체의 자금차입에 대한 걸림돌이 되고 있어 지방채발행 총액한도제는 지방채발행에 대한 자치단체의 자율성을 대폭 확대시킴으로써 자치단체의 실정에 맞는 탄력적이고 적극적인 재정운용이 가능하게 되었다는데 그 의미가 있다.

지방채발행 한도제 도입으로 어떤 자치단체는 1조원 정도를 중앙부처의 승인없이 지방채를 발행할 수 있다. 그러나 그 이면에는 자치단체의 책임도 더 강화되었다고 볼 수 있다. 따라서 자치단체는 재정규모에 맞는 지방채를 운용하여 지방채의 기능을 최대한 활용할 수 있도록 노력하여야 한다. 동시에 자치단체의 건전재정을 유지하는 측면에서 사전적인 통제가 아닌 주민과 지방의회에 의한 자율통제가 가능하도록 지방재정공시 항목에 주민 1인당 채무액, 채무증감내역, 지방채 현재액을 포함시키고, 지방재정분석 지표에 지방채와 관련된 정보를 확대하였다.

2006년도부터 지방채발행 한도제가 도입되었지만 당분간 지방채발행은 예년수준으로 발행될 것으로 예상된다. 앞으로 중앙정부와 지방자치단체는 본 제도에 대한 운용결과에 대하여 모니터링을 지속적으로 실시하여 지방재정의 건전성 확보와 자율성 강화라는 두 가지 목적을 달성해야 할 것이다.

2. 지방채의 발행기준

1) 지방재정계획과 연계

지방채를 발행함에 있어서는 먼저 당해 자치단체의 내부절차로써 지방채 발행 대상 사업의 필요성과 타당성, 국가 및 지방계획과의 연계, 차입선의 결정 등 지방채 발행계획을 수립하여야 한다. 특히 지방채 발행계획의 수립시 고려해야 할 대상사업은 중기지방재정계획 및 각종 지역개발계획에 반영된 투자순위가 우선인 사업을 원칙으로 하고, 사전에 투융자심사를 거쳐 사업을 선정하며, 지방채 발행은 당초계획에 전 사업을 망라하여 종합적인 계획을 수립하고 연도 중 추가발행은 불가피한 경우 외에는 억제하는 것이 바람직하다.

2) 지방채발행 한도액 범위내의 경우

한도 내에서 지방채를 발행할 수 있는 사업은 공용·공공용시설의 설치, 당해 사업의 수익금으로 원리금상환이 가능한 사업, 천재·지변으로 인한 재해 등 예측할 수 없는 세입결함의 보전, 재해예방 및 복구사업, 기발행한 지방채의 차환, 그 밖에 주민의 복지증진 등을 위하여 특히 필요하다고 인정되는 사업이다. 그러나 지방채발행이 허용되는 경우라도 투·융자심사 대상규모 이하의 소규모 사업(시·도 40억원 미만, 시군구 20억원 미만)은 지방채를 발행할 수 없다. 다만 청사정비기금에서 차입하는 소규모 지방청사 관련 사업은 가능하다. 지방채 발행은 자본적 지출사업에 대하여 발행하는 것으로 소모성 경상적 지출, 인건비는 지방채 발행이 불가하다(행정자치부, 2015: 11).

한도액의 범위 내라도 외채를 발행하는 경우 지방의회의 의결을 얻기 전에 행정자치부장관의 승인을 얻어야 하며, 자치단체에서는 외환전문기관의 컨설팅 등에 따라 환위험관리계획을 수립하여 승인요청을 하여야 한다. 이는 예상치 못한 환율변동에서 초래되는 환위험을 최소화하기 위한 조치이다.

3) 지방채발행 한도액을 초과하는 경우

한도액을 초과하여 지방채를 발행할 수 있는 경우는 공유재산의 조성 등 재정투자사업과 그에 직접적으로 수반되는 경비의 충당, 재해예방 및 복구사업, 천재·지변으로 인한 재해 등 예측할 수 없는 세입결함의 보전, 지방채 차환 등을 위하여 특히 필요하다고 인정되는 경우이다.

4) 지방채발행 한도액 초과승인 기준

지방채발행 한도제 도입에 따라 각 자치단체별 채무현황, 재정상태에 따라 한도액이 부여되었다. 따라서 지방재정운영의 건전성을 확보하기 위해서는 과도한 지방채발행은 바람직하지 아니하다. 특히 우리나라 지방자치단체의 경우는 자체재원이 취약하여 국가재정에의 의존도가 매우 높아 과다한 지방채발행은 재정위기를 초래할 우려가 있으므로 한도액 초과발행에 대해서는 다음과 같이 엄격한 기준을 적용하고 있다.

(1) 단체유형별 승인기준

단체유형별 승인기준은 관리채무부담도[3]를 기준으로 하고 있다. 관리채무부담도가 60% 미만인 지방자치단체에 대하여는 지방재정 투·융자 승인을 받은 사업, 관계 중앙부처의 의견이 적정인 사업에 대하여 승인을 원칙으로 한다. 관리채무부담도가 60% 이상인 지방자치단체에 대하여는 채무규모가 많아 증가되지 않도록 발행연도 지방채 상환금액을 고려하여 승인을 원칙으로 하며, 이들 지방자치단체는 채무관리계획을 의회에 보고하고, 순세계잉여금을 원리금 상환에 활용할 것을 요하거나 별도회계 또는 기금 등에 적립해야 하는 의무가 주어진다.

(2) 재정지표 등에 의한 승인기준

재정지표 등에 의한 승인은 지방채원리금 상환의 연체가 없는 단체, 최근 5년간 사실과 다른 신청으로 지방채 발행의 승인을 얻었거나, 승인을 얻지 아니하고 지방채를 발행한 사실이 없는 단체 등이 기준이다.

다만 예외적으로 지방채발행한도액을 초과한 경우라도 단기·고금리의 지방채를 상환하기 위해 추가부담이 없는 차환채의 발행, 재해 등으로 사업시행이 긴급한 사업, 상환재원의 대부분이 국비(국고보조금, 지방교부세 등) 또는 특정재원으로 충당되는 사업, 계속사업 중 사업추진을 중단하는 것이 심히 공익에 반하여 지방채 발행이 불가피할 경우 등의 경우에는 지방채발행을 초과하여 승인할 수 있다.

---

[3] 전전년도 결산기준으로 경상일반재원(일반재원-임시적세외수입) 대비 관리채무의 현재액 비율을 말한다. 일반재원은 지방세(지방교육세 제외), 세외수입, 지방교부세, 조정교부금의 합이다.

5) 지방채 발행계획의 변경

지방채발행 초과승인을 받은 후 발행계획을 변경할 때도 행정자치부장관의 승인을 받아야 한다. 다만 지방채 발행규모를 축소하거나 또는 이율을 낮추는 경우, 이율을 높이거나, 상환기간을 연장하지 않고 지방채 차입선을 변경하거나 또는 채권발행방법을 변경하는 경우, 지방채 상환연한을 단축하거나 또는 이율을 높이지 않고 차환 및 조기상환을 하는 경우, 지방채의 상환연한을 연장하지 않고 상환방법을 변경하는 경우, 도시철도공채발행 승인액의 10% 이내에서 초과하여 발행하는 경우 등은 별도로 행정자치부장관의 승인을 받지 아니하고 사후 보고로써 갈음할 수 있도록 하였다.

6) 자치단체조합의 지방채 발행

지방자치법 제149조의 규정에 따라 2개 이상 자치단체는 사무를 공동으로 처리하기 위해 지방자치단체조합을 설립할 수 있다. 이러한 조합도 지방채를 발행할 수 있는데 자치단체와 같이 한도액은 부여되지 않고 사업별로 승인을 받아야 발행이 가능하다. 지방채를 발행할 수 있는 대상사업은 한도 내에서 발행할 수 있는 사업과 동일하다. 특히 자치단체 조합의 경우에는 행정자치부장관의 승인을 얻은 범위 안에서 조합의 구성원인 각 지방자치단체의 지방의회의 의결을 얻어야 한다. 그리고 조합과 그 구성원인 지방자치단체가 그 상환과 이자의 지급에 관하여 연대책임을 지도록 함으로써 지방채발행의 책임성을 강화하였다.

제 3 절   지방채의 발행절차와 관리 · 운용

1. 지방채의 발행절차

1) 한도액 통보

지방채발행 한도제 도입에 따라 매년 자치단체에 한도액이 설정된다. 한도액은 재무상태 및 채무현황에 따라 일반재원의 10% 내에서 설정된다. 이에 따라 행정자치부장관은 다음연도 지방자치단체별 지방채발행 한도액을 7월 15일까지 통보하여야 한다.

2) 지방채발행계획 수립 및 지방채 승인

지방채를 발행하고자 하는 자치단체의 장 및 자치단체조합의 장은 행정자치부장관이 시달한 지방채발행계획 수립기준에 따라 발행예정 전년도에 지방채발행 종합계획을 수립하고 지방채발행계획(정기분)을 8월 31일까지 행정자치부장관에게 제출하여야 한다. 한도 내에서 발행하는 경우에는 지방채발행 규모 등을 파악하기 위한 지방채사업 목록 등 기초자료만 제출하면 된다.

행정자치부장관은 지방채발행계획(정기분) 중 지방재정법 제11조 제2항 단서, 제3항 및 제4항의 규정에 의한 승인대상사업과 지방채인수사업(정부자금 및 공공자금)에 대하여는 해당 중앙행정기관의 장과 협의하여 10월 31일까지 승인 및 결과 통보하여야 한다. 또한 시·군·구에서 지역개발기금 등을 차입하고자 하는 경우에는 행정자치부장관이 정하는 기준에 따라 지방채발행계획(정기분)을 7월 31일까지 시·도지사에게 제출하여야 한다.

3) 지방채 발행체계

지방채 발행체계를 보면, 행정자치부의 총액한도 및 지침시달에서 예산편성과 발행에 이르기까지로 구성되어 있다. 이를 구체적으로 살펴보면 [그림 6-1]과 같다.

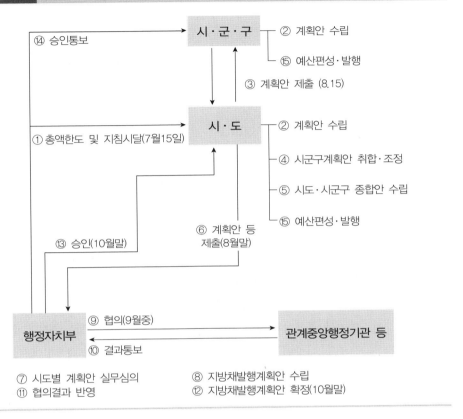

그림 6-1　지방채 발행체계

2. 지방채의 관리 및 운용

1) 자치단체 채무관리사무의 범위 및 관리원칙

지방채발행 한도액 산정 및 발행 시 일반채무(지방채, 채무부담행위액, 보증채무부담행위액 책임액)뿐만 아니라 임대형민간투자사업(BTL), 우발채무까지 포함된다. 지방자치단체에서는 이들 모두를 채무로써 관리하여야 한다. 따라서 자치단체의 장은 채무가 발생하였을 때에는 지체 없이 채권자·채무금액 및 이행 기한 기타 관련되는 모든 사실을 확인하여 장부에 기재하고 그 관리에 철저를 기하여야 한다.

모든 지방자치단체는 지방채 차입·상환실적 및 계획, 향후 5개년 이상의 기간에 대해 지방채 발행 및 상환계획, 채무의 증감 전망과 관리계획 등이 포함된 지방재정건전성관리계획을 수립하여 시행하도록 2014년부터 의무화되었으며(지방재정법 제87조의 3), 지방자치단체는 채무관리계획을 매년 수립하고 주민에게 공개하도록 되어 있다. 지방채 관리계획에 포함되는 채무의 범위는 일반채무, BTL(임대료), 우발채무, BTO (Build-Transfer-Operate, 수익형 민간투자사업)의 MRG(Minimum Revenue Guarantee, 최소운영수익보장제) 등이 포함된다.

2) 채무과다 단체의 채무관리

지방채 발행을 통해 투자사업재원의 일부를 충당하고 있는 경우에는 다음년도 이후의 건전한 재정운영을 도모하고 채무상환부담을 경감하기 위해 적극적으로 노력하여야 한다.

첫째, 관리채무부담도 35% 이상 또는 한도 초과 발행 지방자치단체는 채무관리계획을 수립하여 의회에 보고하고 시행하도록 의무화되어 있다. 채무관리계획에 포함될 내용은 채무감축 목표, 감채기금 적립, 순세계잉여금의 상환재원 활용 등이다.

둘째, 채무부담관리도가 60% 이하인 지방자치단체는 순세계잉여금의 일정액을 상환재원으로 적립하거나 채무상환에 직접 사용하는 방안을 자체적으로 추진할 수 있다. 채무부담관리도가 60% 이상인 지방자치단체는 매년 의무적으로 순세계잉여금의 20%를 조기상환 또는 적립하도록 하고 있다.

셋째, 채무과다단체의 채무관리계획의 관리 강화를 위해 지방재정관리시스템(e-호조)를 통하여 이행여부를 점검하고, 미이행 단체에 대하여는 한도초과 지방채발행 신청시 승인유보, 다음연도 지방채발행 한도액 산정시 한도액 감액조치, 공공자금관리기금·청사정비기금·지역개발기금 배정시 후순위 배정 등의 페널티를 부여하고 있다.

제 4 절   지방채의 전망과 과제

1. 지방채의 전망

지방재정이 취약한 가운데 지역개발관련 재정수요는 더욱 늘어날 것으로 예상된다. 〈표 6-2〉에서와 같이 지방채(일반채무)의 발행규모가 경제위기 초기년도인 2009년도를 제외하고 매년 5조원~10조원 사이에서 발행된다. 지방채발행규모는 지방예산 규모의 3%~5% 정도이며, 2014년도에는 예산의 2.4%로 낮아졌다. 향후 각종 시설 및 복지관련 재정수요가 더욱 늘어날 것으로 전망되므로 공공투자재원으로서 지방채의 중요성은 더욱 증대될 것이다.

지금까지 지방채발행은 정부자금, 지방공공자금 등 증서차입에 일방적으로 의존해왔으므로 모집공채 발행을 위한 자치단체의 노력과 전문성이 부족했다. 앞으로 민간자금을 끌어당기는 지방채발행이 활성화되어야 할 것이다.

<표 6-2> 지방채의 발행 추이

(단위: 십억원, %)

구 분	2008	2009	2010	2011	2012	2013	2014	2015
총세입(A)	161,202	178,103	183,226	185,467	198,912	208,889	220,336	233,952
지방채(B)	5,277	11,319	7,300	8,380	6,054	9,628	5,313	4,821
B/A(%)	3.3	6.4	4.0	4.5	3.0	4.6	2.4	2.1

주: 지방채 규모는 세입예산 총계 기준임.
자료: 재정고(http://lofin.mospa.go.kr), 지방예산현황.

2. 지방채의 과제

향후 지방채 발행에 있어 먼저 단기적으로 총액한도제에서 자치단체의 채무부담능력 산정시 채무상환비비율과 채무비율 이외에 추가적으로 복식부기회계에서 도출되는 자산(또는 순자산)을 반영할 필요가 있다(임성일, 2007: 32).

그리고 지방채의 상품성을 제고할 필요가 있다. 그동안 낮은 금리 및 유통성 부족으로 인해 상품성이 떨어졌는데 지방채의 활성화를 위해서는 상품성의 제고가 필요하다. 따라서 모집공채·매출공채 등 증권발행에 의한 방법을 확대하고 상환기간 10년 미만의 중단기채의 발행을 더욱 늘려야 할 것이다.

마지막으로 지방채 취급 금융기관의 설립이 요구된다. 장기저리의 자금을 안정적으로 조달하기위해서는 정부 및 지방자치단체의 출연과 민간자금을 유치하여 지방채 취급 전문금융기관을 설립할 필요가 있다.

▌ **탐구학습**

1. 주요개념과 요약
   · 지방채
   · 지방채발행 총액한도제
   · 관리채무 BTL, 우발채무
   · 지방채 자율발행 가능지수

2. 토론과 과제
   · 지방채의 기능
   · 지방채 과다발행으로 인한 영향

▌ **참고문헌**

권형신·이상용·이재성(2006), 한국의 지방재정: 이론과 실제(제3판), 서울: 해남.

김동기(2005), 한국지방재정학, 서울: 법문사.

배정아·서정섭(2014), 지방자치단체 우발채무 관리방안, 한국지방행정연구원.

서정섭·신두섭(2010), 채무과다지역 심층분석 및 조치방안, 한국지방행정연구원.

심정근 외(1997), 지방재정학, 서울: 박영사.

임성일(2007), "지방채 발행제도의 현실과 향후과제", 지방재정, 한국지방재정공제회.

조기현·하능식(2008), 지방채 발행 총액한도제 연구, 한국지방행정연구원.

행정자치부(2015). 지방자치단체 통합재정개요.

행정자치부(2015), 2016년도 지방채발행수립 기준.

제7장

지방재정조정제도

제1절 지방재정조정제도의 의의

1. 지방재정조정제도의 개념

지방재정조정제도(local finance equalization scheme)란 정부간의 재정적 협력을 포괄하는 의미이다. 즉 중앙정부가 지방자치단체에게, 광역자치단체가 기초자치단체에게, 그리고 동급 지방자치단체간에 재원을 공여하거나 또는 단체간의 재정 불균형을 조정해줌으로써 지방자치단체의 바람직한 역할 수행을 뒷받침해 주려는 재원이전장치이다.

지방자치단체의 행정기능을 수행하는데 필요한 경비는 지방세와 세외수입 등 자체재원으로 충당하는 것이 바람직하다. 그러나 세원의 대도시 편재로 인해 국세의 지방세 이전이라는 세제개편만으로는 자칫 잘못하면 지역간 재정격차를 오히려 심화시키게 된다. 따라서 지역간에 고루 분포된 세원을 지방세로 하면서 대도시에 편재된 세원은 국세로 징수하여 취약한 지방재정의 구조를 보완하는 제도가 필요하다. 즉 지방재정조정제도는 자치단체가 최소한의 행정수준을 유지하기 위해 필요한 재원을 보장해 주면서 자치단체간의 재정력격차를 시정하기 위해 국세수입의 일부 또는 기타 자금을 일정기준에 따라 지방자치단체에 배분하는 제도이다.

지방재정조정제도는 자본주의가 고도로 발전함에 따라 필연적으로 발생할 수밖에 없는 지역간의 경제 및 재정불균형(fiscal disparities across jurisdictions)과 함께 주민이 어느 자치단체 지역에 살더라도 일정한 행정수준(national minimum, 표준서비스-예컨대 도로, 상하수도, 주택, 사회보장제도 등)은 향유할 수 있어야 한다는 상호 모순된 명제를 조화시키려는 시도에서 나타난 제도이다. 따라서 지방재정조정제도의 기능은 첫째, 자치단체간의 재원불균형을 조정하고, 둘째, 일정한 행정수준을 유지하기 위한 재원을 보장하며, 셋째, 국가적 관심사항에 대한 참여촉구 및 역할분담, 넷째, 홍수 등 특별재해에 따른 보조 등이다.

2. 지방재정조정제도의 필요성

지방재정조정제도는 중앙정부가 지방자치단체를 대상으로 지역간 재정불균형의 시정, 국가최저한 행정서비스수준의 확보를 보조하기 위한 기초적인 공공서비스 공급, 지역간 누출효과(spill-over effect)의 보정, 그리고 특정 정책추진의 촉진 등을 목적으로 행하는 재정이전을 말한다. 이는 주로 중앙정부가 지방자치단체를 대상으로 하는 것이 일반적이지만, 광역자치단체가 관할 기초자치단체를 지원할 목적으로 하는 경우도 적지 않다.

지방재정조정은 지방자치단체가 최소한의 행정서비스수준을 유지하는데 필요한 재원을 보장해 주면서 동급 지방자치단체간의 재정력 격차를 완화시키기 위해 국세수입 또는는 광역지방자치단체 지방세수입의 일부를 일정 기준에 따라 하위 지방자치단체에 배분하는 것을 주요한 내용으로 하고 있다.

우리나라의 경우 중앙정부와 지방자치단체간, 광역지방자치단체와 기초지방자치단체간 수직적 재정불균형과 함께 동급 자치단체간의 수평적 재정불균형을 겪고 있다. 나아가 취약한 지방재정의 확충을 위해서는 조세체계를 합리적으로 개편하는 노력을 해야 하겠지만 더불어 지역간 재정불균형의 해소를 위해 현행 지방재정조정제도의 운용방식을 보다 개선하는 조치도 병행되어야 한다.

현재 우리나라의 중앙정부가 지방자치단체를 지원하는 지방재정조정제도는 지방교부세제도와 국고보조금제도를 두 축으로 하여 운영되고 있고, 광역자치단체가 기초자치단체를 지원하는 재정조정제도로는 조정교부금과 징수교부금 등이 있다.

3. 지방재정조정제도의 분류

지방재정조정제도의 형태는 그 국가의 정치 체제, 즉 단일형 국가냐 연방형 국가냐, 중앙집권적이냐 지방분권적이냐, 중앙정부와 지방자치단체 간의 사무배분 및 세원배분이 어떠한 형태로 되어 있느냐 등의 요인에 따라 다양하다. 여기서는 가장 보편적으로 사용하는 킹(D. N. King)의 분류에 따라 재정조정재원의 용도 지정 유무를 기준으로 특정보조금(specific grants) 제도와 일반교부금(general grants) 제도로 구분한다(D. N. King, 1984, R. C. Fisher: 203-204, 86-87, 손희준 외, 2011: 179-180).

1) 특정보조금

특정보조금은 특정 공공사업에 사용하도록 용도를 지정하여 지원되는 보조금으로서 선택적 보조금(selective grants) 또는 조건부 보조금(conditional grants)이라고도 부른다.[1]

특정보조금은 정액보조금(lump-sum specific grants)과 정률보조금(matching specific grants)으로 나눌 수 있는데, 전자는 국가가 특정 사업에 대해 고정된 금액을 지방자치단체에 보조하는 형태이고, 후자는 지방자치단체의 자체수입에 의한 부담 규모에 따라 특정 사업의 보조금액이 변하는 제도이다.

그리고 정률보조금은 다시 폐쇄형 정률보조금(closed matching specific grants)과 개방형 정률보조금(open matching specific grants)으로 나눈다. 전자는 지방자치단체 부담에 따라 보조금의 상한을 설정하는 경우이며, 후자는 보조금 금액의 상한을 설정하지 않고 지방자치단체의 부담 수준에 관계없이 항상 일정한 보조율을 적용하는 경우로서 우리나라의 국고보조금이 이 형태에 속한다.

2) 일반교부금

일반교부금은 교부금을 지급받는 정부의 자유재량으로 지출할 수 있는 것으로 선택적 교부금 또는 무조건부 교부금(unconditional grants)이라고 부른다. 이러한 일반교부금은 정액교부금(lump-sum general grants)과 노력 관련 교부금(effort-related general grants)으로 나눌 수 있다.

전자는 교부금액이 지방자치단체의 세입 노력(revenue effort)과 무관하게 일정한 금액을 교부하는 것으로 우리나라 지방교부세가 여기에 속한다. 후자는 교부금 금액이 지방자치단체의 세입노력의 결과에 따라 변하는 교부금으로 미국에서 과거에 시행했던

---

1) 선택적 보조금은 보조금을 지급하는 정부가 보조금을 사용할 수 있는 목적을 선택하는 것이고, 조건부 보조금은 보조금을 지급하는 정부가 보조금을 지출하는 방법에 대한 조건을 결정하는 것이다(손희준 외, 2011: 179).

일반세입분할 제도(교부 금액이 세입 노력과 플러스 관계임)가2) 이에 해당한다.

4. 우리나라 지방재정조정제도의 유형

전통적인 지방재정조정제도로는 지방교부세, 지방양여금, 국고보조금 등이 있다. 이 가운데 지방양여금은 2005년 국가균형발전특별회계 신설시 통폐합되어 현재는 운영되

〈표 7-1〉 지방교부세·국고보조금·지역발전특별회계의 비교

구 분	지방교부세	국고보조금	지역발전특별회계1)
근거법령	·지방교부세법	·보조금의 예산 및 관리에 관한 법률	·국가균형발전특별법
목 적	·자치단체 재원보장 ·재정력 불균형 완화	·자치단체가 수행하는 특정 사업 또는 지출지원	·지방이 스스로 성장과 혁신의 주체가 되는 자립형 지방화의 추구
재원구성	·내국세의 19.24% - 보통교부세 - 특별교부세 ·종합부동산세 총액 - 부동산교부세 ·담배의 개별소비세액 20% - 소방안전교부세	·국가의 일반회계 또는 특별회계 예산으로 계상	·지역발전특별회계의 예산으로 계상
용 도	·용도 지정없이 자치단체 일반회계예산으로 사용 ·특별교부세 및 소방안전교부세는 용도 지정	·용도지정 ·특정한 지원대상 사업 재정수요 충당	·생활기반계정 - 낙후지역개발 및 재해예방 ·경제발전계정 - 혁신적인 발명·신상품·신시장개발 지원
배분방법	·단체별 기준재정부족액을 기준으로 배분	·지원사업별 사업우선순위 등에 의거 지원	·생활기반계정은 시·도 단위로 신청한도를 설정 ·경제발전계정은 중앙부처별 사업별로 예산안 조정
성 격	·일반재원(자주재원 성격)	·특정재원(의존재원 성격)	·특정재원(포괄보조금 성격)

주: 1) 지역발전특별회계는 엄격한 의미에서 지방재정조정제도에 포함되지는 않으나, 기존의 지방양여금제도를 발전적으로 대체하였고, 지방재정의 격차를 해소해주는 기능을 수행하는 것을 고려하여 지방재정조정제도에 포함시켜서 비교함.

---

2) 미국의 일반세입문할(general revenue sharing)이란 연방정부가 주 및 지방정부에 대해 또는 중정부가 지방정부에 대해 일반재원을 강화하기 위해 자기 세입의 일부를 교부하는 제도로서 용도에 아무런 제약이 없는 교부금이다. 연방정부에 의한 일반세입분할 제도는 1972년부터 1985년까지 시행되었다(손희준 외, 2011: 180).

지 않고 있다. 국가균형발전특별회계는 2009년도에 광역·지역발전특별회계로, 2014년도에는 지역발전특별회계로 명칭이 변경되었다.

　지방자치단체는 국가와 독립된 재정운영 주체로서 국가가 부담하여야 할 경비를 자치단체에 전가해서는 안 되도록 되어있고(지방자치법 제122조), 자치사무처리와 관련된 경비(지방재정법 제20조) 및 공공사무에 관한 경비(지방재정법 제21조) 등에 한하여 지출하도록 되어있어 일반적으로 지방자치단체가 국가에 경비를 부담할 의무는 없다고 하겠다.

　다만 지방자치단체가 추진하여야 할 사업을 국가기관에 위탁하는 경우 지방자치단체는 위탁사업비를 당연히 부담하여야 하며, 또한 개별법에 따라 국가의 시행사업으로 특별한 이익이나 수혜를 받게 되는 경우 해당자치단체는 수혜의 범위 내에서 경비를 부담하도록 규정하여 운영하는 경우가 많다.

제 2 절   지방교부세

1. 지방교부세의 의의

1) 개념과 기능

　지방교부세란 지방자치단체간의 세원편재와 재정력의 불균형을 시정함과 동시에 모든 지방자치단체의 행정운영에 필요한 재원을 교부하여 그 재정을 조정함으로써 지방행정의 건전한 발전을 도모할 수 있도록 법적·제도적으로 보장하는 것이다(지방교부세법 제1조). 즉 지방교부세는 지방자치단체간의 지역경제력의 격차와 세원의 지역적 편재로 인한 지방수입의 불균형을 시정하기 위하여 국세로 징수한 재원의 일부를 지방자치단체별 재정수요와 재정력을 고려하여 지방자치단체에 배분함으로써 지방자치단체의 재정력의 불균형을 조정하는 제도라고 할 수 있다.

　지방교부세의 기능은 크게 재정조정기능과 재원보장기능으로 구분된다. 재정조정기능은 지방자치단체간의 재정력 격차를 해소하기 위하여 지방교부세의 적정한 배분을 통해 지방자치단체 상호간 재정균형화를 도모하는 것이고, 재원보장기능은 거시적 측면에서 지방교부세 총액을 내국세의 일정률로 법정화하여 지방재원을 총액으로 보장하고,

미시적 측면에서는 기준재정수요액, 기준재정수입액이라는 기준설정을 통해 모든 지방 자치단체가 행정의 계획적인 운영이 가능하도록 필요한 재원(부족재원)을 보장하는 것을 의미한다.

Tip **지방교부금과 지방교부세**

> 중앙정부는 지방교부세를 지방세의 세목으로 오인할 여지가 있어 지방교부금으로 용어를 사용하고 있으나 이는 자주재원인 지방세와 용도 면에서 별반 차이가 없지만 원래의 취지가 국세의 지방세 전환에 대체하는 의미를 갖는다는 점에서 지방교부세라는 용어를 사용하는 것이 맞다고 보아야 한다.

2) 재원의 규모 및 성격

(1) 재원의 규모

지방교부세의 재원규모는 내국세 총액의 19.24% 해당액으로 한다(지방교부세법 제 4조제1항). 단 내국세 중 목적세(교육세, 교통에너지환경세, 농어촌특별세), 종합부동산 세, 담배에 부과하는 개별소비세액의 20%와 특별회계 사용재원(주세)은 제외한다. 또한 정부 추경예산에 의하여 내국세의 증감이 있는 경우 지방교부세도 이를 증감하거나 내국세 예산액과 결산액과의 차액을 반영한다(지방교부세법 제5조).

2014년 지방교부세 총액은 35조 6,982억원에 달하는 수준이고, 매년 지속적으로 증 가추세에 있다.

〈표 7-2〉 지방교부세 교부현황

(단위: 백만원)

연 도	합 계	보통교부세	특별교부세	분권교부세 (증액교부금)	부동산교부세	소방안전 교부세
2000	8,266,546	7,462,678	746,868	(51,000)	-	-
2001	12,288,992	11,119,539	1,111,953	(57,500)	-	-
2002	12,259,400	10,884,910	1,088,490	(286,000)	-	-
2003	14,910,674	12,238,522	1,223,852	(1,448,300)	-	-
2004	14,469,054	13,012,867	1,301,287	(154,900)	-	-
2005	19,877,486	17,927,570	711,566	845,381	392,969	-
2006	21,461,392	18,691,488	743,396	1,006,508	1,020,000	-
2007	25,196,900	21,316,202	852,759	1,138,733	1,889,206	-

2008	31,098,993	25,795,852	1,039,411	1,378,423	2,885,307	-
2009	28,319,634	23,032,062	924,254	1,230,542	3,132,776	-
2010	28,012,760	24,679,136	992,880	1,318,672	1,022,072	-
2011	30,895,246	27,274,652	1,101,027	1,457,548	1,062,019	-
2012	34,186,188	30,191,425	1,257,977	1,615,433	1,121,353	-
2013	35,724,592	31,558,105	1,314,921	1,688,560	1,163,003	-
2014	35,698,180	31,884,524	986,119	1,688,437	1,139,100	-
2015	34,880,072	32,176,185	987,407	-	1,140,400	314,080

주: 2004년까지의 분권교부세란의 숫자는 기존의 증액교부금을 의미함.
자료: 행정자치부(2015).

(2) 재원의 성격

지방교부세의 재원은 지방자치단체의 고유재원, 지방의 일반재원, 그리고 국가와 지방의 세원배분을 보완하는 성격을 지닌다.

우선, 지방교부세는 국세로 일단 징수된 세의 일부가 지방자치단체 공유의 세가 되어 세수가 부족한 단체에 객관적 기준에 의해 배분되는 것으로 국가가 지방을 대신하여 징수하는 지방세(고유재원)적 성격을 갖는다.

둘째, 지방의 일반재원으로서 지방교부세의 사용목적은 지방자치단체의 자주적인 판단에 맡겨져 있고 국가가 그 사용목적을 제한하거나 조건을 붙이지 아니한다. 이 점에서 지방교부세는 국고보조금과 근본적으로 다른 성격을 가지고 있으며, 지방세와 함께 헌법에서 보장하는 지방자치의 이념을 실현해 나가는 중요한 수단이 되고 있다.

셋째, 국가와 지방은 서로 협력하여 공경제를 담당하면서 재정지출을 행하고 있으나, 전체 조세수입 가운데 국세와 지방세의 비율은 약 79.5 : 20.5로 대부분 국세중심으로 되어 있어 지방에 배분되는 세입이 작다. 지방교부세는 이러한 국가와 지방간의 수직적인 세원불균형(gap)을 합리적으로 보완하는 기능을 수행하고 있다.

3) 지방교부세의 종류

지방교부세는 보통교부세와 특별교부세로 운영되어 오다가 지난 2005년에 국가사무의 지방이양에 따르는 재원의 이양을 위해 분권교부세를 도입하였고, '8.31 부동산 종합대책'에 따라 종합부동산세가 신설되면서 이에 따른 국가재원을 지방에 이양하기 위해 부동산교부세가 도입되었다. 2015년도에 분권교부세는 보통교부세에 통합되었으며, 새로이 소방안전교부세가 신설되었다.

(1) 보통교부세

보통교부세의 경우 용도가 지정되지 아니한 채로 교부되기 때문에 지방자치단체가 독자적으로 일반재원처럼 사용할 수 있다. 따라서 자주재원인 지방세와 다를 바가 없다. 보통교부세의 규모는 내국세 총액의 19.24%에 해당하는 금액의 97%로 한다(지방교부세법 제4조). 보통교부세는 매년 기준재정수입액이 기준재정수요액에 못 미치는 지방자치단체에 그 미달액을 기초로 교부한다. 다만, 자치구의 경우에는 기준재정수요액과 기준재정수입액을 각각 해당 특별시 또는 광역시의 기준재정수요액 및 기준재정수입액과 합산하여 산정한 후, 그 특별시 또는 광역시에 교부한다(지방교부세법 제6조).

(2) 특별교부세

내국세 총액의 19.24%에 해당하는 금액의 3%의 해당액으로 운영되며(지방교부세법 제4조), 기준재정수요액의 산정방법으로는 파악할 수 없는 지역 현안에 대한 특별한 재정수요가 있는 경우 특별교부세 재원의 100분의 40에 해당하는 금액, 보통교부세의 산정기일 후에 발생한 재난을 복구하거나 재난 및 안전관리를 위한 특별한 재정수요가 생기거나 재정수입이 감소한 경우 특별교부세 재원의 100분의 50에 해당하는 금액, 그리고 국가적 장려사업 또는 국가와 지방자치단체 간에 시급한 협력이 필요한 사업, 지역 역점시책 또는 지방행정 및 재정운용 실적이 우수한 지방자치단체에 재정 지원 등 특별한 재정수요가 있을 경우 특별교부세 재원의 100분의 10에 해당하는 금액을 교부한다(지방교부세법 제9조). 교부방법은 지방자치단체가 교부신청을 하는 경우 교부목적의 타당성, 투자효과, 재원부담능력 등을 종합 검토한 후에 교부한다.

(3) 분권교부세

지난 2005년도 국고보조사업의 지방이양에 따라 소요되는 재원에 보전될 수 있도록 내국세 총액의 0.94%로 운영되었고, 교부방법은 지방이양사업과 관련된 인구 등의 통계자료와 종전의 국고보조금 지원 수준 등을 고려하여 교부하였다. 분권교부세는 2005년부터 2014년까지 한시적으로 운영되었으며, 2015년부터 보통교부세에 통합되었다.

(4) 부동산교부세

종합부동산세는 조세부담의 형평성 제고 및 부동산투기억제 등 정책적인 목적으로

2005년도에 도입되었으나 지방세가 국세로 이양된 것이기에 종합부동산세 전액을 부동산교부세로서 지방자치단체에 교부하도록 하고 있다. 교부기준은 종합부동산세의 신설에 따른 자치단체의 재원감소분을 기초로 산정하되 재정여건, 지방세 운영상황, 부동산보유세 규모 등을 감안하여 결정한다(지방교부세법 제9조의 3).

(5) 소방안전교부세

소방안전교부세는 2015년부터 담배값 인상에 따라 담배에 부과되는 개별소비세 총액의 20%를 재원으로 하여 신설하였다. 소방안전교부세는 국민안전처의 소관으로 소방안전시설투자, 재난예방 및 안전관리 강화 등을 위한 목적으로 활용된다.

〈표 7-3〉 교부세의 유형별 비교

구 분	보통교부세	특별교부세	부동산교부세	소방안전교부세
성 격	·지방자치단체의 기본적인 행정수준확보를 위하여 재정부족분을 보전하는 일반적 재원	·재해발생·국가행사 등 지방자치단체의 특별한 재정수요를 보전하는 특별한 재원	·지방세 개편에 따른 지방의 세부감소 보전	·지방자치단체의 소방 및 안전시설 확충, 안전관리 강화
재 원	·분권교부세액을 제외한 교부세 총액의 97%	·분권교부세액을 제외한 교부세 총액의 3%	·종합부동산세 전액	·담배에 부과되는 개별소비세 총액의 20%
교부요건	·기준재정수입액이 기준재정수요액에 미달하는 단체를 대상으로 교부	·보통교부세 산정방식으로 포착할 수 없는 특별한 재정수요 발생시 교부	·재정여건, 사회복지, 지역교육, 보유세 규모 등	·소방 및 안전시설 현황과 투자소요, 재난예방 및 안전 강화노력, 재정여건
용도제한	불 가	가 능	불 가	가 능
2015년 규모 (조원)	32.2	0.99	1.4	0.3

2. 보통교부세

1) 의의

보통교부세는 지방자치단체가 전국적으로 일정한 수준의 행정서비스를 공급할 수 있도록 자치단체별 기본적인 행정수행경비를 산출하고(기준재정수요액), 지방세 등의 재정수입액(기준재정수입액)을 산정한 후 그 부족분을 일반재원으로 보전하고자 하는 수단이다. 즉 보통교부세는 일정한 분배공식에 의해서 지방정부에 배분하는 사용용도가 특정되지 않은 일반지원금(general grant)이다. 반면 지방교부세는 중앙·지방간의 수직적 재정불균형과 지방정부간의 수평적 재정불균형을 시정하기 위한 형평화 보조금이라고 할 수 있다.

2) 교부요건

보통교부세는 해마다 기준재정수입액이 기준재정수요액에 못 미치는 지방자치단체에 그 미달액을 기초로 교부한다. 다만, 자치구의 경우에는 기준재정수요액과 기준재정수입액을 각각 해당 특별시 또는 광역시의 기준재정수요액 및 기준재정수입액과 합산하여 산정한 후, 그 특별시 또는 광역시에 교부한다.

3) 재원규모

해당 연도의 내국세(목적세 및 종합부동산세, 담배에 부과하는 개별소비세 총액의 100분의 20 및 다른 법률에 따라 특별회계의 재원으로 사용되는 세목의 해당 금액은 제외한다. 이하 같다) 총액의 1만분의 1,924(내국세 총액의 19.24%)에 해당하는 금액을 재원으로 한다(지방교부세법 제4조).

3. 특별교부세

1) 의의

특별교부세는 보통교부세 산정시 반영할 수 없었던 구체적인 사정, 지방재정 여건의 변동, 예기치 못한 재정수요 등을 고려하여 특별히 교부하는 교부세의 일종으로서, 객관성과 통일성을 중시하는 보통교부세 산정과정에서 필연적으로 발생할 수밖에 없는 획일성과 시기성을 보완하여 지방교부세제도 전체의 타당성을 확보하기 위한 제도이다.

2) 교부요건

특별교부세의 교부요건은 기준재정수요액의 산정방법으로는 파악할 수 없는 지역현안에 대한 특별한 재정수요가 있는 경우, 보통교부세의 산정기일 후에 발생한 재난을 복구하거나 재난 및 안전관리를 위한 특별한 재정수요가 생기거나 재정수입이 감소한 경우, 국가적 장려사업, 국가와 지방자치단체 간에 시급한 협력이 필요한 사업, 지역 역점시책 또는 지방행정 및 재정운용 실적이 우수한 지방자치단체에 재정 지원 등 특별한 재정수요가 있을 경우이다(지방교부세법 제9조).

3) 교부기준

특별교부세의 교부대상은 지역현안수요, 재해대책수요, 시책수요의 3가지 유형으로 나누어 교부한다(지방교부세법 시행령 제9조의2). 특별교부세 총액은 지역현안수요 40%, 재해대책수요 50%, 시책수요 10%로 나뉘어 운영된다. 지역현안수요와 국가시책수요는 행정자치부장관이 심의·배분하고, 재해대책수요는 국민안전처장관이 심의·배분한다.

4) 재원규모

내국세 총액의 19.24%에 해당하는 금액의 100분의 3을 재원으로 운영한다(지방교부세법 제4조).

〈표 7-4〉 특별교부세의 구성 및 재원규모(2015년 기준)

구 분	비율(%)	규모(억원)	비 고
총계	100	9,874	-
지역현안수요	40	3,950	·자치단체의 지역현안사업
시책수요	10	987	·국가적 행사 및 국가적 장려사업 ·행정·재정 운용실적 우수단체 인센티브 등
재해안전수요	50	4,937	·재난복구 및 예방사업 등

주: 재난안전수요는 2015년부터 국민안전처에서 교부·운영.
자료: 행정자치부(2015).

4. 부동산교부세

1) 의의

2005년 지방세인 종합토지세와 재산세의 일부가 지방세인 재산세와 국세인 종합부동산세로 이원화되면서 감소된 재원을 보전하고 재정형평성을 제고하기 위해 도입되었다.

2) 교부요건

2009년도 까지는 자치단체의 재원 감소분을 기초로 산정하되 지방자치단체의 재정 여건, 지방세 운영상황, 부동산 보유세의 규모 등을 감안하여 산정하였으나, 2010년부터 는 지방소비세의 도입으로 전액 시·군·구별로 교부하고 있다.

3) 교부기준

부동산교부세의 교부는 재정여건(50%), 사회복지(35%), 지역교육(10%), 보유세규 모(5%)등을 기준으로 하여 교부하고 있다. 구체적인 교부기준 및 산정지표는 아래와 같다(지방교부세법 시행령 제10조의3).

〈표 7-5〉부동산교부세 교부기준 및 산정지표

구 분	교부기준	산정지표
특별자치 시·시·군 및 자치구	재정여건(50%)	·재정력역지수
	사회복지(35%)	·사회복지비지수, 노령인구지수, 노인보호지수, 국민기초생활 수급권자지수, 장애인지수
	지역교육(10%)	·지역교육현안수요지수, 영어체험교실운영지수, 보육·교육지 원지수, 영어체험교실수, 보육·교육학급수
	보유세규모(5%)	·재산세부과액지수
제주특별 자치도	부동산교부세 총액의 1.8%	-

4) 재원규모

부동산교부세는 종합부동산세의 100%를 재원으로 한다. 재원의 규모는 2015년도 기준으로 1조 4,104억원이다.

5. 소방안전교부세

1) 의의

소방안전교부세는 국민안전처의 설립과 함께 소방안전시설의 투자, 재난예방 및 안 전관리의 강화를 위해서 2015년부터 도입되었다.

2) 교부요건

소방안전교부세의 교부기준은 지방자치단체의 소방 및 안전시설현황, 소방 및 안전시설 투자소요, 재난예방 및 안전강화 노력, 재정여건 등을 고려하여 대통령령으로 정하도록 하고 있다. 지방교부세법 시행령에서는 교부기준으로 소방 및 안전시설 현황과 투자소요에 40%, 재난예방 및 안전강화 노력에 40%, 재정여건에 20%의 비중을 두고 있다.

3) 재원규모

담배에 부과되는 개별소비세 총액의 20%를 재원으로 한다. 2015년에는 개별소비세의 총액인 1조 5704억원의 20%인 3,140.8억원을 규모로 한다.

6. 지방교부세의 감액 및 인센티브

1) 지방교부세의 감액

자치단체가 법령에 위반하여 현저하게 과다한 경비를 지출하였거나 확보하여야 할 수입의 징수태만 등을 행한 경우에 그 결과를 지방교부세 산정시 반영(감액)하여 교부한다. 이는 지방재정운영의 건전성과 책임성을 확보하기 위하여 도입되었다(지방교부세법 제11조 제2항).

지방교부세 감액 대상은 지방채 발행 승인을 받지 아니한 경우, 재정투·융자심사를 받지 아니한 경우, 지방자치단체 예산편성기준을 위반한 경우, 세출예산에서 정한 각 정책사업 간에 경비를 서로 이용한 경우, 예산의 전용(轉用) 범위를 위반한 경우, 감사결과 등에 의하여 법령을 위반한 경우이다. 이러한 경우 감액 또는 반환규모는 위반하여 지출한 금액 이내로 정하고 있다(지방교부세법 시행령 제11조 제2항).

2) 지방교부세의 인센티브

자치단체의 경상경비절약, 세입증대 등 자체노력촉진을 위하여 자치단체별 자체노력 정도를 보통교부세(기준재정수요액 및 기준재정수입액) 산정시 반영하도록 정하고 있다.

기준재정수요·수입액 산정항목 중 자체노력이 요망되는 항목으로 세출노력화부문에서는 인건비 절감, 지방의회경비 절감, 업무추진비 절감, 행사·축제성 경비 절감, 지

| 그림 7-1 | 인센티브 산정을 위한 기준 |

세출부문(7종)	세입부문(7종)
· 인건비 절감 · 지방의회경비 절감 · 업무추진비 절감 · 행사·축제성 경비 절감 · 지방보조금 절감 · 지방청사 관리·운영 · 민간위탁금 절감	· 지방세 징수율 제고 · 지방세 체납액 축소 · 경상세외수입 확충 · 세외수입 체납액 축소 · 탄력세율 적용 · 지방세 감면액 축소 · 적극적 세원 발굴 및 관리

방보조금 절감, 지방청사 관리·운영, 민간위탁금 절감 등 7개 항목이고, 세입 확충부문에서는 지방세 징수율 제고, 지방세 체납액 축소, 경상세외수입 확충, 세외수입 체납액 축소, 탄력세율 적용, 지방세 감면액 축소, 적극적 세원발굴 및 관리 등 7개 항목이다(지방교부세법 시행규칙 제8조).

제3절 국고보조금

1. 국고보조금의 개념

국고보조금이란 국가가 지방자치단체에 대해 그 행정을 수행하는데 필요한 경비의 재원에 충당하기 위해 지출하는 지출금 가운데 그 용도를 지정하여 교부하는 재원을 말한다. 국고보조금의 개념은 각국마다 그 의미가 통일되어 있지 않고 재정제도의 차이와 운용관례에 따라 그 해석을 달리하나, 보통 세 가지로 해석하는 경향이 있다. 최광의 의미의 해석은 일반적으로 보조금이라고 불리고 있는 모든 것을 포괄하며, 광의로는 최광의의 보조금에서 분여금을 제외한 모든 보조금을 말한다. 그리고 협의의 해석은 분여금은 물론이고 보조금을 지출하는 정부의 사무(즉 위임사무)에 대한 교부금을 제외한 보조금을 말한다.

이상과 같은 세 가지 형태의 보조금 범주 중 우리나라에서는 두 번째 범주, 즉 광의로 해석하는 것이 타당하다(손희준 외, 2011: 204). 최광의로 해석할 경우 분여세와 유사한 성격의 지방교부세를 국고보조금 개념에 포함시키게 되는 바, 우리나라의 경우 지방교부세가 국고보조금과는 근거 법령을 달리하고 또 그 제도적 취지가 다르기 때문에 지방교부세를 국고보조금으로 해석한다는 것은 수긍할 수 없다. 또한 협의로 해석할 경우에는 국가와 지방자치단체 간 사무한계가 명확해야 하나 우리나라의 경우 그 경계가 불분명하고, 현실적으로 정부예산에서 위임사무에 대한 교부금을 국고보조금에 통합하여 사용하고 있기 때문에 협의의 개념도 수용하기 곤란하다.

따라서 우리나라의 국고보조금은 지방재정법 제21조에 규정된 부담금과 교부금, 보조금 관리에 관한 법률 제2조와 지방재정법 제23조에 규정된 보조금 등 세 가지 경비를 총칭하여 사용한다(강인재 외, 1993).

2. 국고보조금의 성격

국고보조금은 지방자치단체의 재정력의 불균형을 조정할 목적보다는 일정한 지방행정수준의 유지와 특정사업의 장려를 목적으로 하고 있기 때문에 지역간의 재정불균형을 조정하는 기능은 지방교부세, 지역발전특별회계보다는 미약하다. 현행 우리나라의 국고보조금은 보조방법 중에서 차등보조율 제도를 두고 있기 때문에 지방재정조정제도의 성격도 가지고 있다고 볼 수 있으나 현행 운용에 있어서는 많이 적용하지 않고 있다.

국고보조금은 대부분 지방자치단체의 신청에 의하여 교부되며 교부시 용도를 지정하고, 일정부분의 지방비부담을 의무화 하고 있어 자치단체의 입장에서 보면 투자사업비를 원활히 조달할 수 있는 긍정적인 측면과 반대로 사업내용이 지정되고 지방비를 의무적으로 부담하게 됨에 따라 재정운영의 경직성을 초래하는 부정적인 측면의 양면성이 있다. 다만 우리나라의 지방재정여건상 자치단체의 투자재원이 부족한 실정에 있고 국고보조사업이 주로 자치단체의 투자사업 중 공통적인 사업분야에 지원되고 있어 국고보조금이 지방재정의 조정에 중요한 역할을 하고 있다.

국고보조에 따른 지방비부담은 2000년 이후 지속적으로 증가하고 있는 실정이다. 특히, 2013년의 경우에는 지방비부담비율이 40%로 나타나는 등 지방자치단체의 재정운영에 있어 큰 문제점으로 작용하고 있다.

<표 7-6> 연도별 국고보조금 및 지방비부담 현황

(단위: 억원)

연 도	합 계	국고보조금	지방비부담	기 타
2000	151,676	98,885	51,217	1,574
2001	161,614	111,779	46,991	2,844
2002	230,077	162,188	66,198	1,691
2003	171,813	111,074	56,619	4,120
2004	184,541	122,931	57,946	3,664
2005	230,391	153,502	73,337	3,552
2006	261,525	183,316	73,885	4,325
2007	319,721	209,006	96,721	13,993
2008	350,107	227,670	122,437	-
2009	417,716	265,387	152,329	-
2010	467,410	292,186	175,224	-
2011	486,182	300,883	185,299	-
2012	526,125	320,606	205,519	-
2013	567,164	340,347	226,817	-
2014	610,786	377,463	233,323	-
2015	644,322	414,078	230,244	-

주: 1) 2000년~2004년은 결산액 기준. 2005년~2008년은 중앙부처 확정액 기준, 2009년부터는 지방자치
    단체에서 당초예산에 편성한 금액을 기준으로 함.
   2) 기타는 재정융자금과 수익자부담금이며, 2008년부터는 산출하지 않음.
자료: 행정자치부(각년도), 지방자치단체 통합재정개요.

3. 보조금의 분류

보조금은 보조주체에 따라 국고보조금과 시·도비보조금, 지출목적이나 경비의 성
질에 따라 교부금, 부담금, 협의의 보조금으로 구분되고, 보조형태에 따라 정률보조금,
정액보조금, 차등보조금으로 구분된다. 또한 신청여부에 따라 신청을 전제로 하는 보조
금과 전제로 하지 않는 보조금으로 구분된다. 그리고 배분방식에 따라 개별 사업별로
배분하는 보조금과 포괄적으로 규정한 사업별로 공식에 의해 배분하는 포괄보조금으로
구분된다.

1) 보조주체에 따른 구분

보조금에는 중앙정부에서 교부하는 국고보조금과 광역자치단체인 시·도에서 교부

하는 시·도비보조금이 있다. 국고보조금은 국가의 감독을 받는 의존재원으로서 국가사업과 지방사업의 연계를 강화하고 국가의 정책적 필요에 따라 지방사업의 지원 또는 국가위임사무의 수행을 위하여 사업비의 일부 또는 전부를 지방자치단체에 지원한다. 그리고 시·도비 보조금은 시·도의 감독을 받는 의존재원으로서, 광역자치단체인 시·도와 기초자치단체인 시·군·구간 사업의 연계를 강화하고 시·도의 정책적 필요에 따라 시·군·구 사업의 지원 또는 시·도 위임사무의 수행을 위하여 사업비의 일부 또는 전부를 시·군·구 등에 지원한다.

2) 지출목적이나 경비의 성질에 따른 구분

보조금은 지출목적이나 경비의 성질에 따라 교부금, 부담금, 협의의 보조금의 세 종류로 분류할 수 있다. 이와 같이 지출목적이나 경비의 성질에 따른 보조금의 세 종류를 지방예산분류방식과 연계시키면 (순수)국가사무, (순수)자치사무, 공동(공통)사무 등의 구분과 함께 경비분담구조의 확립에 큰 도움이 될 것이다.

교부금은 국가가 스스로 행해야 할 사무를 지방자치단체 등에 위임하여 수행하는 경우에, 국가가 그 소요경비를 전액 교부하는 것이다. 국민투표, 국회의원선거, 외국인등록, 병사교부금, 민방위교부금 등과 같이 주로 기관위임사무에 해당된다. 시·군·구에 대한 시·도의 사무위임 경우에도 유사하다.

부담금은 지방자치단체 또는 그 기관이 법령에 의하여 처리해야 할 사무로서 국가와 지방자치단체 상호간에 이해관계가 있는 경우에 그 사무를 원활히 처리하기 위하여 국가에서 부담하지 않으면 안 될 경비를 국가가 그 전부 또는 일부를 부담하는 경비로

〈표 7-7〉 보조금·부담금·교부금의 비교

구 분	보조금	부담금	교부금
법규정	·시책상 필요 및 지방자치단체의 재정사정상 특히 필요하다고 인정될 때 예산의 범위안에서 교부 (지방재정법 §20①)	·지방자치단체가 법령에 의하여 처리하여야 할 사무로서 국가와 지방자치단체 상호간 이해관계가 있는 경우에 국가가 그 경비의 전부 또는 일부부담(지방재정법 §18①)	·국가가 스스로 행하여야 할 사무를 지방자치단체에 위임하여 수행하는 경우에 국가가 그 경비의 전부 또는 일부부담(지방재정법 §18②)
사무구분	자치단체 고유사무	단체위임사무	기관위임사무

서 주로 단체위임사무에 집행된다.

마지막으로 협의의 보조금은 국가가 특정한 행정사무의 집행을 장려·조장하거나 지방재정의 어려움을 지원하기 위해 교부하는 경비이다. 전자를 장려적보조금이라 하고, 후자를 재정지원적보조금 또는 지방재정보조금이라 한다. 지하철 건설, 농수산물 도매시장 건립, 농공지구 조성, 경지정리, 임대주택 건설 등과 같이 주로 자치사무가 이에 해당된다. 시·도와 시·군·구간에도 유사하다.

3) 보조형태에 의한 구분

정률보조금을 비례적 보조금이라고도 하는데 이것은 지방자치단체가 지출하는 경비의 일정 비율에 해당하는 금액을 국가가 보조하는 것을 말한다. 국고보조금의 대부분이 정률보조금으로 적용되고 있는데 그 보조비율은 국가의 재정사정, 지방비 부담능력, 주민의 요구정도, 당해 사무나 사업에 대한 국가의 관심도 또는 장려의지 정도 등을 감안하여 개별법령에 규정되는 경우도 있으나, 대부분의 사업이 보조금 관리에 관한 법률로 기준보조율을 규정하고 있다.

정액보조금이란 특정한 사업에 대하여 일정액의 보조금을 정액으로 교부하는 유형을 말하는 것으로 정액보조금의 교부방법에는 보조대상사업의 양에 일정단가를 곱한 금액을 교부하는 방법과 매 건별로 일정액으로 교부하는 방법이 있다.

이러한 정액보조금은 특정사업에 대한 장려적 효과와 재정지원적 효과가 있으며 정액보조금의 단가 또는 일정액을 기준으로 하여 그것이 적정할 경우에는 지방자치단체가 자주적인 판단에 따라 탄력적으로 사업을 집행할 수 있어 보조목적을 달성할 수 있다는 장점이 있다. 그러나 보조액이 낮거나 부족할 때에는 지방비부담을 증가시켜 지방재정을 압박하는 요인이 된다.

차등보조금은 일정비율 또는 일정금액에 의한 일률적인 보조금제도의 결점을 보완하기 위하여 지방자치단체의 재정력 또는 특별한 필요성을 감안하여 크기에 따라 상이한 보조율을 적용하여 보조하는 유형을 말한다. 이러한 차등보조율 제도를 보조금 관리에 관한 법률 제10조[3])에 규정해 놓고는 있으나 아직 우리나라에서는 많이 운용하지 않

---

3) 제10조 (차등보조율의 적용) ① 기획재정부장관은 매년 지방자치단체에 대한 보조금 예산을 편성할 때에 필요하다고 인정되는 보조사업에 대하여는 해당 지방자치단체의 재정 사정을 고려하여 기준보조율에서 일정 비율을 더하거나 빼는 차등보조율을 적용할 수 있다. 이 경우 기준보조율에서 일정 비율을 빼는 차등보조율은 「지방교부세법」에 따른 보통교부세를 교부받지 아니하는 지방자치단체에 대하여만 적용할 수 있다.

고 있다. 지방자치단체간의 재정력 불균형 해소를 위해 이를 적극 적용함이 바람직하다
고 본다.

4) 신청여부에 의한 구분

지방자치단체가 국고보조사업을 수행하고자 할 때에는 일반적으로 보조금의 교부신
청을 하게 되는데, 이러한 사전신청 여부에 따라 보조금을 구분할 수 있다.

신청을 전제로 하는 보조금은 보조사업을 수행하려는 자가 보조하려는 자에게 관계
법령 및 지침 등에 의하여 예산계상을 신청하고 이에 따라 받는 보조금을 말한다. 이와
같은 보조금신청제도가 갖는 의의는 지방의 계획과 의사가 보조사업에 반영될 수 있고,
보조사업이 당초계획대로 수행되도록 유도하며, 지방자치단체별 보조사업의 종합적인
파악과 함께 사업별 우선순위가 사전에 반영될 수 있다는 점을 들 수 있다. 그리고 지역
개발계획, 중기재정계획 등과의 사전연계를 통해 사업추진의 일관성, 계획성을 확보하
고, 지방자치단체가 스스로 사업필요성, 지방비부담능력 등을 감안하여 신청함으로 건
전재정을 도모할 수 있다는 점 등도 들 수 있다.

반면 신청을 전제로 하지 않는 보조금은 보조사업을 수행하려는 자의 신청이 없어
도 국가시책 수행상 부득이하게 보조하려는 자의 주관에 의하여 예산에 계상하여 보조
하는 것을 말한다. 예를 들면, 국가가 소요경비의 전액을 교부하는 보조사업의 경우, 재
해발생 등 사전에 예기치 못한 사유로 인하여 보조금의 교부가 불가피한 경우, 기타 기
획재정부장관이 국가의 주요시책 수행상 보조금의 교부가 불가피하다고 설정하는 사업
의 경우에는 신청이 없어도 국가가 직접 보조금을 지급할 수 있다.

5) 배분방식에 의한 분류

보조금은 배분방식에 따라 개별보조금과 포괄보조금으로 분류할 수 있다. 개별보조
금은 단일의 사업별로 보조금을 지급하는 방식이며, 포괄보조금은 포괄적으로 규정한
사업을 대상으로 법정 공식을 이용하여 배분하는 방식이다. 전자는 지원조건이 특정화
되기 때문에 지방자치단체의 자율권이 제한되는 반면, 후자는 지방자치단체의 예산편성

---

② 차등보조율의 적용기준은 그 적용대상이 되는 지방자치단체의 재정자주도, 분야별 재정지출지수, 그 밖에 대통령
령으로 정하는 사항으로 하며, 각 적용기준의 구체적인 산식은 대통령령으로 정한다.
③ 기획재정부장관은 제2항의 차등보조율의 적용으로 인한 국고보조금의 추가적인 소요예산과 관련된 사항을 국회
에 보고하여야 한다.

권과 집행권을 확대하여 다양한 사업에 대한 선택을 지방자치단체의 자율에 맡기는 보
조금이다.

개별보조금은 우리나라 국고보조사업과 시·도비보조사업의 대부분이며, 포괄보조
금은 국가균형발전특별법 상의 지역발전특별회계로 운영되는 지역발전사업의 일부, 즉
생활기반계정 사업들이 포괄보조금으로 운영된다. 개별보조금과 포괄보조금의 판단기
준은 다음과 같다(임성일·서정섭, 1991: 101-102).

〈표 7-8〉 개별보조금과 포괄보조금의 판단기준

개별보조금	포괄보조금
·강한 국가적 이해관계를 갖는 사업으로 중앙정부가 구체적인 정책효과를 목표로 하는 사업 　- 전국적 표준 서비스를 요하는 사업 　- 전국적 최저수준으로 요하는 사업 　- 순 국가사무를 지방이 수행하는 사업 ·보조금 배분에 있어 사업별로 정액 또는 정률의 보조를 하는 것이 효율적인 사업 ·상대적으로 형평성을 고려하지 않아도 되는 사업	·국가적 이해관계를 갖는 사업 중에서 지방의 자율성과 주민 선호가 고려되어야 하는 사업 　- 전국적 표준 서비스를 요하지 않는 사업 　- 전국적 최저수준으로 요하지 않는 사업 　- 지방자치단체간 이해관점이 상이한 사업 ·보조금의 배분과정에 일정한 배분공식을 필요로 하는 사업 ·상대적으로 형평성을 고려해야 하는 사업

자료: 임성일·서정섭(1991: 101-102).

포괄보조금(Block Grant System)이란 기능적으로 광범위하게 설정해 둔 보조대상
사업분야에 대해 중앙정부가 일반적 목적으로 지방정부에게 지원하는 자금으로 보조금
의 배분이 법적공식에 의하여 할당되는 보조금제도를 의미한다(G. F Break, 1980:
170). 포괄보조금은 특정보조금의 단점, 즉 사용용도 및 조건 등이 지나치게 제한적이고
세부적인데서 오는 단점을 보강하며 수혜자의 자유재량을 최대한 보장할 목적으로 도
입된다. 포괄보조금은 중앙정부가 요구하는 어떤 구체적인 공공서비스의 수행과는 무관
하며 다만 포괄보조금을 보조할 수 있는 사업대상과 사용용도 등에 대하여 넓은 범위에
서 중앙정부가 승인 항목들을 열거해 주는 방식을 취하고 있으며 그러한 승인 범위내에
서 지방자치단체는 자유롭게 보조금을 활용할 수 있다. 예를 들면, 지역개발이라는 포괄
보조금을 설정해 두고 그에 해당하는 여러 가지 사업활동과 범위를 중앙정부가 승인해
주면 지방자치단체는 지역개발에 해당하는 포괄보조금을 지급받아 비교적 자기가 선호
하는 보조사업을 진행할 수가 있다. 따라서 포괄보조금은 지방자치단체에게 상당한 재
정운영상의 자율성을 부여하고 있다. 포괄보조금의 배분은 대체로 일정한 공식에 의해

서 분배되어지며 수혜 지방정부는 비교적 지역에서 선호하는 사업을 추진할 수 있는 장점이 있다(G. F. Break, 1980: 168)

포괄보조금이란 일반교부금과 특정보조금의 중간적 성격을 지니는 보조금 형태로, 재원의 사용범위나 사용용도 등에 있어서 상당히 포괄적이고 융통성 있는 보조금을 의미한다. 포괄보조금은 대상사업 범위, 사용용도에 있어서 상당히 느슨한 제한 밖에 없으므로 효과면에서는 일반교부금적 효과를 나타낸다. 일반교부금이 일반재원의 지원적 성격을 띠고 사용용도에 제한이 없는 반면 포괄보조금은 넓은 범위에서 느슨하나마 제한이 있다는 점에서 특정보조금적인 성격을 가진다.

제 4 절   광역자치단체의 재정조정제도

중앙정부에 의한 재정조정제도 이외에 광역자치단체에 의한 재정조정제도로 조정교부금, 시·도비보조금, 징수교부금 등이 있다. 조정교부금은 시·도가 시·군·구의 재정력 격차를 조정하기 위한 것이고(지방재정법 제29조 및 제29조의 2), 징수교부금은 도가 시·군의 도세의 징수업무 수행에 대한 급부로 교부하는 재원이다.

1. 조정교부금

1) 의의

시·도지사가 세수의 일부를 재원으로 하여 관할구역내의 시·군·구에 차등지원함으로써 상호간의 재원을 조정하는 제도로서 일정한 행정수요를 보전하도록 필요한 재원을 법적·제도적으로 보장하고 있다(지방재정법 제29조 및 제29조의2).

조정교부금은 시·군 조정교부금과 자치구 조정교부금이 있다. 시·군 조정교부금은 2014년 지방재정법 개정으로 기존의 재정보전금이 조정교부금으로 명칭이 변경되었으며, 자치구 조정교부금은 기존 지방자치법 제173조 및 지방자치법 시행령 제117조에 따른 조정교부금과 동일한 것이다. 조정교부금은 시·도지사가 관할구역내의 시·군간 또는 자치구간 재정력 격차를 조정하기 위한 것이다.

2) 운영 및 재원

조정교부금의 재원은 시·군과 자치구에 대하여 구분하여 정하고 있다. 시·군의 조정교부금은 시·군에서 징수한 광역시·도세(지역자원시설세 및 지방교육세 제외) 및 시·도의 지방소비세(시·도의 지방소비세액을 전년도 말의 해당 시·도의 인구로 나눈 금액에 전년도 말의 시·군의 인구를 곱한 금액)의 27%(인구 50만 이상 시와 자치구가 아닌구가 설치되어 있는 시의 경우 47%)이다. 자치구 조정교부금은 특별시 및 광역시의 보통세 수입의 일부를 재원으로 한다(지방재정법 제29조 및 제29조의2).

조정교부금의 종류는 일반조정교부금, 특별조정교부금으로 구분되며(지방재정법 제29조의3), 일반조정교부금 90%, 특별조정교부금 10%로 운영된다. 일반조정교부금은 용도 지정 없이 지방자치단체의 일반재원으로 사용되며, 특별조정교부금은 교부시 부과된 조건이나 목적에 맞게 사용된다.

일반조정교부금은 보통교부세와 같이 시·군 및 자치구의 기본행정 이행을 보장하고 재정력격차를 완화하기 위한 재정조정재원이다. 시·군 일반조정교부금은 시·군의 인구, 징수실적, 재정사정 등을 고려하여 시·군으로 교부되며(지방재정법 제29조 ②), 자치구 일반조정교부금은 자치구별 기준재정수입액과 기준재정수요액을 산정한 후 재정부족액을 기준으로 배분한다.

2. 시·도비보조금

1) 의의

시·도비보조금은 시·도가 정책상 필요하다고 인정할 때 또는 시·군 및 자치구의 재정사정상 필요하다고 인정할 때에는 예산의 범위에서 시·군 및 자치구에 보조금을 교부할 수 있다(지방재정법 제23조 ②). 지방자치단체에 보조금을 교부하는 경우에는 법령 또는 조례가 정하는 경우와 국가시책상 부득이한 경우 외에는 재원부담지시를 할 수 없다(지방재정법 제23조 ③).

2) 운영 및 재원

시·도비보조금은 재원, 용도, 배분방법 등에서 조정교부금과 다르며, 국고보조금과 그 성격이 동일하다. 시·도비보조금의 재원은 시·도의 예산으로서 시·도의 일반회계 또는 특별회계를 통하여 계상되며, 일반재원과 달리 통상 특정한 지원대상사업에 대한 보조금이기 때문에 지원사업별 우선순위 등에 의거하여 지원된다.

3. 징수교부금

1) 의의

징수교부금이란 취득세, 등록세, 자동차세 등 광역자치단체의 지방세를 기초자치단체가 대신 걷어주는 징세 비용의 대가로 징수액의 3%를 교부금으로 지원하는 것이다.

징수교부금이란 도세(광역시 군지역의 광역시세 포함)의 징수를 시·군에서 담당하도록 하고, 도와 광역시는 징수금액(공동시설세 및 지방교육세 제외)의 일정비율(3%)을 징수교부금으로 하여 시·군에 배분하여 재정불균형을 조정하도록 하는 제도이다(지방세기본법 제67조).

징수교부금 제도는 시·도와 시·군간 수직적 세원조정의 기능과 시·도내 시·군간 수평적 재정조정의 기능을 담당하고 있는 제도로 도 뿐만 아니라 광역시의 군에도 적용되고 있다. 징수교부금 제도는 시·군별로 징수금액에 차이가 있어 징수금액이 적은 시·군에 대하여는 재정보전의 효과가 미미하고, 징수금액이 많은 시·군은 시·도세의 징수금액도 많게 되는 현상이 나타나는 문제점을 해결하기 위하여 지역실정에 따라 필요한 경우 조례로 징수금액 외에 징수건수를 반영하는 등 교부기준을 달리 정할 수 있도록 하였다(지방세기본법 시행령 제55조).

2) 운영 및 재원

징수교부금의 재원은 시·군 및 자치구에서 징수하여 특별시·광역시 및 도에 납입한 징수금액에 대한 각 시·군 및 자치구별 분배 금액 합계의 100분의 3으로 한다(지방세기본법 시행령 제55조).

서울시는 지역 간 교부금 격차를 줄인다는 취지에서 2011년부터 징수금액과 건수를 50%씩 반영하여 처리하고 있다. 이는 지방세 징수액이 많은 강남권은 징수액에 비례해 교부금을 많이 받지만, 건수에 비해 징수액이 적은 강북 지역의 구들은 상대적으로 적게 받는다는 불만에 따른 것이다. 인천광역시의 경우도 징수교부금을 징수금액 70%, 건수 30%의 비중으로 배분한다.

제 5 절 지역발전특별회계

1. 배경 및 목적

불균형 성장을 위주로 하였던 과거의 발전모형을 탈피하여 지역간의 불균형을 해소하고 지역특성에 맞는 발전을 통하여 자립형 지방화를 촉진함으로써 전국이 개성 있게 골고루 잘 사는 사회를 건설하는데 이바지하기 위해 2004년에 국가균형발전특별법을 제정하였고, 이를 재정적으로 뒷받침하기 위해 국가균형발전특별회계를 신설하여 2005년 예산부터 적용하기 시작하였다. 한편 2009년에는 광역화, 효율화, 자율화를 기본방향으로 하는 지역발전정책의 제도화를 위해 국가균형발전특별법을 개정하였는데, 총괄조정기구의 명칭을 국가균형발전특별위원회에서 지역발전위원회로 변경하고 국가균형발전특별회계를 광역·지역발전특별회계로 전면 개정하였다(기획재정부, 2009). 그리고 2014년 법률개정을 통하여 지역발전특별회계로 명칭이 개정되었다.

지역발전특별회계는 재정효율성을 제고하기 위해 광역경제권을 중심으로 시도간 연계투자의 활성화를 도모하고 낙후지역개발사업 등 기존의 유사사업을 통폐합하여 200여개의 세부사업을 24개의 포괄보조사업으로 개편하였다. 또한 포괄보조금제도(block grant)를 통해 지역의 자율성을 강화하고 예산편성과정에 있어서 사후적 평가를 강화하는 등 지방자치단체 재정운영의 책임성을 강화한 것으로 평가되고 있다.

2. 기능 및 역할

지역발전특별회계는 중앙과 지방간의 재원배분 수단으로서 다음과 같은 측면에서 매우 중요한 의의를 자기고 있다.

첫째, 국가차원에서 중요한 행정서비스에 대하여 전국적으로 일정한 최소수준(national minimum)을 유지하는 기능을 담당한다. 예를 들어 의무교육이나 사회보장 등 국가가 중대한 이해와 책임을 갖는 행정서비스에 대하여 국가가 그 경비의 일부를 부담함으로써 자치단체의 재정력에 관계없이 해당사업의 실시와 일정한 행정수준의 유지를 가능케 한다.

둘째, 주요 사회기반공공시설을 계획적이고 중점적으로 정비하는 기능을 담당한다. 시민의 생활수준 향상에 필요한 공공시설은 원칙적으로 지방자치단체가 자주적인 사업주체가 되어 건설·정비에 나서는 것이 원칙이지만 대규모 도로, 항만, 하천 등의 경우 국가가 적극적으로 나서서 계획적으로 정비·지원할 필요성이 있다.

셋째, 국가차원의 시책을 보급하고 정착시키는 기능을 한다. 예를 들어 지방행정사무로서 아직 충분히 정착되지 않거나 국가 입장에서 새로운 사업을 지방단위에 정착시키거나 혹은 보급을 장려하고자 할 경우, 국가가 경비의 일부를 부담하여 보조하는 정책은 바람직하고 효과적인 정책으로 기능한다.

넷째, 행정서비스의 공급과 관련하여 국민의 실질적 부담을 조정하는 기능을 담당한다. 행정서비스는 유형과 성격에 따라 혜택의 범위가 달리 나타나는데, 그것은 기본적으로 특정 서비스가 창출하는 외부효과(external effect)나 누출효과(spill-over effect)에 의해 결정된다.

다섯째, 지방자치단체의 재정을 지원하는 기능을 담당한다. 재정기반이 취약한 자치단체에 대해 국가가 특별히 재정을 보조함으로써 자치단체의 재정건전성을 유지시켜 주는 동시에 지역간의 재정력 격차를 시정하는 데 기여한다.

여섯째, 본래 국가가 수행해야 할 사업에 대하여 국가가 경비를 부담하고 그 사업의 실시를 자치단체에 위임함으로써 국민의 편익을 향상시키고 해당 사무처리에 소요되는 국가적 비용을 억제하는 기능을 담당한다.

일곱째, 국가자원 배분기능(resource allocation)을 담당한다. 상당수의 지방자치단체들은 자신이 제공하는 행정서비스에 필요한 경비를 지방세로 충당하지 못하는 상황에 처해있다. 이때 국고보조금이나 지역발전특별회계 등을 통해 국고의 일부를 지방자치단체에게 지원해 주는 국가자원의 배분이 이루어진다. 요약하면, 지역발전특별회계는 ① 중앙·지방간 재정관계 재정립, ② 지역균형발전 및 국가 최소서비스의 구현, ③ 외부효과의 해소·조절, ④ 국가자원의 효율적 안배 등의 관점에서 주요한 재정정책적 의미와 기능을 갖고 있다(이성수 외, 2007: 40).

3. 운영방식

지역발전특별회계는 생활기반계정과 경제발전계정, 제주특별자치도 및 세종특별자치시계정 등으로 나누어 운영되고 있는데, 생활기반계정의 경우 지역사회기반시설의 확충 및 개선 관련사업 등으로 광역시도별 하향식(top-down) 예산제도를 도입하여 시·도의 예산 신청결과에 따라 정부의 예산안 확정과정에서 재조정이 이루어진다. 반면 경제발전계정의 경우 광역경제권 활성화사업 등으로 부처별 하향적 예산제도를 사용하여 각 부처에서 지방자치단체의 신청을 받아 부처별로 조정하여 예산안을 작성하는데, 특히 R&D 사업은 국가과학기술위원회에서 조정한 결과를 반영하게 되어 있다.

생활기반계정은 ① 성장촉진지역, 특수상황지역, 농산어촌 및 도시활력증진지역 등의 개발사업, ② 지역사회기반시설의 확충 및 개선사업, ③ 지역의 문화·예술·체육 및 관광자원의 개발 및 확충사업, ④ 지역의 물류·유통기반 확충 등 산업기반 조성사업, ⑤ 지역의 특성 있는 향토자원의 개발 및 활용사업, ⑥ 기타 지방자치단체의 보조사업, ⑦ 지역발전을 촉진하기 위한 조사·연구사업 등에 사용한다.

경제발전계정은 ① 경제협력권 활성화 및 지역경쟁력 강화를 위한 교통·물류망 확충사업, ② 지역특화산업 및 경제협력권산업의 육성과 투자 및 일자리 창출 촉진사업, ③ 지방대학의 경쟁력 향상 및 지역인적자원의 개발사업, ④ 지역의 과학기술 진흥 및 특성화사업, ⑤ 공공기관·기업 및 대학 등 인구집중유발시설의 지방이전사업, ⑥ 지역의 문화·관광자원 육성 촉진 및 환경 보전사업, ⑦ 지역의 주요 성장거점 육성사업, ⑧ 지방으로 이관되는 특별지방행정기관의 이관사무 수행, ⑨ 경제협력권 활성화와 지역경쟁력 강화를 위한 조사·연구사업 등에 집행한다.

제주특별자치도계정과 세종특별자치시계정은 각각 제주도와 세종시의 고유한 사업의 추진을 위하여 집행한다.

4. 편성절차

1) 지방자치단체의 예산신청

시·도지사는 관할 시·군·구의 신청, 지방비 부담능력 및 시·도발전계획 등을 토

대로 5월 31일까지 예산신청서를 관계 중앙행정기관의 장에 제출하며, 시·도별 포괄보
조사업의 목적 내에서 세부사업을 자율적으로 설계할 수 있다. 즉 시·도지사가 시·도
별 신청한도 내에서 종합조정하여 각 부처에 예산을 신청한다(기획재정부, 2009).

2) 중앙행정기관의 예산요구

중앙행정기관의 장은 시·도지사의 예산신청서 안을 기초로 예산안을 작성하여 6월
30일까지 기획재정부장관에 제출한다. 중앙행정기관의 장은 시·도의 예산신청서를 종
합하여 예산요구서를 작성하되, 시·도의 신청금액을 조정하지 않고 요구내용의 적정
성, 조정방향 등에 대한 검토의견을 기획재정부장관에 제출토록 하고 있다. 지역발전특
별회계의 국가연구개발사업에 대한 예산요구서는 기획재정부와 국가과학기술위원회에
동시에 제출해야 한다.

3) 지역발전위원회의 예산신청서 검토

지역발전위원회는 부문별 시행계획 등을 중심으로 시·도지사가 제출한 예산신청서
에 대한 검토의견서를 6월 30일까지 기획재정부장관에게 통보한다. 또한 지역발전위원
회는 각 지방자치단체의 R&D 사업 신청내용과 지역발전계획과의 연계성, 지방자치단
체별 중복신청여부 등을 중심으로 R&D 사업에 대한 검토의견을 6월 30일까지 국가과
학기술위원회에 제출하고, 국가과학기술위원회는 지역발전위원회가 제시한 지역발전특
별회계 R&D 사업에 대한 의견을 반영하여 부처별 R&D 사업을 조정한 후 검토의견서
와 함께 7월 31일까지 기획재정부장관에게 제출한다(기획재정부, 2009).

제6절 기타 지방재정조정제도

1. 지역상생발전기금

1) 의의

지역상생발전기금은 2010년 지방소비세 도입으로 발생할 수 있는 수도권과 비수도
권간의 재정불균형을 완화하기 위해 도입되었다. 수도권 지역과 비수도권 지역 간 세원

의 불균등 분포로 인하여, 지방소비세의 도입이 지역 간 재정불균형을 발생시킨다는 논란이 많아 지역 간 재정불균형을 완화하는 보완장치로 지역상생발전기금이 설치되었다. 지역상생발전기금은 지역간 재정불균형을 완화하고자 하는 목적으로 광역자치단체간 지방재정조정제도로 설치되었다.

지역상생발전기금은 재정력이 우수한 지역에서 재정력이 양호하지 않은 지역으로 재원을 이전하는 독일의 역교부금과 같은 방식의 지역간 재정조정제도이다. 지역상생발전기금은 포괄적으로 지역발전 사업에 사용하도록 하고 있어 지방자치단체의 일반재원의 성격을 갖고 있다.

2) 운영 및 재원

지역상생발전기금의 재원은 현재 수도권 3개 시·도(서울특별시, 인천광역시, 경기도)에서 매년 출연하는 지방소비세 징수액의 35%로 조성되고 있다(지방자치단체 기금관리기본법 시행령 제12조의2 제2항).

지역상생발전기금은 상대적 손익규모와 재정여건을 기준으로 시·도별로 배분한다. 시·도별 배분은 ① 기금운용지출계획 총액에서 조합운영경비 및 보조사업 지원금을 제외하고,[4] ② 잔여재원의 3%는 보통교부세 교부기준을 적용하여 제주특별자치도에 우선적으로 배분하며, ③ 나머지 잔여액은 지방재정지원제도 개편(지방소비세 도입, 부동산교부세 교부기준 개편 등)에 따른 시·도별 재원순증효과가 전국 시·도의 평균 순증금액에 미달하는 금액의 50%를 시·도에 배분한다(서울, 인천, 경기 제외). 남은 금액은 전국 시·군·구의 재정력 역지수 합계에서 당해 시·도 관할 구역 안에 있는 시·군·구의 재정력 역지수(최근 3년 평균)가 차지하는 비중을 기준으로 시·도에 추가 배분한다(서울, 인천, 경기 포함).

각 시·도는 상대적 손익규모 및 재정여건에 따라 배분 받은 금액의 30% 이상은 관할 구역 안에 있는 시·군·구에 배분하도록 노력하여야 한다(지역상생발전기금 재원지원계정 운용 규정 제4조).

---

4) 기금운용 지출계획 총액 중 조합운용경비를 제외한 10% 범위 내에서는 조합회의가 필요하다고 인정하는 사업을 지원할 수 있다(지역상생발전기금 재정지원계정 운용규정 제6조).

2. 재산세 공동세제도

1) 의의

서울특별시와 자치구는 재산세 공동과세를 하고 있어 재산세에 대하여 서울특별시와 자치구간에는 공동세제도를 운용하고 있다. 이는 서울특별시 내의 자치구간 재정불균형을 해소하기 위해 2008년부터 도입되었다.

서울특별시의 재정상황은 전국적으로 볼 때 상대적으로 양호하다고 할 수 있으나 자치구들 간의 재정불균형은 상당했다. 2007년 기준으로 25개 자치구 중에서 16개 자치구가 재정자립도 50% 미만이었으며, 재산세 세수가 가장 많은 강남구와 가장 적은 강북구의 재산세수 격차는 13배에 이르렀다. 이러한 자치구들간의 재정불균형을 해소할 목적으로 자치구세인 재산세에 대하여 공동과세제도가 도입되었다.

재산세에 대하여 서울특별시와 자치구가 공동으로 과세하고, 서울특별시가 과세한 재산세 전액을 자치구에 재배분하는 형태로 운용되고 있어 재산세 공동세제도는 자치구간 재정불균형을 완화하는 재정조정의 역할을 하고 있다.

2) 운영 및 재원

서울특별시와 자치구에서 재산세는 각각 50%씩 과세하고 있다. 각 자치구에서 징수한 재산세의 50%는 특별시분(특별시세)이고, 50%는 자치구분(구세)이다. 자치구간 재정조정 재원은 각 자치구에서 징수한 특별시분 재산세 전액이며, 특별시분 재산세 전액을 25개 자치구에 균등하게 배분하고 있다.

제 7 절 지방재정조정제도의 전망과 과제

1. 지방재정조정제도의 전망

지방재정조정제도는 중앙과 지방간의 수직적 재정불균형 및 지방자단체간의 수평적 재정불균형을 시정하는 장치이다. 이는 과세 기술·편의 등을 이유로 하는 국세 중심의 조세제도에 따른 취약한 지방재원의 보전, 지역간 경제력 격차에 의한 재정불균형의 시정, 지방자치단체 재정투자의 외부효과 시정, 국가정책 실현의 정착화·안정화를 위해 필요하다.

우리나라의 지방재정조정제도는 전통적으로 지방교부세와 국고보조금 체제로 오다가 1991년도에 지방재정의 취약성을 보전하고 도로 등 지방의 사회간접자본 수요를 충족하기 위해 지방양여금제도가 도입되었다. 2000년대에는 지방재정조정제도의 대대적인 재편이 이루어졌다. 2005년도에는 지방교부세의 법정율을 비롯하여 부동산교부세를 신설하고 지방양여금제도를 폐지하였다. 또한 국고보조금제도를 개혁하여 국가균형발전특별회계(현재 지역발전특별회계)와 분권교부세를 신설하였고 포괄보조금제도가 도입되었다. 2015년도에는 분권교부세를 폐지하고 소방안전교부세를 신설하였다.

지방자치 실시와 더불어 광역자치단체와 기초자치단체간의 재정조정제도로 지방교부세와 유사한 형식으로 특·광역시와 자치구간의 조정교부금, 도와 시·군간의 재정보전금이 운영되어 오다가 2015년부터 각각 자치구 조정교부금, 시·군 조정교부금으로 변경되었다. 국고보조금과 유사한 시·도비보조금도 운영되고 있다. 이외에 수도권 지역(서울, 인천, 경기)과 비수도권 지역간의 재정조정제도로 지역상생발전기금이 2010년부터 운영되며, 서울특별시의 경우 자치구간 재정불균형 해소를 위해 재산세 공동세제도가 운영되고 있다.

향후 지방재정조정제도는 국세와 지방세 배분 구조 변화, 광역자치단체와 기초자치단체간의 지방세목 조정 여부, 중앙기능의 지방이양 정도 등에 따라 구조 개편이 예상된다. 뿐만 아니라, 저성장 기조에 따른 조세수입 정체 및 저출산·고령화의 진행에 따른 사회복지비 지출 증대, 그리고 지역균형발전 수요 등에 따라 환경변화를 수용하는 다양한 형태의 제도가 운영될 가능성이 많다.

2. 지방재정조정제도의 과제

지방재정조정제도는 기본적으로 지방의 재원부족 보전 그리고 지방자치단체 간 재정불균형의 시정에 운영의 목적이 있다. 우리나라의 경우 다양한 형태의 지방재정조정제도가 운영되지만 재원의 비효율, 중앙의 통제 및 지방의 책임성 약화 등의 문제점 등이 지적되고 있다. 향후 지방재정조정제도는 다음과 같은 방향에서 설계 되고 운영되어야 할 것이다.

첫째, 중앙으로부터 지방으로 이전되는 재원이 효율적으로 사용되도록 해야 한다. 지방재정조정제도를 통해 중앙에서 지방으로 이전되는 재원이 효율적으로 사용되도록 하기 위해서는 유사·중복 사업, 저성과 사업 등의 구조조정이 있어야 하고 중앙정부 뿐만 아니라 시민들에 의한 관리·감시가 이루어지도록 제도를 설계할 필요가 있다.

둘째, 중앙의 통제를 최소화하고, 통제방식의 전화 및 지방의 자율성을 강화해야 한다. 중앙의 이전재원에 대해 사업 및 재원 사용에 대해 중앙의 직접 통제를 강화할 경우 지방은 재원 확보에는 적극적이지만 재원의 사용에는 소홀하다는 것이 일반적인 견해이다. 따라서 지방재정조정제도를 통해 지원되는 재원에 대해 지방의 자율성을 제고하도록 포괄보조금 형식의 지원을 확대해야 하며 시민들에 의한 통제와 감시가 가능하도록 해야 한다.

셋째, 우리나라 지방재정조정제도는 지방교부세와 국고보조금(지역발전특별회계 포함)이 대표적인 방식이다. 이 두 제도에서 지방자치단체의 책임성이 강화되어야 한다. 지방교부세의 경우 이 재원의 확보에는 지방에서 많은 노력을 하지만 자체수입 확보에는 적극적이지 않은 도덕적 해이의 문제가 지적되고 있다. 또한 국고보조금의 경우 매칭 지방비부담이나 그 영향은 고려하지 않고 국고보조사업을 신청하여 사업을 추진하는 도덕적 해이가 발생하고 있다고 한다. 지방자치단체의 재정책임성 제고를 위해서는 지방자치단체의 세수확보나 예산절감의 노력을 반영하는 배분방식으로 지방교부세 제도를 운영해야 한다. 또한 지방자치단체가 효율적인 국고보조금을 운영하도록 성과를 반영한 배분이나 관리·감독 시스템을 운영해야 할 것이다.

탐구학습

1. 주요개념과 요약
   · 재정불균형과 지방재정조정제도
   · 수직적 재정불균형·수평적 재정불균형
   · 지방교부세, 국고보조금, 지역발전특별회계
   · 조정교부금
   · 지역상생발전기금, 재산세 공동세

2. 토론과 과제

- 지방재정조정제도의 필요성
- 우리나라 지방재정조정제도의 유형과 효과
- 지방자치단체의 성과향상을 위한 지방재정조정제도의 변화

참고문헌

기획재정부(2009), 광역·지역발전특별회계 편성지침.

김현아(2006), "균형발전특별회계 현황과 발전방안", 재정포럼, 제116호, 한국조세연구원.

서정섭·조기현(2007), 지방재정조정제도의 개선방안, 한국지방행정연구원.

손희준·강인재·장노순·최근열(2011), 지방재정론(개정4판), 서울: 대영문화사.

손희준·서정섭(2015), "환경변화에 대응하는 지방교부세제도 개선방안", 지방재정세제 유관학
회 공동세미나 발표자료, 한국지방재정학회.

유태현 외(2006), "우리나라 지방재정조정제도의 개선방향에 관한 연구", 재정정책논집, 제8집 제
2호, 한국재정정책학회.

이성수 외(2007), "우리나라 국가균형발전특별회계제도의 발전방안", 사회과학연구, 제31집, 전북
대학교 사회과학연구소.

이승모 외(2005), "한국적 거버넌스 패러다임의 모색: 재정보전금의 수평적 재정형 형평화 효과
분석", 2005년도 동계학술대회 발표논문집, 한국행정학회.

임성일·서정섭(1991), 국고보조사업의 기준보조율 조정방안에 관한 연구, 한국지방행정연구원.

임성일 외(2005), 국가균형발전특별회계의 개선방안, 한국지방행정연구원.

임성일(2007), "지방재정과 지역균형발전", 지방재정, 제2007-4호, 한국지방재정공제회.

한국지방재정공제회(2005), 재정보전금제도 개선방안 연구.

행정자치부(2015), 지방교부세 산정해설.

Break, G. F.(1980), *Financing Government in a federal System*, Washing, D. C.: The
Brookings Institution.

Fisher, R. C.(1987), *State and Local Public Finance*, Illinois: Scoot, Foresman and Company.

Fisher, R. C.(2007), *State and Local Public Finance*(3rd ed), Ohio: Thomson South-Western.

King, D. N.(1984), *Fiscal Tiers: The Economics of Multi-Level Government*, London: George
Allen&Unwin.

제 **3** 편

지방재정의 세출

본 편에서는 지방재정의 세출에 대해 살펴보고자 한다. 이를 위해. 먼저 지방예산제도의 개요, 품목별예산제도, 성과주의예산제도, 기획예산제도, 영기준예산제도, 자본예산제도, 프로그램예산제도 등을 살펴보고, 다음으로 지방예산의 편성과 운용을 살펴본다. 마지막으로 지출원인행위, 즉 지출 및 지출의 특례, 결산제도 등에 대하여 살펴보고자 한다.

제 **8** 장

지방예산제도

제 1 절   지방예산제도의 의의

1. 지방예산제도의 개념

예산제도란 예산의 편성과 집행에 있어 추구하는 목적, 분류기법, 집행방법, 집행결과분석 등에 따라 운영하는 원리와 체계를 제도화한 것으로, 예산제도의 이해는 지방예산의 현 실태를 파악하고 발전방안을 강구하는 첫걸음이 될 수 있다. 예산제도는 예산의 관리기술에 근거하여 여러 단계의 발전과정을 거쳐 왔다. 즉 예산을 편성함에 있어 심의·의결의 편의성, 예산의 집행결과 달성도의 측정을 위한 수단 경비 산정은 최소한의 경비로 최대의 효과를 거둘 수 있도록 하기 위한 효율성의 추구 등 목적과 시대환경에 따라 생성·발전되어 왔다.

예산제도는 예산관리 및 통제에 중심을 두는 품목별 예산제도에서 시작하여, 1930년대 성과향상에 중심을 둔 성과주의 예산제도로 발전하였다. 이외에도 계획과 자본에 중심을 둔 계획예산제도, 자본예산제도, 예산과 투자효율의 연계 및 감축관리에 목적을 두는 영기준예산제도 등으로 발전되어 왔다.

우리나라의 지방예산은 목별 분류를 기초로 한 품목별예산제도를 중심으로 운영하고 있어 점증주의적 예산편성기법이라는 부작용을 안고 있었다. 이러한 지적에 따라 2004년부터 성과주의 예산제도와의 접목을 위해 지방예산구조를 사업(program) 중심으로 개편하고 품목분류 및 기능분류를 개선하여 2008년 예산서부터는 사업별 예산제도를 본격적으로 도입하였다.

2. 지방예산제도의 내용

지방예산이란 지방자치단체가 기관을 유지하고 지역개발을 촉진하여 주민들의 삶의 질 향상 등을 위해 재원을 배분하는 제도를 의미하는데, 우리나라의 지방예산제도는 품목별예산제도, 성과주의예산제도, 기획예산제도, 영기준예산제도, 자본예산제도, 프로그램예산제도 등을 들 수 있다. 먼저 품목별예산제도는 통제지향적 성격을 띠고 있으며, 예산을 조직별, 지출대상별로 분류하여 운영한다. 다음으로 성과주의예산제도는 실적주의 예산이라고도 하며, 예산을 사업별, 활동별로 분류하여 편성하되, 업무단위의 원가와 양을 계산하여 편성하는 것이 특징이다. 기획예산제도는 장기적 계획수립과 단기적 예산편성을 유기적으로 관련시켜 합리적이고 일관성 있게 예산을 편성하고 집행하는 것이 특징이다. 영기준예산은 전년도를 비롯한 과거의 관행을 참조하지 않고 영(zero)에서 시작하여 자원배분을 결정한다. 자본예산제도는 자본시설계획과 그 자원계획을 통합한 것이다. 마지막으로 프로그램예산제도는 예산의 계획, 배정, 집행의 과정과 체계를 프로그램 중심으로 구조화하고 성과평가체계에 연계시켜 성과를 관리하는 예산제도이다.

이러한 지방예산제도는 지역주민 혹은 지방의회의 참여 및 통제를 용이하게 하는 수단이면서 지역경제를 운용하고 발전시키는 수단이 된다.

제2절 품목별예산제도

1. 품목별예산제도의 의의

품목별예산제도(Line Item Budgeting System: LIBS)란 예산을 조직별, 지출대상별로 분류하여 예산편성·심의·집행·회계검사에 이르기까지의 전 과정이 기관별·품목별로 운영되는 제도로써 예산집행에 있어서 유용이나 부정을 방지하기 위한 통제지향적 예산제도이다(A. Schick, 1972: 6). 즉 지출의 대상을 투입요소를 중심으로 급여, 여비, 수당 등 품목별로 표시한 예산으로 집행부의 역할을 통제하고 집행부가 지방의회의 의도대로 예산을 지출하였는가를 감독할 수 있는 제도이다. 이 제도는 예산규모와 각 항목별 예산을 결정함에 있어 점증주의적 방식을 따르고 있다.

품목별예산제도는 1688년 영국의 명예혁명 직후 국왕의 재정권을 통제하기 위하여 도입되었으며, 미국에서는 1907년에 공무원의 재량권을 통제하기 위하여 보건국에서 도입한 후, 1920년대에 대부분의 부처에서 도입하였다(나중식, 1995: 361). 즉 품목별예산제도는 국회의원과 시민들이 공무원들을 불신하던 시기의 시대적 산물이라고 할 수 있다. 그러나 이는 예산운영의 기초가 될 뿐만 아니라 공무원의 권한과 재량의 제한을 통한 책임성 강조, 예산통제에 기여할 수 있다는 이유로 어느 나라에서나 사용되고 있다(나중식, 1995: 361). 또한 품목별예산제도는 새로운 예산제도와 결합하여 변화된 모습으로 병존할 수 있는 적응력을 지니고 있어 새로운 제도가 도입되더라도 계속 존속될 것이다(윤영진, 2008: 407).

2. 품목별예산제도의 내용

품목별예산제도의 예산편성 기본단위는 품목(object)이다. 우리나라의 경우는 예산과목체계인 장·관·항·세항·목에서 목이 품목별예산제도의 기본단위가 된다. 이는 예산과목의 최종단위로서 투입요소에 해당된다. 따라서 품목별예산제도는 어떤 투입요소가 어느 정도 투입되는지를 보여주는 예산제도로써, 투입측면에 초점을 맞추어 편성되는 예산제도라고 할 수 있다. 이러한 이유로 정부가 투입을 통해 달성하고자 하는 사업을 파악할 수 없으며, 지출에 따른 성과나 효과에 대해서는 무관심하다. 이러한 품목별예산제도는 조직을 단위로 편성될 수도 있고, 기능 또는 사업이나 활동 단위로 편성될 수 있다(윤영진, 2008: 408).

3. 품목별예산제도의 평가

품목별예산제도는 다음과 같은 장점을 가지고 있다. 첫째, 예산의 사전 및 사후통제를 가능하게 하여 예산의 유용이나 남용을 방지할 수 있고, 행정권을 제한함으로써 상대적으로 입법권이 강화될 수 있다(나중식, 1995: 362). 둘째, 예산편성이 용이하고 회계책임을 명확히 할 수 있다. 셋째, 차기 예산안을 삭감할 수 있는 기준이 되고, 차년도 예산편성에 기본적인 자료로 이용될 수 있다. 넷째, 지출대상별로 세부적으로 분류되어 있기 때문에 급여와 재화 및 서비스의 구매에 효과적이다(윤영진, 2008: 408).

품목별예산제도는 위와 같은 장점이 있으나 예산집행에 있어서 신축성의 결여, 전년도 예산을 기준으로 한 점증주의적 예산편성방식으로 인한 자원배분의 비효율성, 부처에서 정책이나 사업의 우선순위 등을 등한시할 수 있다는 단점이 있다.

우리나라의 경우 예산구조상 장·관·항·세항·목 중 항·세항은 조직별로, 목은 품목별로 운영하고 있으며 지방예산의 편성·심의·집행·결산의 전 과정을 통하여 매우 중요한 예산제도로 자리잡고 있다(김동기, 2005: 309).

제 3 절   성과주의예산제도

1. 성과주의예산제도의 의의

성과주의예산제도(Performance Budgeting System: PBS)란 실적주의예산이라고도 하며, 예산을 사업별·활동별로 분류해 편성하되, 업무단위의 원가와 양을 계산해 편성하는 제도이다.

1930년대 뉴딜(New Deal)정책을 집행하던 시기에 정부와 재정의 역할이 강조됨에 따라 새로운 예산제도로 도입되었다. 성과주의예산은 총액예산, 발생주의회계, 원가회계를 강조하고 있다. 과거에는 예산편성의 관점에서 성과주의예산의 실현을 시도하였으나, 현재는 지출의 결과에 초점을 둔 성과주의예산제도를 시도하고 있다. 따라서 성과주의예산은 지출의 성과를 중심으로 예산을 관리·운영하는 제도를 의미한다(박기백, 2003: 1).

성과주의예산제도는 정부 각 기관이 예산사업의 성과목표와 달성방법을 제시하고 예산 당국이 매년 성과결과를 평가하여 다음 회계연도에 반영하는 제도이다. 따라서 성과주의예산제도는 품목 대신 기능·활동·사업 등 산출(output)을 중심으로 운영되며(F. C. Mosher, 1994: 79), 예산운영에 있어서 품목을 통제하는 대신 구성원에게 권한과 책임을 부여한다는 특징을 지니고 있다. 따라서 내부통제가 강조되고, 결정에 있어서도 상위수준의 사업은 최고관리층, 하위수준의 사업은 중간관리층이 담당하는 등 역할분담이 이루어지고 있다. 성과주의예산제도는 정부가 구입하는 물품과 정부가 행하는 활동이나 산업과의 관계를 긴밀하게 나타낼 뿐만 아니라 소요경비까지 밝혀준다. 따라서 각

사업마다 업무단위를 측정하여 양적으로 표시하며 예산집행의 성과를 측정·분석·평가함으로써 효과적인 재정통제를 가능하게 한다.

2. 성과주의예산제도의 내용

1) 분류체계

성과주의예산제도는 예산과목을 사업계획별, 활동별로 분류하고, 활동별로 업무측정단위를 선정하여 양적으로 표시한 다음 단위 원가를 기준으로 하여 예산을 과학적이고 합리적으로 편성함으로써, 그 집행성과를 측정·분석·평가할 수 있게 하는 예산제도이다. 보다 구체적으로 보면 성과주의예산제도는 다음과 같은 내용들로 구성되어 있다(Hudson, 1982: 86-93). 첫째, 사업(project)·기능(function)·활동을 중심으로 운영되고, 둘째, 성과측정단위를 설정하고 이를 기준으로 성과(performance)를 측정하며, 셋째, 성과기준에 따른 정기적인 보고체계 운영, 넷째, 발생주의 회계제도 이용, 다섯째, 세출구조를 기능중심으로 운영한다. 성과주의예산을 편성하기 위해서는 각 업무의 성과를 측정할 수 있는 업무단위를 개발하는 것이 관건이다. 이의 선정기준은 첫째, 동질성, 둘째, 계산가능성, 셋째, 영속성, 넷째, 사업의 업무단위는 단순성, 다섯째, 업무단위의 이해 용이성 등이 있다(유훈, 2003: 354). 다음 그림은 성과주의예산제도의 분류체계를 나타낸 것이다. [그림 8-1]에서 단위원가란 업무측정단위 하나를 산출하는데 소요되는 경비를 말하며, 업무량을 측정하는 업무측정단위는 수행하여야 할 업무를 분할·측정할 수 있는 단위로, 길이·양·무게·부피 등 어느 것으로도 표시될 수 있다. 단위원가는 예산편성의 효율성, 업무량은 효과성과 관련된다. 단위원가를 정확하게 계산하면 예산낭비의 요소를 없애고 효율성을 증대시키는데 기여한다(윤영진, 2008: 412).

그림 8-1 성과주의예산제도의 분류체계

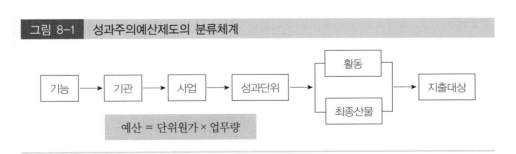

2) 비용측정

성과주의예산을 적용하기 위해서는 사업성과단위를 결정할 필요가 있다. 따라서 정부사업을 측정가능한 사업과 측정이 불가능한 사업으로 구분하고, 후자의 경우에는 성과주의예산의 적용이 제한된다.

측정가능한 사업은 원가주의회계, 인시법(man-hour method), 업무량법(work-load method)과 같은 방법으로 측정한다. 측정불가능한 사업은 인원비율기준(ratio of personnel basis)과 점수법에 의하여 가능한 측정을 시도할 수 있으나 정확성에 문제가 있다.

3. 성과주의예산제도의 평가

성과주의예산은 효과적인 예산관리를 지향하며, 각 기관이 확보한 자원의 양에 관심을 가지고, 이를 이용하여 무엇을 하였는가에 더욱 중요성을 부여한다는 특징을 지니고 있다. 따라서 성과주의예산은 비신축성을 가지고 있지만 목표나 성과에 대한 정보확인의 어려움 등과 같은 품목별예산주의의 한계를 극복하고, 효과적인 계획의 추진과 계획의 시행결과에 따른 책임성의 확보를 위해서 필요하다(이성근, 2006: 509-510).

성과주의예산제도를 이용하면 지역주민으로 하여금 지방자치단체가 수행하는 사업의 완성도를 파악할 수 있게 하며, 행정기관 스스로 최소의 비용으로 최대의 실적을 추구하는 자세를 갖게 한다는 장점이 있다. 이외에도 지방정부로 하여금 정책이나 계획수립을 용이하게 해주며, 예산의 집행에 있어서 신축성을 유지할 수 있다는 장점을 가지고 있다(나중식, 1995: 366).

그러나 대부분 공공사업의 경우 적절하고 타당성 있는 측정단위를 발견하기가 어렵고, 지방자치단체가 하는 일 중에는 가시적이고 측정할 수 있는 산물로 나타나지 않는 경우가 많다는 제약이 존재한다. 또한 사업단위별로 원가계산을 하여야 하나 사업이나 활동을 단위별로 구분하여 재료비, 인건비, 기타경비 등으로 구분하여 원가계산을 한다는 것이 매우 어렵기 때문에 회계제도와 정보시스템의 발전이 동반되어야 한다. 뿐만 아니라 예산성과의 질적인 측면을 파악하는 데에도 한계가 있다.

우리나라에서는 1961년부터 국방부와 농림수산식품부에서 성과주의예산제도를 사용하였다. 오늘날 지방자치단체 예산에서는 지방자치단체의 역할과 활동을 널리 주민에게 이해시키고 관리에 대한 책임성을 확인하기 위하여 장·관을 기능별, 활동별, 사업별로 분류하여 운영하고 있다.

제 4 절 기획예산제도

1. 기획예산제도의 의의

기획예산제도(Planning Programming Budgeting System: PPBS)란 장기적인 계획수립과 단기적인 예산편성을 유기적으로 관련시켜 자원배분에 관한 의사결정을 합리적이고 일관성있게 행하려는 제도이다(R. N. McKean, 1968: 286-287). 기획예산제도는 우선 목표를 설정하고(planning) 이를 보다 구체적인 사업계획으로 분할한 후(programming) 자원을 체계적으로 연결하여 예산을 배정(budgeting)한다. 기획예산제도의 기본적인 입장은 정부가 여러 가지 행동대안을 합리적으로 선택하여 정책을 효과적으로 수립하는 데 있다. 뿐만 아니라 자원배분에 관한 비체계적이고 비합리적인 의사결정을 개선하고, 정보를 체계적으로 사용하기 위해서 사용되는 제도이다(이성근, 2006: 501). 따라서 기획예산제도는 첫째, 명확한 목표 규정, 둘째, 각종대안에 대한 체계적인 검토, 셋째, 장기간에 걸친 활동 및 소요자원에 대한 예측이라는 세 가지 요소를 필요로 한다(나중식, 1995: 370).

이 제도는 1961년 미국 케네디정부의 국방예산에 도입된 이후, 1965년 연방정부에 전면적으로 실시되었다. 이 제도의 도입배경은 다음과 같다. 첫째, 거시적으로 케인즈(Keynes)경제학, 미시적으로 한계효용의 법칙과 같은 경제적분석기법이 발전하였다. 둘째, 컴퓨터, OR(Operational Research), 비용효과분석, 체제분석기법과 같은 정보 및 정책기법이 개발되었다. 셋째, 자본투자제도가 도입되어 예산과 계획이 통합되어 운영할 수 있게 되었다는 점을 들 수 있다.

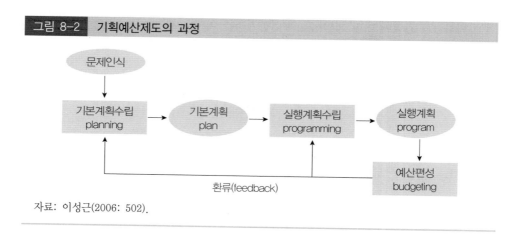

그림 8-2   기획예산제도의 과정

자료: 이성근(2006: 502).

2. 기획예산제도의 내용

기획예산제도는 목표설정, 사업계획의 수립, 목표달성을 위한 대안분석, 효과에 대한 평가로 구성되어 있다.

1) 목표설정

목표설정은 지방정부가 앞으로 수년에 걸쳐 어떠한 재화와 서비스를 공급할 것인가, 수혜대상자는 누구로 하는가, 얼마를 공급할 것인가를 결정하는 것이다. 설정된 목표는 지방정부의 평가의 대상이 되며 책임에 대한 기준으로 사용된다.

2) 사업구조

먼저 기본목표(fundamental goal)를 설정하고 이것을 성취하기 위해서 하위목표(sub-goal), 즉 사업계획을 세우고, 이를 다시 프로그램(program), 세부요소(program element) 등으로 계층적인 구조를 거치면서 목표를 구체화시킨다(김동기, 2005: 312).

(1) 사업범주(program category)

사업범주는 사업을 대분류하였을 때 사업구조상 최상위에 위치하는 것으로 그 아래에는 많은 하위사업이 있다. 사업범주는 주로 최고결정자 수준에서 결정된다.

(2) 중간사업(program sub-category)

사업구조의 중간에 해당되는 규모의 사업이며, 고도의 유사성을 가진 산출물로 구성된다.

(3) 세부사업요소(program element)

사업구조를 형성하는 기초단위사업으로 산출물은 최종산출물로써 명확하게 계량화되어야 하고, 사업요소에 대한 투입은 산출수준의 변화에 따라서 달라져야 하며, 사업요소간에는 경계가 명확해야 한다.

3) 기본문서

(1) 사업요강(program memoranda)

사업요강이란 지방자치단체에서 목표를 달성하기 위하여 사업을 선정하기까지의 과정을 기록한 것을 말한다. 즉 목표를 달성하기 위한 여러 가지 대안의 비용과 효과를 검토한 후 지방자치단체장이 특정한 대안을 선정한 이유를 명시한 서류를 말한다. 사업요강의 대상사업은 사업의 전체이거나 일부일 수도 있으며 몇 개의 사업범주에 걸치는 경우도 있다.

(2) 특수분석연구서(special analytic studies)

지방자치단체가 당면한 특별히 복잡한 문제에 대하여 분석한 것으로 사업요강에 포함되는 결정에 분석적 기초를 제공한다. 이 연구는 기획예산체제의 효과적인 운영과 매년도의 예산검토를 위하여 이루어진다. 모든 사업에 적용되지 않고 집행부 장의 결정사항에 속하는 중요사업에 국한되는 것이 일반적이다.

(3) 사업과 재정계획서(program and financial plan)

기획예산제도의 핵심문서로 기관의 사업과 재원을 다년도에 걸쳐서 포괄적으로 요약한 문서이다. 여기에는 산출, 일차년도의 비용, 회계연도 및 다음 4년도간의 계획과 이에 소요되는 재원 등이 포함된다. 따라서 재정계획서는 각 사업의 비율을 추정해서 표시한 재정계획과 연도별 사업의 산출을 나타내는 계획으로 구분된다.

3. 기획예산제도의 평가

기획예산제도는 계획과 예산을 통합시켜 자원을 보다 합리적으로 배분할 수 있게 하여 그릇된 일에 자원이 사용되는 것을 막아준다. 또한 자원배분이 고위층에서 이루어지기 때문에 처음부터 고위층의 의사를 반영시키기에 적합하고, 중·장기계획을 구체적인 자원의 뒷받침 속에서 추진할 수 있으며 처음부터 비용이나 가용자원을 고려하여 계획의 실천가능성을 평가할 수 있다는 장점이 있다. 그러나 기획예산제도의 실시를 위해 모든 서류를 준비하여 사업계획을 분석하고 대안을 마련하려면 비용이 너무 많이 들고, 지방자치단체의 모든 계획이나 활동 및 결과를 수량적 개념으로 표현한다는 것은 거의 불가능하다는 제약이 따른다. 고도의 전문성과 기술성에 따른 집행상의 어려움 외에도 기획예산제도는 권한을 상층부에 집중시킨다(W. A. Niskanen, 1971: 41)는 비판이 있다. 그리고 정부사업의 다양성으로 인하여 목표의 명확한 설정이 어렵다는 단점이 있다(F. C. Mosher, 1994: 162-3).

우리나라에서는 계획과 예산을 연계시켜 목표관리를 명확하게 하기 위하여 모든 지방자치단체에 5년 주기의 연동계획인 중기지방재정계획을 수립하고, 이를 토대로 비용·편익분석 등의 방법을 적용하여 일정규모 이상의 사업에 대한 투융자심사를 거쳐 당해연도예산을 편성토록 하고 있다.

제5절 영기준예산제도

1. 영기준예산제도의 의의

영기준예산(Zero-Base Budgeting: ZBB)이란 전년도 사업을 포함한 모든 사업에 대해 과거의 관행을 참조하지 않고, 일단 영(zero)에서 다시 평가하여 자원배분을 결정하자는 예산제도로 과거에 관행적으로 실시되어 온 사업을 재평가함으로써 불필요하고 낭비적인 프로그램을 제거하자는 제도이다(김동기, 2005: 315). 영기준예산은 영(Zero)에서 시작한다고 해서 모든 사업계획에 대해서 영기준이 아니라 예산기준 영역의 한 지점으로부터 검토하는 것이다(P. C. Sarant, 1978: 3). 이는 계속되어온 사업이더라도 필요하지 않거나 신규사업에 비해서 중요성이 떨어지면 폐지하거나 줄일 수 있다는 입장이다.

영기준예산제도 도입의 기본목적은 크게 3가지로 볼 수 있다(나중식, 1995: 387-389). 첫째, 조직관리의 효율화 및 경영사상의 혁신을 기하고자 한다. 둘째, 점증주의 극복을 위한 PPBS의 약점을 보완하고자 한다. 셋째, 급변하는 경기국면에 기동성 있게 대처하고자 한다. 영기준예산제도는 1970년대부터 시작된 자원난 시대의 산물로서 PPBS의 결함을 보충하기 위한 기획 및 관리지향의 예산제인 동시에 자원절약, 간소한 정부, 삭감관리를 위한 예산개혁의 산물이다(나중식, 1995: 386). 미국에서는 1973년 카터(Jimmy Carter)가 조지아주의 주지사시절에 도입한 이후 일리노이, 미조리, 텍사스주 등에 파급되었다가, 카터가 대통령에 당선된 후 이 제도를 연방정부에서 채택하였다.

〈표 8-1〉 기획예산제도와 영기준예산제도의 비교

구 분	기획예산제도	영기준예산제도
제도성격	・계획지향적	・관리지향적
결정방향	・하향적	・상향적
결정대상	・무엇을 할 것인가(what to do)	・어떻게 할 것인가(how to do)
주요관심	・새로운 프로그램, 기존프로그램간 예산변동	・기존프로그램의 계속적인 재평가

2. 영기준예산제도의 내용

영기준예산제도의 절차는 조직의 특성에 따라서 변형되기 때문에 획일적으로 적용되는 고정된 절차나 형식은 없다. 그러나 의사결정 단위의 확인(decision unit), 의사결정 패키지의 작성(decision package), 우선순위의 결정(ranking), 실행예산의 편성이라는 네 가지 기본적인 단계가 있다.

1) 의사결정 단위의 확인

의사결정단위는 조직체의 활동을 활동단위별(또는 책임소재별)로 세분한 것을 말하며, 조직체가 구체적인 예산단위나 비용중심 구조를 갖고 있는 경우 의사결정 단위와 예산단위가 일치하게 된다(윤영진, 2008: 423). 영기준예산제도는 사업단위뿐만 아니라 조직단위도 의사결정단위가 될 수 있다는 점에서 다소 융통성이 있는 제도라고 할 수 있다. 의사결정단위는 업무의 규모, 사업대안, 조직계층, 시간적 제약을 고려하여 주로 고위직에서 결정한다(나중식, 1995: 393).

2) 의사결정패키지의 작성

의사결정패키지(decision package)란 의사결정단위의 관리자가 한정된 자원의 합리적인 배분을 위해 의사결정단위에 대한 분석 및 평가를 기재한 서류를 말한다. 관리자는 의사결정단위별로 몇 개의 대안을 개발하고 최적대안을 선택하며 선택된 대안에 대해서 사업수준을 결정한다. 이 단계는 영기준예산제도에서 가장 중요한 단계로 본제도의 성패를 좌우한다. 따라서 이 단계는 영기준예산제도의 요체이며 가장 창의성이 요구되는 핵심적인 부분이라고 할 수 있다.

의사결정패키지를 작성할 때는 목표, 사업 또는 활동의 내용, 그 사업계획을 실현하지 않았을 때 나타나는 결과, 실적의 측정, 여러 가지 대안 패키지, 비용과 효과의 분석, 투입될 노력의 수준 등이 포함되어야 한다. 의사결정패키지에는 크게 사업대안 패키지와 금액(증액)패키지가 있다. 전자는 당해 단위사업의 목표를 달성하기 위한 상호배타적(독립적)인 대안들을 탐색·분석한 결과를 담은 정보를 의미한다. 후자는 선정된 대안의 예산과 관련된 문서이다. 점증패키지는 사업대안에 대한 예산투입액을 증액시켜봄으로써 그 한계효과를 검토하는 것으로(윤영진, 2008: 424), 최저수준에서부터 자원의 한계를 감안하지 않은 최고수준까지 개발된다.

그림 8-3 의사결정패키지의 예

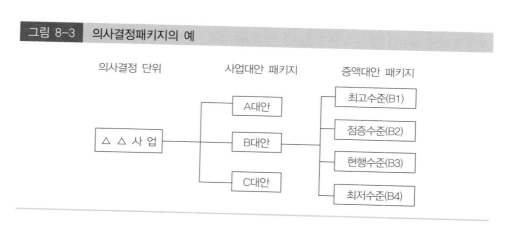

3) 의사결정패키지의 순위결정

세입예산규모 내에서 단위별로 이미 개발된 점증 패키지 전체에 대해 편익이나 중요성을 체감하는 순서로 나열하여, 얼마를 어디에 지출해야 하는가?에만 관심을 가지고 한정된 자원을 배분하고자 하는 것이다. 최초의 순위결정은 그 패키지를 만든 결정단위에서 이루어지고 이때 책임자는 비용·효과의 분석을 통해서 사업의 우선순위를 결정할 수 있다. 이와 같은 상향적 과정을 통해 최고결정자까지 순위결정을 하게 되는데 국가의 경우 국 또는 부의 수준까지 이루어진다(김동기, 2005: 316).

3. 영기준예산제도의 평가

영기준예산제도는 전례답습적인 예산결정에서 벗어나 필요한 부분에 자원을 할당하여 자원의 합리적 배분을 제고시키고 낭비의 가능성을 줄일 수 있게 한다. 또한 프로그램을 구체적으로 집행하는 일선 책임자나 중간관리층의 계선책임자에게 집행에 필요한 운영기준과 도구 및 정보를 제공함으로써 상·하간에 일관적인 맥을 흐르게 한다는 장점이 있다. 그리고 예산운영의 다양성과 신축성을 기할 수 있고, 의사결정 패키지의 작성과 우선순위 결정과정에 구성원의 참여가 이루어질 수 있는 분권화된 관리체계를 가질 수 있다는 장점이 있다.

반면 기획예산제도와 마찬가지로 모든 사업계획이나 활동마다 의사결정 패키지를 만들고 여기에 순위를 매겨야 하므로 영기준예산을 채택하고 실시하는 데는 많은 시간과 노력이 든다는 단점이 있다. 또한 방대한 의사결정패키지의 우선순위를 정하는 기법이 개발된 것이 아니고 시간상의 제약이 있기 때문에 주관성이 개입될 수 있다(윤영진, 2008: 431). 이외에도 목표탐색에 있어서의 한계, 사업효과분석의 한계, 자료의 한계, 과중한 업무 부담, 행정문화상의 제약, 대안개발능력의 한계 등이 존재한다(나중식, 1995: 396-397).

우리나라의 경우 지방재정의 생산성을 제고하기 위하여 관행적인 예산편성방식에서 벗어나 영기준(Zero-Base)관점에서 세입과 세출예산을 재검토하도록 지방자치단체 예산편성지침에 명기하고 있다. 또한 예산사정시 예산서에 전년도 예산을 표기하지 않도록 함으로써 점증주의적 예산편성 유인을 억제하고 있다.

제 6 절   자본예산제도

1. 자본예산제도의 의의

　자본예산(Capital Budget)이란 협의로는 편익이 1년 이상 산출되는 자산의 취득을 위하여 마련한 예산(M. S. Comiez, 1966: 41), 광의로는 미래의 편익을 가져오는 지출계획(이성근, 2006: 505)을 의미한다. 따라서 자본예산이란 자본시설계획과 그 자원계획을 통합한 것이라고 볼 수 있다(B. J. Reed & J. W. Swain, 1999: 227). 미국 주정부의 경우는 자본적 지출의 대상을 고정생산설비, 장비 등 수명이 5년 이상의 유형고정자산을, 도시재정위원회에서는 토지, 건물, 장비 등 수명이 10년 이상의 유형고정자산을, 미국연방정부의 관리예산처는 건설, 장비, 연구개발 등 유형고정자산 뿐만 아니라 무형고정자산까지 대상으로 하고 있다(이영조, 1995: 176).

　자본예산은 전체예산을 자본적 지출과 경상적 지출로 구분하여 복식계정으로 편성하는 경우는 자본예산으로 부르지 않는다. 이를 지출만이 아니라 수입까지 구분하여 두 개의 예산으로 분리 운영할 때 자본적 수입과 자본적 지출에 대한 것만을 자본예산으로 부른다(이영조, 1995: 175-176). 자본적 지출을 경상적 지출과 구분해야 하는 이유는 ① 자본투자시설은 완성에 수년이 소요되고 일시에 많은 자금이 소요되므로 장기계획을 수립하여 투자하는 것이 효율적이며, ② 경상예산은 경상수입으로 편성하나 자본예산의 대부분은 지방채와 같은 임시적 수입으로 편성하기 때문이다. 따라서 재정을 건전하게 운영할 수 있다. 또한 ③ 자본자산을 공급하고 재정을 지원하는데 있어서 세대간이나 주민집단간에 공평성과 능률성을 도모할 수 있기 때문이다(김동기, 2006: 318).

　자본예산제도는 정부가 경제에 깊이 개입하게 되던 대공황기에 스웨덴에서 개발한 것이다. 즉 재정위기 상황시에 정부에서 공채발행 등을 통하여 적자재정을 정당화하고, 유효수요를 창출하여 고용증대 및 경기회복을 도모하기 위해서 개발된 것이다. 따라서 재정안정책이나 경기부양책을 위해서 도입되는 예산제도라고 할 수 있다.

2. 자본예산제도의 내용

자본예산을 활용하기 위해서는 어떤 기준에 의거하여 자본사업을 선정할 것인가, 우선순위를 어떻게 정하느냐, 결정과정의 정치적·경제적·기술적 요인들을 어떻게 고려하느냐 등의 문제가 매우 중요하다. 사업선정의 기준은 학자에 따라서 차이가 있다.

Howard는 자본적 지출의 우선순위를 현재 위험한 시설, 현시설의 이용극대화를 위한 지원시설, 현재 계획의 확장, 미래계획의 확장 등을 들고 있으며, Levitan과 Byrne은 긴급성이 요구되는 시설, 주민들의 생활에 필수적인 것, 주민이 필요로 하는 것, 주민들이 공급의 확대를 원하는 것, 중요하며 긴급을 요하는 시설 등을 우선적 자본투자의 대상으로 제시하고 있다(김동기, 2005: 319).

이러한 자본예산제도는 물적계획과 재정계획이 통합된 것으로써, 대체로 종합계획의 수립, 사업계획의 수립, 다년도 자본투자사업결정, 시설계획, 사업선택기준, 재정계획의 확정이라는 절차를 따르고 있다.

1) 종합계획의 수립

우선 먼저 도시 또는 지역에 관한 종합개발계획(comprehensive plan)을 수립한다. 이 계획은 지역과 도시발전에 대한 지역주민의 요구를 수렴하여 중장기적인 목표를 제시하는 종합적인 계획이다. 우리나라의 경우 장기발전구상과 지역발전계획, 도시기본계획과 도시정비계획 그리고 특정지역계획 등이 있다.

2) 사업계획

기능계획(functional plan)이라고도 하며, 종합계획을 사업별 또는 기능별로 구체화한 계획이다. 종합계획의 하위계획으로서 앞으로 몇 년간에 걸쳐서 달성해야 할 구체적인 사업목표, 사업간의 우선순위결정, 소요비용 등이 포함된다. 사업계획(program plan)은 사업을 담당하는 기관별로 작성한다. 우리나라의 경우 상·하수도계획, 교통시설계획, 도로확충계획 등 분야별로 세분화되어 수립된다.

3) 다년도 자본투자사업 결정

다년도 자본투자사업(multiyear capital investment program: CIP)은 사업계획을 좀 더 자세하게 기술한 활동문서로서 선택된 사업의 시간계획, 비용분석, 재원지원방안 등으로 구성된다. CIP는 5년을 기간으로 작성되는데 이것이 지방의회에서 승인되면 5개년 자본예산이 된다. 실제로 자본투자사업과 투자예산이 불일치되는 경우가 흔히 발생하기도 한다.

4) 시설계획

토목과 건축설계, 예산편성의 기초가 되는 구체적인 계획으로 사업계획을 보다 세부화 한 사업계획(facility planning)이다. 제안된 사업의 규모, 용도, 공간배치와 관련된 세부적인 내용들이다. 시설 및 사무실의 배치, 동선 등이 구체적으로 마련되며 이에 따라 설계, 소요경비산출, 예산편성이 이루어진다.

3. 자본예산제도의 평가

자본예산제도는 비용·편익분석방법을 사용하기 때문에 사업선정의 합리성을 제고하고 자원을 효율적으로 이용할 수 있게 하며, 자본투자사업은 현세대에만 혜택을 주는 것이 아니라 다음 세대에게도 편익을 주기 때문에 자본예산을 적자로 편성하는 것을 허용함으로써 세대간에 투자비용을 분담시키는 것이 바람직하다. 또한 계획은 장기적이나 정치적 영향을 받지 않지만 예산은 회계연도가 1년으로 예산결정에 정치적 요인이 강하게 작용하므로 계획과 예산이 일치하기가 어려운데, 자본예산을 도입하면 계획과 예산의 불일치문제가 발생하지 않는다는 장점이 있다. 이외에도 정부의 순자산을 파악하기 용이하고, 경기회복에 도움이 되며, 정부의 공공정책 수립이 용이하다는 장점이 있다. 그러나 공공분야의 고정자산에 시장가격을 적용할 수 없는 경우가 많아 자산평가 자체가 부정확한 경우가 많고, 자본예산의 적자가 경상예산의 적자와 혼합되면 적자의 구분이 불분명해져 이를 이용하여 경상예산의 적자를 은폐할 수 있다. 이와 같은 현상은 자본예산을 정치적인 목적으로 이용할 때 일어나며, 인플레이션을 유발할 수 있다.

우리나라의 경우 지방자치단체는 장기발전구상, 도시기본계획(20년)과 도시정비계획(10년), 지역발전계획, 부문별 사업계획을 수립하고, 이를 재정적으로 뒷받침할 수 있는 중기지방재정계획의 수립을 의무화하고 투융자심사를 거쳐 타당성이 입증된 사업에 한하여 예산에 반영토록 하고 있다. 또한 경상예산과 자본예산으로 구분하여 장기계획과 연계시키기 위하여 세출예산과목구조 중 세세항을 경상예산, 사업예산, 채무상환, 예비비 등으로 구분하여 운영하고 있다.

제 7 절   사업별예산제도

1. 사업별예산제도의 의의

사업별예산제도는 예산의 계획 · 배정 · 집행의 과정과 체계를 프로그램 중심으로 구조화하고 그것을 성과평가체계와 직접 연계시켜 성과를 관리하는 예산제도이다(김동기, 2005: 320). 프로그램예산제도는 기존 품목별예산제도가 투입예산과 목중심의 예산운영 · 통제시스템을 그 특징으로 하는 것과 달리 프로그램과 사업 중심으로 재정지출의 성과를 관리하는 체계를 그 특성으로 한다. 구체적으로 프로그램예산에서는 예산이 사용되는 프로그램과 사업단위를 성과단위(정책목적 · 목표 또는 예상산출물 · 성과)와 직접 연계시켜 줌으로써 예산집행(정부 정책수행)의 결과 즉 산출물(output) 내지 성과(outcome)를 정책목표와 비교 · 평가하는 시스템을 구비하고 있다. 이러한 시스템 하에서는 조직 및 사업별 성과측정과 그 결과의 예산반영이 가능해지고 보다 객관적이고 다양한 성과정보를 재정정보 수요자에게 제공하는 것이 가능해진다. 반면 현행 품목별예산제도에서는 조직별, 프로그램 단위별 비용 및 성과정보가 생성되지 않는다.

2. 사업별예산제도의 내용

첫째, 투입과 산출 및 성과의 연계가 명확함으로 인해 정책부문과 프로그램 및 단위사업간의 우선순위 결정에 유용하고 객관적 성과평가가 가능하며 그 결과의 환류가 가능하다. 둘째, 조직 및 프로그램 단위의 재정운영에 따른 자율성과 책임성이 확보되고 양자의 상호연계가 가능해진다. 셋째, 재정정보 수요자에게 다양한 객관적 성과정보를 제공하며 성과관리를 통한 행정의 효율성이 제고된다.

　미국은 1930년대부터 예산개혁에 착수하여 지속적으로 관리수준을 선진화해 왔으며, 1960년대 미행정부 후버위원회의 프로그램 개념도입 및 운영을 통하여 예산개혁을 심화시킨 적이 있고, 호주는 프로그램예산제도와 함께 발생주의 산출예산(Accrual Output Budgeting)제도를 도입하여 국제적으로 가장 혁신적인 형태의 예산개혁을 주도해 오고 있으며, 영국은 2001년 4월부터 도입된 자원회계(Resource Based Financial Management∶ PBFM)를 통해 재무정보 및 성과보고를 연계하고 있다.

3. 우리나라 지방예산제도에의 적용

　우리나라의 경우에도 지방재정운영의 투명성ㆍ효율성을 제고하고 재정사업의 성과를 높이기 위해 2003년부터 몇 단계의 준비과정을 거쳐 2008년 예산서부터 사업별예산제도를 본격 도입하였다. 사업별 예산제도의 주요개편내용과 기대효과를 구체적으로 살펴보면 다음과 같다.

1) 주요 개편내용
　사업별 예산제도의 도입을 통해 환경변화에 부응하는 동시에 현행 품목별예산제도에 내재한 문제점을 극복할 수 있도록 개편하였다.

(1) 예산구조 개편
　중장기계획 및 단년도 예산과의 연계가 용이하도록 현행 예산구조를 사업중심으로 개편하였고, 자치단체의 정책이 체계적으로 사업에 반영될 수 있도록 정책ㆍ단위ㆍ세부사업으로 사업을 구조화 하였으며, 동일 사업이 여러 목에 걸쳐 산재되던 목 중심의 예산체계를 사업중심으로 개편하였다.

(2) 기능개편
　중기지방재정계획, 세출예산 및 통합재정분석 간 기능분류를 일치시키고, 재정환경변화 및 국제 기능분류기준에 부합되도록 개편하였으며, 추상적이고 모호한 일부 기능분류를 보다 구체화하였다.

(3) 품목개편

현행 목·세목 명칭을 각각의 목적에 맞도록 편성목·통계목을 개편하였고, 의회심의대상 편성목 수는 유지하고, 자치단체 내부관리 및 통계관리목적의 통계목은 세분화하는 방향으로 개편하였으며, 국제과목분류기준 및 회계과목과의 연계를 고려하였다.

(4) 예산서 체계 개편

기존의 예산서는 회계별 세입세출 중심으로 편제되어 각 자치단체에서 추진하고자 하는 사업내용을 파악하기가 곤란한데, 사업 중심으로 예산서를 편제하고 정책·단위·세부사업에 대한 설명서를 예산서 첨부자료로 제출하게 함으로써 예산서를 통해 사업내용과 정책성과를 쉽게 이해할 수 있도록 하였다.

2) 기대효과

(1) 성과평가 및 환류

사업별 예산은 원가배분이 가능하도록 하고 있으며, 이는 곧 원가대비 산출의 비교 즉 성과평가의 기반을 제공하므로 하나의 사업에 대하여 전년도 혹은 다른 유사한 사업과의 비교가 가능하게 되어 예산규모·내용·달성도에 대한 분석·평가 및 환류가 가능하게 된다.

(2) 주민이해도 및 투명성 증대

품목별예산은 하나의 사업에 대한 비용이 비목별로 산개되어 편재되었으나, 사업별 예산은 사업에 대한 비용내역이 일목요연하게 일괄편재되므로 명확한 정보를 제공하여 재정운영의 투명성을 제고한다.

(3) 전략적 자원배분이 가능

자원의 희소성 및 지역주민의 행정서비스에 대한 요구 급증으로 예산의 합리적 배분이 중요하며, 사업별 예산제도에서는 지방자치단체의 미션·전략 등에 근거하여 사업화가 이루어지므로 전략적 자원배분이 가능하다.

그림 8-4 사업별 예산제도의 구조

현행	예산구조내부				예산구조외부		
	정책사업	단위사업	세부사업	편성목	기능별	재원별	관리목별
	·단일기능	·회계구분 ·경상/투자	·내부관리용	·그룹(8) ·편성목(32)	산출근거	관리유형	기타

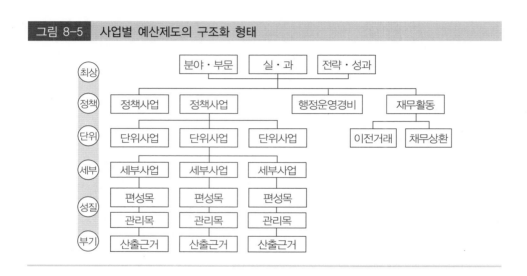

그림 8-5 사업별 예산제도의 구조화 형태

제 8 절 성인지예산제도

1. 성인지예산제도의 의의

성인지예산제도(gender responsive budgeting)는 예산이 여성과 남성에게 미칠 영향을 미리 분석하여 이를 예산편성에 반영함으로써 여성과 남성이 동등하게 예산의 수혜를 받도록 하는 제도를 말한다. 그 동안 예산의 계획과 편성과정에서 고려되지 않았던 성변수(gender variables)와 성관점(gender perspectives)을 예산편성과정에 고려함으로써 재정의 사회적 형평성을 높이는데 그 목적이 있다(임성일 외, 2012: 12). 구체적으로는 성별간에 제기될 수 있는 사회적인 형평성의 문제를 예산제도에 투입시켜서 정치·경제적으로 해결하고자 하는 것이다. 이렇듯 성인지예산제도는 재정운용을 통하여 양성평등을 실현하는데 중점을 두고 있는 것이다. 그러나 그 효과는 정부활동의 책임성·참여·투명성 제고, 정부의 거버넌스 체제와 재정관리시스템의 개선, 거시경제의 성장과 안정성의 기여 등 광범위하다(D. Budlender & G. Hewitt, 2003; J. Stotsky, 2007). 우리나라의 경우는 2011년 지방재정법 개정을 통해서 지방자치단체의 성인지예산서 작성의 근거조항을 마련하였으며, 2013년부터 전 지방자치단체를 대상으로 성인지예산서 작성을 의무화하였다.

2. 성인지예산제도의 내용

성인지예산제도는 예산의 편성과 집행이 남성과 여성, 소년과 소녀에게 미치는 의미와 영향을 미리 분석하여 이를 예산편성에 반영하고, 예산집행결과가 여성과 남성이 동등하게 예산집행의 혜택을 받게 되었는지 혹은 혜택을 받을 방향으로 변화하고 있는지를 평가하는 예산기법을 말한다(D. Budlender & G. Hewitt, 2003). 따라서 정부예산전체를 관리하는 시스템이 아니라, 기존 예산제도의 문제와 예산수혜 불공평을 교정하지 못하는 한계를 개선해나가기 위해서 예산편성과정에 성별영향분석이라는 방법론을 활용하고 이를 예산 운용에 활용하는 예산기법이다. 이러한 성인지예산제도를 반영한 예산서 작성 절차는 다음과 같다. 먼저, 행정자치부에서는 여성가족부와 협의하여 지방자치단체로 성인지예산서 작성기준을 배포하고(7월), 이를 바탕으로 각 지방자치단체에서는 자체 성평등 목표를 수립하고, 대상사업 선정 및 성인지예산서 작성지원과 컨설팅(8~9월)을 수행하게 된다. 그런 다음 해당 실·국에서는 부서별 성인지예산서를 취합하여 예산요구서와 함께 예산부서에 제출하고(9~10월), 예산부서에서는 이를 검토 및 확정(10~11월)하는 과정을 거쳐 예산안 첨부서류로 성인지예산서를 지방의회에 제출한다(11월).

성인지예산서 작성 대상사업은 크게 필수사업과 권장사업으로 구분할 수 있다. 필수사업은 여성정책추진사업과 성별영향분석평가사업이 해당되고, 권장사업은 지방자치단체가 별도로 추진하는 특화사업이 해당된다. 여성정책추진사업은 제4차 여성정책기본계획(2013~2017)에 따른 연도별 시행계획 추진사업을 말하며, 성별영향분석평가는 건강, 안전, 일자리, 공동체, 일반 등에 해당되는 약 80여개의 사업을 대상으로 한다(서울시, 2014).

3. 성인지예산제도의 평가

성인지예산제도가 지방자치단체의 예산제도에 도입되어 운영되는 것은 다양한 의미를 지니고 있다(임성일, 2012). 첫째, 재정활동 전반에 걸쳐서 성별간 재정형평성이 구현될 수 있는 기회와 공간이 확대된다. 둘째, 주민이 체감할 수 있는, 주민밀착적인 예산운영이 가능해진다. 셋째, 중앙과 지방간의 연계성을 강화시킬 수 있고, 중앙과 지방간의 재정이전방식에 영향을 미친다.[1] 넷째, 지방재정의 수입을 확보하고 조달하는 방식과 내용에 변화를 초래할 수 있다. 이러한 성인지예산제도가 지방자치단체에서 성공적으로 정착할 수 있도록 성인지 예산관련 제도구축, 관계공무원의 인식변환 및 전문성구축, 이해관계자의 인식 및 행태변화가 요구된다(임성일, 2011).

제 9 절   주민참여예산제도

1. 주민참여예산제도의 의의

주민참여예산제도는 예산의 결정과정에서 배제되었던 주민들을 예산편성과정에 참여시켜 주민의 행정수요를 적극적으로 반영하고 궁극적으로 재정의 책임성과 투명성을 향상시키는데 목적이 있다(임성일 외, 2012: 12). 즉, 행정일방향적이던 예산의 결정방식에 변화를 추구하는 것이기 때문에 예산제도 자체에는 근본적인 변화를 주지 않는다는 특성에서 성인지 예산제도와 유사하다. 그러나 예산운영의 의사결정방식과 주체에 변화를 가하는 거버넌스 시스템이라는 점에서 예산운영의 기법적 특성을 지닌 성인지 예산제도와 차이가 있다.

주민참여예산제도는 예산편성에 주민이 직접 관여하여 영향력을 행사하는 것에 핵

---

1) 성인지예산사업의 상당수가 국고보조사업의 성격을 지니고 있기 때문에 지방의 여건과 실태를 반영한 성인지 예산관리가 가능해질 수 있다.

심이 있기 때문에 예산에 관한 의사결정방식과 권한의 변화를 수반하게 된다. 이 때 주민참여의 방식은 공청회, 설문조사, 위원회 참여, 면담 등의 소극적 행태에서부터 예산편성과정에 직접 참여하여 영향력을 행사하는 적극적 참여에 이르기 까지 다양하다. 즉, 주민참여예산은 지방재정의 수입과 지출을 결정하는 의사결정과정에 이해관계자들이 참여하여 대화를 통하여 조세부담에 대한 합의, 지역의 사업우선순위에 대한 결정을 도출하는 합리적인 의사결정과정이라고 볼 수 있다(임성일 외, 2012: 58-59). 따라서 주민참여예산제도는 직접민주주의의 실현을 위한 하나의 수단으로서 작용하기도 한다. 그리고 정부의 책임성과 투명성 제고, 부패축소, 공공서비스 공급개선, 예산우선순위의 전환, 자원배분과정에서의 사회정의와 재분배 강화, 효율성 증진과 합리적인 행정도모 등의 순기능이 있다. 그러나 적절한 조건을 구비하지 못한 상태에서 실현된다면 이익집단의 횡포, 엘리트 주도적인 거버넌스 체제로 변질될 수 있다는 한계점도 노정하고 있다. 따라서 주민참여예산제도가 활성화되기 위해서는 주민의 대표성과 주민의견 및 수요대표성 확보가능성, 주민의견의 합리성, 주민의사결정 영향력에 대한 책임성 담보 등이 전제되어야 할 것이다(임성일 외, 2012).

2. 주민참여예산제도의 내용

주민참여예산제도는 2003년 지방예산편성지침에서 주민참여형 예산편성제도가 권장되었고, 2005년에는 지방재정법과 지방재정법 시행령을 개정하여 법적 근거를 마련하였다. 그리고 2011년에는 주민참여예산제 운영규정을 임의규정에서 강행규정으로 개정하면서, 2013년부터 의무적으로 실시하도록 하고 있다. 이에 따라 2013년 현재 242개의 지방자치단체가 조례를 제정하여 주민참여예산제도를 운영하고 있다.[2]

주민참여예산제도의 운영과정을 살펴보면, 주민이 직접제안사업을 신청하면 주민참여예산위원회에서 제안사업의 우선순위를 결정하고, 분과위원회에서는 분과별로 사업의 실효성에 대해서 검토한다. 실효성에 대한 검토가 끝나면 민관협의회에서 사업별로 예산을 편성하고, 지방자치단체의 예산부서에서 이를 반영하여 예산을 확정하는 과정을 거친다.

---

2) 주민참여예산제도 관련 조례는 3가지 유형으로 나뉜다. 1유형은 주민참여예산위원회 설치 임의규정, 2유형은 주민참여예산위원회 설치 의무규정, 3유형은 주민참여예산위원회 및 분과위원회 설치 의무규정으로 되어있다. 우리나라의 경우 2013년 기준 1유형이 128개, 2유형이 62개, 3유형이 52개로 1유형의 비율이 높다.

그림 8-6 주민참여예산제도의 운영과정

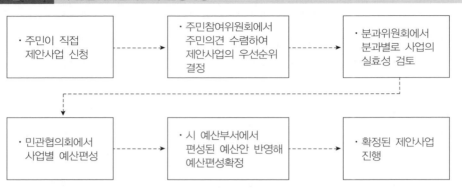

위와 같은 운영과정을 예산의 과정과 연계하여 살펴보면 다음 그림과 같다. 주민참여예산제도는 예산편성단계에서 주민의 참여에 초점을 맞춘 제도이다. 따라서 예산편성지침작성 단계, 예산요구서 작성단계, 예산안 심의조정단계, 잠정 예산안 작성단계, 예산안 확정단계에서 주민들이 참여할 수 있다. 현재 주민참여방식은 공청회, 간담회, 설명회, 토론회 등 지방자치단체별로 다양하나 주로 제한된 방법으로 주민의 의견과 선호를 파악하는 수준에 머무르고 있다.

그림 8-7 예산과정에서의 주민참여대상

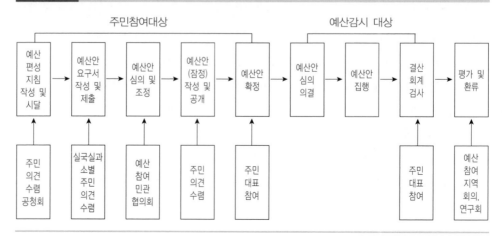

자료: 임성일 외(2012: 67).

3. 주민참여예산제도의 평가

주민참여예산제도는 정부의 재정활동에 대한 시민사회의 불만과 불신을 배경으로 도입된 제도이다. 또한 전 세계적으로 법제정 및 정책을 통하여 주민참여예산제도를 의무화하고자 하는 움직임이 제기되고 있다. 우리나라의 경우 2013년부터 모든 지방자치단체에서 의무적으로 시행하고 있으며, 2013년 11월 현재 244개의 지방자치단체 중에서 242개가 주민참여예산제도와 관련된 조례를 제정하여 운영중에 있다. 박근혜 정부들어서 추진하고 있는 정부 3.0의 일환으로 지방재정정보공개가 확대됨에 따라 지방재정운용에 대한 관심이 증가하면서 주민참여예산제도에 대한 관심이나 실질적 참여확대에 대한 요구가 증가할 것으로 보인다. 따라서 지방자치단체에는 일정규모이상 사업에 대한 주민참여를 의무화한다거나, 주민참여예산의 범위제한 금지, 주민의견수렴 결과의 지방의회 제출 의무화 등이 요구된다. 또한 제도의 정착 및 실효성을 제고하기 위해서는 지방자치단체의 여건에 맞는 운용이 가능하도록 지방자치단체의 자율성과 책임성을 강화시켜주어야 할 필요가 있다.

제 10 절 지방예산제도의 전망과 과제

1. 지방예산제도의 전망

우리나라는 기본적으로 품목별예산제도에 기반을 두고 있다. 그러나 성장잠재력과 고용창출능력 저하, 고령화 및 낮은 출산율, 재정수입의 정체, 시민사회의 성장과 지방분권과 같은 재정 및 세제여건의 급격한 변화로 인하여 기존의 재정운영시스템으로 대응하는 것에 한계가 있었다. 즉 과거와 같은 1년 단위 위주의 예산만으로는 저출산 및 고령화, 성장잠재력 저하 등과 같은 중장기적이고 구조적인 문제에 대응하기 어렵다. 우선 투자의 일관성을 확보하기가 어려울 뿐만 아니라 1년 단위로 세입·세출을 맞추는데 중점을 두기 때문에 호황기에는 세입과 지출이 많아져 경기를 과열시킬 수 있고, 불황기에는 세입과 지출이 줄어 경기를 더욱 위축시킬 수 있다. 이로 인하여 재정의 경기자동조절기능이라는 재정 본연의 기능이 취약해지게 된다. 또한 재정당국의 통제위주의 재정운용방식에 대한 한계, 재원투입에 관심을 두는 재정운용방식으로 인하여 재정의 효율성이 저하되고 있다.

2. 지방예산제도의 과제

이러한 배경으로 인하여 기존의 점증주의에 중심을 두고 있는 품목별예산제도를 대체하고자 하는 시도가 수십년 동안 있어왔다. 과거와 달리 경장성장세가 둔화되고 있는 가운데 점증적으로 증가하고 있는 예산은 재원배분체계로서의 기능을 제대로 수행하고 있지 못하고 있다(조수현 외, 2006: 7-9). 따라서 예산운영의 효율성을 도모하기 위하여 다음과 같은 예산제도에 대한 개혁이 필요해지는 것이다. 첫째, 자율적이고 책임있는 지방재정운영시스템을 구축하는 것이다. 이를 위해서는 지방 재정분권을 명확히 해야 할 것이다. 둘째, 예산운용의 자율성 및 신축성을 확대해야 한다. 신중하고 보수적인 경제전망에 기반하여 중기재정운용의 틀 하에서 예산과정에 총액배분 자율편성 기법을 활용함으로써, 총량적 재정규율을 강화하고 개별부처의 예산운용의 자율성 및 신축성을 확대해야 한다. 셋째, 성과관리 제도를 도입해야 한다. 국민경제에 대한 공공재정의 부담이 확대되고, 기존의 재정지출 통제 중심의 예산제도로는 통제기능이 제대로 달성되지 않고 있다. 따라서 정부지원사업, 지원규모 등을 성과와 연계하여 재정지출의 효율성을 높이고 성과목표 및 실적을 공개함으로써 재정운영의 투명성을 개선해야할 필요가 있다. 이를 보다 효과적으로 달성하기 위해서는 투입위주의 재정운영방식을 지양하고 성과중심의 재정운영방식으로의 전환이 필요한 것이다.

이러한 예산제도의 개혁이 성공적으로 이루어지기 위해서는 예산제도의 각 과정이 정치성을 지니고 있다는 점을 염두에 두어야 한다. 그리고 한 가지 형태의 예산개혁 전략이 모든 경우에 적합할 수는 없다는 점이 고려되어야 한다. 예산개혁의 효과는 의사결정의 수준, 정부의 수준, 그리고 정책의 속성에 따라 상이하게 나타난다는 것을 유의해야 할 것이다(조수현 외, 2006: 14).

현재 운영되고 있는 각 예산제도(사업별 예산제도, 성인지예산제도, 주민참여예산제도)는 도입목적, 배경, 기능 등에서 서로 특성을 달리하고 있기 때문에 서로 분리운영되고 있다. 즉, 각 예산제도가 지방예산시스템과 지방재정운영시스템이라는 유기적이고 종합적인 틀속에서 운영되지 못하고 있다. 따라서 각 제도의 종합적인 운영을 통하여 상호 협력적인 시너지효과를 도출하고자 노력해야한다(임성일 외, 2012: 15).

탐구학습

1. 주요개념과 요약
 - 품목별예산제도
 - 성과주의예산제도
 - 기획예산제도
 - 영기준예산제도
 - 자본예산제도
 - 프로그램(사업별)예산제도
 - 주민참여예산제도
 - 성인지예산제도

2. 토론과 과제
 - 성과주의예산제도의 도입배경 및 그 유용성
 - 프로그램(사업)예산제도와 기존 예산제도의 차이점
 - 예산제도의 변천과 관련하여 그 배경과 장·단점

참고문헌

김동기(2005), 한국지방재정학, 서울: 법문사.

나중식(1995), 재무행정론, 서울: 형설출판사.

박기백(2003), 우리나라 재정운영 행태에 대한 연구, 서울: 한국조세연구원.

서울시(2014), 2015년 성별영향분석평가 대상과제 현황.

유훈(2003), 재무행정론, 서울: 법문사.

윤영진(2008), 새재무행정학, 서울: 대영문화사.

이성근(2006), 정책계획론, 서울: 법문사.

이영조(1995), 지방재정론, 서울: 대명출판사.

임성일(2011), "지방자치단체의 성인지 예산제도의 성공적 추진방안", 한국지방재정학회 발표논문집.

_____(2012), "양성평등을 고려한 예산제도의 제정과 지자체 정책대응 방향", 공공정책, 6월호.

임성일·이효·서정섭(2013), 새로운 지방예산제도, 서울: 박영사.

임성일·서정섭(2015), 주민참여 예산제도 활성화 방안, 한국지방행정연구원.

조수현 외(2006), "신제도주의와 예산개혁", 한국행정학회 동계학술대회 발표논문집.

Schick, A.(1972), *Budget Innovation in the State*, Washington D. C.: The Brookings Institution.

Budlender, D. & G. Hewitt(2003), *Engendering Budgets*, Commonwealth Secretariat.

Comiez, M. S.(1966). *A Capital Budget Statement for the U.S. Government*, Washington D.C.:Brooking Institution.

Hudson, R.(1982), *Regional planning in Europe*, London: Pion.

McKean, R. N.(1968), *Public Spending*, N.Y.: McGraq-Hill Inc.

Mosher, F. C.(1994), *Program Budgeting: Theory and Practice*, N.Y.: McGraw-Hill.

Niskannen, W. A.(1971), *A Bureaucracy and Representative Government*, Chicago & N.Y.: Aldine, Atherton.

Reed, B. J. & J. W. Swain(1999), *Public Finance Administration*, N.J: Prentice Hall Inc.

Sarant, P. C.(1978), *Zero-Base Budgeting in the Public Sector: A Pragmatic Approach*, Reading, Massachusetts: Addison-Wesley Publishing Company.

Stotsky, J.(2007), Budgeting with Women in Mind, *Finance and Development*, 44(2).

제9장

지방예산의 편성과 운용

제1절 지방예산 편성·운용의 의의

1. 지방예산 편성·운용의 개념

지방예산이란 지방자치단체가 기관을 유지하고 지역개발을 촉진하여 주민들의 삶의 질 향상 등을 촉진하기 위해서 재원을 배분하는 계획을 의미한다(김동기, 2005). 지방예산은 중앙정부의 예산과 마찬가지로 조달하고 편성·심의·집행·결산의 과정을 거치며, 회계연도(1월 1일~12월 31일)에 지방정부에서 수행할 사업들에 대한 내용을 담은 것이다. 즉 지방예산이란 지방자치단체가 한 회계연도의 목표달성을 위해 한정된 자원의 효율적·효과적인 활용계획을 수치로 표시한 것이다(손희준 외, 2011: 222). 이러한 지방자치단체의 예산은 지역 주민 또는 지방의회의 참여 및 통제를 용이하게 하는 중요한 수단이면서 지역경제를 운영하고 발전시키는 수단이 되므로 그 과정이 점차 중요시되고 있다.

지방예산은 다음과 같이 세 가지의 기능을 수행하고 있다(김동기, 2005). 첫째, 재정계획기능이다. 지방예산이란 지역의 발전을 도모하기 위하여 수립된 계획을 추진하기 위한 재정적인 수단을 의미한다. 둘째, 정책관리기능이다. 지방예산은 기관의 유지 및 조직의 목표달성을 위하여 사업의 우선순위 부여 등을 통해 인적·물적자원을 배분하고 집행하기 위한 계획이다. 셋째, 회계통제기능이다. 지방예산은 지방자치법, 지방재정법에 근거하여 제정되며, 지방의회의 의결을 거쳐서 예산으로 성립된다. 지방의회는 지방자치단체장에게 예산에 대한 집행권과 책임을 부여하고, 예산심의와 결산심사를 통하여 행정부에 대한 감시 및 통제를 수행하게 된다.

2. 지방예산 편성·운용의 원칙

1) 재정운용상황의 공시(공개)의 원칙

재정운용상황의 공시(공개)의 원칙은 예산 운영의 모든 상태가 주민에게 공개되어야 한다는 원칙으로, 예산안이 지방의회의 의결을 거쳐 지방자치단체장에게 이송되면 그 내용을 공시해야 한다는 것을 의미한다. 공시(공개)의 원칙은 지역주민의 알권리의 보호와 집행부 독주의 방지, 주민의 조세저항의 최소화와 지역주민의 지지확보를 그 목적으로 한다.

지방자치법에서는 예산안이 의결된 후 3일 이내에 지방의회의 의장이 당해 지방자치단체의 장에게 이송하여야 하며, 지방자치단체의 장은 지체 없이 그 내용을 고시하도록 명시하고 있다. 결산의 경우도 마찬가지이다(지방자치법 제133조, 제134조). 지방재정법에서는 매 회계연도마다 1회 이상 세입·세출예산의 집행사항, 발생주의와 복식부기에 의한 재무보고서, 지방채·일시차입금 등 채무의 현재액, 채권관리현황, 기금운용현황, 공유재산의 증감 및 현재액, 통합재정정보, 그 밖의 재정운용에 관한 중요사항을 주민에게 알기 쉽게 작성하여 공시하도록 하고 있다(지방재정법 제60조).

2) 회계연도 독립의 원칙

회계연도 독립의 원칙이란 각 회계연도의 경비는 당해연도의 세입으로 충당해야 하며, 매 회계연도의 세출예산은 다음연도에 사용할 수 없음을 의미한다(지방재정법 제7조). 회계연도[1]란 재정활동의 시간적 구분으로서 지방자치단체가 세입·세출의 상황을 명확히 하고 재정을 적절히 통제하기 위해 설정한 기간으로 1년을 단위로 한다(지방재정법 제6조, 제7조, 지방자치법 제125조).

회계연도 독립의 원칙에 대한 예외로써 예산운영상 신축성을 유지하기 위해 계속비, 예산의 이월, 세계잉여금의 세입이입, 과년도수입, 과년도 지출 등이 인정되고 있다.

---

[1] 외국의 회계연도를 살펴보면, 한국, 프랑스, 러시아, 독일, 네덜란드의 경우는 1월~12월말, 터키의 경우는 3월~익년 2월말), 일본, 영국, 캐나다, 인도 등은 4월~익년 3월말, 필리핀, 노르웨이, 스웨덴, 미국의 주는 7월~익년 6월말, 미국연방정부 등(10월~익년 9월말)로 각 나라마다 다르다.

3) 건전재정 운영의 원칙

지방자치단체의 재정은 수지균형의 원칙에 따라 건전하게 운영하여야 하며(지방재정법 제3조, 지방자치법 제122조), 국가는 지방재정의 자주성과 건전한 운영을 조장하여야 하고, 국가의 부담을 지방자치단체에 전가해서는 안된다(손희준 외, 2011: 227). 즉 지방자치단체의 세출재원은 지방채 또는 차입금 외의 세입으로 이루어져야 함을 의미한다(지방재정법 제35조). 따라서 지방재정은 적자재정을 인정하지 않고 있으나 이에 대한 예외로 지방채, 차입금 등을 제한적으로 인정하고 있다.

4) 예산의 목적외 사용금지의 원칙

지방재정법 제47조에 의하면 지방자치단체장은 세출예산에서 정한 목적 이외의 경비를 사용할 수 없고 세출예산이 정한 각 기관간이나 장·관·항 상호간에 융통하여 사용할 수 없도록 하고 있다. 다만 이에 대한 예외로는 예산의 이용·전용·이체 등이 있다(지방재정법 제44조, 제47조, 제50조).

5) 예산총계주의의 원칙

예산완전성의 원칙이라고도 하며, 한 회계연도의 모든 수입은 세입으로 하고 모든 지출은 세출로 하고, 세입과 세출은 모두 예산에 편입되어야 한다는 것이다(지방재정법 제34조). 이 원칙은 주민이나 지방의회가 예산에 대해서 쉽게 이해할 수 있도록 하고, 재정상의 감독을 쉽게 하는 것을 목적으로 한다(김동기, 2005: 268).

이에 대한 예외로 자치단체의 행정목적달성 또는 공익상 필요에 의하여 재산을 보유하거나 특정한 자금의 운용을 위하여 기금을 운영하는 경우와 기타 손실부담금, 계약보증금 등 사무 관리상 필요에 의하여 자치단체가 일시 보관하는 경비 등이 있다.

6) 예산 사전의결의 원칙

예산은 예정적 계획이기 때문에 회계연도가 개시되기 전에 지방의회의 의결을 거쳐야 한다. 지방의회가 의결을 하기 전에는 예산이 확정된 것이 아니다. 이는 예산운영에 있어서 집행부의 독주를 방지하고 재정민주주의를 구현하기 위한 것이다. 그러나 사전의결의 원칙에 대한 예외로서 회계연도 개시 전까지 예산안이 의결되지 못하였을 경우 준예산제도가 편성될 수 있도록 인정하고 있다(지방자치법 제131조, 지방재정법

제46조).

7) 예산 한정성의 원칙

예산은 연도간, 항목간에 각기 명백한 한계가 있어야 한다는 원칙으로 예산의 목적 외 사용금지, 예산항목간의 상호융통·이용의 금지, 예산의 초과지출 및 예산 외 지출의 금지, 회계연도의 독립원칙 등을 포함한다. 예산 한정성의 원칙이 보장되지 않으면 예산의 실질적인 의미가 상실되며, 집행부의 재량권이 지나치게 확대되어 지방의회의 예산 심의권이 침해받게 될 수 있다.

8) 예산 사전절차 이행의 원칙

예산은 법령, 조례와 밀접한 관련을 갖고 있으므로 예산과 관련된 법령과 조례는 반드시 사전에 제정된 후에 예산을 의결하여야 하며, 중앙정부 또는 상급자치단체의 승인을 받아야 하는 사항은 승인절차를 이행하고 예산을 편성, 의회에 제출하여야 한다.

각종 위원회나 관련부서의 협의를 거쳐야 하는 사안에 대해서도 반드시 사전절차를 이행한 후에 예산을 편성하여야 한다. 예산 사전절차 이행의 원칙이 지켜지지 않았을 경우에는 그 예산은 편성하였으나 집행하지 못하고 사장시키는 결과가 되어 재원배분의 왜곡을 초래하게 된다.

3. 지방예산의 종류

예산은 회계의 성질, 성립시기, 예산의 성립 여부 등을 기준으로 다음과 같이 분류할 수 있다.

1) 회계의 성질별 분류

지방자치단체의 예산은 수행하는 사업의 성질을 기준으로 일반회계와 특별회계로 구분할 수 있다(지방자치법 제126조, 지방재정법 제9조 제1항).

(1) 일반회계

일반회계는 지방자치단체 예산 가운데 주민의 공공복지 증진을 위하여 운영되는 회계를 말한다(권형신 외, 2006: 173). 일반회계로 지원되는 사업은 비분할적이고 비배제적인 성질의 순수 공공재의 공급과 밀접한 관련이 있기 때문에 사업의 성과에 대한 분석이 어렵고, 이념에 있어서는 기업성보다 공공성이 강조되는 특성이 있다. 일반적으로 예산이라고 하면 일반회계를 지칭한다.

(2) 특별회계

특별회계는 특정한 목적을 달성하기 위하여 특정한 세입으로 특정한 세출에 충당하는 회계를 말한다. 특별회계는 이념상 기업성을 중시하며 이러한 이념을 구현하기 위해 일반회계와 구분하여 별도의 회계로 설치·운영하고 있다. 따라서 특별회계는 준공공재나 민간재와 밀접한 관련이 있으며 사업의 성과에 대한 평가가 가능하여 기업회계의 적용이 가능하다.

우리나라의 지방자치법 제126조와 지방재정법 제9조 2항에 의하면, 지방자치단체의 특별회계는 ① 지방공기업을 운영할 때, ② 기타 특정사업을 운영할 때, ③ 특정 자금이나 특정세입·세출로서 일반세입·세출과 구분하여 경리할 필요가 있을 때에 한하여 법률 또는 조례로서 설치할 수 있다. 그리고 지방자치단체에서 설치·관리하는 특별회계는 공기업특별회계와 기타특별회계로 구분하여 운영한다.

공기업특별회계는 지방자치단체가 직접 설치 경영하는 지방직영기업과 법인을 설립하여 경영하는 기업형식인 지방공사 등에 대한 회계이며, 이들 기업은 지방공기업법이 적용되어 운영된다. 기타특별회계는 기타 특정사업과 특정자금이나 특정세입·세출로

〈표 9-1〉 국가예산과 지방예산의 차이점

구 분	국 가	지방자치단체
예산의 내용	·예산총칙, 세입·세출예산, 명시이월비, 계속비, 채무부담행위	·국가의 경우와 동일
예산편성지침 (기준)	·기획재정부장관(3월 31일까지)	·2005년도부터 예산편성지침은 폐지하고, 업무편람(예산편성메뉴얼)을 보급하도록 함(지방재정법§38)
예산심의 확정	·국 회	·지방의회
특별회계 설치	·법 률	·조 례
예산의 과목구분	·법정(국가재정법)	·법정(지방재정법)
예산의 전용 권한	·기획재정부장관	·지방자치단체의 장

서 일반회계와 구분 경리하여 운영되는 회계이다.

2) 성립시기에 따른 분류

(1) 본예산

본예산은 당초예산이라고도 하는데 회계연도 개시전에 최초로 성립된 연간예산을 의미한다. 우리나라의 경우 지방자치단체의 장이 회계연도마다 예산안을 편성하여 시·도의 경우는 회계연도개시 50일전인 11월 11일까지, 시·군·자치구는 회계연도 개시 40일전인 11월 21일까지 지방의회에 제출하고 광역의회에서는 예산안을 회계연도 개시 15일 전까지, 기초의회에서는 회계연도개시 10일전까지 의결하여 성립된 예산을 말한다(지방자치법 제127조).

(2) 수정예산

수정예산이란 지방의회에 예산을 제출한 후 예산이 의결되기 전에 예산안의 내용을 수정한 것을 말한다. 즉 예산안이 의회에 제출된 후 사정변경이 있을 때 수정예산안을 작성하여 기제출한 예산안이 의결되기 전에 지방의회에 다시 제출할 수 있다. 이러한 절차에 따라서 본래의 예산 가운데 일부가 수정된 것을 수정 예산이라 한다(지방자치법 제127조). 수정예산이 필요한 경우는 ① 법령·조례 등의 재정으로 소요경비가 불가피하게 반영이 필요할 때, ② 국고보조금, 지방교부세의 변경으로 예산을 수정할 필요가 있는 경우, ③ 기타 제출한 예산안의 내용 중 불가피하게 변경이 필요한 사항이 있는 경우 등이다.

(3) 성립 전 사용예산

이는 천재지변 등의 사고로 인하여 예산이 의결되기 이전에 예산집행사건이 발생할 경우 예산승인 전에 자치단체장이 집행한 예산을 의미한다. 즉 사업용도가 지정되고 소요경비 전액이 교부된 경비(지방교부세, 국고보조금)와 재해구호 및 복구와 관련하여 교부된 경비에 대하여 의회의 예산승인 전에 자치단체장이 예산을 집행한 후 차기 추경예산에 계상하여(성립전 예산임을 명시) 의회의 승인 절차를 거치는 제도를 말한다(지방재정법 제45조).

(4) 추가경정예산

추가경정예산이란 예산이 성립되고 회계연도가 개시된 이후에 새로이 발생한 사유로 인하여 이미 성립된 예산에 변경을 가할 필요가 있을 때 사용되는 예산이다. 지방자치법 제130조, 지방재정법 제45조에 의하면 지방자치단체 예산이 성립되고 회계연도가 개시된 후에 이미 성립된 예산내용을 추가하거나 변경을 가할 필요가 있을 때, 추가경정예산을 편성하여 의회의 심의·의결을 거쳐야 한다고 규정되어 있다.

본예산과 추가경정예산은 각각 별개로 성립되나 추가경정예산은 본예산의 내용을 추가하거나 일부를 변경하는 것이므로 일단 성립되면 하나로 통합하여 운영하여야 한다.

3) 불성립시의 분류

(1) 준예산

준예산이란 회계연도 개시일 전까지 예산이 의결되지 않았을 경우 지방자치단체가 사용할 수 있는 예산을 말한다. 지방자치법 제131조에 의하면 지방의회에서 새로운 회계연도가 개시될 때까지 예산안이 의결되지 못했을 때 지방자치단체의 장은 ① 법령이나 조례에 의하여 설치된 기관 또는 시설의 유지·운영, ② 법령 또는 조례상 지출의무의 이행, ③ 계속사업의 진행 등의 경우에 전년도 예산에 준하여 집행할 수 있다. 준예산을 사용할 수 있는 기간을 3개월 이내로 보고 있으나, 법령에 명시되어 있지는 않다. 본예산이 성립되면 준예산[2]은 본예산에 의한 집행으로 간주된다(지방재정법 제46조).

(2) 잠정예산, 가예산

잠정예산은 미국·영국에서 자주 이용되는 예산제도로 일정기간(정해져 있지는 않으나 4~5개월) 사용되며, 의회의 승인이 필요하다. 가예산은 예산안이 의결되지 못했을 경우 국정운영의 지장을 막기 위해 국회가 1개월 이내의 가예산을 의결하도록 하는 제도이다. 가예산은 우리나라의 제1공화국 때에 이용한 경험이 있다. 가예산은 잠정적으로 예산을 편성한다는 의미에서 잠정예산과 유사하나 사용 기간이 1개월인 점에서 차이가 있다. 현재 우리나라 지방예산은 예산이 의결되지 못했을 경우 필수적이고 일상적인 예산을 전년도에 준하여 집행하는 제도인 준예산제도를 이용하고 있다.

---

2) 전국에서 최초로 전북 부안군에서 2004년 1월 1일부터 3월 17일까지 준예산을 편성하여 운영한 예가 있다.

제2절 지방예산 편성·운용제도의 특징

1. 지방예산 편성·운용상의 특징

1) 재정수입의 강제성과 집행의 책임성

지방자치단체는 지역개발 및 주민의 복지증진을 위하여 각종 행정활동을 하는 독립된 경제주체이다. 법인격을 가진 주체로서 경제활동을 한다는 점에 있어서 국가 및 민간기업과 같다고 할 수 있겠으나, 추구하는 목적에 있어 지역주민전체를 대상으로 하는 지역성과 주민의 복리증진이라는 봉사성 및 지역개발이라는 공익성이 강조된다. 수입재원에 있어서도 원칙적으로 주민의 조세부담에 의해 획득되는 강제성과 경비의 지출에 있어서도 엄정한 회계절차를 따라야 하는 책임성이 요청된다.

〈표 9-2〉 재정주체간 기능비교

구분	국 가	지방자치단체	민간기업
재정 주체	·단일주체	·시·도, 시·군·자치구(243개 개별단체)	·단일주체
관리 방법	·독립된 관리와 집행의 다원화(각 부처)	·자율성과 국가이양사무의 처리 등 타율성 공유	·독립된 관리·운영
업무 성격	·국가의 유지관리, 국민생활의 향상, 지역균형개발 - 기획·연구중심의 정적업무 위주	·주민의 복리증진 - 현장, 대민 서비스 위주의 동적업무 위주	·기업의 경영 합리화
추구 가치	·공익성·봉사성·책임성		·영리성

2) 세입예산과 세출예산의 연동성

지방자치단체의 세입예산은 법적강제에 의거 의무적으로 징수하는 지방세와 재산매각수입, 사용료, 수수료 등 세외수입 및 지방교부세, 국고보조금과 지방채로 충당한다. 그 금액은 지방자치단체가 자체적으로 결정하되, 국가에서 지원하는 지방교부세, 국고보조금, 지역발전특별회계는 국가에서 결정한다. 지방채는 지방자치단체가 지방의회의 의결을 얻어 발행하되 행정자치부장관이 정한 총액한도액의 범위 안에서 발행하여야

한다. 이 경우 한도를 초과하거나 외국으로부터 자금을 차입(외채)하는 경우에는 행정
자치부장관의 승인을 얻어야 한다.[3)]

　여기서 세입예산 중 지방세와 세외수입 및 지방교부세는 자치단체가 세출용도의 결
정 즉 재원의 배분에 있어 자율성이 부여된 자주재원 성격이나, 국고보조금 및 지방채
는 주로 사업시행을 위한 재원으로 세입결정시 세출용도가 지정된 지정재원 성격이다.

　세출예산은 법령 및 조례가 정하는 범위 내에서 합리적인 기준에 의거 그 경비를 산
정하여 예산에 계상하여야 하며(지방재정법 제36조), 세출예산편성기준과 세출예산과
목 구분에 따라 편성해야한다(지방재정법 제38조, 제41조). 이는 지방자치단체의 건전
한 재정운영을 확보하기 위해서이다. 세출예산의 분류는 그 목적에 따라 예산과목을 기
능별, 조직별, 사업별, 경비유형별, 성질별로 구분하고 있다.

〈표 9-3〉 현행 세출과목분류체계

예산과목	분야	부문	정책사업	단위사업	세부사업	목
분류기준	기능별		조직별	사업목적별	경비유형별	성질별

　여기서 세입과 세출의 관계를 정립하여 보면 [그림 9-1]과 같다.

그림 9-1 │ 세입·세출예산의 관계표

세 입	세 출
· 지방세 · 세외 수입 · 지방교부세, 조정교부금 · 보조금 · 지역발전특별회계 · 지방채	· 경상예산 · 사업예산 · 지방채상환 · 예비비 등

　세입·세출예산 관계표에 의하면 지방세·세외수입·지방교부세는 자치단체가 재
원의 배분을 임의로 할 수 있는 자주재원으로 세출과의 연관성이 크지 않으나, 보조금,

---

3) 2005년도부터 지방재정의 분권과 자율성 강화 정책에 따라 지방채발행제도가 변경되어 총액한도제(이전은 승인
제)로 전환하였다.

지역발전특별회계, 지방채는 특정사업을 추진하기 위하여 국가에서 지원하거나 외부로부터 차입하는 것으로 지정된 세출용도 이외에는 사용할 수 없다. 그러나 [그림 9-1]은 세입·세출의 관계를 단순화 한 것으로 세외수입의 재산매각대금 및 국고보조금 중 일부에 대하여서는 정해진 용도에 따라 경상예산으로 운영되는 경우도 있다.

3) 예산제도의 복잡성

지방예산은 먼저 다양한 회계로 구성되어 있다. 예산은 자치단체의 재원조달과 배분에 관한 예정적 수치라면 회계는 편성된 예산을 집행의 원인과 결과에 따라 순차적으로 기록하고 이를 분석·평가·해석하여 그 결과를 이용자 및 지방의회에 보고하는 기술이다.

〈표 9-4〉 예산과 회계와의 관계

구 분	예 산	회 계
성 격	·재원의 조달 및 조달된 재원의 배분계획 (사업계획과 목표의 설정기능)	·배분된 목적대로 자금을 집행하고 이를 기술·분석·평가하는 기술 (수립된 계획의 달성도 측정기능)
지향점	·재원을 우선순위에 의거 합리적으로 배분	·재원배분목적에 따라 집행 ·재원배분과정의 합법성 등 기준과 절차 중시
내 용	·분야·부문·정책사업·단위사업·세무사업·목 등 예산과목구분의 형식과 체제에 의거 배분	·예산의 배정 및 자금의 배정 ·세입 및 세출예산의 집행 ·예산집행 결과의 결산

지방예산의 회계분류는 가장 기본이 되는 일반회계와 사업성격 및 계리에 있어 독립적 운영이 요청되는 기타 및 공기업특별회계와 예산외로 특별히 운영하기 위한 기금회계로 분리 운영되고 있다. 이들 회계는 관련법령 및 조례에 의거 설치하여야 하는 것으로, 회계의 수가 지나치게 많아지는 경우 지방예산관리의 통합성 측면에서 비효율적이며 낭비적인 요인이 될 수도 있다.

일반 및 기타특별회계와 기금회계의 경우 현금의 변동 상황인 세입과 세출만을 계리하는 현금주의 방식으로 회계처리하였으나, 2007년 복식부기제도 도입에 따라 발생주의 복식부기 방식으로 회계처리를 동시에 하고 있다. 지방공기업의 경우 지방공기업법에 의거 경영의 성과와 재무의 상태를 명백히 하기 위해 재산의 증감과 변동을 발생 사실에 따라 계리하도록 하고 있다.

<표 9-5> 지방자치단체 회계운영 현황

구 분	일반회계	기타 특별회계	공기업 특별회계	기금회계
기장방법	현금주의 (단식부기)	현금주의 (단식부기)	발생주의 (복식부기)	현금주의 (단식부기)
계리방법	세입·세출	세입·세출	세입·세출	세입·세출

주: 2007년부터 지방예산회계에 복식부기가 전면 도입되어 운영중에 있다.

또한 예산의 관리기술에 있어서도 여러 가지 예산제도를 채택하고 있다. 예산관리기술을 기준으로 예산관리의 목적을 예산편성의 통제에 두는 경우 품목별예산제도, 사업성과에 중점을 두는 경우 성과주의예산제도, 공공투자사업의 확충과 지속적인 관리에 두는 경우 자본예산제도, 계획과 예산을 연계한 계획성에 두는 경우 계획예산제도, 예산과 투자효율의 연계 및 감축관리에 두는 경우 영기준예산과 일몰예산제도 등으로 예산제도를 구분할 수 있다.

이상과 같은 예산제도는 예산을 편성하는 기법과 수단에 따라 구분되는 것이므로 예산편성에 있어 절대적이며 유일하게 적용되는 제도라기보다는 서로 상대적이며 보완적인 성격을 지니고 있다. 우리나라의 지방예산운영에 있어서는 여러 가지 제도가 복합적으로 적용되고 있기 때문에 예산제도의 백화점식 나열이라는 비판도 없지 않다. 그러나 이는 여러 제도의 도입을 통해 우리나라 지방재정의 현실에 부합되는 예산제도를 만들어 나가는 노력의 일환으로 보아야 할 것이다.

4) 시스템적 예산운영관리

지방예산이 추구하는 기본적인 이념은 건전성과 효율성이다. 예산의 제반 관리활동에 있어 건전성과 효율성을 확보하기 위해서 예산편성과 집행과정의 상호연계성을 창출할 수 있는 시스템적 관리가 필요하다.

예산의 시스템적 관리 과정은 중기재정계획수립 → 투자심사 → 예산편성 → 예산집행 → 집행결산 → 재정분석 → 재정환류의 과정으로 이는 연속적으로 이루어진다. 즉 중기재정계획은 당해연도를 포함한 향후 3개년도의 재원배분 계획으로 다년도 예산편성이라는 성격을 가지고 있고, 투자심사는 중기재정계획에 반영된 재정사업 중 재원조달 및 투자효과의 타당성이 입증된 사업을 예산편성 대상으로 확정하고 이를 통해 예산편성과 집행을 연계한 후 집행결과의 결산·분석을 통해 차기 예산편성에 반영하는 시계열적 동태적 관리로 접근하고 있다.

이와 같은 예산의 시스템적 관리 제도를 재정관리제도라고 한다. 예산편성에 있어 기본원칙은 지방자치단체가 자율적으로 편성하도록 되어 있다. 그러나 전국적인 균형과 지방예산의 건전성·효율성을 확보하기 위해 지방재정법 제38조에 의거하여 행정자치부가 지방자치단체재정운용편람을 작성하여 지방자치단체에 보급할 수 있고, 회계연도별 지방자치단체예산편성기준은 행정자치부령에 근거하여 정하게 되어 있다. 다만 동 편람 등의 내용은 자치단체의 자율성을 침해하지 않도록 공무원관련경비, 업무추진비, 사회단체보조금, 급식비단가 등 경상경비의 편성기준을 제시하는 것에 국한하고 있다.

2. 지방예산 회계제도상의 특징

1) 회계의 의의

(1) 회계의 개념
회계(accounting)란 재정활동의 일부로서 금전, 물품, 기타재산 등의 출납과 보관·관리 등 유용한 재무정보(회계정보)를 종합적으로 정리·기록하여 그 이용자가 합리적으로 의사결정을 할 수 있도록 전달해 주는 정보시스템이다. 이와 유사한 용어로서는 재정, 예산이 있는데, 재정이란 국가나 지방자치단체가 경제 주체로서 수행하는 종합적인 경제활동을 말하며, 예산은 회계연도 내 세입·세출의 재정적 계획을 의미한다.

(2) 회계의 특성
모든 회계문서는 회계질서의 문란을 방지하고 집행에 대한 책임의 한계를 엄정히 하기 위하여 회계문서에 기명날인함으로써 책임소재를 명확히 하고(엄정성), 개서, 삽입, 삭제, 정정, 도말 등을 제한하며, 정정하는 경우에는 정정날인을 하여 책임소재 명확히 한다(정확성). 또한 특정인에게 유·불리하게 회계를 운영하지 못하도록 기회를 균등하게 부여함과 함께 계약 등에 있어 경쟁의 원칙을 견지하여야 하며(공정성), 회계문서의 서식, 시기, 내용 등을 법규화하여 재량성을 인정하지 않는 등(통일성) 국가와 지방의 회계운영기준을 유지하여 국가의 종합적인 정책분석에 필요한 정보 등을 유지하여야 하는 특성을 가지고 있다.

2) 회계의 종류

(1) 관리대상에 의한 분류

국가나 지방자치단체의 소관 현금의 출납 및 보관과 물품의 출납보관, 재산의 출납관리, 금전의 지급을 목적으로 하는 자치단체의 활동을 관리하기 위해 각각 현금회계, 물품회계, 재산회계, 채권회계를 두고 운영한다.

〈표 9-6〉 회계의 분류

구 분	내 용	관 련 법 규
현금 회계	·현금의 출납, 보관을 관리하는 회계 (회계의 주종을 이룸)	·지방계약법령, 지방재정법령, 관련개별법 령, 지방자치단체 재무회계규칙
물품 회계	·현금·공유재산·유가증권을 제외한 동산 및 각종 물품을 출납·관리하는 회계	·공유재산및물품관리법령, 물품관리조례
재산 회계	·부동산 등 재산을 출납·관리하는 회계	·국유재산법, 공유재산관리조례, 공유재산 및 물품관리법시행령
채권 회계	·금전의 지급을 목적으로 하는 지방자치단 체의 권리를 관리하는 회계	·지방재정법 지방재정법시행령, 자치단체 재무회계규칙

(2) 목적에 의한 분류

자치단체의 업무의 수행과 특수한 행정목적 달성을 위해 일반회계와 특별회계로 구분되며 특별회계는 성격에 따라, 기타특별회계, 공기업특별회계로 또다시 구분·설치하여 운영할 수 있다.

일반회계는 지방자치단체 기능수행을 위하여 공적 일반활동에 소요되는 세입·세출을 포괄하는 회계를 말하며, 특별회계는 특수한 목적을 수행하기 위한 수입·지출을 일반회계로부터 분리하여 독립적으로 경리하는 회계로 기타특별회계와 공기업특별회계로 구분한다. 기타특별회계는 특정자금이나 특정세입세출로서 일반 세입세출과 구분하여 정리할 필요가 있을 때에 법률 또는 조례에 의하여 설치하는 회계(지방재정법 제9조 제2항)로 주택사업, 도시교통사업, 관광개발사업 등을 이에 해당되는 회계로 운영할 수 있다. 공기업특별회계는 지방자치단체가 직접 설치 경영하는 지방직영기업과 법인을 설립하여 경영하는 기업형식인 지방공사 등에 대한 회계이며 이는 지방공기업법이 적용되며 상·하수도, 지역개발기금 특별회계 등이 있다.

3) 회계의 일반원칙과 예외

(1) 회계연도 독립의 원칙

지방예산은 당해연도 개시 전에는 물론 회계연도를 경과한 후에는 집행할 수 없으며, 당해 회계연도의 경비는 당해연도 세입으로 충당하여야 한다. 다만 예외로 계속비, 세출예산이월, 결산잉여금이월, 지난 회계연도 지출 등이 운영되고 있다(지방재정법 제42조, 제50조, 제52조, 제76조).

- 회계연도: 1월 1일~12월 31일(지방재정법 제6조)
- 출납폐쇄기한: 12월 31일(지방재정법 제8조 제1항)
  - 지출은 사실상 12월 31일로 종료되나 출납원이 수납한 세입금은 1월 20일까지 금고에 납입할 수 있으며, 일산경비는 1월 15일까지 반납할 수 있음
- 출납정리기한: 익년도 2월 10일(지방재정법 제8조 제2항)

(2) 수입의 직접사용금지의 원칙

모든 수입은 지정된 수납기관에 납부하여야 하며, 지출하고자 할 때에는 반드시 예산에 계상하여 집행해야 한다. 다만 자치단체가 용역 및 시설을 제공하고 그 제공을 받은 자로부터 그 비용을 징수하는 경우에는 수입의 범위 안에서 관련경비의 총액을 지출할 수 있도록 예외적으로 직접사용을 허용하고 있다. 이를 수입대체경비라고 한다(지방재정법 제15조).

(3) 기부 또는 보조의 제한

취약한 재정을 보호하고 건전재정운영을 위해서 공공기관이 아닌 개인이나 단체에게 기부금, 보조금 또는 기타 공금의 지출이 제한되어 있다. 다만 예외적으로 개별 법률에 규정이 있는 경우, 국고보조재원에 의한 것으로 국가가 지정한 경우, 용도를 지정한 기부금에 의한 경우, 자치단체가 권장하는 사업을 위하여 필요하다고 인정하는 경우 등에는 기부 또는 보조를 인정하고 있다. 여기서 자치단체가 권장하는 사업이라 하면 지방자치단체의 소관에 속하는 사무의 수행과 관련하여 지방자치단체가 권장하는 사업으

로서 보조금을 지출하지 아니하면 그 사업을 수행할 수 없는 경우를 의미한다(지방재정법 제17조).

(4) 출자의 제한

지방자치단체는 타 단체 또는 기관 등에 대하여 임의로 출자를 할 수 없다. 이는 취약한 지방재정을 보호하고 건전한 재정운영을 목적으로 한다. 그러나 법령 등에 근거가 있는 경우에 지방의회의 의결을 얻어 출자할 수 있도록 일부 융통성이 부여되어 있다. 일부 인정이 되는 경우는 지방공기업법 제2조의 규정에 의한 사업을 지방자치단체 이외의 자와 공동으로 하는 경우, 지방공기업법에 의한 지방공사, 지방공단 또는 지방자치단체를 회원으로 하는 공익법인 등이 이에 해당된다(지방재정법 제18조).

(5) 지출 및 지급의 제한

법령·조례·규칙 또는 계약 기타 정당한 사유로 지방자치단체에 대하여 채권을 가진 자 외에는 지출이나 지급이 제한되어 있다. 다만 출납원에 대한 자금교부 및 금고에 대한 자금의 교부의 경우에는 정당한 채주가 아니라도 자금집행의 계통유지를 위해 예외적으로 인정하고 있다(지방재정법 제71조).

(6) 회계기관의 분립

회계관리의 엄정성과 직무상의 비위를 방지하기위해 회계기관의 명령계통과 집행계통의 직무를 분리시켜 상호 견제토록 하고 있다. 다만 노무직을 제외한 정원이 1인 관서에 대하여는 분임경리관과 일상경비 출납원을 겸할 수 있고 3인 이내의 관서에서는 세입징수와 현금출납을 겸할 수 있도록 예외적으로 인정하고 있다. 보다 구체적으로 수입과 관련하여 징수관과 수입금 출납원은 상호겸직할 수 없다. 그리고 지출과 관련하여서는 경리관, 지출원 및 일상경비 출납원 세입세출외 현금 출납원, 수입대체경비 출납원은 각각 겸직할 수 없다(지방재정법 제64조 및 제75조).

4) 회계관계공무원 관직

(1) 임명 또는 위임

회계관계공무원의 임명 또는 위임은 지방자치단체의 장이 소속기관에 설치된 관직을 지정한다. 회계관계공무원은 징수관, 경리관, 재산관리관, 물품관리관, 채권관리관,

채무관리관, 지출원 또는 출납원과 그 대리자, 분임자 등을 맡고 있는 자가 해당된다.

(2) 관직지정 예시

회계관계공무원의 관직은 광역시, 도, 기초자치단체(시·군) 별로 상이하게 되어 있다. 징수관은 광역시는 세입업무 담당국장, 도는 자치행정국장, 기초자치단체는 부시장 혹은 부군수가 담당하고 있다. 분임징수관은 광역시는 세정담당관, 도는 세정과장, 기초자치단체는 세정과장(시), 재무과장(군)이 맡고 있다. 경리관은 광역시와 도의 경우 자치행정국장, 기초자치단체는 부시장 혹은 부군수가 맡고 있다. 분임경리관은 광역시와 도, 기초자치단체 모두 기관별 명칭상의 차이는 있으나 회계과장 및 각 실·과장이 맡고 있다. 자치단체별로 국가재정법 및 지방재정법에 의거하여 회계관계 기관이 분립되어 있다. 회계관계공무원의 구체적인 관직지정은 〈표 9-7〉에서 〈표 9-10〉과 같다.

〈표 9-7〉 광역시의 경우 관직지정(예시)

관직명	본청	지방의회	제1관서	기타관서
징수관	·세입업무 담당국장	·사무처장	·관서의 장, 부소장, 국장 또는 부장직제가 있는 관서는 부소장, 회계업무담당국장	·관서의 장
분임징수관	·세정담당관, 세외수입업무를 담당하는 각 실·과장	-	·세입업무 담당과장	·관서의 장
경리관	·자치행정국장	·사무처장	·관서의 장, 부소장, 국장 또는 부장직제가 있는 관서는 부소장, 회계업무담당국장	-
분임경리관	·회계과장, 각 실·과장	·총무담당관, 의사담당관, 운영위원회 전문위원	·회계업무 담당사무관	·관서의 장
총괄채권관리관	·기획관리실장	-	-	-
채권관리관	·소관 실·과장	·사무처장	·관서의 장, 부소장, 국장 또는 부장직제가 있는 관서는 부소장, 회계업무담당국장	·관서의 장

총괄채무 관리관	·예산담당관	-	-	-
채무관리관	·소관 실·과장	·사무처장	·관서의 장, 부소장, 국장 또는 부장직제가 있는 관서는 부소장, 회계업무담당국장	·관서의 장
총괄기금 관리관	·기획관리실장	-	-	-
지출원	·회계업무 담당사무관	·경리업무 담당사무관	·경리지출업무 담당자	-
수입금 지출원	·세외수입업무 담당사무관	·총무업무 담당사무관	·세입업무 담당자	·세입업무담당 과장, 과장직제 가 없는 관서는 서무업무담당자
일상경비 지출원	·각 실·과 서무업무 담당사무관	·총무업무담당사무 관, 의사업무담당 사무관, 운영위원 회 전문위원실 경 리업무담당자	-	·서무업무담당 과장, 과장직제 가 없는 관서는 서무업무담당자
세입세출외 현금출납원	·경리·지출 회계업무 담당주사	·경리지출업무 담당자	·경리업무 담당자	·서무업무담당 주사

〈표 9-8〉 도의 경우 관직지정(예시)

관직명	본청	지방의회	제1관서	기타관서
징수관	·자치행정국장	·사무처장	·관서의 장, 부소장 국장 직제가 있는 관서는 부소장, 회 계업무담당국장	·관서의 장
분임징수관	·세정과장, 세외수입 업무를 담당하는 각 실과장	-	·세입업무담당과장	·관서의 장
경리관	·자치행정국장, 회계부서 에 국장 직제가 없는 도 는 회계업무담당과장	·사무처장	·관서의 장, 부소장 국장 직제가 있는 관서는 부소장, 회 계업무담당국장 (본청 일상경비의 경우 분임경리관)	-

분임경리관	· 회계부서에 국장 직제가 있는 도는 회계업무담당과장, 각 실과장	· 총무담당관, 의사담당관, 운영위원회 전문위원	· 회계업무담당과장 (본청 일상경비의 경우 일상경비 출납원)	· 관서의 장
총괄채권관리관	· 자치행정국장	-	-	-
채권관리관	· 소관 실과장	· 사무처장	· 관서의 장, 부소장 국장 직제가 있는 관서는 부소장 또는 세입업무담당 국장	· 관서의 장
총괄채무관리관	· 예산담당관	-	-	-
채무관리관	· 소관 실과장	· 사무처장	· 관서의장, 부소장 또는 국장직제가 있는 관서는 부소장 또는 예산업무 담당국장	· 관서의 장
총괄기금관리관	· 기획관리실장	-	-	-
지출원	· 경리담당사무관	· 경리담당 사무관	· 경리업무담당	-
수입금출납원	· 세외수입 담당사무관, 세외수입업무를 주관하는 각 담당사무관	· 세외수입 담당사무관	· 세입업무담당	· 세입담당과장, 과장 직제가 없는 관서는 세입업무담당
일상경비출납원	· 각 실과 서무담당 사무관	· 의사담당사무관 운영위원회 전문위원 보조자	-	· 서무담당과장, 과장 직제가 없는 관서는 경리업무담당
세입세출외현금출납원	· 경리주무자	· 경리주무자	· 경리주무자	· 경리담당(경리업무담당이 일상경비출납원인 경우 경리주무자)

〈표 9-9〉 기초자치단체(시)의 경우 관직지정(예시)

관직명	본청	지방의회	제1관서	기타관서
징수관	·부시장, 국장 직제가 있는 시는 세입업무담당국장	·사무국장	·관서의 장	·관서의 장
분임징수관	·세정과장, 세외수입 업무담당 각 실과장	-	·세입업무담당과장	-
경리관	·부시장, 국장 직제가 있는 시는 회계업무담당국장	·사무국장	·관서의 장(본청 일상경비의 경우 분임경리관)	-
분임경리관	·회계과장, 각 실과장	-	·회계업무담당과장 (본청 일상경비의 경우 일상경비 출납원)	·관서의 장
총괄채권 관리관	·부시장, 국장 직제가 있는 때는 세입업무담당국장	-	-	-
채권관리관	·소관 실과장	·사무국장	·관서의 장	·관서의 장
총괄채무 관리관	·예산업무담당과장	-	-	-
채무관리관	·소관 실과장	·사무국장	·관서의 장	-
총괄기금 관리관	·예산업무담당과장	-	-	-
지출원	·경리업무담당	·의정업무담당	·경리업무담당	-
수입금 출납원	·세외수입 및 징수업무담당, 세외수입업무 주관 각 담당	·의정업무담당	·세입업무담당	·서무담당과장, 과장 직제가 없는 관서는 세입업무담당
일상경비 출납원	·각 실과 서무업무 담당	-	-	·서무담당과장, 과장 직제가 없는 관서는 경리업무담당
세입세출외 현금출납원	·경리주무자	·경리주무자	·경리주무자	·경리주무자

〈표 9-10〉 기초자치단체(군)의 경우 관직지정(예시)

관직명	본청	지방의회	제1관서	기타관서
징수관	·부군수	·사무과장	·관서의 장	·관서의 장
분임징수관	·재무과장, 세외수입 업무담당 각 실과장	-	·세입업무담당 과장	-
경리관	·부군수	·사무과장	·관서의 장(본청 일상경비의 경우 분임경리관)	-
분임경리관	·재무과장, 각 실 과장	-	·회계업무담당과 장(본청 일상경 비의 경우 일상 경비 출납원)	·관서의 장
총괄채권 관리관	·부군수	-	-	-
채권관리관	·소관 실과장	·사무과장	·관서의 장	·관서의 장
총괄채무관리관	·예산업무담당과장	-	-	-
채무관리관	·소관 실과장	·사무과장	·관서의 장	-
총괄기금 관리관	·예산업무담당과장	-	-	-
지출원	·경리업무담당	·의정업무담당	·경리업무담당	
수입금 출납원	·세외수입 및 징수 업무담당, 세외수입 업무 주관 각 담당	·의정업무담당	·세입업무담당	·서무담당과장, 과장 직제가 없는 관서 는 세입업무담당
일상경비 출납원	·각 실과 서무업무 담당	-	-	·서무담당과장, 과장 직제가 없는 관서 는 경리업무담당
세입세출외 현금출납원	·경리주무자	·경리주무자	·경리주무자	·경리주무자

5) 통합지출관

(1) 의의

지방자치단체별로 재정자금의 효율적인 사용 및 복식부기 통합 재무제표 산출을 위하여 관서별 분산지출을 통합·운용할 수 있으며, 이를 담당하는 통합지출관을 설치할수 있다. 이는 2006년 이후부터 도입·시행된 것으로, 각 자치단체의 실정에 맞게 운영하도록 자율성을 부여하고 있다.

(2) 통합지출관의 임무

통합지출관은 재무보고서의 작성, 지출원 및 출납원이 지출을 의뢰한 자금의 통합지출, 자치단체 자금의 통합관리 및 운용을 담당하고 있다. 통합지출관은 회계관계공무원이 겸직할 수 있도록 하고 있다.

6) 회계관계공무원의 책임 및 재정보증

(1) 변상책임

① 의의

변상책임이란 회계관계 직원이 고의 또는 중대한 과실로 직무상 의무를 위반하여 국가나 지방자치단체의 재산에 손실을 끼친 경우 그 손해를 변상함으로써 책임을 지도록 하는 것을 말한다. 변상책임의 주체는 회계사무 집행자, 대리자, 분임자, 보조자, 회계사무에 준하여 사무를 처리하는 자 모두가 해당된다.

변상책임의 성립요건은 첫째, 고의 또는 중대한 과실로 법령 기타 관계규정 또는 예산에 정해진 것을 위반하였을 경우, 둘째, 국가 또는 지방자치단체 등에 손해를 끼쳤을 경우, 셋째, 선량한 관리자의 주의를 태만히 하였을 경우, 넷째, 현금 또는 물품을 망실·훼손하였을 경우, 다섯째, 변상책임의 소멸사유가 없을 것 등이 해당된다.

② 변상책임의 유형

변상책임은 회계업무처리를 위법부당하게 한 회계담당공무원의 인원 및 업무계통에 따라 단독변상, 공동변상, 연대변상으로 구분된다.

단독변상은 회계관계 직원 1인만이 책임을 지는 경우이며, 공동변상은 2인 이상의 회계관계 직원의 행위로 인하여 발생된 손해에 대하여 각각 변상책임 혹은 공동으로 분할하여 책임을 지는 것이다. 연대변상은 회계관계 직원들의 상급자가 위법한 회계관계 행위를 하도록 명령하거나 요구하여 손해를 끼치게 한 경우 명령을 내린 상급자와 그 명령을 집행한 회계관계 직원이 연대하여 변상책임을 지는 것을 말한다. 다만 상급자의 위법한 지시에 대하여 회계관계 직원이 상급자에게 그 이유를 명시하여 당해 지시를 거부하였음에도 불구하고 상급자가 다시 지시를 하여 불가피하게 업무를 처리한 경우에는 상급자는 회계관계 직원과의 연대책임이 아닌 단독책임을 지도록 하고 있다(회계담당공무원 책임에 관한 법률 제8조 2항, 3항).

(2) 변상책임의 판정과 구제절차

① 변상책임의 판정

지방자치단체의 장은 회계관계 직원이 변상책임이 있다고 인정되는 경우 감사원이 변상판정을 하기 전이라도 변상을 명할 수 있으며, 회계관계직원 등의 책임 유무와 그 범위는 감사원의 판정에 의하여 확정하여야 한다.

지방자치단체장이 회계관계 업무 권한을 위임하지 않았거나 스스로 회계관계 업무를 처리한 경우에는 지방자치단체장이 회계관계직원등의책임에관한법률 제2조에 의한 회계관계 직원의 범위에 포함되어 변상책임의 대상이 된다(대법원판례 2001. 2. 23, 99 두5498).

② 변상책임의 구제

변상판정이 위법 또는 부당하다고 인정하는 때에는 변상판정서가 도달한 날로부터 3월 이내에 감사원에 재심의를 청구할 수 있으며, 감사원의 재심의 결과에 불복하는 경우 법원에 행정소송 제기가 가능하다.

③ 변상책임의 소멸

변상책임의 소멸은 변상을 완료하거나 시효가 경과한 경우에 소멸된다.

(3) 회계책임

① 징계책임

회계관계공무원이 법령위반 또는 직무상 의무를 위반한 경우에는 징계책임을 지며, 징계는 신분상 조치이므로 변상책임과는 목적과 기능을 달리하여 병과가 가능하다.

② 형사책임

회계관계공무원이 형사법규 위반시 징계처분과 달리 형사책임과 변상책임도 진다. 변상책임 및 징계책임과는 목적과 기능, 책임의 성립기초가 다르므로 병과가 가능하다.

③ 외부적인 효력

회계관계공무원이 회계법규에 위반한 행위를 하였을 경우에는 내부적으로 책임을 질 뿐 사인과 체결한 계약 등은 특별한 경우를 제외하고는 효력이 변동되지 않는다.

(4) 재정보증

① 근거

회계관계공무원은 조례가 정한 바에 의한 재정보증 없이는 그 직무를 수행할 수 없다(지방재정법 제 95조 및 동법 시행령 제138조).

② 재정보증 대상

지방재정법 제91조에 의한 회계관계공무원과 그 대리자 및 분임자, 보조자가 재정보증 대상자에 해당되며, 상기 이외에 지방자치단체장 및 소속기관의 장이 필요하다고 인정한 자를 추가로 포함할 수 있다.

③ 재정보증 설정

회계관계공무원에 대한 재정보증은 임명된 날로부터 30일 이내에 설정하여야 하며, 재정보증의 방법은 보증보험이나 공제보험(한국지방재정공제회)으로 하며, 보증기간은 1년(매년 갱신), 직위포괄계약은 3년으로 하여야 한다.

재정보증의 한도액은 1,000만원 이상 5,000만원 이하에서 행정자치부장관이 설정하며, 보험료지급은 당해연도 세출예산에서 지급한다.

④ 보험금의 청구 및 변상

보험금 지급사유가 발생한 때에는 보험회사에 통지 및 징수하여야 하며, 변상책임액이 보험금액을 초과할 때에는 그 초과액을 당해 직원에게 변상요구(사전 채권확보 필요)하여야 한다.

제 3 절 지방예산의 구조

1. 지방예산의 구조

지방예산은 크게 세입예산과 세출예산으로 구성되어 있다. 전자는 지방정부가 행정수요를 충족시키고 기관의 유지를 위하여 마련하는 모든 재원을 의미하고, 후자는 이러한 목적을 달성하기 위하여 지출된 재원을 의미하는 것이다.

지방정부의 세입예산은 중앙정부의 세입과 비교하여 볼 때 지방세, 정부지원금, 세외수입 등과 같이 보다 다양한 수입원을 지니고 있다. 지방세입은 재원의 의존성에 따라서 자주재원·의존재원, 용도의 자율성에 따라서 일반재원·특정재원으로 구분할 수 있다. 먼저 자주재원은 지방정부 세입원 중 지방세와 지방세외수입을 의미하고, 의존재원은 중앙정부나 상위정부로부터 받는 지원금을 의미한다. 일반적으로 재정의 건전성을 측정하는 지표인 재정자립도는 지방정부의 일반회계수입에서 자주재원이 차지하는 비율로 정의되고 있다. 다음으로 일반재원은 지방정부가 비도를 자유롭게 정할 수 있는 재원으로 지방세 중 보통세, 지방세외수입 일부, 재정조정교부금 등이 속한다. 이에 반해 특정재원은 목적세, 특별교부세, 보조금 같은 것이 속한다.

지방자치법 제126조에 의하면 세출예산은 크게 일반회계와 특별회계로 구성되어 있다. 일반회계는 지방정부의 기본적인 행정업무를 수행하는데 필요한 경비를 정리하기 위한 회계로써, 지방정부의 재정자립도를 측정하는 지표가 되기도 한다. 특별회계는 지방정부가 특별한 목적을 갖고 일반회계와 분리하여 경리할 필요가 있을 때나 중앙정부의 법률 또는 지방정부의 조례에 의하여 설치하는 것으로써 공기업특별회계와 기타특별회계가 있다. 특별회계는 예산통일의 원칙에 위반되는 것이나, 이를 통하여 예산의 탄력적 운용이 가능하다는 장점을 지니고 있다.

2. 세입예산의 구조

1) 세입예산의 특성

세입예산은 세입목표를 예측한 견적이므로 예산에 계상된 금액을 반드시 수납하지 않으면 안된다는 것은 아니고, 그 집행은 예산에 의해 행하여지기보다는 법령 등에 의하여 수납된다는 점에서 세출예산과 다르다.

따라서 세입예산은 주민의 조세부담 등 및 기타수입의 예정 등을 나타내고 세출예산의 계획적 집행을 행하는 자금의 뒷받침을 확보하는데 목적이 있다. 따라서 세입예산은 적정한 자료와 경기변동 등 경제여건을 전망하고 이를 보다 정확하게 반영하는 것이 필요하다. 또한 세입예산은 세출예산의 집행계획 특히 지출계획과 밀접한 연관이 있으므로 세입조정계획, 수납예정계획을 세워 세입예산을 운영함으로써 적정한 자금융통의 전망 위에서 비로소 적정한 세출예산의 집행계획이 가능하다.

2) 수입과 세입

세입예산을 집행을 할 때 그 기본이 되는 수입은 지방자치단체의 제반 수요를 충족시키기 위해서 지출의 재원이 되어야 할 현금의 수납이 필요하고, 현금의 수납에는 재산의 처분 또는 채무에 의한 것을 포함하고 있다. 또한 회계 간 또는 기금에서의 전입 등 지방자치단체의 내부거래도 세입으로서 취급하고 있다.

지방자치단체의 수입에는 현금의 수납이 필요하다. 토지, 건물, 기타 시설의 교환·기부 등이 있었을 경우에 직접 현금의 수납과 관계가 없기 때문에 수입으로는 되지 않는다. 또한 수입은 수익과는 다르다. 예를 들면 토지, 건물 등을 매각하고 동시에 매입한 경우에 지방자치단체 재산의 증감은 없기 때문에 수익도 손실도 없지만 현금의 수납이 있기 때문에 수입으로 처리된다.

지방자치단체의 제반수요를 충족시키는 지출의 재원이 되지 않는 수납은 현금이라도 수입은 아니다. 예를 들면 일시차입금, 입찰보증금, 계약보증금 등은 지방자치단체의 제경비의 지출의 재원으로서 사용되지 않으므로 수입으로는 되지 않는다. 마지막으로 수입이라는 용어에 대해서는 기간적인 관념은 없지만 이것을 일정기간 즉 회계연도에 구분지어 보는 경우에 세입이라는 용어가 사용되고 있다.

3) 세입예산의 분류

예산과목 및 계정과목은 예산편성 및 회계처리결과 결산의 기초가 되므로 지방재정 운영에 있어서 가장 중요한 형식적 요건이다.

일반회계의 예산과목은 세입·세출예산을 일정한 기준에 따라 체계적으로 편성하기 위해 기능별 성질별로 분류한 것으로 국가와 지방간 그리고 지방자치단체간의 연계와 회계책임의 명확화 및 재정정책수립에 중요한 기능을 하고 있다. 따라서 지방재정법에 행정자치부장관이 정하도록 하여 전국적으로 통일을 유지하고 있다.

지방공기업특별회계의 과목은 사업의 운영계획과 기능에 따라 구분하기 위해 예정수입·예정지출로 대별하여 이를 수익적 수입·지출, 자본적 수입·지출로 구분한 후 각각 관·항으로 편제하고 있으며, 관·항의 구분 및 설정은 기업회계기준에 따라 전국 지방공기업특별회계에 공통적으로 적용하고 있고, 세항·목의 구분 및 설정은 행정자치부장관이 정하며 각 사업별로 특성에 따라 기능별로 원가계산이 가능하도록 편제되어 있다.

<표 9-11> 세입과목 분류체계

장	관	항	목
·세입원천별 대분류	·세입원천별 중분류	·세입종목별 분류	·세입종목별 소분류
·지방세수입	·지방세	·보통세 ·목적세 ·지난년도 수입	·9개 세목별 ·2개 세목별 ·1개 세목별
·세외수입	·경상적 세외수입	·재산임대수입, 사용료, 수수료수입 등 6개 항	·29개 목
	·임시적 세외수입	·재산매각수입, 부담금, 과태료 등 5개 항	·15개 목
·지방교부세	·지방교부세	·지방교부세	·보통교부세 ·특별교부세 ·부동산교부세 ·소방안전교부세
·조정교부금 등	·자치구 조정교부금 ·시군 조정교부금	·자치구 조정교부금 ·시군 조정교부금	·2개 목 ·2개 목
·보 조 금	·국고보조금 등 ·시도비보조금 등	·국고보조금 등 ·시도비보조금 등	·국고보조금, 지역발전 특별회계보조금, 기금 ·시도비보조금 등
·지 방 채	·국내차입금 ·국외차입금	·차입금 등 3개 항 ·국외차입금	·8개 목 ·국외차입금
·보전수입 등 내부거래	·보전수입 등 내부거래	·잉여금 등 4개 항 ·전입금 등 2개 항	·9개 목 ·9개 목

자료: 행정자치부(2014), 2015년도 예산편성운영기준 및 기금운용계획 수립기준.

3. 세출예산의 구조

1) 세출과목 분류체계

세출예산은 법령과 조례가 정하는 범위안에서 합리적인 기준에 근거하여 경비를 산정하여 예산에 계상하여야 한다. 이 때 지방자치단체재정운용업무편람을 활용해야 하며, 지방경비는 세출예산이라는 형식에 의거 세출예산 과목구분에 따라 지출된다. 지출경비는 6단계로 분류·운영되고 있다.

〈표 9-12〉세출과목 분류체계

구 분	분야	부문	정책사업	단위사업	세부사업	목
내 용	기능별 분류		조직별 분류	사업목적별 분류	경비유형별 분류	성질별 분류
분류수	13	52	자율결정	자율결정	대분류 4 소분류 8	편성목: 8그룹 통계목: 129개

2) 경비의 분류

지방자치단체 활동의 궁극적인 목적은 행정서비스를 공급함으로써 주민복지의 증진을 가져오는데 있으며, 그 목적은 재정지출에 의해 달성되는 것이다. 따라서 지방자치단체 행정활동의 내용을 효율적·효과적으로 파악하기 위하여 지방자치단체가 지출하는 경비를 분류·분석하고 있다.

(1) 기능별 분류

예산의 기능별 분류는 지방자치단체가 수행하는 기능을 중심으로 예산을 분류하는 방식이며, 지방자치단체의 활용영역별 예산배분 현황을 보여주는 예산정보이다. 특히 기능별 분류방식은 지역주민들이 예산을 통해 지방자치단체가 수행하는 활동과 정책을 파악할 수 있는 유용한 예산정보로 시민을 위한 분류(citizen's classification)라고도 한다(손희준 외, 2011 : 229).

지방경비의 분류방법은 여러 가지 종류가 사용되고 있는데 그 중에서도 가장 기본적인 것으로 지방자치단체가 어떤 정책을 어느 정도의 경비로 수행하고 있는가에 근거하여 지방자치단체의 세출예산 및 결산을 장·관으로 구분하고 있다. 지방자치단체 예산운영기준에 의하면 지방자치단체의 세출은 대분류로써 일반공공행정, 공공질서 및 안전, 교육, 문화 및 관광, 환경보호, 사회복지, 보건, 농림해양수산, 산업중소기업, 수송 및 교통, 국토 및 지역개발, 과학기술, 예비비의 13개 분야로 구분된다.

〈표 9-13〉 기능별 분류내역

분야(13)	부문(52)
일반공공행정(4)	· 입법 및 선거관리, 지방행정·재정지원, 재정·금융, 일반행정
공공질서 및 안전(2)	· 경찰, 재난방재 민방위, 소방
교육(3)	· 유아 및 초중등교육, 고등교육, 평생·직업교육
문화 및 관광(5)	· 문화예술, 관광, 체육, 문화재, 문화 및 일반관광
환경보호(6)	· 상하수도·수질, 폐기물, 대기, 자연, 해양, 환경보호 일반
사회복지(8)	· 기초생활보장, 취약계층지원, 보육·가족 및 여성, 노인·청소년, 노동, 보훈, 주택, 사회복지 일반
보건(2)	· 보건의료, 식품의약안전
농림해양수산(3)	· 농업·농촌, 임업·산촌, 해양수산·어촌
산업중소기업(6)	· 산업금융지원, 산업기술지원, 무역 및 투자유치, 산업진흥 고도화, 에너지 및 자원개발, 산업 중소기업 일반
수송 및 교통(5)	· 도로, 도시철도, 해운항만, 항공 공항, 대중교통·물류 등 기타
국토 및 지역개발(3)	· 수자원, 지역 및 도시 , 산업단지
과학기술(3)	· 기술개발, 과학기술연구지원, 과학기술일반
예비비(1)	· 예비비

(2) 경제성질별 분류

경제성질별 분류는 지방자치단체 예산이 지역경제에 미치는 영향을 분석·평가하기 위해 예산을 경제적 성격에 의해 분류하는 방식으로, 지방자치단체의 세입·세출예산을 경상계정과 자본계정으로 구분하여 분류하는 방식이다(손희준 외, 2011: 230). 즉 경비의 경제적 성질에 착안하여 분류한 것이다. 지방자치단체의 예산 및 결산의 분석에서 사용되는 과목의 구분은 바로 경비의 성질별 구분을 기준으로 하고 있다. 성질별 구분은 행정서비스의 인적, 물적 및 화폐적 요소에 대응하는 경비의 구성을 나타내는 것으로 지방자치단체의 세출예산 및 결산의 국민경제에의 효과를 분석하기 위하여 이 분류방법을 사용하고 있다.

우리나라 지방자치단체 예산의 경제성질별 분류는 인건비, 물건비, 이전경비, 자본지출, 융자 및 지출, 보전재원, 내부거래, 예비비 및 기타로 분류된다.

〈표 9-14〉 경제성질별 분류

성 질 별	편성목(38)	통계목(129)
인건비	・인건비	4
물건비	・일반운영비, 여비, 업무추진비, 직무수행경비, 의회비, 재료비, 연구개발비	29
경상이전	・일반보상금, 이주 및 재해보상금, 포상금, 연금부담금, 배상금, 출연금, 민간이전, 자치단체 등 이전, 전출금, 국외이전, 차입금 이자상환	49
자본지출	・시설비 및 부대비, 민간자본이전, 자치단체 등 자본이전, 공사공단자본전출금, 자산취득비, 기타자본이전, 국외자본이전	14
융자 및 출자	・융자금, 출자금	4
보전재원	・차입금원금 상환, 예치금	8
내부거래	・기타회계 등 전출금, 기금전출금, 교육비특별회계전출금, 예탁금, 예수금원리금상환, 기타내부거래	15
예비비 및 기타	・예비비, 반환금 기타	6

(3) 경비유형별 분류
① 경상적 경비와 임시적 경비
경상적 경비는 매 회계연도마다 규칙적・계속적 및 주기적으로 필요한 경비로서 지방자치단체의 행정활동에 반드시 필요한 일종의 고정적 경비를 말한다. 따라서 경상적 경비는 일반적으로 일정하거나 대체적으로 예측할 수 있다.

이에 반해 임시적 경비는 일시적 행정수요에 대처하기 위한 불규칙적인 경비로서 그 금액이 일정할 수 없고 또한 예측하기가 곤란하다.

② 의무적인 경비와 임의적 경비
의무적 경비는 매 회계연도마다 그 지출이 지방자치단체의 의무로 되어 있는 경비를 말한다. 그 같은 경비로는 인건비, 구호비를 들 수 있다. 따라서 의무적 경비는 탄력성이 없는 경비로서 이 경비의 대부분 재정구조의 경직성을 나타내는 지표로 사용된다. 경상적 경비는 모두 의무적 경비의 범주에 속한다고 할 수 있을 것이다.

임의적 경비는 의무적 경비와는 반대로 지출에 있어서 지방자치단체의 임의성이 있는 경비를 말한다. 따라서 임의적 경비는 지출에 있어서 탄력성과 융통성이 있다.

③ 소비적 경비와 투자적 경비

소비적 경비는 지출의 효과가 단기에 그치는 것이고 투자적 경비는 지출의 효과가 자본형성에 이르게 되는 것을 말한다. 전자의 예로는 인건비, 물건비, 수용비, 구호비, 경상보조금 등이 될 것이고, 후자의 예로는 자산취득, 시설비, 자본보조금, 대행사업비 등이 이에 해당한다.

④ 이전적 경비와 실질적 경비

이전적 경비는 구호비와 같이 경비지출이 단순한 소득의 재배분에 그치는 것을 말하고 실질적 경비는 물건비, 인건비와 같이 직접적인 재화·서비스 구입을 행하는 경비를 말한다. 이전적 경비와 실질적 경비의 구분은 소비적경비와 투자적경비의 분류와 같이 경제적 효과를 기준으로 하는 구분이다.

⑤ 보조사업비와 자체사업비

보조사업비는 국고보조금이나 시·도보조금을 교부를 받아서 시행하는 사업비를 말하고 자체사업비는 보조금 없이 순수한 지방비로 시행하는 사업의 경비를 말한다. 이 분류는 지방자치단체의 사업비에 대한 재원의 차이에 의한 구분에 근거하고 있다.

그림 9-2 경비유형별 분류

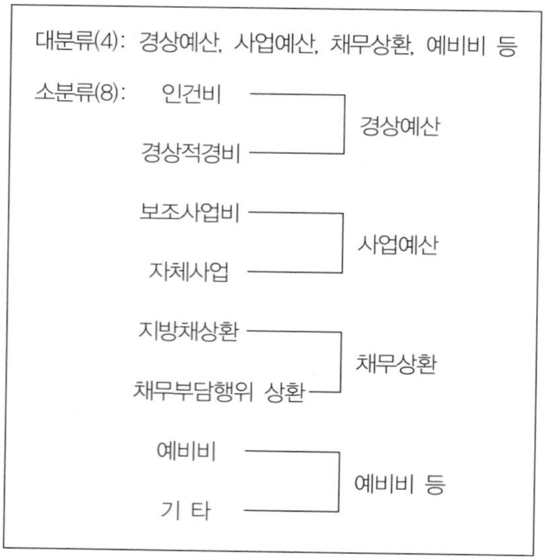

대분류(4): 경상예산, 사업예산, 채무상환, 예비비 등

소분류(8): 인건비 ┐
　　　　　　　　　├ 경상예산
　　　　경상적경비 ┘

　　　　보조사업비 ┐
　　　　　　　　　├ 사업예산
　　　　자체사업 ┘

　　　　지방채상환 ┐
　　　　　　　　　├ 채무상환
　　　　채무부담행위 상환 ┘

　　　　예비비 ┐
　　　　　　　├ 예비비 등
　　　　기 타 ┘

제 4 절 지방예산의 편성

1. 지방예산 편성의 의의

지방예산의 편성은 한정된 지방자치단체의 재원을 효율적으로 배분하기 위한 공식적인 과정을 의미한다. 일반적으로 지방예산의 과정은 중기지방재정계획수립 → 투융자심사 → 예산편성 → 예산심의 → 예산집행 → 결산 및 환류의 순환과정을 의미한다. 따라서 예산과정에는 보통 3년 정도의 기간이 소요된다. 다시 말하면, 지방자치단체 예산은 매년 단체장에 의하여 편성되고 지방의회의 심의·의결을 거쳐 확정되며, 각 부서에서 집행된 후 지방의회의 결산승인을 얻으면 지방자치단체의 예산집행책임이 해제된다. 이와 같이 예산의 편성→편성된 예산의 집행→집행결산에 이르는 일련의 과정을 예산의 절차 또는 과정이라고 하며 전체과정은 3개년이 소요된다.

- 회계연도 전년도: 예산편성(1년차)
- 당해 회계연도: 편성된 예산의 집행(2년차)
- 회계연도 익년도: 집행된 예산의 결산(3년차)

일반적으로 지방예산편성과정은 지방자치단체 예산편성기준 제시 및 재정운용업무편람 보급→예산요구서 작성 및 제출→예산요구서 사정 및 예산안 편성→예산안제출→예산안의 심의 의결→예산편성결과의 고시와 같은 과정을 거친다.

2. 지방예산 편성의 원칙

세입예산은 법적 강제에 의거 의무적으로 징수하는 지방세와 재산매각수입, 사용료, 수수료 등 세외수입을 재원으로 하고 부족한 재원은 교부세, 국고보조금으로 충당한다.

세출예산은 법령 및 조례가 정하는 범위 안에서 합리적인 기준에 의하여 그 경비를 산정하여 예산에 계상하여야 하며(지방재정법 제36조 제1항), 법령에 다른 규정이 없는 한 지방자치단체 예산편성기준 및 예산의 과목구분에 따라 편성하여야 한다(지방재정법시행령 42조).

예산을 편성할 때는 중앙 각 부처의 의견을 수렴하여 행정자치부장관이 전국에 공통적·통일적으로 적용할 기준 및 국가의 시책방향과 지방재정운용방침을 제시한 기준을 수립하여, 회계연도 전년 7월 31일까지 지방자치단체에 시달하여야 한다.

특히 일반회계·기타특별회계는 지방세수입 및 세외수입과 국고보조금 등 예정수입량을 먼저 결정하고 수입의 범위 내에서 사업의 우선순위에 따라 지출을 결정하는 양입제출(量入制出)의 원칙에 의하여 세입과 세출이 균형을 유지하도록 하여 지출의 통제에 주안점을 두고 있다.

지방공기업특별회계는 주민의 복지·공공서비스 등 행정수요예정에 따른 생산·공급의 충족을 위해 기본적인 업무목표를 설정한 다음 세입을 결정하는 양출제입(量出制入)의 원칙에 의하여 편성한다. 따라서 세출예산의 확보가 곤란한 경우 원가계산 등을 통해 수익자부담의 원칙에 따라 사용료·수수료 등을 현실화함으로써 수지의 불균형을 해소하고, 시설확장 등을 위한 자본적 지출 재원은 고정부채로 조달하여 수입을 확보해나가고 있다.

〈표 9-15〉 일반회계와 공기업특별회계의 예산편성제도 비교

구 분	일 반 회 계	공기업특별회계
예산운영의 중점	·예산을 통한 지출의 통제 중시 ·세출규제 또는 지출통제 목적 - 양입제출의 수지균형예산	·예산 및 결산을 동등하게 중시(결산은 경영성과 및 재정상태 파악목적) ·경영목표의 설정이라는 의미의 예산편성 - 양출제입 즉 목표설정 후 세입결정
예산구조	·세입·세출예산의 단일예산 체제	·사업예산(수익적수지예산)과 자본예산 (자본적수지예산)의 복식예산 제도
세입·세출의 관련성	·수입은 지방세 등으로 조성되고 지출 과관련성이 없음	·수입과 지출이 밀접히 관련

3. 지방예산의 편성의 절차

1) 예·결산 순기

자치단체의 장은 회계연도 전년 8월 20일까지 예산편성방침을 확정하여 시달하고

(재무회계규칙 제8조), 각 실과, 사업소 등 각 부서는 사업계획과 관련한 세출예산요구서를 작성, 예산총괄부서에 제출하여야 한다. 각 부서에서 세출예산요구서를 작성할 때에는 우선적으로 중기지방재정계획에 반영된 사업을 반영하고, 다음으로 국고보조사업, 주민숙원해결사업, 마지막으로 중기재정계획 확정 이후 여건변동으로 나타난 필수사업 등에 대해서 고려하여야 한다.

예산총괄부서는 예산요구서를 수렴하여 인건비, 기관운영비, 경상사업 등 기관운영에 필요한 필수경상경비, 지방채상환금, 채무부담상환금, 지방세 등 징수교부금, 국고보조에 따른 지방비부담, 국가시책사업에 따른 지방비부담 등 법적·의무적 경비를 우선 세출예산에 반영하여야 한다. 이 때에는 법적·의무적 경비를 확보한 후 투자 가용재원 범위 내에서 각 소관별로 요구한 투자사업에 대하여 재원을 배분하되 투자사업의 경우에는 투융자심사를 거친 사업, 지방채발행계획에 반영된 사업에 한하여 예산에 편성하여야 한다. 완성에 수년이 소요되는 사업은 지속성을 유지하고 사업비의 안정적·지속적 확보가 가능하도록 계속비로 예산에 계상하여야 한다. 지방자치단체의 예산 및 결산의 순기는 〈표 9-16〉과 같다.

〈표 9-16〉 예산결산의 순기

구 분	국 가(국가재정법)	지 방(지방자치법, 지방재정법)
·회계연도	·매년 1월1일~12월31일(§2), 국가회계법 §5	·동일(지방자치법 §125), 지방재정법 §6
·예 산 - 사업계획제출	·매년 1.31일까지(§28)	
·예산편성 기준시달	·매년 3월31일까지(§29)	·전년도 7월31일까지
·부처예산(안)제출	·매년 5월31일까지 예산청제출(§31)	·지방의회 제출 - 시·도: 회계연도 개시 50일전까지 - 시·군·구: 회계연도 개시 40일전까지(지방자치법 §127①)
·정부예산(안)제출	·회계연도 개시 120일전까지 국회제출(§33)	·지방의회 의결 - 시·도: 회계연도 개시 15일전까지 - 시·군·구: 회계연도 개시 10일전까지(지방자치법 §127②)
·출납기한	·회계연도 종료일로 출납폐쇄 - 회계연도 말일까지 지출완료 - 회계 간 정산은 다음년도 1월15일까지 ·출납사무는 다음년도 2월10일 까지	·회계연도 종료일로 출납폐쇄(지방재정법 §8①) ·출납사무는 회계연도 종료후 2.10까지 완결(지방재정법 §8②)

・결 산 　- 이월명세서 　- 예비비사용내역 　　국회제출	・각 중앙관서의 장은 다음년도 2월 말까지 결산서 작성하여 기획재정 부장관에게 제출(§58) ・기획재정부장관은 대통령 승인을 받은 국가결산보고서를 4월 10일까 지 감사원에 제출(§59)	・출납폐쇄 후 80일 이내 결산서 작성, 검사위원회 검사의견서 첨부, 다음연 도 지방의회의 승인을 얻어야 함(지 방자치법 §134①)
・결산보고서제출	・감사원의 검사를 거친 국가결산보 고서를 5월 31일까지 국회에 제출 (§59)	・다음연도 5월 10일까지 의회 제출(지 방재정법시행령 §59) ・의회승인 후 5일 이내 보고 및 고시 (지방자치법 §134②)

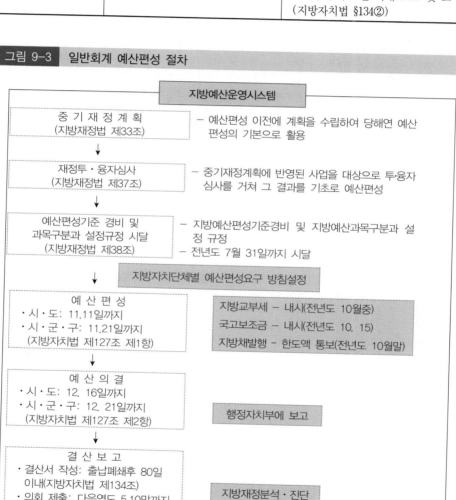

그림 9-3　일반회계 예산편성 절차

2) 예산안의 편제

예산안은 세입규모와 세출규모를 자치단체장의 결재를 받아 익년도 사업계획과 예산안으로 확정된 것을 그 구성내용으로 한다. 일반회계의 경우, 예산총칙, 세입·세출예산, 계속비, 채무부담행위, 명시이월비로 편제되어 있다.

지방공기업의 경우, 예산총칙과 사업운영계획에 따라 작성한 그 사업연도의 수익과 비용에 관한 수익적 수입과 지출에 관한 예정(사업예산)과 자산·부채·자본의 신규증감액에 관한 자본적 수입과 지출에 관한 예정(자본예산) 및 그에 대한 자금의 운영계획을 내용으로 하도록 되어있다.

〈표 9-17〉 일반회계와 지방공기업의 예산의 편제

구 분	일 반 회 계	지 방 공 기 업
예산의 내용	· 예산총칙 · 세입·세출예산 · 계속비 · 채무부담행위 · 명시이월비	· 사업운영계획에 따라 작성한 수익과 비용에 관한 수익적 수입과 지출(사업예산) · 자산·부채·자본의 신규증감액에 관한 자본적수입과 지출(자본예산) · 자금의 운영계획
예산 총칙	· 세입·세출예산 · 계속비 · 채무부담행위 및 명시이월비의 총괄적 규정 · 지방채 및 일시차입금의 한도액 · 기타예산집행에 필요한 사항	· 업무의 예정량 · 예정수입 및 예정지출의 금액 · 계속비 · 채무부담행위 · 지방채 · 일시차입금의 한도액 · 예산전용 금지과목 · 보조금 · 이익잉여금의 예정처분 · 재고자산의 구입한도액 · 중요자산의 취득 및 처분 · 회전기금의 수입 및 지출예정액 · 기타필요사항

(1) 예산총칙

예산총칙은 세입·세출예산, 계속비, 채무부담행위 및 명시이월비에 관한 총괄적 규정과 지방채 및 일시차입금의 한도액, 기타 예산집행에 관하여 필요한 사항을 규정한 것이다. 예산총칙 중 기타예산집행에 관하여 필요한 사항은 법령의 범위 내에서 예산의 이체와 이용 및 예비비 사용 등에 관한 사항을 규정하는 것으로 국가의 경우 예산총칙에 비목상호 간 또는 타 비목으로부터 이용범위, 계속비 예산의 집행방법, 수입금 마련의 지출범위, 예비비의 지출기준, 정부기업특별회계의 전입금 범위 등을 정하고 있다.

(2) 세입·세출예산 및 과목구조

세입·세출예산은 회계연도 간의 세입·세출의 예정액을 표시한 것으로 협의의 예산이라 한다. 세입·세출예산은 일정한 체제와 형식으로 편성하게 되는데 이를 과목구조라 한다. 이는 국가와 지방 그리고 지방자치단체간의 예산체계유지와 회계책임의 명확화 및 재정정책수립에 중요한 기능을 하고 있기 때문에 지방재정법에 따라 행정자치부장관이 과목구조를 정하도록 하여 전국적으로 통일을 유지하고 있다.

(3) 계속비

계속비는 공사나 제조 및 기타의 사업으로서 그 완성에 수년도를 요하는 경우, 사업을 계획적으로 하기 위하여 경비총액을 미리 의회의 의결을 받아 놓는 방식이며, 계속비를 지출할 수 있는 연한은 당해 회계연도로부터 5년 이내로 한다(지방재정법 제42조).

계속비의 설정은 그 경비의 총액과 연도별 금액을 예산으로 정하고 각년도의 지출은 각년도의 세출예산에 계상하지 않으면 지출할 수 없으며, 계속비 설정 후 사정변경에 의하여 연도별 금액 등을 변경하고자 할 때는 예산으로 변경할 수 있다.

계속비의 매 회계연도 연도별 금액과 관련된 세출예산 경비 중 당해연도에 지출을 종료하지 못한 것은 각 연도의 결산 시 그 잔액을 불용액으로 처리하지 않고 다음 연도에 순차적으로 이월하여 지출할 수 있다(지방재정법 제50조).

(4) 채무부담행위

채무부담행위는 자치단체장이 채무부담의 원인이 될 계약의 체결이나 기타의 행위를 하고자 할 때에는 미리 예산으로 지방의회의 의결을 얻도록 하는 제도이다.

채무부담행위는 세출예산이 수반되지 않고 지출의무부담에 소요되는 경비의 지출에 대한 책임이 당해연도가 아닌 익년도 이후에 부과되는 의무부담만을 원칙으로 한다. 그러므로 지출을 요하는 연도에는 다시 그 소요경비를 세출예산에 계상하여 의회의 의결을 얻어야 하지만 채무부담행위에 의하여 이미 채무부담이 된 금액에 대해서는 단체장의 동의 없이 세출예산에 계상된 금액을 삭제할 수는 없다.

의회의 의결을 얻기 위하여 단체장은 채무부담행위의 사항마다 필요한 이유를 명백히 하고 그 행위를 할 연도와 채무부담의 금액을 표시하여야 하며, 동 부담행위에 대한 명세서, 익년도 이후에 지출하여야 할 사항에 있어서는 전년도말까지의 지출액 또는 지출지정액과 당해연도이후의 지출예정액에 관한 조서를 제출하여야 한다.

(5) 보증채무부담행위

보증채무부담행위는 지방자치단체 이외의 자가 재원을 조달하기 위해 채무를 얻는 경우 자치단체가 지불보증을 하여 재원이 원활히 조성될 수 있도록 지원하는 제도이다. 그러나 보증을 받은 자가 채무액을 약정한 기한 내에 변제하지 못하는 경우 보증한 자치단체가 대신 변제하여야 하므로 자치단체가 직접 자금을 차입하는 채무와 동일한 부담을 지게 되는 경우가 발생할 수 있다. 따라서 지방자치법 제115조 제3항에 보증채무행위는 공익을 위해 필요한 경우에 한 하도록 하고 지방재정법시행령 제26조에 보증에 앞서 반드시 지방의회의 의결과 보증채무의 관리상황을 매년 세입·세출결산과 함께 지방의회에 보고하도록 하는 규정을 두어 보증채무행위가 신중하게 운영되도록 제도적 장치를 강구하고 있다. 운영사례는 지방공사·공단의 장비 등 외상구입 시 지불보증, 지역 내 중소기업의 차입보증, 영세서민 주택자금 차입보증 등이 있다.

(6) 명시이월비

명시이월비는 세출예산 중 경비의 성질상 당해연도 내에 그 지출을 끝내지 못할 것이 예상될 때에 그 취지를 세입·세출예산에 명시하여 미리 지방의회의 의결을 얻어 이를 다음연도에 이월하여 사용하는 것을 말한다.

이는 회계연도 독립의 원칙의 예외로 명시이월비에 의하여 다음연도에 이월하여 사용하고자 하는 세출예산의 경비는 그 지출에 필요한 금액도 다음연도에 이월되어야 한다.

(7) 지방채와 일시차입금

지방자치단체가 외부로부터 자금을 조달하는 방법으로 지방채와 일시차입금이 있다. 지방자치단체가 채무를 부담한다는 차원에서 보면 채무부담과 보증채무가 포함될 수 있으나 자금을 직접 조달하는 것은 아니다.

지방자치단체의 세출은 지방재정법 제35조에 의거하여 지방채 외의 세입을 재원으로 하도록 되어있다. 그러나 부득이한 경우 자치단체의 항구적 이익이 되거나 비상재해 복구 등 필요가 있을 때 지방채를 발행할 수 있도록 지방자치법 제124조에 규정되어 있어 지방채는 발행목적이 정해지고 관련된 사업비가 세입 및 세출예산에 반영되어야만 발행할 수 있다.

그러나 자치단체가 자금의 운영과정에서 보유 잔고가 없어 지출의무를 이행하지 못하는 경우가 발생할 수 있다. 이러한 경우 계획된 수입을 충당할 때까지 자금을 외부로부터 조달할 수밖에 없게 된다. 이와 같이 세입·세출예산의 집행에 있어 일시적으로 부족한 자금을 외부로부터 임시로 차입하는 것을 일시차입금이라 하며, 지방재정법 제14조에 의거하여 일시차입을 위해서는 그 한도액을 회계연도마다 회계별로 예산총칙에 포함하여 지방의회의 의결을 받도록 하고 있다. 지방채는 1 회계연도를 경과하여 일정기간동안 상환을 하지만 일시차입금은 당해 회계연도 수입으로 반드시 상환하여야 한다.

〈표 9-18〉 일시차입금과 지방채의 비교

구 분	일시차입금	지방채
성격	·자금운영상 부족자금을 일시적으로 외부에서 차입(동일회계연도내에 상환)	·항구적 이익이 되는 사업 등 추진을 위한 사업비를 외부로부터 차입(회계연도를 경과하여 상환)
절차	·예산총칙에 회계별로 일시차입한도액을 정하여 운영	·행정자치부장관의 한도액 승인 범위 내에서 세입·세출예산에 계상

(8) 예비비

지방자치단체는 예측할 수 없는 예산외의 지출 또는 예산초과 지출에 충당하기 위하여 예비비로서 상당하다고 인정되는 금액을 예산에 계상해야 한다(지방재정법 제43조). 예산이 아무리 정확하게 견적되었다고 하더라도 예측하지 못한 사태가 발생하고 실제로 예산집행과정에서 과부족이 불가피하게 발생하기 때문에 설치된 제도이다.

예비비의 계상은 일반회계 당초예산규모의 1%이상을 확보하되 그중 일반회계 예산규모의 0.4%이상은 재해대책비의 용도로만 사용하도록 운영하고 있다. 보조금(긴급재해대책을 위한 보조금은 제외), 업무추진비 및 특수 활동비는 예비비로 집행할 수 없도록 정하고 있으며(지방재정법 시행령 제48조), 예비비의 사용은 지방의회의 승인 없이 자치단체장의 결재를 얻어 집행할 수 있으나 예비비의 집행결과는 다음연도 지방의회의 승인을 얻어야 한다.

3) 예산의 심의·의결

(1) 예산안의 심의

① 예산안의 지방의회 제출

지방자치단체의 장은 회계연도마다 예산안을 편성하여 시·도는 회계연도개시 50일 전까지, 시·군 및 자치구는 회계연도 개시 40일전까지 지방의회에 제출하여야 한다(지방자치법 제134조 제1항).

지방의회에 제출하는 예산안에는 재정운영상황개요서, 세입·세출 예산사항별설명서, 계속사업설명서, 채무부담행위설명서, 명시이월비설명서, 지방세지출보고서, 성인지예산서, 지역통합재정통계보고서, 성과계획서 등 14종의 서류를 첨부하여야 한다(지방재정법 제44조의2, 동법 시행령 제49조의2,3).

② 상임위원회 및 예산결산특별위원회의 심의

지방의회에 예산안이 제출될 때 의장은 지방자치단체의 장으로부터 예산안에 대한 설명을 들은 후 이를 소관별 상임위원회에 회부하고, 소관별 상임위원회는 예산안에 대한 예비심사 결과를 의장에게 보고한다. 의장은 예비심사보고서를 첨부하여 예산안을 예산결산위원회에 회부하고 그 심사가 끝난 후 본회의에 부의한다.

예산결산특별위원회의 심사를 거친 예산안의 수정동의는 재적의원 3분의 1이상의 찬성으로 의제가 된다. 예산안의 심사보고가 있을 때에는 예산의 각 부문별로 회의에 부의할 수 있다. 각 부문의 심사가 끝나면 총액에 대하여 의결한다. 이 때 만일 예산결산특별위원회에서 다시 심사할 필요가 있는 사항이 발견될 때에는 의회의 의결로 그 사항에 한하여 기한을 정하여 예결위원회에 재심사를 요구할 수도 있다.

③ 예산안의 의결

의회에서의 심의 확정기간은 시·도 의회에서는 회계연도 개시 15일전(전년도 12월 16일)까지, 시·군 및 자치구 의회에서는 회계연도 개시 10일전(전년도 12월 21일)까지 이를 의결하여야 한다(지방자치법 제134조 제2항).

(2) 지방의회의 예산증액 및 새로운 비목의 설치

지방자치단체의 예산안은 단체장이 의회에 제출하도록 하고 있어 편성권은 단체장의 권한에 속한다. 제출된 예산안은 지방의회의 심의·의결을 얻어 확정되므로 예산의 확정권은 의회에 있다. 지방의회가 예산안을 심의할 때 세출예산의 각 항의 금액을 증가하거나 새 비목을 설치하려면 단체장의 동의를 얻도록 규정하고 있다(지방자치법 제127조 제3항). 이는 의회가 임의로 증액하거나, 새 비목을 설치할 경우 예산이 팽창되거나 재원의 조달 및 운용이 어렵게 될 수 있기 때문이다.

(3) 수정예산의 편성

지방자치단체 예산은 시·도의 경우 회계연도 개시 50일전(시·군·구는 40일전)까지 의회에 제출하도록 규정되어 있어 예산안을 제출한 이후 사정이 변경된 경우 그 내용을 예산안에 반영할 수 있도록 제도화 한 것이 수정예산 제도이다. 지방자치법 제118조 제4항에 자치단체의 장이 예산안을 제출한 후 법령·조례 등의 개정으로 소요경비의 불가피한 반영이 필요한 경우와 국고보조금, 지방교부세의 내시가 변경되어 예산을 수정할 필요가 있는 경우, 그리고 기타 제출된 예산안의 내용 중 불가피하게 변경이 필요한 사항 등 부득이한 사유로 인하여 그 내용의 일부를 수정할 필요가 있을 때에는 수정예산안을 작성하여 지방의회에 제출하도록 하고 있다.

수정예산의 제출기한은 명문화되어 있지 않으나 적어도 예산결산위원회 및 담당상임위원회에서 심의가 가능한 시간적 여유가 있는 범위 내에서 제출되어야 할 것이다. 운영과정에서 당초 예산안 편성시 충분히 예견될 수 있는 사항을 특별한 사정변경 없이 수정예산으로 조정하는 것은 바람직하지 않다. 자치단체의 장이 수정예산안을 제출할 때에는 의회는 이에 따라 심의·의결하여야 한다.

(4) 예산심의결과 관련한 재의요구

지방자치단체장은 지방의회의 의결이 월권 또는 법령에 위반되거나 공익을 현저히 해하는 경우(지방자치법 제107조)와 지방의회의 의결에 예산상 집행할 수 없는 경비가 포함되어 있는 경우, 그리고 법령에 의하여 지방자치단체에서 의무적으로 부담하여야 할 경비, 비상재해로 인한 시설의 응급복구를 위하여 필요한 경비를 삭감한 경우(지방자치법 제108조)에는 이송을 받은 날로부터 20일 이내에 재의를 요구할 수 있다.

(5) 예산불성립시의 예산집행

자치단체의 장이 편성하여 의회에 제출한 예산안은 의회가 심의하여 법정시한인 회계연도개시 15일전(시·도·구의 경우 10일전)까지 의결하고 이를 단체장에게 이송하여야 하며 단체장은 이를 상급기관에 보고 및 고시하여야 한다. 이렇게 확정된 예산은 회계연도 도래(매년 1월1일)와 함께 집행할 수 있게 된다.

대부분의 자치단체는 의결시한을 준수하여 예산안을 의결하고 있으나 일부 자치단체에서 심도 있는 심의 등을 이유로 법정시한을 경과하여 의결하는 사례가 발생하고 있다. 법정시한을 경과하여 예산을 의결한 경우에도 새로운 회계연도 개시 이전까지 의결하면 사실상 회계연도 개시부터 예산을 집행할 수는 있다고 하겠으나, 예산이 확정된 경우 예산을 집행하기 위해서는 예산배정·각종 장부의 마련 등 준비가 필요하므로 법정기일 내 의결은 지켜져야 할 것이다.

예산안이 법정시한을 경과하여 새로운 회계연도의 개시 이후까지도 의결되지 않은 경우 예산이 확정되지 않아 집행을 할 수 없게 된다. 이에 대비하여 지방자치법 제131조에 지방의회에서 새로운 회계연도가 개시될 때까지 예산안이 의결되지 못한 때에는 지방자치단체의 장은 예산안이 의결될 때까지 다음 목적을 위한 경비를 전년도 예산에 준하여 집행하도록 하여 준예산제도를 운영하고 있다. 그러나 예산불성립 시에 집행이 가능한 경비는 법령이나 조례에 의하여 설치된 기관 또는 시설의 유지·운영, 법령 또는 조례상 지출의무의 이행, 그리고 이미 예산으로 승인된 계속사업에 하여 제한적으로 운영하고 있다. 이는 의회의 예산의결권한을 침해하지 범위 내에서 최소한의 행정운영에 필요한 예산만 집행할 수 있도록 하기 위한 것이다.

4) 예산편성결과의 고시 등

(1) 개념

지방재정의 원천은 주민이 납부하는 세금(지방세)이고, 재정활동 자체가 공공적인 활동이므로 이를 주민에게 알리는 것은 당연한 의무이며 주민참여의 기회마련 등을 위해 예산편성결과의 고시에 대한 중요성은 더욱 증대하고 있다.

고시라 함은 일반적으로 불특정다수인인 전체주민에 대하여 필요한 사항을 알려주어 행정참여를 유도하는 행정절차의 일환이라 할 수 있으며 지방재정법상 공표·공개 등의 개념과 같이 사용하고 있다.

(2) 고시 등의 대상 및 근거

지방재정법상 고시·공표·공시(공개)를 의무화하고 있는 사항은 예산의 고시, 결산의 고시, 재정운용상황의 공시, 지방직영기업 업무상황 공표 등이며 여기서 공시와 공표는 고시와 다르게 자치단체 재정활동을 국민에게 알려주어 건전하고 투명한 재정을 운영하고 이를 통해 정당성을 확보함에 목적이 있다고 할 수 있다.

〈표 9-19〉 고시 등의 대상과 근거

구 분	내 용	근 거
예산의 고시	・자치단체장은 지방의회에서 심의・의결하여 이송된 예산의 내용을 고시	지방자치법 제133조
결산의 고시	・자치단체장은 지방의회에서 승인한 결산내용을 고시	지방자치법 제134조
재정운영 상황의 공시	・자치단체장은 재정운영 및 감사결과와 주민의 관심사항을 알기 쉽게 공시, 공시의 방법은 공통공시(전 자치단체 공통)와 특수공시(지역의 특수시책 및 현안)로 구분	지방재정법 제60조
지방직영기업 업무상황 공표	・자치단체의 장은 조례가 정하는 바에 따라 지방공기업관리자가 매사업연도마다 2회 이상 지방직영기업의 업무상황을 제출한 내용을 공표	지방공기업법 제46조

제5절 지방예산의 운용

1. 세출예산의 집행 과정

세출예산은 [그림 9-4]에서 보는 바와 같이 예산배정계획에서 지급에 이르기까지 수많은 집행과정을 거친다. 먼저 각 실과에서 세입예산의 월별 징수계획과 세출예산의 월별 집행계획서를 작성하여 세정과정 혹은 예산담당관에게 제출한다. 이를 기준으로 하여 예산의 배정계획 및 자금수급 계획을 수립하게 된다. 다음으로 배정된 예산범위내에서 예산에 편성된 사업목적에 따라 집행 품의를 한 후 결재를 받으면, 계약이나 기타 채무부담결정행위와 같은 지출원인행위를 경리관이 수행하게 된다. 이후 자금을 배정받아, 지출원이 지출을 결정하고 지급명령을 발행하는 지출행위를 하면, 이에 따라 채주에게 자금을 보내주는 지급행위를 출납원이나 지정 금고에서 하게 된다.

| 그림 9-4 | 세출예산의 집행 흐름도 |

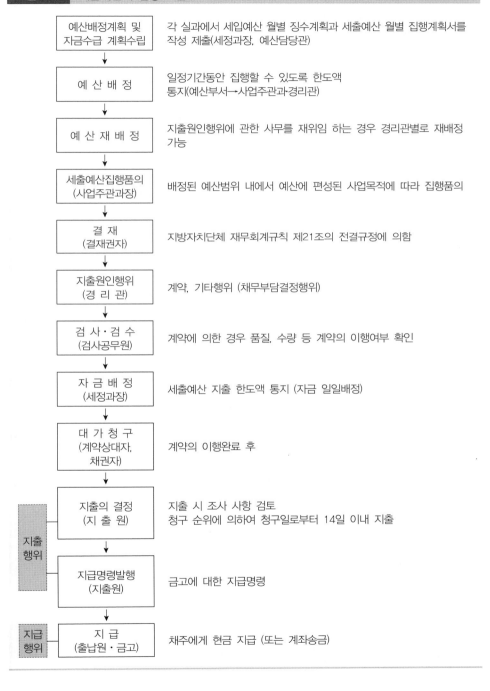

예산배정계획 및
자금수급 계획수립
→ 각 실과에서 세입예산 월별 징수계획과 세출예산 월별 집행계획서를
작성 제출(세정과장, 예산담당관)

예 산 배 정
→ 일정기간동안 집행할 수 있도록 한도액
통지(예산부서→사업주관과·경리관)

예 산 재 배 정
→ 지출원인행위에 관한 사무를 재위임 하는 경우 경리관별로 재배정
가능

세출예산집행품의
(사업주관과장)
→ 배정된 예산범위 내에서 예산에 편성된 사업목적에 따라 집행품의

결 재
(결재권자)
→ 지방자치단체 재무회계규칙 제21조의 전결규정에 의함

지출원인행위
(경 리 관)
→ 계약, 기타행위 (채무부담결정행위)

검 사 · 검 수
(검사공무원)
→ 계약에 의한 경우 품질, 수량 등 계약의 이행여부 확인

자 금 배 정
(세정과장)
→ 세출예산 지출 한도액 통지 (자금 일일배정)

대 가 청 구
(계약상대자,
채권자)
→ 계약의 이행완료 후

지출의 결정
(지 출 원)
→ 지출 시 조사 사항 검토
청구 순위에 의하여 청구일로부터 14일 이내 지출

지출
행위

지급명령발행
(지출원)
→ 금고에 대한 지급명령

지급
행위

지 급
(출납원 · 금고)
→ 채주에게 현금 지급 (또는 계좌송금)

2. 예산의 집행품의

1) 의의

예산의 집행품의는 세출예산에 편성된 예산의 목적을 달성하기 위해서 집행의사를 결정하는 행위를 의미한다. 그러나 실질적으로 예산지출을 확정하는 행위는 아니다.

2) 집행품의 방법

집행품의는 집행내용과 집행액의 규모에 따라 지방자치단체 재무회계규칙에서 정한 전결규정에 의하여 결재권자의 결재를 받음으로써 완료된다. 집행품의의 종류로는 공사집행(수선), 물품의 매입·수리·제조, 보조금 교부 등이 있다. 품의서에는 집행의 목적을 나타낼 수 있는 제목, 집행의 목적, 집행액, 집행내역 등이 포함되어 있어야 하며, 교부처, 예산과목 등을 명시하여야 한다.

3) 품의서 작성 시 검토사항

품의서를 작성할 경우에는 다음과 같은 사항들에 대해서 검토하여야만 한다. 첫째, 집행의 내용이 예산편성의 목적과 부합되는지 여부, 둘째, 집행예정금액은 예산액의 범위 이내인지 예산은 배정되었는지 여부(자금배정은 예산지출시 검토할 사항), 셋째, 집행예정금액이 법령·지침 등에서 정한 기준액과 부합되는 지 여부, 넷째, 자금의 지급(교부)처는 정당한지 여부, 다섯째, 직책급업무추진비, 여섯째, 공공요금, 제세공과금, 일곱째, 급여, 여비, 여덟째, 복리후생비(연가보상비, 공무원후생시설 경비 및 산업시찰 경비 제외) 등이다.

3. 재정사항 합의

1) 재정사항 합의

예산을 집행하고자 하는 경우에는 재무회계규칙 제22조에 따라 계약부서와 회계부서 및 예산부서와의 합의가 필요하다. 먼저 회계부서와의 합의가 필요한 사항은 다음과 같다. 첫째, 공사·용역계약과 관련된 경비일 경우, 둘째, 100만원 이상의 물품을 제조 혹은 구매하는 경우, 셋째, 50만원 이상이 소요되는 업무추진비의 경우, 넷째, 민간위탁 경비, 다섯째, 위에 해당되지 않는 경비 및 자치단체 규칙으로 한도를 정한 경비이다. 그러나 법령조례에 따른 의무적 경비는 합의를 생략할 수 있다.

다음으로 예산부서와 합의가 필요한 경우는 다음과 같다. 첫째, 예산외의 의무부담 또는 권리의 포기에 관한 사항, 둘째, 재정에 관계되는 조례, 규칙, 고시, 훈령 및 예규의 제정·개편에 관한 사항, 셋째, 국고보조의 수입, 세외수입의 감면, 부담금 및 분담금의 결정과 기부금품의 체납에 관한 사항, 넷째, 보조금의 지원계획통보 및 기부금, 대부금 및 장려금의 지출결정에 관한 사항, 다섯째, 시·도비 보조단체의 예산, 결산, 예산의 집행에 관한 규정 또는 사업계획의 인가, 승인, 사업보고에 관한 사항, 여섯째, 공유재산의 취득, 처분 또는 관리에 관한 사항, 일곱째, 수입의 감소 또는 지출의 증가를 가져올 사항, 여덟째, 자치단체 재정에 관하여 의회의 의결, 동의·승인 또는 의회에 보고하여야 할 사항, 아홉째, 이외에 자치단체 재정에 관한 중요사항이다.

2) 예산집행의 제한

부서 간 합의를 거쳐 예산이 배정된 경우에도 재무회계규칙 제24조에 따라 아래와 같은 사유가 있는 경우 세출예산집행이 제한된다.

첫째, 상급관청의 허가, 승인 또는 의회의 의결을 요하는 사항으로 결정이 안된 경우, 둘째, 재원의 전부 또는 일부를 교부금, 부담금, 보조금, 기부금, 지방채, 기타 특정수 입에 의하는 것이 있어서, 그 수입이 확정되지 않은 경우, 단 비상재해 복구 및 기타 불가피한 사유가 있는 경우에는 집행이 가능하다.

4. 지출원인행위

1) 개념

지출원인행위란 세출예산(계속비·채무부담행위 등 포함)에 대하여 지방자치단체 지출의 원인이 되는 계약이나, 이미 법령에 의하여 발생되어 있는 채무에 대한 지출을 확정하는 행위를 의미하는 것이다. 지출원인행위의 주종은 계약이라 할 수 있으나 이외에도 인건비, 경상경비 지출 결정, 보조금교부결정, 출연금교부결정 등이 있다. 예를 들면 공무원의 임명이나 출장명령도 급여나 여비의 지출원인이 되므로 지출원인행위가 된다(김종희, 2006: 288).

2) 내용

지출원인행위는 지방자치단체장 또는 경리관에 의하여 이루어지는데, 이때 법령·조례 및 규칙이 정하는 바에 의하여 배정된 예산의 범위 안에서 해야 한다(지방재정법 제67조). 지출원인행위를 수행할 경우에는 다음과 같은 사항에 대해서 확인하여야 한다. 첫째, 지출원인행위 제한사항 저촉 여부에 대해서 확인해야하고, 둘째, 계약에 의할 경우에는 계약상대자, 계약금액, 계약기간 등 계약내용의 정당 여부와 계약보증금 납부, 정부수입인지 소화여부 등 확인해야하며, 셋째, 규정을 준수하여 적정하게 산정하였는지 여부, 넷째, 집행내용이 예산편성목적과 부합하는가에 대해서 확인해야 한다.

지출원인행위의 제한사항은 다음과 같다. 첫째, 예산집행품의는 제대로 되었는가(특히 예산배정 범위내인지, 지방자치단체 재무회계규칙에 전결 규정 등에 따라 정상적으로 결재가 이루어 졌는지 등), 둘째, 법령, 조례, 규칙, 지침, 예규 등의 범위 내에서 집행되는 것인가, 셋째, 회계의 일반원칙은 준수되었는가, 넷째, 예산의 목적외 사용은 아닌가, 다섯째, 예산과목이 임의전용되지 않았는가이다.

3) 지출원인행위기관

경리관이 지출원인행위기관이나, 경리관은 일정금액 이하에 대하여는 분임경리관에게 지출원인행위에 관한 업무를 위임할 수 있도록 규정하고 있다(지방자치단체 재무회계규칙 제5조).

4) 명시이월비의 다음 연도에 걸친 지출원인행위

세출예산 중 경비의 성질상 당해연도 내에 그 지출을 끝내지 못할 것이 예상되는 경비로서 미리 세출예산에 명시하여 명시이월비로 지방의회의 의결을 얻은 경우에는 당해연도와 다음연도에 걸쳐서 기간을 정하여 계약(지출원인행위) 가능하다(지방재정법 제68조). 이는 회계연도독립의 원칙에 대한 예외적 제도이다.

5) 출납폐쇄기한까지를 계약기간으로 할 수 있는 지출원인행위

회계연도 종료일(12월 31일) 이전에 지출원인행위가 완료된 경비로서 계약기간이 출납폐쇄기(2월말) 이전에 완료될 수 있는 경우에는 출납폐쇄기한까지를 기한으로 계약 체결가능하다. 다만 출납폐쇄기한까지 계약이 완료될 수 없는 경비에 대해서는 사고이월비 또는 명시이월비로 조치하여야 한다.

〈표 9-20〉 지출원인행위부의 정리시기

구 분	정 리 시 기	지출원인행위 금액
·법령의 규정에 의한 경비		
- 급여류	- 지출결정시	- 당해 기간분 급여액
- 보조금, 부담금 및 교부금	- 지출결정시(교부결정시)	- 지출결정액(교부결정액)
- 출자금·출연금	- 출자 또는 출연결정시	- 출자·출연결정액
- 제세	- 납입결정시	- 납부세액
- 기타	- 지출결정시	- 지출하고자 하는 금액
·계약에 의한 경비		
- 보험료	- 납입결정시	- 납부결정액
- 공사비	- 계약체결시	- 계약금액
- 매입·제조 등	- 계약체결시	- 계약금액
·기타경비		
- 전출금	- 전출결정시	- 전출을 요하는 금액
- 보증금	- 납부결정시	- 납부를 요하는 금액
- 업무추진비	- 지출결정시	- 지출을 요하는 금액
·조달의뢰		
- 공사	- 계약체결 통보시(조달청)	- 계약체결금액
- 물품	- 대금청구서 접수시(조달청)	- 대금청구금액

제 6 절 지방예산 편성·운용의 전망과 과제

1. 지방예산 편성·운용의 전망

우리나라는 지방자치제도를 시작한지 10여년이 지났지만, 재정측면에 있어서의 자치권은 그렇게 확보되어 있지 못하다. 이러한 원인은 지방세의 확대로 인한 지방의 불균형과 중앙집권적 행정문화를 들 수 있다. 재정운영에 있어서 지방의 자율성이 낮음에 따라 지방자치단체는 점점 중앙정부 지원에 과도하게 의존하게 되었다. 이러한 특성은 경제협력개발기구(OECD)의 다른 나라와 비교해 볼 때 더욱 분명히 나타난다. 즉 우리나라의 국세와 지방세 비율은 80 : 20 정도로 미국과 일본의 59 : 41, 독일의 50 : 50에 비해서 국세의 비율이 훨씬 더 높다. 이는 세출면에서는 더욱 심한데 세출에 있어서 국가와 지방의 가용재원 구성비는 51 : 49이나, 영국 71 : 29, 프랑스 69 : 31과 비교해보면 국세의 비율이 훨씬 더 높다. 따라서 우리나라의 경우는 지방자치단체 예산의 자율성을 확보하기 위해서 무엇보다 재정분권, 기능이양이 시급하다고 볼 수 있다. 우선 재정 분권을 위해서 국가균형발전특별회계 실시(이후 광역·지역발전특별회계, 지역발전특별회계로 명칭변경), 지방교부세제도의 개편, 지방양여금제도의 폐지를 실시하였다. 다음으로 지방재정의 자율성을 구축하기 위해서 지방예산편성기본지침을 폐지하고 지방채 발행을 자율화하였다. 이외에도 지방정부 재정의 자율화를 위해서는 지방조달의 자율화가 필요할 것으로 보인다.

2. 지방예산 편성·운용의 과제

이러한 지방재정 운영에 있어서의 변화에도 불구하고 다음과 같은 문제점이 제시되고 있다. 첫째, 예산편성의 자율성 제고에 대한 체감도가 낮다. 이는 지방자치단체의 재정자립도가 낮고, 기준경비의 제시가 그 원인인 것으로 파악된다. 둘째, 지방채발행이 자율화 되었으나 이를 적극활용하려는 지방자치단체의 노력은 미미한 것으로 보인다. 이러한 문제를 해결하기 위하여 첫째, 재정운영의 자율성의 지속적인 확대를 추진해야 할 필요가 있다. 둘째, 시장친화적 지방채운영체제를 형성할 필요가 있다. 셋째, 재정운영의 효율성을 기하기 위하여 국고보조사업의 블럭화가 필요하다. 이외에도 지방정부의 책임성을 강화하기 위하여 지역주민 및 지방의회를 통한 관리감독의 강화, 재정운영성과 즉 성과주의 측면에서의 책임성 강화, 평가결과에 대한 인센티브의 강화가 필요한 것으로 보인다.

탐구학습

1. 주요개념과 요약
   - 예산편성
   - 일반회계와 특별회계
   - 본예산, 수정예산, 성립전 사용 예산, 추가경정예산
   - 준예산, 잠정예산, 가예산
   - 예산과 회계
   - 세입과목 분류
   - 세출과목과 경비 분류
   - 지출원인행위

2. 토론과 과제
   - 회계년도 독립의 원칙
   - 일반회계와 특별회계 구분 이유
   - 예산편성 절차

참고문헌

권형신·이상용·이재성(2006), 한국의 지방재정: 이론과 실무(제3판), 서울: 해남.

김동기(2005), 한국지방재정학, 서울: 법문사.

김종희(2006), 지방재정론, 서울: 범론사.

손희준·강인재·장노순·최근열(2011), 지방재정론(개정4판), 서울: 대영문화사.

행정자치부(2015), 2016년도 예산편성운영기준 및 기금운용계획 수립기준.

제 10 장

지방재정의 지출 및 결산

제 1 절 지방재정의 지출

1. 지방재정 지출의 개념

광의의 지출은 세출예산의 사용결정에서부터 채무를 이행하기 위하여 현금을 지급하는 행위까지를 말한다(김종희, 2006: 288). 지방자치단체장의 예산집행결정(집행품의) 행위와 경리관의 지출원인행위로 확정된 채무를 이행하기 위하여, 지출원이 금고 또는 일상경비출납원에 대하여 지급을 명하고, 금고에서 현금을 채주에게 지급할 때까지의 일체의 행위를 말한다.

협의의 지출은 지출원이 지출의 결정과 금고 또는 일상경비출납원에게 지급을 명령하는 행위에 국한하여 지출이라는 개념을 사용한다. 협의의 지출은 지출행위와 지급행위로 나누어진다. 지출행위는 지출원인행위에 따라 지출의사를 결정하고 이를 이행하기 위하여 지급명령을 발하는 행위이고, 지급행위는 지급명령에 의하여 직접 현금을 지급하는 행위이다.

지방자치단체는 그 자치사무의 수행에 필요한 경비와 위임사무에 관하여 필요한 경비를 지출할 의무가 있다. 다만 국가사무 또는 지방자치단체 사무를 위임한 때에는 이를 위임한 국가 또는 지방자치단체에서 그 경비를 부담해야 한다(지방자치법 제141조).

2. 지출의 절차

1) 지출결의서(구입과 지출결의서 등 포함)의 작성

결의서의 작성은 지출원이 지방자치단체의 채무를 조사·결정하여 지급명령을 발행하기 위해 의사를 결정하는 서류를 말하며, 결의서에는 경리관이 지출원인행위를 위하여 첨부한 집행품의서, 계약서 등을 첨부해야 한다.

2) 지급명령

지출원이 지급대상인 채주에게 현금을 직접 교부하는 대신, 현금출납을 책임진 금고를 지급인으로 하는 지급명령을 발행·교부함으로서 지방자치단체의 채무를 면하게 하는 절차를 말한다. 지급명령서에는 지출원의 회계관인과 인감을 날인해야 지급명령의 효력이 발생된다.

지급명령시 지출원은 ① 지출원인행위부에 등재되어 있는가, ② 당해 경비의 금액이 정당하게 산정되어 있는가, ③ 당해경비는 배정을 받은 예산 및 지출한도액을 초과하지 않았는가, ④ 소속 회계연도와 세출예산과목은 틀림이 없는가, ⑤ 필요한 관계서류는 구비되어 있는가, ⑥ 세입·세출을 혼동하고 있지 않는가, ⑦ 예산전용제한사유에 해당되지 않는가, ⑧ 지출의 특례로서 인정하고 있는 범위, 기타의 제한을 넘은 것이 아닌가, ⑨ 지출하여야 할 시기는 도래하였는가, ⑩ 정당한 채권자인가, ⑪ 소멸시효가 완성되지 않았는가, ⑫ 지출의무가 법령·조례·규칙·예규·지침·계약 등에 의한 것인가 등 여부를 면밀히 검토하여야 한다.

(1) 지급명령의 종류

지급명령의 종류에는 통상지급명령, 송금(계좌)지급명령, 집합지급명령, 약식지급명령이 있다. 첫째, 통상지급명령은 금고에서 직접 채권자에게 지급하는 것을 말한다. 둘째, 송금(계좌)지급명령은 채권자의 계좌로 송금 지급하는 것을 말한다. 보통 10만원 이상은 반드시 계좌송금을 원칙으로 한다. 그러나 계좌입금이 불가능한 경우와 일반경비 중 운영수당, 업무추진비 중 현금한도 내에서 현금으로 지급하는 경우 및 행사실시보상금 중 여비는 현금지급이 가능하다. 셋째, 집합지급명령은 지출과목이 동일한 경우 2인

이상의 채권자에게 송금 지급하는 것을 말하며, 이 경우 반드시 금액·성명표를 첨부해야 한다. 넷째, 약식지급명령은 금고가 구내에 있거나 근거리에 있는 경우 지출결의서에 그 뜻을 기재하고 날인하여 금고에 제시하는 명령행위이다(지방재정법시행령 제90조).

(2) 지급명령 발행요건

예산과목별, 채주별로 작성하고 채주의 청구서를 첨부하여야 한다. 다만 인건비 중 다수인에게 지급하여야 할 경비와 보조금, 교부금, 양여금, 부담금, 전출금, 보상금(단 토지 등 재산의 매수에 따른 보상금 등 채권채무의 권리관계로 지급하는 보상적 경비는 제외), 일상경비(지출원→일상경비출납원), 월정액 업무추진비, 도급경비, 법령 및 조례에 의한 의무적 경비, 위문금, 사례금, 시상금, 복리후생비, 의정활동비, 조의금, 복리후생비, 의정활동비 등을 지급하는 경우에는 청구서 작성을 생략할 수 있다(재무회계규칙 제51조).

3. 지방재정 지출의 특례

1) 지출특례의 개념

지출의 특례는 정상적인 지출 혹은 지출의 원칙에 대한 예외적인 조치를 말한다. 회계제도는 지출과 관련하여 일정한 원칙을 두고 있으나 그 원칙에 예외적인 제도로서 특

〈표 10-1〉 지출특례의 원칙

원 칙	특 례
· 정당한 채권자를 수취인으로 하는 경우가 아니면 지급명령서를 발행할 수 없음(지방재정법 제71조)	· 일상경비의 교부(지방재정법 제72조) · 도급경비의 교부(지방재정법 제74조)
· 회계연도 독립의 원칙에 의하여 당해연도 세출예산에서 지출(지방재정법 제7조)	· 지난회계연도지출(지방재정법 제76조) · 예산의 이월제도(지방재정법 제50조)
· 확정된 채무가 존재하고 이행시기가 도래해야만 지출가능(재무회계규칙 제50조)	· 선급급(지방재정법시행령 제96조) · 개산급(지방재정법시행령 제97조)
· 대가는 계좌입금(재무회계규칙 제50조)	· 신용카드의 사용 (행정자치부예규 '신용카드 사용요령')
─	· 운영수당, 업무추진비중 현금지급경비, 행사실비보상금 중에 여비는 현금 지급 가능

례를 인정하여 예산집행의 신축성을 도모하고 있다. 지출의 원칙으로는 ① 당해 회계연도의 개시후에 지출해야 하고, ② 당해연도의 세출예산에 의하여 지출해야 하며, ③ 지출이 반대급부로 이루어지는 경우 상대방의 급부가 완료되고 채무액이 확정된 때에 지출해야 한다는 것이다(김종희, 2006: 290). 지출특례의 원칙으로는 ① 정당한 채권자를 수취인으로 할 것, ② 당해연도 세출예산에서 지급할 것, ③ 이행시기가 도래할 것, ④ 대가는 계좌입금을 원칙으로 할 것 등이 있다.

2) 지출특례의 내용

지출의 특례에는 일상경비의 교부, 도급경비의 교부, 과년도 지출, 예산의 이월, 선금급, 개산급, 신용카드의 사용이 있으며, 이러한 특례제도의 구체적인 내용은 다음과 같다.

(1) 일상경비

① 개념

일상경비란 도서벽지, 기타 교통통신이 불편한 지방에서 지급하는 경비 또는 실·과 단위 등에서 일상적으로 사용하는 경비이다. 이 경비는 지출원이 성질상 출납원으로 하여금 현금지급을 시키지 않으면 업무처리에 지장을 초래할 우려가 있다고 인정되는 경우에 한하여 미리 자금을 출납원에게 교부하여 지급케 하는 경비를 말한다.

② 일상경비의 교부 범위

관서의 일상경비에 대하여는 매1월분 이내의 금액을 예정하여 교부해야 한다. 일상경비의 교부범위는 지급경비의 특징에 따라서 제한없음에서 1회 교부한도액 2,000만원까지 다양하다. 구체적인 내용은 〈표 10-2〉와 같다. 〈표 10-2〉에서 제시된 경우 이외에도, 지방채 증권 또는 차입금의 원리금을 지급할 때, 공무원에 대한 급여, 상여금, 기타 직 보수, 수당, 정액수당, 정액의 복리후생비, 각종수당, 사례금 및 업무추진비의 경우, 국가기관 또는 그 관할구역 안에 있는 다른 지방자치단체 공무원을 회계관계 공무원으로 임명한 경우 당해 공무원에게 교부하는 경비가 일상경비의 교부범위에 해당한다(지방재정법시행령 제91조).

〈표 10-2〉 일상경비의 교부범위

내 용	한도액
· 교통이나 통신이 불편한 지방에서 지급하는 경비	· 1회 교부한도액 1,000만원 범위 내
· 여비	· 1회 교부한도액 500만원 범위 내
· 일반운영비	· 제한 없음
· 지출원이 없는 관서의 경비	· 제한 없음
· 장소가 일정하지 아니한 사무소의 경비	· 1회 교부한도액 1,000만원 범위 내
· 각 관서가 시행하는 공사·제조 또는 조립에 소요되는 경비	· 1회 교부한도액 2,000만원 범위 내
· 외국에서 지급하는 경비	· 제한 없음
· 업무추진비	· 제한 없음
· 다수인에게 소액을 지급하는 경비	· 1회 교부한도액 1,000만원 범위 내
· 선박운항에 소요되는 경비	· 1회 교부한도액 1,000만원 범위 내
· 당해 자치단체 관할 구역 외에서 지급하는 경비	· 1회 교부한도액 1,000만원
· 각 관서에 필요한 부식물의 매입경비 또는 공사·시험·검사에 소요되는 재료구입비	· 1회 교부한도액 1,000만원

③ 자금교부의 제한

　관서의 일상경비는 매 1월분 이내 금액을 예정하여 교부하여야 한다. 다만 장소가 일정하지 아니한 사무소의 경비, 외국·교통·통신 불편지역 등의 경비는 3월분이내 교부를 할 수 있다. 또한 수시비용에 대하여는 사무상 지장이 없는 한 분할 교부해야 한다(지방재정법 시행령 제92조).

④ 일상경비 집행절차

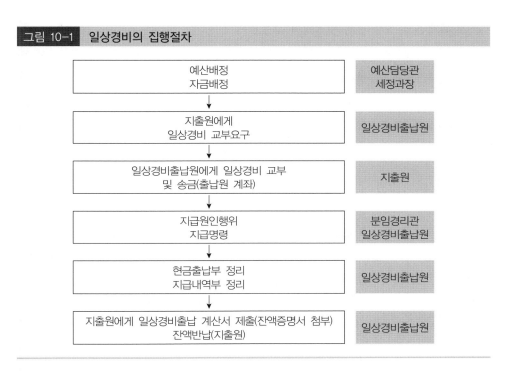

그림 10-1   일상경비의 집행절차

예산배정 자금배정	예산담당관 세정과장
지출원에게 일상경비 교부요구	일상경비출납원
일상경비출납원에게 일상경비 교부 및 송금(출납원 계좌)	지출원
지급원인행위 지급명령	분임경리관 일상경비출납원
현금출납부 정리 지급내역부 정리	일상경비출납원
지출원에게 일상경비출납 계산서 제출(잔액증명서 첨부) 잔액반납(지출원)	일상경비출납원

⑤ 일상경비로 지급되는 일반운영비의 범위

지출원은 예년의 자금교부 수준, 예산서상 일반운영비 내의 부기상 구분된 금액내용을 기준으로 하여 각 실·과의 조직구조, 인력, 업무량, 업무특성 등을 종합 고려하여 일상경비 교부한도액을 설정하여야 한다.

〈표 10-3〉 일반운영비 자금교부 한도액 결정시 검토사항

지출원이 직접집행	일상경비출납원에게 교부
· 공공요금 중 기관단위요금 성격의 경비 · 피복비, 임차료, 연료비, 시설장비 유지비, 차량선박비 성격의 경비 · 재료비, 의료비 성격의 경비 등	· 일반수용비, 급량비, 위탁교육비, 운영 수당 성격의 경비 · 공공요금 중 해당부서 납부용 공공요금 성격의 경비 등

시·도 및 시·군·구 지출원은 위 내용을 참고하여 매년 1월 10일까지 일반운영비

자금교부 한도액을 설정하여, 각 분임경리관(실·과장)에게 통보하여야 한다.

⑥ 회계연도 개시 전의 일상경비 교부범위

회계연도 개시전의 일상경비의 교부범위는 ① 교통이나 통신시설이 불편한 지방에서 지급하는 경비, ② 여비, ③ 외국에서 지급하는 경비, ④ 선박운항에 소요되는 경비, ⑤ 지방자치단체의 소속행정기관 및 하부행정기관에서 필요한 부속물의 매입경비, ⑥ 업무추진비, ⑦ 지역경제정책상 조기집행을 필요로 하는 공공사업비 등에 한하여 정하여 운영하고 있다(지방재정법 시행령 제93조).

(2) 임시일상경비

① 개념

채주 및 채무액이 확정되지 않은 상태에서 일정기간 동안 특정업무수행에 필요한 경비를 집행하고자 할 때 임시일상경비출납원을 임명(반드시 인사담당부서와 협의)하여 이를 집행하게 한 후 지출원에게 정산토록 하는 제도이다.

② 교부요건

교부요건은 ① 행사 등으로 현지에서 직접 현금을 주고 물품을 구입하게 할 경우, ② 훈련에 참가하는 장병에게 현지에서 직접 여비를 지급하는 경우, ③ 국내에서 구입할 수 없는 외국의 물품을 현지에서 직접 구매하지 아니하면 구입할 수 없을 경우, ④ 기타 임시일상경비지출이 필요한 경우 등이 이에 해당된다.

③ 집행 및 정산절차

집행 및 정산 절차는 ① 주관과에서 소요경비에 대한 집행품의(지출원 협조) 및 집행결정, ② 인사부서에 의뢰하여 임시일상경비출납원 임명(집행결정과 동시), ③ 회계부서로 임시일상경비 지급의뢰 및 수령, ④ 임시일상경비 집행, 집행시 지급원인행위(계약) 생략 가능, ⑤ 임시일상경비정산을 하여야 한다.

임시일상경비는 집행 후 5일 이내에 정산서를 제출하여야 하며, 잔액이 있을 때에는 당초 집행한 예산과목에 반납하면 되며, 부족금이 있을 때에는 증빙서를 구비하여 청구할 수 있으며, 과부족이 없을 때에는 정산서만 제출(집행관계서류 첨부)하면 된다(지방재정법시행령 제95조, 재무회계규칙 제61조).

(3) 도급경비

① 개념

읍·면·동의 출장소, 소방파출소, 기타 3인 이내의 관서 등 지출원이나 출납원을 두기 곤란한 소규모관서의 소요경비를 지출원이 지급하여 그 관서의 장 책임 하에 사용하도록 하는 제도로서 비교적 지출의 탄력성을 부여하고 있다. 즉 소규모의 인원이 근무하는 관서에 지급하는 경비라 할 수 있다.

② 지급대상기관

도급경비지급대상은 읍·면·동의 출장소, 소방파출소, 소방출장소, 유치원·초등학교·중학교·고등학교 이에 준하는 각급 학교, 도시철도역과 현업사무소, 화장장, 수원지관리사무소, 쓰레기소각장 및 매립장, 하수종말처리시설 및 분뇨처리시설, 자치단체 해외사무소, 119구조대, 기타 3인 이내 관서로 지방재정법시행령에서 엄격히 그 범위를 정하고 있다.

③ 도급경비지급 범위 및 집행

도급경비의 지급범위는 일반운영비, 여비, 기타 행정자치부장관이 정하는 경비1)로 정하고 있다. 도급경비의 집행에 있어 도급경비는 세출예산의 과목별이 아닌 통합정리하여 관서의 실정에 맞게 사용하되, 도급경리부를 정리하고 채주의 영수증을 받아야 한다. 참고로, 예산상 도급경비로 계상되지 아니한 경비는 집행할 수 없다.

④ 정산절차

도급경비출납공무원은 회계연도 종료 후 15일 이내에 지출원에게 집행상황을 보고하여야 하며, 회계연도말 사용잔액은 다음 연도 이월하여 사용할 수 있다. 도급경비는 금융기관에 예치하여야 하며, 사용시 도급경비정리부에 기재하여야 하며, 도급경비 정리부와 영수증은 5년간 보관하여야 한다. 도급경비로 매입한 물품은 법령, 조례, 규칙에 따로 정하지 않는 한 물품으로 보지 아니한다(지방재정법 시행령 제98조).

---

1) 실제로 '행정자치부장관이 정하는 경비'와 관련하여 별도로 규정한 사항은 없으며 입법 기술상 필요시 운영을 하기 위하여 정하여 놓은 사항이라 보면 된다.

(4) 선금급

① 개념

선금급은 지방자치단체가 부담할 금액이 확정된 채무에 대하여 상대방의 의무 이행 이전 또는 지급할 시기가 도래하기 전에 미리 지급하는 경비로서 미리 지급하지 아니하면 사무 또는 사업에 지장이 초래될 경우에 지급하는 것이다(지방재정법 제73조).

② 선금지급 범위

선금의 지급범위는 토지 또는 가옥의 임차료와 용선료, 운임 및 사례금, 관공서(정부투자기관 포함)에 지급하는 경비와 국가 또는 지방자치단체의 업무대행 경비, 부담금, 교부금과 보조금, 봉급지출일에 전출 또는 출장하거나 휴가를 받은 자에게 지급하는 급여, 외국원조사업으로서 국내에서 외국기관 또는 외국인에게 공사나 제조를 하게 할 때 필요한 경비, 외국에서 연구 또는 조사에 종사하는 자에 대하여 지급하는 경비, 관보 기타 정기간행물의 대가, 외국에서 연구 또는 조사에 종사하는 자에 대하여 지급하는 경비, 토지의 매수나 수용 또는 그 토지위에 있는 지장물의 보상금 및 이전료, 시험·연구·조사의 수임인에 대하여 지급하는 경비, 교통이 불편한 곳에 근무하는 자 또는 선박승무원에게 지급하는 급여, 외국에서 직접 구입하는 기계·도서·표본 또는 실험용재료의 대가, 지방자치단체가 초청한 외국인에게 국내에서 지급하는 경비, 계약금액 3천만원 이상 공사 또는 제조와 1천만원 이상인 용역의 경우가 이에 해당된다.

선금급은 채권자의 청구에 의하여 지출되어야 하며, 청구일로부터 14일 이내에 지출을 결정하여 지출하여야 한다(지방재정법시행령 제96조).

(5) 개산급

① 개념

개산급은 채무액이 확정되기 전에 지급액을 개략적으로 산출하여 지출할 수 있는 제도이다. 이는 채무가 성립되어 있고 이행기한 도래 전에 지출하는 점은 선금급과 같으나 채무액이 미확정인 점이 다르다고 볼 수 있다(지방재정법 제73조).

② 개산급의 범위

개산급의 지급범위는 여비, 업무추진비, 소송비용, 관서에 대하여 지급하는 경비, 부담금, 교부금과 보조금에 한하여 인정하고 있다.

③ 개산급의 정산

개산급을 받은 자는 사무종료 후 5일 이내에 정산서를 지출원에게 제출하여야 하며, 잔액이 있을 때에는 반납고지서를 발행받아 반납하여야 하며, 부족금이 있을 경우에는 증빙서를 구비하여 청구하여야 하며, 과부족이 없을 때에는 정산서만 제출하면 된다. 개산급 중 여비, 업무추진비 중 기타업무추진비, 의회의정활동비의 경우 과부족이 없을 때 정산서 제출을 생략할 수 있다(재무회계규칙 제64조).

(6) 과년도 지출
① 개념

과년도에 속하는 채무확정액으로 채권자로부터 청구가 없거나 기타의 사유로 인하여 출납폐쇄기한 내에 지출하지 못한 경우에 현년도의 세출예산에서 지출할 수 있도록 하는 제도이다. 이는 채권자의 부당한 손해를 구제하기 위한 것인데, 이를 무제한적으로 인정하면 예산지출의 연도 소속 구분을 문란하게 할 우려가 있다. 따라서 과년도 지출에 해당하는 금액은 경비소속 연도의 각항 금액 중 불용으로 된 금액을 초과하지 못하도록 하고 있다. 다만 경비의 성질상 따로 대통령령이 정하는 보충적 용도에 속하는 경비는 예외로 한다(지방재정법 제76조).

② 지출의 제한

지난 연도의 지출은 그 경비의 소속년도인 과년도 세출예산 항목별 불용액을 초과할 수 없다. 단 지방재정법시행령 제101조에 의한 보충적 경비(공무원 보수, 배상금, 소송비용, 제세공과금 등)는 불용액을 초과하여 지출 할 수 있다. 지난년도의 지출제도를 인정하고 있는 이유는 채무이행을 위한 부득이한 경우의 특례인 만큼 이를 남용할 경우 회계질서를 해칠 우려가 있기 때문에 이를 남용하여서는 안 된다.

(7) 세출예산의 이월
① 개념

매 회계연도의 세출예산의 집행은 당해연도 내에 한하여야 한다는 회계연도 독립의 원칙에만 충실하여 경비를 지출하거나 지방재정을 운영할 경우 특정사업에 대한 예산 뒷받침이 중단되어 사업 수행에 차질이 발생할 수도 있으므로 회계연도 독립의 원칙에 예외로 융통성을 부여하는 제도이다.

② 이월의 종류

이월에는 명시이월, 사고이월, 계속비 이월이 있다(지방재정법 제50조).

첫째, 명시이월은 경비의 성질상 당해연도 내에 그 지출을 끝내지 못할 것이 예상될 경우 그 취지를 세출예산에 명시하여 미리 지방의회의 의결을 얻어 다음 연도에 이월하여 사용하는 것을 말한다. 명시이월비는 다음 연도에 걸친 지출원인행위를 할 수 있다. 회계연도 종료 후 30일 이내(요구는 회계연도 종료후 10일 이내)에 이월예산을 확정하여야 한다.

둘째, 사고이월은 세출예산 중 당해연도 내에 지출원인행위를 하고 불가피한 사유로 인하여 그 연도 내에 지출하지 못한 경비와 지출원인행위를 하지 아니한 그 부대경비의 금액을 다음 연도에 이월하여 사용할 수 있도록 한 제도이다. 이 경우 당해연도 내에 지출원인행위를 반드시 해야 한다.

셋째, 계속비이월은 지방재정법 제33조에 의한 계속비의 연도별 소요경비의 금액 중 당해연도 내에 지출하지 못한 금액은 당해 계속비의 사업완성 연도까지 차례로 이월하여 사용할 수 있도록 한 것이다. 계속비의 지출기간은 5년 이내(필요시 지방의회의 의결로 연장 가능)이며, 계속비에 대한 명시이월은 불가능하나, 최종 연도에 사고이월은 가능하다. 그리고 회계연도 종료 후 30일 이내(10일 이내 요구)에 이월예산을 확정하여야 한다.

③ 이월예산의 제한사항

명시이월 예산의 경우에도 사고이월이 가능하나, 사고이월 예산은 무제한적 이월을 방지하기 위해 재이월은 불가능하도록 제한하고 있다. 예비비 사용경비에 대하여는 이월을 승인하지 않는 것을 원칙으로 하여야 하나, 사고이월의 조건에 해당되면 이월처리는 불가피할 것이다. 이월된 예산의 전용은 경비의 성질상 불가능하며, 이월에 수반된 자금은 원칙적으로 현금이 유보되어 있어야 한다. 단 지방자치단체가 재원의 사용용도를 지정하여 지원하는 국비, 증액교부금으로 추진하는 사업 중, 당해 자금이 부득이 당해 회계연도에 교부되지 않고, 다음 회계연도에 교부되는 것이 확실시되는 경우 해당금액의 범위 내에서 자금 없이 세출예산을 이월(자금 없는 이월)할 수 있다.

제 2 절   지방재정의 결산제도

1. 결산의 의의

결산이란 지방자치단체의 한 회계연도 내의 수입과 지출의 실적을 확정적 계수로써 표현하는 행위이다(손희준 외, 2011: 244). 결산은 예산의 집행실적을 예산과목구조에 따라 일정한 형식으로 계산 정리한 기록의 표시이다. 결산을 형식적인 측면에서 본다면 예산에 의거해 행동한 정부의 사후적 재정보고서를 작성하는 과정 또는 그 보고서 자체를 지칭한다고 볼 수 있다. 결산 범위와 관련지어 본다면 광의의 결산은 세입·세출의 결산과 계속비의 결산 및 국가채무에 관한 계산서를 총칭한다. 협의의 결산은 세입·세출의 결산만을 의미한다(윤영진, 2008: 221). 이는 지방자치단체가 지역주민에게 알리기 위해 1년간 활동실적을 계수로 나타낸 것이고 지방의회의 지방자치단체에 대한 사후통제라고 할 수 있다. 또한 결산은 예산과정의 마지막 단계이며 결산으로 나타난 결과를 다음연도의 예산편성과 재정운용에 환류(feedback)될 수 있도록 하여야 한다. 지방자치단체의 예산심의가 집행부에 대한 지방의회의 사전적 통제인데 비해 결산은 사후통제수단이다. 따라서 지방의회의 결산승인권은 예산심의권과 함께 지방자치단체에 대한 중요한 재정적 통제 수단이 된다(손희준 외, 2011: 245).

지방의회의 결산승인은 단지 그 집행책임을 정치적으로 해제 받는 의미를 가질 뿐 특정한 사항에 대한 회계적·법적 책임은 별개의 것이다. 즉 지방의회의 결산 승인을 통해 지방자치단체의 장에게 정치적·도의적 책임만 물을 수 있지 징계·회계 책임을 물을 수 없다. 따라서 이는 법률적이라기보다는 정치적·역사적 산물이다. 만약 의회에서 불승인 시에도 이미 집행한 금액은 유효하다. 그러나 결산검사는 결과의 감사 활용과 익년도 예산안 심사에의 반영이 가능하므로 미래의 지방재정계획의 수립과 예산편성에 대한 적절한 수단으로 활용될 수 있다.

보다 구체적으로 결산은 다음과 같은 기능을 수행한다(김종희, 2006: 296). 첫째, 의회가 세입세출예산 집행의 과정을 최종적으로 확인 검증하고 잘못된 점과 개선사항을 도출하여 다음 회계연도의 예산편성과 심의자료로 활용할 수 있다. 둘째, 결산제도를 통하여 지방자치단체장으로 하여금 행정적 · 재정적 사무처리나 사업시행 등에 신중을 기하도록 할 수 있다. 셋째, 결산승인을 통해 예산집행 결과에 대한 책임을 명확히 할 수 있다. 넷째, 주민의 신뢰성을 제고하고 지방의회의 재정통제 수단으로 활용할 수 있다.

2. 결산절차와 순기

예산의 편성이 당해 회계연도내의 수입과 지출에 관한 사전적인 숫자적 예정계획이라 하면, 결산은 예정된 계획의 사후적 달성도를 평가하는 내용에 주안점을 둔 것이며, 이러한 평가결과는 다음의 예산편성 과정에 환류 되어야 함이 무엇보다 중요하다.

결산의 절차는 회계연도 종료일인 12월 31일을 기준으로 모든 지출원인행위의 마감과 동시에 출납폐쇄를 하여야 한다. 다음해 1월 20일까지 세입금의 금고납입을 마감 정리하며, 2월 10일까지 세입 · 세출 출납사무를 완결하여야 한다. 출납폐쇄 후 80일 이내에 결산서를 작성하여 지방자치단체장에게 보고하고 지방의회가 선임한 결산검사위원의 결산검사 의견서를 첨부하여 5월 10일까지 지방의회에 제출하여야 하며 지방의회에서는 상반기 정례회의 회기 내에 이를 처리하여야 한다.

정부의 결산보고는 영미식과 대륙식 재무보고의 두 가지 흐름이 있다(이경섭, 1997: 280). 전자는 재무보고가 특정한 규정에 의한 처리보다 사실의 내용 관계에 초점을 맞추고 있는 것으로서 유연성을 갖추고 있는 것이다. 후자는 각 보고 주체가 통일적으로 적용하는 법규 또는 예산 등에 의한 규정에 따른 보고를 하며 그 재무보고서가 예산서의 내용과 유사한 것이다. 우리나라의 경우 이러한 대륙식의 결산보고형태를 운영하고 있다.

결산의 운영과정에서 결산감사시 지적된 내용에 대하여 재정적 집행결과를 되돌릴 수가 없고, 단순한 통과의례적인 절차에 비중을 두어 운영되고 있는 것이 관행이므로 결산의 실효성을 확보하지 못하고 있는 실정이다. 따라서 이러한 결산순기의 조정은 결산의 실효성 확보를 위한 제도적 노력의 일환으로 볼 수 있다.

3. 결산준비

1) 출납사무의 폐쇄

예산의 집행은 원칙적으로 회계연도 내에서 행하여져야 하며, 결산은 예산이 구체적으로 집행된 실적이기 때문에 출납사무의 완결을 전제로 작성한다. 출납사무를 완결하기 위해서는 먼저 세입금의 수납과 세출금의 지출 및 지급을 완결해야 하며, 세입금의 수납과 세출금의 지출 및 지급은 해당 회계연도 말일까지 완료하도록 되어 있다. 이를 출납정리기한이라고 한다(윤영진, 2008: 223). 지방자치단체의 출납은 회계연도 종료와 동시에 12월 31일로 폐쇄하되, 출납원이 수납한 세입금의 정리를 위하여 1월 20일까지 출납정리기한을 두고 있다. 회계연도에 속하는 세입·세출의 출납에 관한 사무는 회계연도 종료 후 2월 10일까지 완결하여야 하는데, 매 회계연도에 속하는 세입세출의 출납을 폐쇄하고 출납사무를 완결함으로써 지방자치단체의 세입세출액 및 세계잉여금이 확정된다.

2) 출납사무 완결을 위한 회계연도 소속 구분

수입과 지출의 발생에서 종결에 이르기까지 2개 연도 이상에 걸칠 경우에는 어느 회계연도에 소속시키느냐가 문제될 수 있다. 이 경우 회계연도 소속 구분 기준은 두 가지 면에서 살펴볼 수 있다. 실질주의 면에서는 세입·세출의 원인이 발생하는 날이 속하는 년도를 기준으로 하고, 형식주의 면에서는 현실적으로 수입·지출이 행하여진 날이 속하는 년도를 기준으로 하고 있다. 지방자치단체에서는 원칙적으로 실질주의를 채택하고 있으며 출납정리기한을 경과한 수입·지출에 대해서는 예외적으로 형식주의를 인정하고 있다.

(1) 세입의 회계연도 소속 구분

세입의 회계연도 소속을 구분하면 다음과 같다. 첫째, 납기가 정하여져 있는 수입은 그 납기말일이 속하는 연도이다. 다만 그 납기 소속의 회계연도 내에 납입고지서를 발부하지 아니한 때에는 그 납입고지서를 발부한 날이 속하는 연도를 귀속연도로 한다. 둘째, 수시수입으로서 납입고지서를 발부한 것은 그 납입고지서를 발부한 날이 속하는 연도이다. 다만 수시수입으로서 기본수입에 부수되는 수입은 그 기본 수입이 속하는 연도를 귀속연도로 한다. 셋째, 수시수입으로서 납입고지서를 발부하지 아니하는 것은 그 영수한 날이 속하는 연도이다. 다만 지방채 증권·차입금·부담금·교부금·보조금·기부금·상환금 기타 이와 유사한 수입은 그 예산이 속하는 연도를 귀속연도로 한다. 넷째, 수시수입으로서 계약에 의하여 출납폐쇄기한까지 수입된 것은 그 계약한 날이 속하는 연도이다.

(2) 세출의 회계연도 소속 구분

세출의 회계연도 소속은 지출경비의 유형에 따라서 다르다. 먼저 지방채의 경우 그 원리금은 지급기일이 속하는 연도를 귀속연도로 한다. 둘째, 모든 반환금·결손보전금·상환금 기타 유사한 것은 그 결정을 한 날이 속하는 연도로 한다. 셋째, 부담금·교부금·보조금·기부금 기타 이와 유사한 것은 그 예산이 속하는 연도가 세출의 회계연도가 된다. 넷째, 실비보상·급여·여비·수수료 기타 이와 유사한 것은 지급사실이 생긴 날이 속하는 연도가 회계연도이다. 다섯째, 사용료·보관료·전기료 기타 이와 유사한 것은 지급의 원인이 되는 사실이 있는 기간이 속하는 연도가 회계연도이다. 여섯째, 공사제조비·물건구입비·운반비 기타 이와 유사한 것으로서 상대방의 행위가 완료된 후에 지급하는 것은 지급이 확정된 날이 속하는 연도가 회계연도가 된다. 다만 출납폐쇄기한까지 상대방의 행위가 완료된 것은 지출원인행위를 한 날이 속하는 연도를 회계연도로 한다. 일곱째, 기타 사항은 그 지급명령을 발한 날이 속하는 연도를 회계연도로 한다(지방재정법시행령 제3조).

3) 출납사무의 완결

세입세출결산은 지방자치법 제134조의 규정에 의하여 지방자치단체의 장이 출납폐쇄후 80일 이내에 결산서 및 증빙서류를 작성하고 지방의회가 선임한 결산검사위원의 결산검사의견서를 첨부하여 다음년도 지방의회의 승인을 받아야 한다.

그림 10-2 결산 처리과정

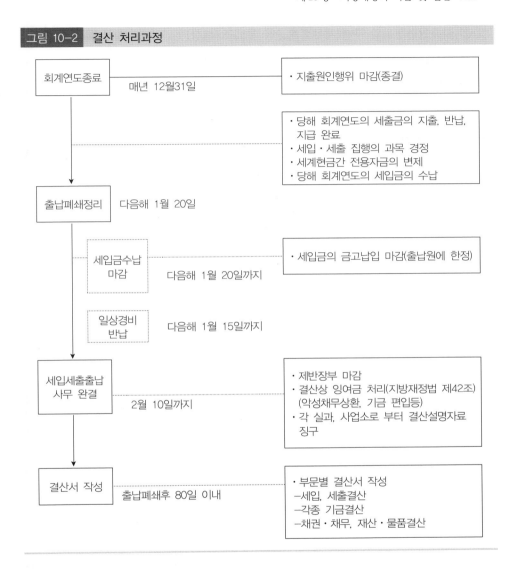

| 회계연도종료 | 매년 12월31일 | · 지출원인행위 마감(종결) |

· 당해 회계연도의 세출금의 지출, 반납, 지급 완료
· 세입·세출 집행의 과목 경정
· 세계현금간 전용자금의 변제
· 당해 회계연도의 세입금의 수납

| 출납폐쇄정리 | 다음해 1월 20일 |

| 세입금수납 마감 | 다음해 1월 20일까지 | · 세입금의 금고납입 마감(출납원에 한정) |

| 일상경비 반납 | 다음해 1월 15일까지 |

| 세입세출출납 사무 완결 | 2월 10일까지 |

· 제반장부 마감
· 결산상 잉여금 처리(지방재정법 제42조)
  (악성채무상환, 기금 편입등)
· 각 실과, 사업소로 부터 결산설명자료 징구

| 결산서 작성 | 출납폐쇄후 80일 이내 |

· 부문별 결산서 작성
 −세입, 세출결산
 −각종 기금결산
 −채권·채무, 재산·물품결산

(1) 회계연도내

① 지출원인행위의 마감

지출원인행위는 세출예산, 계속비 또는 채무부담행위에 의하여 지방자치단체의 지출의 원인이 되는 계약 또는 기타의 행위를 하는 것을 말하고, 지출원인행위의 시작은 계약이라 할 수 있으나 계약이외에도 보조금 교부결정 등이 있다.

② 지출원인행위의 구분(재무회계규칙 제55조제4항)

지출원인행위를 구분하면 크게 법령의 규정에 의한 경비, 계약에 의한 경비, 기타경비로 나누어진다.

〈표 10-4〉 일반적인 지출원인행위

구 분	정리시기	구 분
·법령의 규정에 의한 경비		
- 급여류	- 지출결정시	- 당해 기간분 급여액
- 수당류	- 지출결정시	- 지출하고자 하는 금액
- 보조금, 부담금 및 교부금	- 지출결정시(교부결정시)	- 지출결정액(교부결정액)
- 출자금·출연금	- 출자 또는 출연결정시	- 출자·출연결정액
- 제세	- 납입결정시(신고시)	- 납부세액
- 기타	- 지출결정시	- 지출하고자 하는 금액
·계약에 의한 경비		
- 보험료	- 납입결정시	- 납부결정액
- 융자금	- 융자결정시	- 융자를 요하는 금액
- 공사비	- 계약체결시	- 계약금액
- 기타	- 계약체결시(청구받은때)	- 계약금액(청구받은 금액)
·기타경비		
- 전출금	- 전출결정시	- 전출을 요하는 금액
- 보증금	- 납부결정시	- 납부를 요하는 금액
- 특별판공비	- 지출결정시(계약체결시)	- 지출을 요하는 금액(계약금액)
- 기타	- 지출결정시	- 지출을 요하는 금액

지출원인행위에 있어 예외적인 지출원인행위는 〈표 10-5〉와 같다.

〈표 10-5〉 예외적인 지출원인행위

구 분	정리시기	구 분
·관서의 일상경비	·교부결정시	·교부금액
·세계현금의 전용	·전용결정시	·전용결정금액
·과년도 지출	·과년도 지출결정시	·지출을 요하는 금액
·이월예산등에 의한 지출	·지출결정시	·지출을 요하는 금액
·지출금의 반납	·현금 반납통지가 있는때	·반납금액
·계속비	·계약체결시	·계약금액
·채무부담행위	·채무부담행위시	·채무부담행위액

(2) 출납폐쇄기한내

출납폐쇄기한내에는 개산금, 선금급(사고이월시)의 경우 세출주의 정산지출을 원칙으로 하며, 다음과 같은 행위가 이루어져야 한다. 첫째, 지출원이 지출한 세출금의 반납, 둘째, 세입세출집행오류과목의 경정, 셋째, 세계현금간 전용자금의 변제, 넷째, 출납원의 세입금 수납, 다섯째, 출납원의 세출금의 지출 및 지급, 여섯째, 세출예산의 이월(재무회계규칙 제27조제1항)로 명시ㆍ계속비이월은 회계연도 완료 후 10일 이내에, 사고이월의 경우는 회계연도 완료 후 40일 이내에 이루어져야 한다.

그리고 출납폐쇄기한 10일 이내에는 출납원이 수납한 세입금을 금고에 납입해야하고, 결산승인 신청시 첨부할 최종잔액의 증명을 발행해야 한다. 이때, 미수납액이 있을 경우는 회계연도 마감 익년 3월 1일자로 이월하여 정리해야 한다.

(3) 회계연도 종료 후 3월 이내

회계연도 종료 후 3월 이내에는 보고 또는 장부의 정리, 계산증명서류의 정리 등의 행위가 이루어져야한다.

4. 결산검사

결산검사는 지방의회가 선임한 검사위원이 지방자치법시행령 제47조의 규정에 의한

그림 10-3   결산 검사과정

결산내용을 검사하며, 결산검사위원의 검사범위는 예산집행의 결산정리 등 재무운영의 적법성, 적정성 등에 주안을 두고서 심사한다(지방자치법 시행령 제47조제1항, 결산검사 위원선임및운영에관한조례 제7조제1항). 공기업특별회계의 경우는 회계감사보고서로 결산검사에 갈음한다(결산검사위원선임및운영에관한조례 제7조제2항).

1) 지방자치단체장에게 보고

회계담당과장은 출납폐쇄 후 80일 이내에 세입·세출 결산 및 재무제표를 작성하여 지방자치단체의 장에게 보고하여야 한다(재무회계규칙 제30조 제3항).

2) 검사위원의 결산검사

지방자치단체의 장은 지방의회에 결산처리 일정의 협의와 함께 당해 지방자치단체의 재정규모를 감안한 결산검사위원의 수를 정하여 선임을 의뢰하여야 한다. 이 경우 지방자치단체의 장은 결산검사위원의 위촉에 필요한 공인회계사, 세무사 등 회계관계 전문가에 관한 자료를 제출할 수 있다. 결산검사위원은 시·도의 경우 5인 이상 10인 이하이며, 시·군 및 자치구의 경우 3인 이상 5인 이하로 정해져 있다. 단 지방자치법시행령 제83조 제2항에 의거하여 지방의회 의원은 검사위원 수의 1/3을 초과하면 안된다.

지방의회로부터 결산검사위원의 선임통보를 받으면 대표위원과 검사일정을 협의하여 수검장소를 정하고, 세입·세출의 결산, 계속비·명시이월비 및 사고이월비의 결산, 채권 및 채무의 결산, 재산 및 기금의 결산, 금고의 결산에 대한 사항을 검사해야 한다(지방자치법 시행령 제84조 제1항). 검사위원은 위와 같은 사항에 대하여 계산의 과오 여부, 실제의 수지와 수지명령의 부합여부, 재무운영의 합당성, 예산집행의 효율성 등을 심사하여야 한다.[2] 검사위원이 지방자치단체의 결산서 및 금고에 대한 검사과정에서 세입·세출 관련 회계부책이나 결산내용의 기초가 되는 서류 및 그 설명서 등과 같은 관련 자료를 요구할 경우에는 특별한 사유가 없는 한 협조하여야 한다(지방자치법 시행령 제84조 제2항).

결산검사시 유의할 사항은 검사위원의 검사기간은 결산검사위원선임 및 운영에 관한조례 제4조의 규정에 의하여 20일간으로 하되, 지방의회의 요청에 따라 10일이 넘지

---

[2] 이때 주요시책의 성과 기타 예산집행실적 보고는 검사대상에서 제외되며, 자료요구창구는 자치단체장과 금고로 일원화하여효율적인 결산검사를 실시하도록 규정되어 있다.

않은 범위내에서 기간을 연장하여 실시할 수 있으며, 검사위원(대표검사위원)은 결산검
사 종료후 10일 이내에 검사의견서를 당해 지방자치단체의 장에게 제출하여야 한다.

5. 결산승인

결산의 승인은 지방자치단체가 검사위원의 의견서를 첨부하여 제출한 결산서를 지
방의회에서 의결함으로써 이루어진다.

1) 승인신청

결산승인의 대상은 세입세출결산서, 기금결산보고서 등의 결산서이며, 이때 결산의
부속서류는 참고서류로 이용된다. 결산승인을 받을 결산서는 지방재정법시행령 제59조
에 의거하여 다음 회계연도 5월 10일까지 지방의회에 제출하여야 한다.

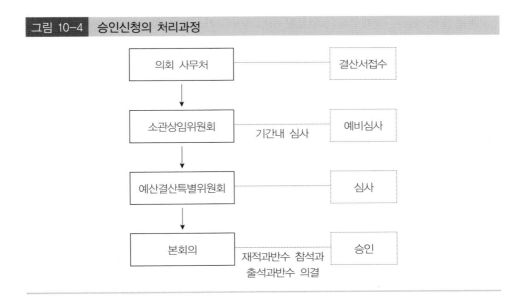

그림 10-4 　승인신청의 처리과정

2) 심사중점

지방의회에서는 지방자치단체에서에서 부의한 결산서를 중심으로 하여 심사를 거쳐
승인하게 된다. 지방의회에서 심사할 때는 검사위원의 검사와 중복을 피하고, 대국적·

전체적 관점에서 심사한다. 이러한 심사시에는 예산집행의 적법성, 공정성, 능률성, 합리성을 검토하고, 행정효과, 재원의 확보, 예산집행의 적정성, 세계현금의 운용, 세출예산의 운용, 세출예산의 유용상황 등을 중점적으로 심사한다.

3) 승인의 효과

지방의회에서 심사를 거쳐 승인된 결산서는 정치적 책임을 해제하는 의미를 지니는 것이지, 특정사항에 대한 회계적·법적 책임을 진다는 의미는 아니다. 또한 예산 불승인 시에도 이미 집행한 수치는 유효하고 당해결산의 효력에는 영향을 미치지 않으나, 정치적인 책임은 져야 한다.

6. 결산상 잉여금

1) 세계잉여금처리

결산상 잉여금은 회계연도의 수납된 세입액에서 세출액을 차감한 잔액을 말한다. 이러한 잉여금은 명시이월, 사고이월, 계속비와 다른 법률로 규정된 사항에 해당하는 금액과 지방채증권 또는 차입금의 상환해당액을 공제한 잔액은 다음연도 세입에 이입하되, 조례가 정하는 바에 의하여 그 잉여금의 전부 또는 일부를 재산 또는 기금에 편입할 수 있다(지방재정법 시행령 제60조). 세계잉여금은 한 회계연도에서 실제로 수입한 금액에서 실제로 지출한 금액을 뺀 잔액을 의미한다(권형신 외, 2006: 300-301).

2) 세계잉여금의 결산전 이입

매 회계연도의 결산상 잉여금은 회계연도가 개시된 후 자금형편상 부득이한 때에는 전년도 세입금의 수납액으로써 채무확정액, 명시이월·사고이월·계속비와 다른 법률로 규정된 사항에 해당하는 금액과 지방채증권 및 차입금의 상환재원에 충당하고도 잉여금이 있을 것이 확실한 경우에 한하여 전년도 세입·세출의 결산 이전이라도 이를 당해연도의 세입에 이입할 수 있다(지방재정법 시행령 제61조).

〈표 10-6〉 국가와 지방자치단체의 결산제도 비교

구분	국 가	지방자치단체
근거 법령	·헌법 제97조, 제99조 ·국가재정법 제56조-제61조, 제73조, 제73조의 ·국가회계법 제13조~제16조 ·국가채권관리법 제37조 ·국유재산법 제48조 ·물품관리법 제21조	·지방자치법 제134조 및 동법 시행령 제82조- 제84조 ·지방재정법제51조~제53조의2, 동법 시행령 제59조-제62조의2 ·지방공기업법 제35조, 동법시행령 제36조 ·지방자치단체 기금관리기본법 제8조, 제8조의3
결산의 종류	·세입·세출결산 ·기업회계결산, 기금결산 ·채권현재액계산서 ·국유재산증감 및 현재액보고서 ·물품증감 및 현재액총보고서	·세입·세출결산보고서 ·지방공기업결산 ·기금결산보고서 ·채권현재액보고서 ·채무결산보고서 ·공유재산증감및 현재액보고서 ·물품증감 및 현재액보고서

결산
검사
	·주체: 감사원
	·검사방법: 서면심사
	 - 기개부장관은 4월10일이내
	  감사원에 제출
	 - 감사원은 5월20일까지 기재부부장
	  관에게 송부
		·주체: 결산검사위원(의회에서 선임)
		 - 시도: 5~10인, 시군: 3~5인
		·검사방법: 서면심사
		 - 20일간 검사

결산 검사 근거 법령	·헌법 제99조 ·감사원법 제21조-제23조 ·국가재정법 제60조 ·채권관리법 제37조 ·국유재산법 제48조 ·물품관리법 제21조	·지방자치법 제134조 및 동법 시행령 제83조 ·지방재정법 제55조 및 동법 시행령 제63조

제 3 절   지방재정지출 및 결산의 전망과 과제

1. 지방재정지출 및 결산의 전망

　국민경제에 대한 재정비중이 점차 증대되고 공공경비구조가 복잡해짐에 따라 소규모로 개정지출을 통제하던 기존의 예산제도로는 통제기능의 달성이 사실상 어려워지고 있다. 아울러 정부지원사업, 지원규모 등을 성과와 연계하여 재정지출의 효율성을 높이고 성과목표 및 실적을 공개함으로써 재정운영의 투명성을 개선해야 한다는 국민적인 요구가 증가되고 있다.

2. 지방재정지출 및 결산의 과제

위와 같은 이유로 성과중심의 재정지출이 요구되고 있다. 이를 위하여 첫째, 재정성과목표관리제도의 도입, 둘째, 재정사업 자율평가제도의 도입이 요구된다. 이러한 제도가 마련된다면 자율적인 예산편성의 기반이 마련되며, 이를 토대로 하여 재정지출에 있어서도 자율성 및 책임성이 확보될 수 있을 것으로 기대된다.

또한 정부차원에서 부터의 재정지출구조의 개혁이 요구된다. 즉 재정구조의 복잡다기화로 재정현황이 불투명하고, 칸막이식 재정운영으로 재정운영의 효율성이 저하되고 있다. 따라서 특별회계 및 기금을 정비하여 재정현황의 투명성을 제고해야 할 것이다. 그리고 특별회계와 일반회계 간의 재원이동을 확대하여 잉여가 발생한 특별회계의 일반회계 전출이 보다 용이하도록 해야 할 것으로 보인다(정부혁신지방분권위원회, 2008: 200-207).

탐구학습

1. 주요개념과 요약
   - 예산집행결정과 지출원인행위
   - 일상경비
   - 도급경비, 선금급, 개산급
   - 명시이월, 사고이월, 계속비이월
   - 결산
   - 출납폐쇄와 출납사무완결
   - 결산검사와 결산승인
   - 잉여금

2. 토론과 과제
   - 예산의 이월제도
   - 결산검사의 과정과 중요성

참고문헌

권형신·이상용·이재성(2006), 한국의 지방재정: 이론과 실무(제3판), 서울: 해남.

김종희(2006), 지방재정론, 서울: 범론사.

손희준·강인재·장노순·최근열(2011), 지방재정론(개정4판), 서울: 대영문화사.

윤영진(2008), 새재무행정학, 서울: 대영문화사.

이경섭(1997), 정부회계와 감사, 서울: 조세통람사.

정부혁신지방분권위원회(2008), 참여정부의 재정세제개혁.

제 **4** 편

지방재정관리

본 편에서는 지방재정관리에 대하여 살펴보고자 한다. 먼저 지방재정관리제도와 중기지방재정계획, 지방재정투자심사제도, 지방재정영향평가제도, 지방재정분석·진단제도, 지방재정위기관리제도, 지방재정의 정보공개, 지방회계로서 발생주의 복식부기회계에 대하여 살펴보고자 한다. 이를 위해, 지방재정관리제도의 의의와 상호관계, 중기지방재정계획의 의의와 활용, 지방재정투자심사제도의 의의와 절차, 지방재정분석·진단제도의 의의와 지방재정 건전화, 지방재정 정보공개의 의의와 공시제도, 지방회계로서 발생주의 복식회계의 원리에 대해 살펴보고자 한다.

제11장

지방재정관리제도

제1절 지방재정관리의 의의

1. 지방재정관리제도의 개념

지방재정관리제도는 지방자치단체가 재정을 건전하고 효율적으로 운영하기 위하여 예산편성과 집행 및 결산과정에서 지방자치법, 지방재정법 등에 규정된 각종 예산관리 기술을 의미한다. 또한 지방재정이 지역주민의 복지를 증진하기 위하여 필요한 재화와 서비스를 제공하는데 소요되는 재원을 조달할 수 있는가, 지방세출 중 큰 비중을 차지하고 있는 주요 투자사업이 투자가치가 있는가, 효율적으로 운영되고 있는 가를 점검하고 평가하는 일련의 제도를 말한다(김동기, 2005: 293).

2. 지방재정관리제도의 필요성

지방재정관리제도는 건전하고 효율적인 재정운영의 실현을 위해 계획적 재정운영과 한정된 재원의 투자효율을 극대화하기 위한 투자기술 등 개별제도들이 시계열적·단계적으로 연계되어 유기적·체계적으로 통합되어 있으므로 이들을 통합적으로 기능하게 하기 위해 필요하다. 지방재정관리의 접근방법은 예산편성과정의 순차적 단계에 따라 예산편성과정에서의 재정관리와 편성된 예산의 집행과 결산과정에서의 재정관리로 구분할 수가 있다.

제2절 지방재정관리제도의 주요내용

1. 예산편성과 관련한 지방재정관리제도

지방자치단체의 재정운영과 관련하여 예산편성은 관련법규·조례·지방자치단체예산편성기준에 의거 편성하되 구체적인 예산편성활동은 지방자치단체가 자율적으로 결정하기 때문에 지방재정관리제도는 주로 예산편성과정에 초점이 모아지고 있다.

예산편성과 관련한 지방재정관리제도의 중요한 내용으로는 중기지방재정계획제도, 지방재정투자심사제도(타당성조사 및 지방재정영향평가 포함), 지방자치단체 재정운용 업무편람인 예산편성기준제도, 예산의 과목구분과 설정 그리고 지방채발행제도가 있다.

2. 예산집행 및 결산과 관련한 지방재정관리제도

지방자치단체의 재정운영과 관련하여 편성된 예산의 집행은 회계관련법규 및 절차 등이 구체화되어 있다. 집행의 책임확보가 중요하여 지방자치단체의 자율성보다는 정해진 법규 및 절차에 의거 집행하게 되므로 집행과정에서의 지방재정관리제도는 마련되어 있지 않다. 예산의 집행결과인 결산은 편성된 예산의 집행내용을 기능별·성질별로 정리한 회계정보자료이다. 예산집행 및 결산과 관련한 지방재정관리제도의 중요한 내용으로는 결산결과의 재정분석·진단제도와 운용상황을 주민에게 알려주는 공시제도가 있으며 지방재정위기관리제도가 있다. 이러한 지방재정관리제도중 예산편성에 영향을 주는 제도를 사전적 관리제도로 예산집행결과 환류하는 제도를 사후적 관리제도로 말하기도 한다.

〈표 11-1〉 지방재정관리제도의 주요내용

구 분	재정관리제도	내 용
· 예산편성과 관련한 제도	· 중기지방재정계획제도 · 투자심사제도 · 사업타당성조사제도 · 지방재정영향평가제도 · 예산편성기준 및 과목구분과 설정 · 지방채발행제도	· 중기투자 및 재정계획 기준제시 · 주요투자사업의 예산편성 타당성 검증 · 주요투자사업의 사업 타당성 검증 · 행사·축제사업의 재정영향 검증 · 예산편성의 기본기준(메뉴얼)제시 · 지방채예산편성의 결정
· 예산집행 및 결산과 관련한 제도	· 지방재정분석·진단제도 · 지방재정운영상황 공시제도 · 지방재정위기관리제도	· 예산집행결과의 종합분석 · 예산편성집행결과 등의 공개절차 및 방법 · 지방재정위기 발생의 예방 장치

제 3 절 　지방재정관리제도의 상호관계

1. 지방재정관리제도의 상호관계

지방자치단체의 예산과정은 통상 3년이며, 회계연도 개시 전 1년차는 예산편성 준비과정으로 예산안에 반영할 사업에 대한 중기재정계획 수립 및 투자심사를 거치고, 회계연도 개시 후 1년차는 편성된 예산의 집행결과를 결산하는 과정이다.

이러한 지방재정관리제도는 상호연계성을 가지고 중기지방재정계획 수립 → 지방재정 투자심사 → 예산편성 → 예산집행 → 집행결산 → 재정분석 → 재정환류의 과정으로 연속적으로 이루어지고 있다.

그림 11-1   지방예산 운영시스템

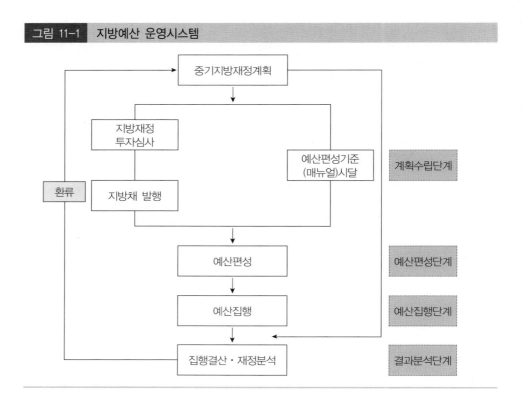

2. 지방재정관리제도의 특징

지방재정관리제도의 주요 특징은 다음과 같다. 첫째, 중기지방재정계획은 예산편성 연도를 포함한 향후 3개년도의 재원배분 계획으로 다년도 예산편성이라는 성격으로 운영되고 있다. 둘째, 지방재정 투자심사는 계획에 반영된 재정사업 중 재원조달 및 투자효과의 타당성이 입증된 사업을 예산편성 대상으로 확정한다. 셋째, 지방채발행은 지방재정의 안정성을 해치지 않기 위해 대통령령이 정한 한도액의 범위내에서 지방의회의 의결을 거쳐 재원를 조달한다. 넷째, 예산편성기준은 자치단체가 자율적으로 예산을 편성하되 전국적인 균형과 예산의 낭비를 억제하고 나아가 지방예산이 본질적으로 담고 있어야 할 건전성과 효율성을 확보하기 위해 지방재정법 제38조에 의거 행정자치부장관이 시달하고 있다. 다섯째, 집행결산 및 재정분석은 예산집행결과의 결산·분석을 통해 회계책임소재와 내용을 명확히 하고, 차기 예산편성에 반영하는 시계열적·동태적 관리로 접근하고 있다.

제 4 절   지방재정관리제도의 전망과 과제

1. 지방재정관리제도의 전망

지방재정관리제도의 접근방법은 예산편성의 전단계에서부터 편성단계, 집행단계, 집행 후 단계 등의 순차적 단계에 따라 구분할 수 있다. 그러나 이러한 단계에 따른 구분은 체계적인 이론이 정립되어 있지 않고 지방재정 운영과정에서 나타나는 것으로 향후 이에 대한 이론적인 정립이 반드시 필요한 부분이다.

지방재정관리제도의 목적은 지방재정을 분석·진단하여 미흡한 부분을 보완하고 중장기 계획에 따라 계획적으로 운영하며, 한정된 재원을 우선순위에 따라 건전하고 효율적으로 배분하는 것이다. 이를 위하여 각 개별 제도들이 시계열적·단계적으로 연계되어 있고 또한 유기적·시스템적으로 통합되어 있으므로 지방재정관리제도는 큰 틀에서 종합적으로 운영되어져야 한다.

2. 지방재정관리제도의 과제

지방자치단체가 자기의 책임아래 자주적으로 재원을 확보하고 이에 의거하여 합리적인 세출계획을 수립하며 운용·관리하는 시스템이 필요하다(김동기, 2005: 294). 따라서 지방화시대에 적합하도록 중앙정부의 과도한 개입과 획일적인 지침하달로 인하여 지방재정에 대한 자율성을 저해하지 않도록 하여야 할 것이다.

그리고 국가재정계획과 지방재정계획이 유기적·협력적으로 연계되고 국가차원의 장기적인 재정계획 시스템이 구축되어야 한다. 결국 국토종합계획과 국가재정계획이 연동되고 지역종합계획과 지역재정계획이 상호 연계되는 국가전체 차원의 중장기 재정계획의 수립과 이에 따른 지방재정계획 수립을 의무화하는 제도적인 시스템이 필요하다.

또한 국가재정계획의 수립에 따른 지방재정계획을 수립하는 제도적인 틀 속에서 지방자치단체의 재정능력과 특성을 충분히 고려하도록 자율성을 보장해야 한다. 더불어 경제환경의 변화에 따른 지방자치단체의 재정적 위기상황을 사전에 예측할 수 있도록 하는 재정운용에 대한 평가기능은 강화되어야 할 것이다.

탐구학습

1. 주요개념과 요약
   · 지방재정관리제도의 개념
   · 지방재정관리제도의 주요내용

2. 토론과 과제
   · 지방재정관리제도의 필요성
   · 지방자치 관점에서 지방재정관리제도의 장·단점

참고문헌

김동기(2005), 한국지방재정학, 서울: 법문사.

라휘문(2014), 지방재정론, 서울: 한국행정DB센터.

손희준·강인재·장노순·최근열(2011), 지방재정론(개정4판), 대영문화사.

지방재정법(전면개정 2014.5.28., 법률 제11900호).

지방재정법(일부개정, 2015.12.29., 법률 제13638호).

지방재정법 시행령(일부개정, 2015.12.4., 대통령령 제26691호).

제 12 장

중기지방재정계획

제1절 중기지방재정계획의 의의

1. 중기지방재정계획의 개념

중기지방재정계획은 지방자치단체의 발전계획과 수요를 중·장기적으로 전망하여 반영한 다년도 예산으로서 효율적인 재원배분을 통한 계획적인 지방재정운영을 위해 수립하는 5년간의 연동화계획이다(행정자치부, 2015: 1).

지방자치단체의 한정된 세입을 생산적이고 효율적으로 세출예산에 배분하기 위하여 가장 먼저 고려되어야 할 사항은 경비지출을 우선순위에 따라 계획적으로 운영하는 것이다. 재정을 계획적으로 운영한다는 것은 재정활동을 1개년이 아닌 다년도의 관점에서 세원의 조달과 재원을 배분하여 최소의 비용으로 최대의 효과를 거두는 경제원칙의 실현과 재정의 장기적인 안정을 유지하는 것이라 할 수 있다.

따라서 중기지방재정계획제도는 지방자치단체의 재정활동에 대한 지방의회의 통제기능을 강화하고 예산운용계획을 중·장기적인 관점에서 수립하고 이를 기초로 재원배분방향을 설정함으로써 한정된 재원을 효율적으로 사용하여 지역개발과 주민의 복지를 최대한으로 향상시키기 위한 예산제도의 보완적 기능을 수행하는 재정관리제도이다.

2. 중기지방재정계획의 필요성

국가계획-지역계획-재정계획-예산편성 체계의 확립으로 국가재정과 재정운영의 연계성을 확보한다. 즉 계획과 예산의 연계를 위한 지방채 발행, 지방재정 투자심사 등을 기초로 활용하며 투자수요와 재원공급의 조정으로 투자재원의 효율성을 제고할 수 있다.

지방예산의 운용시계를 중기시계로 확대하여 예산편성의 계획성·효율성을 확보하고 지방자치단체의 계획적이고 효율적인 재정운용을 유도할 수 있으며, 지방재정을 재정계획-예산편성-결산-재정분석·진단으로 체계화하여 운영하는 기반을 마련한다. 그리고 지방재정 수요의 증가에 대비하여 지방세의 지속적인 확충노력과 세외수입의 증대 등을 통하여 투자재원의 안정적인 확보방안을 강구하고 재원이 부족한 경우 지방채 및 채무부담행위 등의 지방채 발행계획을 수립해야 한다(김동기, 2005: 297).

제2절 중기지방재정계획의 법적 근거와 수립절차

1. 중기지방재정계획의 법적 근거

지방자치단체의 중기지방재정계획 수립은 지방재정법 제33조에 근거하고 있다. 중기지방재정계획제도는 지방자치단체의 지역발전계획과 지방예산을 연결시키기 위해 1988년 지방재정법을 개정하여 도입되었으며, 종래에는 지방자치단체의 중·장기지역계획과 예산편성을 연계시켜 주는 제도적 장치가 없었으나 중기지방재정계획제도를 도입함으로써 국가계획-지역계획-재정계획-예산편성의 체계를 확립하여 계획과 예산을 연계하는 제도적 기틀을 마련한 것이다.

또한 이미 도입한 중기지방재정계획제도의 기능강화를 위하여 1991년 12월에 지방재정법을 개정하여, 지방자치단체의 예산은 중기지방재정계획을 기초로 편성하고, 전국단위의 종합적인 중기지방재정계획을 수립하여 국무회의에 보고토록 하였다. 이를 통해 국가재정과의 연계를 도모하며, 각 지방자치단체별로 지방재정계획심의위원회를 설치토록 규정하여 보다 충실하고 건실한 계획을 수립할 수 있도록 제도적 보완조치를 강구하였다.

1995년 3월 지방자치제의 전면 실시에 따라 국가와 지방, 계획과 예산을 연계시켜 국가전체의 효율을 극대화시킬 수 있도록 중기지방재정계획제도의 중요성과 필요성에 대한 인식이 강화되었으며 재정환경의 변화와 계획이 연계될 수 있도록 매년 연동화 계획을 수립하고 운영 중이다.

2014년 5월에는 지방재정법 전면개정을 통해 중기지방재정계획 수립의 구체화 체계화를 도모하여 지방의 재정상황과의 연계가 이루어 질 수 있도록 제도화하였다. 2014년부터 중기지방재정계획은 미래 예측 기능을 하도록 다음 회계연도부터 5년 이상의 기간에 대해 수립되도록 하였다. 지방자치단체의 장은 다음연도부터의 5개년 중기지방재정계획을 예산안과 함께 지방의회에 제출해야 하고, 회계연도 개시 30일 전까지 행정자치부장관에게 제출하여야 한다.

2. 중기지방재정계획의 수립절차

중기지방재정계획의 전반적인 수립 절차는 먼저 행정자치부장관이 중기지방재정계획수립 기준을 작성하여 지방자치단체에 통보하는 것으로부터 시작된다. 지방자치단체는 사업계획(안)을 수립하여 관계부처 의견을 반영하고 주민의견을 수렴하여 지방재정계획심의위원회의 심의를 거쳐 확정한다. 또한 지방자치단체장은 확정된 중기지방재정계획을 지방의회와 행정자치부에 제출한다. 지방의회는 중기지방재정계획을 예산안 심의 자료에 활용하고 행정자치부장관은 전국 중기지방재정계획을 종합하여 국무회의에 보고하고 중앙부처 및 지방자치단체에 송부한다.

중기지방재정계획은 일반적으로 지역의 특성이나 여건을 고려하면서 지역과제의 해결을 도모한다. 지향하고자 하는 지역의 미래상과 이를 달성하기 위한 주요 전략수단을 강구하는 기본구상을 마련하고 이러한 기본구상에 기초하여 지역의 미래상과 구체적으로 일치하는 목표를 설정한다. 또한 이를 달성하기 위한 실현가능한 시책이나 활동을 체계화하는 기본계획 및 이에 의거하여 계획된 시책·사업을 구체화하기 위한 사업추진계획과 필요재원을 조달하기 위한 실시계획의 3개 부문으로 대별되며, 이는 기본구상 → 기본계획수립 → 실시계획수립이라는 체제를 유지하고 있다.

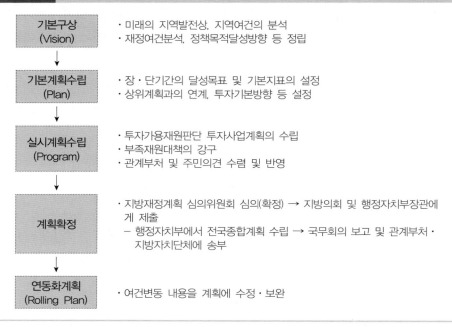

그림 12-1 계획의 수립체계

기본구상 (Vision)
· 미래의 지역발전상, 지역여건의 분석
· 재정여건분석, 정책목적달성방향 등 정립

기본계획수립 (Plan)
· 장·단기간의 달성목표 및 기본지표의 설정
· 상위계획과의 연계, 투자기본방향 등 설정

실시계획수립 (Program)
· 투자가용재원판단 투자사업계획의 수립
· 부족재원대책의 강구
· 관계부처 및 주민의견 수렴 및 반영

계획확정
· 지방재정계획 심의위원회 심의(확정) → 지방의회 및 행정자치부장관에게 제출
  － 행정자치부에서 전국종합계획 수립 → 국무회의 보고 및 관계부처·지방자치단체에 송부

연동화계획 (Rolling Plan)
· 여건변동 내용을 계획에 수정·보완

계획의 내용 중 핵심적인 사항은 투자사업계획의 수립으로 국가의 주요 정책방향과 과거의 투자실적, 주민의 기본수요 등을 고려하여 재원조달의 가능한 범위 내에서 실질적인 투자계획이 수립되어야 하는 것이다. 투자계획 수립 시 고려하여야 할 사항은 국가계획 등 상위계획과의 조화문제, 지역산업의 육성, 지역간 발전격차 축소방안, 투자부문간 상충 또는 중복투자 등 낭비요인의 제거, 현재의 행정서비스 수준 및 향후의 바람직한 행정기능의 보강, 투자사업간 투자우선순위 결정방법 및 적정성, 투자사업의 파급효과를 극대화할 수 있는 방안, 부족재원 확보대책을 위한 과다한 채무의 관리방안 등이다.

특히 투자사업의 재원배분에 있어 지방재정법 제33조에 규정된 바와 같이 지방재정계획 수립에 관한 지방자치단체장의 자문에 응하기 위하여 구성된 지방재정계획심의위원회를 적극 활용하여 합리적으로 재원이 배분되어야 한다. 또한 투자사업 순위결정에 있어 객관성과 타당성을 확보하기 위해 지방재정법 제37조의 규정에 따라 지방재정 투·융자사업에 대한 심사결과를 기초로 하여야 한다.

제 3 절   중기지방재정계획의 활용과 효과

1. 중기지방재정계획의 활용

1) 예산편성 및 투자사업 예산편성의 기준

중기지방재정계획은 계획기간 중 당해 지방자치단체의 재정운영의 기초가 되는 기본계획이다. 따라서 예산의 편성, 주요 투자사업의 시행, 재원의 조달과 배분 등은 중기지방재정계획을 기초로 하여 운영하여야 한다. 중기지방재정계획은 수립년도의 최종예산을 기준으로 향후 5개년의 전망치로 수립된다. 2014년도에 2015-2019년도 중기지방재정계획을 수립하며 기준은 2014년 최종예산으로 한다.

그림 12-2	중기지방재정계획의 편성
수립년도	·최종예산(전망치 기준)
향후 5개년	·미래 5개년 전망치(발전계획)

2) 지방채발행계획 수립의 기초

지방재정법 제11조에 의거 지방자치단체가 지방채를 발행하고자 할 때 즉흥적이고 투자우선순위가 낮은 사업에 지방채를 조달하여 사업을 시행하지 않도록 중기지방재정계획에 반영된 사업을 우선하여 지방채를 발행하도록 하고 있다. 이는 지방채발행이 내실 있고 계획적으로 운영되어 재정운영의 건전성을 확보하기 위한 것이다.

3) 각종 투자사업에 대한 국고보조신청의 근거

국고보조사업은 국고보조에 따른 지방비를 부담하게 되어 무분별한 국고보조사업 신청시 지방재정에 직접 영향을 미치게 된다. 국가 전체적인 입장에서 재원을 효율적으로 배분한다는 차원에서 국고보조사업의 신청은 중기지방재정계획에 의거 계획적으로 운영되어야 한다.

2. 중기지방재정계획의 효과

1) 예산편성의 준거기준 제공

사업의 우선순위를 중기지방재정계획에 의거하여 결정하므로 지방자치단체가 매년도 예산편성시 사업계획을 반영함에 있어서 보다 확실한 준거기준을 제공하게 된다. 또한 예산편성지침을 작성하기 이전에 중기지방재정계획의 연동계획을 기초로 하여 자원배분방향을 제시한 예산편성지침을 시달하여 예산편성에 있어 좀 더 명확한 방향성을 가질 수 있게 된다.

2) 건전재정 확립에 기여

중기지방재정계획은 수년에 걸친 가용재원을 미리 추계하여 재원을 동원·배분하기 때문에 우선순위에 따라 불요불급한 사업을 억제할 수 있고 판단을 보다 신중하게 할 수 있다. 이를 통해 건전재정운영의 기초가 마련된다.

3) 행정서비스의 안정적 공급 가능

중기지방재정계획은 각 부서별 가용재원의 한계를 사전에 예측케 하므로 예측된 총 재정규모의 범위 내에서 행정서비스의 안정적 공급을 가능케 하고, 무계획적인 예산요구나 급격한 정책의 변경을 피할 수 있으며, 지역정책의 빈번한 수정 등의 역작용을 예방할 수 있다.

4) 지역주민과 지역의회에 대한 이해·설득 용이

지방자치제의 실시로 그동안 잠재되어 왔던 지역주민의 개발욕구가 급격하게 분출되고, 중앙정부 행정권한의 지방이양, 교통 및 환경오염문제, 저소득계층 지원문제 등 지방재정수요가 날로 늘어나고 있다. 그러나 가용재원의 한계로 재정지출에 대한 지방자치단체와 지역주민간의 공감대 형성이 점점 어려워지고 지방행정에 대한 각 계층의 불만이 심화될 수 있다. 중기지방재정계획은 이와 같은 지역주민이나 지방의회 기타 이익단체 등의 무리한 재정투자요구에 대하여 합리적인 설득자료를 제공할 수 있다.

5) 예산편성 업무량의 감소

예산담당부서나 기관이 각 사업부서의 예산요구액을 중기지방재정계획에서 제시된 내용을 통하여 사정할 수 있으므로 예산편성을 위한 업무량을 감소시킬 수 있다.

제 4 절 중기지방재정계획의 전망과 과제

1. 중기지방재정계획의 전망

지방자치단체의 중·장기계획이 지방예산편성과의 연계성을 확보하기 위해서는 우선 중앙정부는 국가중기재정계획 수립과 예산확보 대책이 없는 각종 개발사업에 대한 발표를 지양하고 지방자치단체는 전담부서와 인력을 확보하여 중·장기국가계획과 지역계획이 연계되는 중기지방재정계획을 수립함으로써 명실상부한 예산편성의 기초자료가 되도록 하여야 할 것이다.

그리고 투자사업은 반드시 중기지방재정계획에 반영하고 개별사업간의 시급성과 중요성을 판단하여 투자 우선순위를 결정함으로써 한정된 재원이 합리적으로 배분되도록 하여야 한다. 이를 위해서는 지방자치단체장과 지방공무원 모두가 중기지방재정계획의 중요성에 대한 인식을 제고하여야 한다. 또한 지역주민들에게 투자사업의 청사진을 제시하고 이를 실현하기 위하여 예산편성에 적극적으로 반영하도록 하는 노력이 필요하다.

2. 중기지방재정계획의 과제

지방자치단체의 예산을 기준으로 지방교부세, 국고보조금 등의 의존재원이 지방재정에서 차지하는 의존도가 높은 현실에서 우선적으로 국가중기재정계획을 수립함으로써 국가재정관리 방향과 지방자치단체에 대한 재정지원 등의 재정정보를 제시하여 중기지방재정계획의 실효성을 제고하여야 한다.

중기지방재정계획과 예산과의 연계성을 제고하기 위하여 좀 더 세밀한 추계기법을 적용하여 예산편성 시 활용될 수 있는 실천적인 계획이 되도록 하여야 할 것이며, 중기지방재정계획도 국가계획과 광역계획 그리고 지역계획을 반영하여 재정적인 뒷받침이 되도록 하여야 한다.

지방공무원과 지방자치단체장, 지방의원들의 중기지방재정계획에 대한 인식전환이 절실히 필요하며 중기지방재정계획이 단순한 세입과 세출에 대한 추계가 아니고 향후 5년간 지방재정을 이끌어가는 방향임을 인식하고 보다 정확한 계획수립과 합리적인 운용이 요구된다.

탐구학습

1. 주요개념과 요약
   · 중기지방재정계획의 개념
   · 중기지방재정계획의 수립절차

2. 토론과 과제
   · 중기지방재정계획의 필요성
   · 중기지방재정계획의 효과

참고문헌

김동기(2005), 한국지방재정학, 서울: 법문사.
권형신·이상용·이재성(2006), 한국의 지방재정: 이론과 실무(제3판), 서울: 해남.
행정자치부(2015), 2015-2019 중기지방재정수립기준.
지방재정법(전면개정 2014.5.28., 법률 제11900호).
지방재정법(일부개정, 2015.12.29., 법률 제13638호).
지방재정법 시행령(일부개정, 2015.12.4., 대통령령 제26691호).

제 13 장

지방재정 투자심사제도

제1절   지방재정 투자심사제도의 의의

1. 지방재정 투자심사제도의 개념

지방재정 투자심사제도는 지방예산의 계획적·효율적 운영을 기하고 각종 투자 사업에 대한 효율적 투자를 위하여 지난 1992년에 도입된 제도로써 사업비 일정규모 이상 (일반사업 20억원 이상, 해외차관 및 해외투자사업 5억원, 행사성사업 3억원) 의 주요 투자사업 및 행사성 사업 등에 대해 예산편성 전에 사업추진의 적정성 여부를 심사하여 심사결과 조건부추진 사업은 조건 충족 후 예산을 편성하고 재검토 사업은 재검토 사유를 보완, 다시 심사하여 그 결과에 따라 추진하되, 부적정 사업은 사업 추진을 금지함으로써 예산낭비를 막는 사전적 지방재정제도의 하나이다.

2. 지방재정 투자심사제도의 필요성

민선 지방자치의 출범으로 지역주민의 복지증진을 위한 지역개발사업 등 지방재정 수요가 급격히 증진됨에 따라 한정된 재원으로 관련 상위계획, 투자 효율성, 자치단체의 재정여건 등을 종합적으로 검토하게 됨으로써 지방재정의 효율성을 확보하기 위한 재정운영시스템이 필요하게 되었다. 또한 지방자치단체의 주요 투자사업의 예산편성의 타당성을 사전에 검증하고 중기지방재정계획과 연계된 계획재정운용을 위한 절차로써 지방재정 투자심사제도가 도입되었다.

투자심사제도의 목적은 첫째, 국가 중·장기발전계획, 지방자치단체 중기계획, 그리고 사업별 재정투자계획을 연계함으로써 한정된 투자재원을 계획적으로 운영하기 위해서이다. 둘째, 지방자치단체 주요 투자사업의 타당성을 사전에 검토함으로써 무분별한 중복투자를 방지하여 건전하고 생산적인 재정운영을 하기 위함이다.

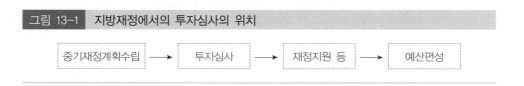

그림 13-1 지방재정에서의 투자심사의 위치

중기재정계획수립 ⟶ 투자심사 ⟶ 재정지원 등 ⟶ 예산편성

제2절 지방재정 투자심사의 대상과 범위

1. 지방재정 투자심사의 법적 근거

지방재정 투자심사의 법적 근거는 지방재정법 제37조에 근거하고 있으며 지방자치단체의 장이 예산을 편성하는 때에는 동법 제33조 및 제37조의 규정에 따른 중기지방재정계획과 지방재정 투자사업에 대한 심사결과를 기초로 하도록 규정하고 있다.

또한 지방재정법시행령 제41조 제1항 내지 제6항에 의하여 재정 투자심사 대상사업, 타당성조사 의뢰에 관한 사항, 타당성조사 전문기관의 선정, 행정자치부장관 및 시·도지사의 심사규모, 지방재정 투자심사의 기준 등에 관하여 규정하고 있다.

그리고 지방투자사업 심사규칙(행정자치부령 제4호, 2014. 11. 28)에 의한 지방재정 투자심사규칙에서 지방재정법시행령 제41조 제6항에 의하여 위임된 재정 투자심사 대상사업의 투자심사기준, 투자심사 대상사업의 세부구분, 투자심사의 절차, 투자심사결과 및 재심사, 재정계획의 반영, 재정지원 또는 중단의 요청과 사후평가 등에 관하여 규정하고 있다.

2. 지방재정 투자심사의 종류 및 주체

투자심사는 심사주체에 따라 당해 지방자치단체가 실시하는 자체심사와 시·도에 의뢰하는 시·도의뢰심사 또는 행정자치부에 의뢰하는 중앙의뢰심사로 구분된다.

1) 자체심사

자체심사의 대상은 ① 시·군·구의 사업비(용역비 및 각종 부대 경비 포함) 20억원 이상 40억원 미만의 신규투자사업과 사업비 전액을 자체재원(지방채를 제외한다)으로 부담하여 시행하는 신규투자사업, ② 시·도의 사업비 40억원 이상 200억원 미만의 신규투자사업과 사업비 전액을 자체재원(지방채를 제외한다)으로 부담하여 시행하는 신규투자사업, ③ 시·군·구의 총사업비 3억원 이상 5억원 미만의 공연·축제 등 행사성사업과 홍보관 사업, ④ 시·도의 총사업비 5억원 이상 30억원 미만의 공연·축제 등 행사성사업과 홍보관사업 등이다. 외국차관도입사업이나 해외투자사업의 경우 시·구·구는 사업비 5억원 이상, 시·도는 사업비 10억원 이상이 되면 투자심사 대상이 된다.

2) 시·도의뢰심사

시·도의뢰심사의 대상은 ① 시·군·구의 사업비 40억원 이상 100억원 미만의 신규투자사업, ② 2개 이상의 시·군·구와 관련되는 총사업비 20억원 이상의 신규투자사업, ③ 시·군·구의 총사업비 5억원 이상 30억원 미만의 공연·축제 등 행사성사업과 홍보관사업, ④사업비 전액을 자체재원으로 부담하여 시행하는 시·군·구의 청사신축사업과 문화·체육시설 신축사업 등이다.

3) 중앙의뢰심사

중앙의뢰심사의 대상은 ① 시·도의 사업비 200억원 이상, 시·군·구의 사업비 100억원 이상의 신규투자사업, ② 2이상의 시·도와 관련되는 총사업비 40억원 이상의 신규투자사업, ③ 외국의 자본이 도입되는 총사업비 10억원 이상의 신규투자사업, ④ 시·도 또는 시·군·구의 총사업비 30억원 이상의 공연·축제 등 행사성사업, ⑤ 사업비 전액을 자체재원으로 부담하여 시행하는 시·군·구의 청사신축사업과 문화·체육시설 신축사업 등이다.

3. 지방재정 투자심사 대상사업의 구분과 범위

1) 심사대상사업의 구분

지방재정 투자심사 대상사업은 크게 일반 투자사업과 행사성 경비사업으로 구분할 수 있으며, 일반투자사업은 세출예산서상의 투자사업으로 형식적으로는 당해 지방자치단체가 사업시행주체가 아니라 하더라도 실질적으로는 지방재정 투자사업비로 지출되는 결과가 수반되는 사업을 포함한다. 구체적으로는 지방자치단체의 재정지출을 통하여 부동산의 취득, 부동산의 형태·형질 및 구조의 변경, 시설물의 설치 또는 구축, 동산의 취득·변형하는 일체의 사업과 이에 부속되는 사업을 말한다. 그리고 행사성경비사업은 시설물·구조물 등을 임시적·일시적으로 설치·구축하는 경비와 각종 행사개최를 위하여 지출되는 일체의 경상경비를 포함한다.

Tip 행사성 사업의 특징

① 시·도, 시·군·구민의 날 행사, ② 공연·축제·문화행사, ③ 위로·위문행사, ④ 공청회·설명회·보고회 ⑤ 각종 체육대회 행사, ⑥ 교양강좌, ⑦ 각종 기념 행사, ⑧ 지방자치단체 주관 국제 행사, ⑨ 기타 지방자치단체가 개최하는 행사
※ 사실상 국가주관 행사로써 지방자치단체에서 개최되는 전국체육대회, EXPO 등의 행사는 제외
※ 국비, 행사수입금 등을 포함한 행사에 필요한 일체의 경비는 심사대상에 포함

2) 재심사대상사업의 범위

지방재정 투자심사제도는 지방예산의 계획적·효율적 운영을 기하고자 하는 것으로 당초 사업계획과 달리 추진과정상 사업금액의 증액, 위치변경 등이 발생할 수 있는 바, 사업의 타당성에 영향을 미치는 경우에 한하여 재심사를 받도록 하고 있으며 재심사 요건은 투자사업 심사규칙(행정자치부훈령 제4호, 2014. 11. 28)에 상세히 규정하고 있다.

의무적인 재심사 대상사업으로는 투자 심사완료 후 다음 연도부터 기산하여 3년간 사업시행이 이루어지지 않았거나 미추진한 사업으로 사업시행 이전에 재심사를 받아야 하며, 당초심사금액 대비 사업비가 30% 이상 늘어난 사업, 당초 심사 후 사업비 변경으로 투자심사기관이 변경된 경우, 투자심사 후 사업부지 위치가 변경 된 경우 등이다.

3) 심사제외 대상사업의 범위

지방재정 투자심사 제외 대상사업은 지방재정법시행령 제41조에 의한 재해복구 등 원상복구를 목적으로 하는 사업과 행정자치부령으로 정하는 31개 사업이 있다. 행정자치부령으로 정하는 심사 제외사업은 관련법령에 따라 추진되기 때문에 당연히 제외되는 21개 사업과 소방장비 및 119구급장비 및 소방용 헬기구입, 공유재산 및 물품관리법에 의한 공유재산 대체재산 취득, 사업비 전액 민간자본 또는 외자를 유치하여 시행하는 사업, 전액 국가재원을 지원 받아 시행하는 사업 등 5개 사업이 있다.

〈표 13-1〉 지방재정 투자심사 제외 대상사업

구분	사 업 명	관 계 법
지방재정법	· 재해복구사업	· 지방재정법 시행령 제41조 제1항, 단서조항
관련법	· 경지정리사업 · 정주생활권개발사업(문화마을) · 배수개선사업 · 농어촌생활용수개발 · 밭기반정리사업 · 국가지방관리 방조제 개보수 · 지적재조사 사업 · 개발촉진지구개발, 특정지역개발 · 국도대체우회도로 · 국가지원 지방도 정비 · 철도건널목 개량사업 · 광역상수도사업 · 어촌종합개발사업 · 민간투자사업 · 국가공단지정에 따른 사업 · 외국인투자촉진법에 의한 심의사업 · 재해위험지역 및 하천정비 · 문화재 개보수사업 · 지방공사 · 공단 및 출자 · 출연기관 설립사업 · 수도권 대기환경개선 사업 · 하수도정비기본계획 반영사업	· 농어촌정비법(농림축산식품부) · 농어촌정비법(농림축산식품부) · 농어촌정비법(농림축산식품부) · 농어촌정비법(농림축산식품부) · 농어촌정비법(농림축산식품부) · 농어촌정비법(농림축산식품부) · 지적재조사법(행정자치부) · 지역균형개발및지방중소기업육성에관한법률(국토교통부) · 도로법(국토교통부) · 도로법(국토교통부) · 건널목개량촉진법(국토교통부) · 수도법(국토교통부, 환경부) · 어촌 · 어항법(국토교통부) · 사회간접자본시설에대한민간투자법(기획재정부) · 산업입지및개발에관한법률(국토교통부) · 외국인투자촉진법(산업통상자원부) · 자연재해대책법(국민안전처), 하천법(국토교통부) · 문화재보호법(문화체육관광부) · 지방공기업법 및 지방자치단체 출자 · 출연기관의 운영에 관한 법률(행정자치부) · 수도권 대기환경개선에 관한 특별법(환경부) · 하수도법(환경부)

행정자치부령	· 소방장비, 119구급장비 및 소방용헬기 구입 · 공유재산 및 물품관리법에 따른 공유재산의 대체 취득 · 사업비 전액 민간자본 또는 외국 자본 사업 · 사업비 전액 국가 지원재원 사업 · 기타	· 지방재정투자사업 심사규칙 제3조 제2항 제2호

제3절 지방재정 투자심사의 기준과 절차

1. 지방재정 투자심사의 기준

지방자치단체에서 시행하는 공공투자사업은 그 특성상 단일한 투자심사기준을 잣대로 판단할 수 없다. 따라서 수익성 여부 등의 경제적인 타당성 분석은 계량적인 기법을 활용하되, 국가정책과의 합목적성 등의 종합적인 판단이 필요한 바, 주요 활용지표는 다음과 같다.

첫째, 국가장기계획 및 경제·사회정책과의 부합성으로 정부의 국토종합계획과의 연계성, 국가경제사회발전계획 수립시 투자사업과의 연계성, 각 중앙부처가 추진하는 역점시책사업과의 연계성 등이다.

둘째, 중·장기 지역계획 및 지방재정계획과의 연계성으로 개별 법률, 즉 지역종합계획, 도시교통정비기본계획 등 지역단위 계획과의 관련성, 중기지방재정계획에의 포함 여부 등이다.

셋째, 소요자금의 조달 및 원리금의 상환능력으로 국고보조사업 등의 해당여부 및 부담비율 적정성, 지방비 부담 또는 확보 능력, 지방채 발행요건 해당여부 및 원리금 상환능력 등이다.

넷째, 재무적·경제적 수익성으로 사업시행으로 인하여 지방자치단체에 미치는 재무적 수익성, 지방자치단체의 재정에 미치는 내부효과 및 외부효과, 사업시행결과 지역에 미치는 경제적 수익성 등이다.

다섯째, 사업의 필요성 및 시급성으로 타 사업보다 시급히 추진하여야 하는 사유 또는 필요성, 수요추세 등 사업의 성격분석 및 예상수요 등이다.

여섯째, 주민숙원·수혜도 및 사업요구도로써 사업에 대한 주민의 사업요구 정도와 사업시행으로 인한 수혜를 받는 지역 및 주민수, 지방자치단체의 사업목표치 대비 사업성과 수준을 대비한 사업요구도(도로포장률, 인구증가율, 상·하도수 보급률 등)이다.

일곱째, 사업규모 및 사업비의 적정성으로 수혜인구 규모와 같은 조건의 사업 등과 비교분석하여 규모와 사업비의 적정산출여부, 향후 수요추세 등과 같은 발전전망을 종합적으로 고려하여 분석한다.

여덟째, 종합적인 평가·분석단계로 앞서 제시한 일곱가지의 기초분석 결과를 기초로 하여 상급기관의 승인취득, 영향평가실시 등 사업시행준비 사전절차 이행여부, 설계도서 작성 및 토지보상금 지급상황 등 사업착수 준비, 연관사업인 경우 주된 사업의 추진 또는 진행상황, 기타 국내·외 경기동향 및 국제수지 전망 등을 종합적으로 고려하여 평가·분석한다.

2. 지방재정 투자심사의 절차

투자심사에서 사업 우선순위의 결정은 사업이 속한 회계단위로 부여하고, 개별사업 투자심사 시 서면심사와 함께 현지심사를 병행하여 실시함을 원칙으로 하며, 사업비의 재원 및 성격에 따라 자체심사와 시·도심사 및 중앙심사로 구분한다. 또한 단위사업별 사업계획의 수립 시 사업계획은 주 사업과 부대사업으로 구분하여 작성하고 사업추진 계획은 입안부터 준공까지 단계별로 구분하여 작성한다.

그림 13-2 투자심사 흐름도

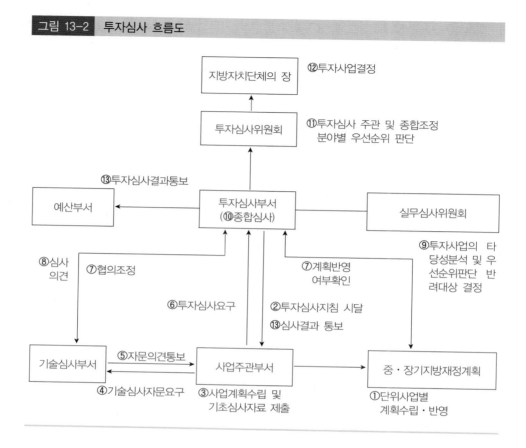

3. 타당성 조사

1) 타당성 조사의 개념과 투자심사와의 관계

지방재정법 제37조 제2항에서 규정하는 타당성 조사는 투자심사의 사전절차로 경제성, 재정적 측면의 사업추진 가능성을 객관성·전문성을 갖춘 기관이 분석하는 절차이다. 타당성 조사의 도입 목적은 경비팽창, 즉 예산지출 증대의 억제와 사업 선별의 기능에 있다.[1]

투자심사와 타당성 조사의 관계는 다음과 같다.

---

1) 건설기술진흥법의 타당성 조사는 기본구상단계의 기술적 측면의 타당성 조사이며, 지방재정법의 타당성 조사는 기본계획수립 후 지방재정에의 영향을 중점 검토하는 타당성 조사로 양자의 타당성 조사는 목적과 내용이 상이하여 별도로 추진된다.

첫째, 타당성 조사는 투자심사를 받기 위한 사전 절차이며, 투자심사의 합리적인 결정을 지원하는 참고자료로서 기능을 한다. 타당성 조사는 시급성, 필요성, 경제성, 재원조달능력 등 투자사업 전반을 종합적으로 판단하여 투자심사가 합리적으로 운용될 수있도록 지원한다.

둘째, 타당성 조사는 투자심사 절차를 전제로 시행된다. 지방자치단체는 지방재정법제37조 제2항에 따른 타당성 조사 또는 예비타당성조사(국가재정법 제38조)를 받은 투자사업에 대하여 투자사업에 대하여 투자심사를 의뢰하고자 할 때 타당성 조사 또는 예비타당성조사 결과 및 반영 여부를 제출해야 하며, 타당성 조사와 예비타당성조사를 반영하지 않은 때에는 그 이유를 함께 제출해야 한다(지방재정법 시행령 제41조 제5항).

2) 타당성 조사대상

지방재정법 제37조 제2항에 따른 타당성 조사의 대상사업은 총사업비 500억원 이상의 신규사업이다.

지방자치단체의 투자사업 중 총사업비 500억원 이상의 사업 중에서 국비가 300억원이상 투입되는 경우 국가재정법 제38조에 의거하여 예비타당성조사를 받아야 한다. 예비타당성조사를 받은 사업은 지방재정법에서 규정하는 타당성 조사대상에서 제외하고, 타당성 조사를 받은 것으로 본다.

사회기반시설에 대한 민간투자법의 기획재정부 민간투자심의위원회 심의대상이 아닌 총사업비 500억원 이상의 민간투자사업은 지방재정법 제37조의 타당성 조사대상이다. BTL 사업은 총사업비 500억원 이상 1,000억원 미만, BTO 사업은 총사업비 500억원이상 2,000억원 미만의 사업이 해당한다.

타당성 조사 제외 대상은 투자심사 제외대상 사업, 국가재정법에 따라 예비타당성조사를 받은 사업, 도로보수 및 노후 상수도 개량 등 기존 시설의 단순개량·유지보수사업, 출연·보조기관의 인건비·운영비 지원 등 타당성 조사의 실익이 없는 사업, 사회기반시설에 대한 민간투자법에 따라 민간투자사업심의위원회의 심의대상 사업 등이다.

3) 타당성 조사 전문기관

총사업비 500억원 이상의 신규사업에 대한 타당성 조사 전문기관은 한국지방행정연구원 육성법에 따라 설립된 한국지방행정연구원이다(행정자치부 고시 제2014-2호).

4) 타당성 조사의 내용

타당성 조사는 지방자치단체가 마련한 사업기본계획을 대상으로 사업계획서 검토, 경제성 분석, 재무성 분석, 정책적 타당성 분석, 종합평가의 절차로 이루어진다.

① 사업계획서 검토 : 타당성 조사 의뢰시 제출된 사업계획서를 토대로 타당성 조사대상 사업 여부 확인, 관련 법 및 계획과의 부합성, 사업계획의 구체성과 합리성, 사업 추진경위 및 절차상의 문제 등을 검토한다.

② 경제성 분석 : 타당성 조사 대상사업의 국민경제적 파급효과와 투자적합성을 분석하는 주요 조사과정으로 비용-편익분석(Cost-Benefit Analysis)을 기본적인 방법론으로 분석한다. 비용-편익분석은 공공사업의 비용과 경제적 편익을 사회적 입장에서 측정하는 것으로 비용편익 비율(B/C), 순현재가치(NPV), 내부수익율(IRR)의 분석을 통해 경제적 타당성 도출한다.

③ 재무성 분석 : 사회 전체의 입장이 아닌 개별 사업주체의 입장에서 금전적 비용과 수입(현금흐름)을 추정하고 이에 따른 재무적 수익성을 계산하여 사업의 타당성을 검토한다.

④ 정책적 타당성 분석 : 지역낙후도, 지역경제 파급효과 등에 대한 정책적 타당성 분석을 실시한다. 화폐적으로 측정하기 어렵거나, 혹은 측정가능하다고 하더라도 직접적인 비용·편익(혹은 수입·지출)으로 보기 어려워 경제성 분석에서 포함시키지 못하는 투자사업의 효과(impacts)와 위험요인(risks) 등을 포괄적으로 제시한다.

⑤ 종합평가 : 경제성 분석, 재무성 분석, 정책성 타당성 분석 결과를 토대로 타당성 조사의 종합 의견을 제시한다.

제4절 지방재정 투자심사제도의 전망과 과제

1. 지방재정 투자심사제도의 전망

지방재정 투자심사제도가 본래의 기능을 발휘하기 위해서는 사업부서와 투자심사부서 및 예산부서간에 투자심사제도의 중요성에 대한 공감대를 형성한 가운데 긴밀하게 상호간의 의견을 조정하고 통합할 필요가 있고 지방자치단체장 및 지방의회의원들의 지지와 지원도 이끌어 낼 필요가 있다.

투자사업의 심사분석이 단위사업의 심사분석 중심으로 이루어지기 때문에 투자사업 간의 우선순위 결정 등을 소홀하게 다루고 있으므로 지방재정계획심의위원회, 투자심사 위원회 등으로 구분되어 있는 위원회를 통합하여 투자사업의 종합적인 우선순위를 결 정하는 등의 투자심사 기능을 강화할 필요가 있을 것이다.

또한 대규모 투자사업에 대한 투자심사의 내실화로 예산절감 및 사업추진의 효율화 를 달성하기 위해서는 객관성과 신뢰성이 담보되는 전문기관에 의한 타당성 조사가 필 요하며, 타당성 조사의 기법들이 선진화되고 과학화되어야 한다.

2. 지방재정 투자심사제도의 과제

지방재정 투자심사제도가 지방재정의 건전성, 효율성, 객관성을 보장하는 제도로 정 착되기 위해서는 지방자치단체의 재정능력의 한계를 벗어나는 사업이나 선심성, 인기성, 분배성 사업을 지양하고 주요사업은 반드시 중기지방재정계획에 반영한 후 투자심사분 석과 재원조달대책 등이 심사결정과정에서 종합적으로 검토되어야 할 것이다. 또한 투자 심사분석 결정과정에서 지역주민과 전문가의 참여를 활성화하고 그 결과를 공표하는 등 제도운영에 민주성과 투명성이 확보되도록 다음과 같은 제도적인 뒷받침이 선행되어야 할 것이다.

첫째, 투자심사위원회의 구성은 민간전문가 뿐만 아니라 직접적으로 수혜를 받는 지 역주민도 심사위원으로 참여시키고 심사자료를 사전에 배포하여 가용재원, 주민수혜도, 중복투자 여부 등을 충분히 검증할 수 있도록 투자심사를 내실 있게 운영하여야 한다. 둘째, 행정자치부장관과 시·도지사는 지방재정의 건전한 운영을 위하여 중기지방재정 계획 수립, 지방채 발행승인, 특별교부세 교부 등에 있어 투자사업의 심사분석결과를 반 영하도록 하여 각종 지방재정 관련계획과 연계되도록 운영하여야 한다. 셋째, 투자심사 지침에 명시되어 있는 관리카드를 정비하고 주요사업의 추진실태를 확인하여 사업추진 이 미흡한 투자예산의 감액편성 등 적절한 조치를 하고 주요사업에 대한 사후평가를 주 기적으로 실시하여 투자심사사업에 대한 사후관리가 철저하게 이루어져야 할 것이다. 넷째, 대규모 투자사업에 대한 투자심사의 내실화를 위해서는 타당성조사 기법 등의 객 관화 및 과학화 등으로 결과의 신뢰성을 높여야 한다.

탐구학습

1. 주요개념과 요약
- 지방재정 투자심사제도의 개념
- 지방재정 투자심사의 대상과 범위
- 지방재정 투자심사의 기준
- 타당성 조사의 개념과 내용

2. 토론과 과제
- 지방재정 투자심사제도의 필요성
- 지방재정 투자심사제도의 과제
- 투자심제도와 타당성조사제도의 관계

참고문헌

김종희(2006), 지방재정론, 서울: 범론사.

권형신·이상용·이재성(2006), 한국의 지방재정: 이론과 실무(제3판), 서울: 해남.

행정자치부(2015), 지방투자사업 심사 및 타당성조사 매뉴얼.

지방재정법(전면개정 2014.5.28., 법률 제11900호).

지방재정법(일부개정, 2015.12.29., 법률 제13638호).

지방재정법 시행령(일부개정, 2015.12.4., 대통령령 제26691호).

지방투자사업 심사규칙(행정자치부령 제4호, 2014. 11. 28).

행정자치부고시 제 2014-2호.

제 **14** 장

지방재정영향평가제도

제 1 절 지방재정영향평가제도의 의의

1. 지방재정영향평가제도의 개념

지방재정영향평가제도는 지방자치단체의 대규모 재정부담을 가져오는 지방자치단체의 사업과 중앙정부의 사무로서 지방자치단체의 부담을 수반하는 법령안, 세입·세출 및 국고채무 부담행위의 요구안에 대해서 사전에 지방비의 부담을 추계·분석하도록 하는 제도이다. 이 제도는 지방자치단체의 대규모 국제경기대회의 유치 및 축제·행사의 개최나 중앙관서의 법령이나 예산안이 지방자치단체에 미치는 재정적 영향을 사전에 평가하는 것으로서 사업의 타당성 여부를 조사하는 투자심사제도와는 차이가 있다.

지방재정영향평가는 2014년 5월 28일에 지방재정법 제27조의 제6항의 규정에 신설되었다. 지방재정영향평가는 2014년 11월 28일에 지방재정법 시행령 제35조의 제5항에 지방사업이 규정되었고, 제35조의 제6항에 국가사업으로 구분되어 규정되었다. 그리고 2014년 11월 29일에 행정자치부 훈령 제24호로 지방재정영향평가지침이 제정되어 지방재정영향평가가 제도적 근거를 지니게 되었다.

2. 지방재정영향평가제도의 필요성

이 제도는 지방자치단체와 중앙정부의 사업추진에 있어 책임성을 확보하기 위해 도입되었다. 지방재정영향평가제도 도입의 필요성을 우선 지방사업의 차원(지방재정법 시행령 제35조의 제5항)에서 살펴보면, 최근 지방자치단체들이 무리하게 대규모의 국내외 경기대회, 행사 및 축제를 유치하고 개최함으로써 지방재정에 큰 부담을 주는 경우가 빈번하였다. 특히 취득세인하로 인한 세원의 감소 및 복지사업의 증대로 인한 지방비 부담의 증가로 인해 지방재정이 어려운 가운데에서도 지방자치단체의 행사·축제성 경비는 매년 1조원 가까이 집행되고 있는 실정이었다. 또한 2010년 이후 2013년까지의 전국에서 개최된 지방자치단체의 축제는 한해 평균 670여건에 달할 정도로 많았으며, 이중 많은 경우에는 지역주민의 자발적 참여에 의한 공동체의식 함양보다는 지방자치단체장의 치적 홍보용 주민동원형의 축제가 기획되는 경우가 많았다. 전남의 F1 국제경기대회나 인천의 AG경기대회와 같은 대규모 국제경기대회의 유치는 지방채의 발행을 통한 무리한 재원조달 및 운영적자 등으로 지방자치단체의 재정압박의 요인이 되고 있다. 이와 같은 지방정부의 재정여건을 고려하지 않는 전시적 행정을 미연에 방지하고자 지방재정영향평가제도가 도입되었다고 볼 수 있다.

다음으로 국가사업의 차원(지방재정법 시행령 제35조의 제6항)에서 고찰해 본다면, 최근의 보육대란 사태와 같이 지방의 재정여건을 고려하지 않고 중앙정부차원에서 일방적으로 사업을 추진함으로써 지방의 재정부담을 초래하는 경우가 증대되고 있다. 특히 국고보조사업의 증대로 인한 지방자치단체의 매칭 지방비 부담의 증가는 2008년에서 2013년도 기간 동안 12.5%에 달하는 등 국고보조사업의 증대에 따른 지방비의 부담이 증대되고 있는 실정이다. 따라서 중앙정부의 새로운 시책이나 사업의 확대로 지방의 재정부담이 가중되는 경우에 중앙관서의 장이 지방자치단체에 주는 재정부담 등 재정영향평가를 사전에 시행하도록 할 필요성이 제기되었으며, 이를 반영하여 국가사업에 대한 지방재정영향평가제도가 도입되었다.

제2절 지방재정영향평가의 대상과 절차

1. 평가대상

지방재정영향평가의 평가대상에 대해서는 지방재정법 시행령 제35조의5(지방사업)와 6(국가사업)에서 규정하고 있다. 우선 지방사업에 대한 평가대상 사업은 ① 재정투자사업의 심사(이하 투자심사)의 대상이 되는 국내·국제경기대회, 공연·축제 등 행사성 사업으로서 총사업비가 30억원 이상인 사업 ② 공모사업 등 유치를 신청하거나 응모하는 사업으로서 총사업비가 100억원 이상이고, 지방재정 부담이 50억원 이상인 사업이다. 참고로 투자심사의 대상이 되는 사업은 표와 같다.

〈표 14-1〉 재투자사업의 심사대상사업

유 형	사 업
· 시 · 도	· 총사업비 40억원 이상의 신규 투자사업
	· 총사업비 10억원 이상의 신규 투자사업으로서 외국차관도입사업 또는 해외투자사업
	· 총사업비 5억원 이상의 신규 투자사업으로서 공연 · 축제 등 행사성 사업과 홍보관 (弘報館) 사업
· 시 · 군 및 자치구	· 총사업비 20억원 이상의 신규 투자사업
	· 총사업비 5억원 이상의 신규 투자사업으로서 외국차관도입사업 또는 해외투자사업
	· 총사업비 3억원 이상의 신규 투자사업으로서 공연 · 축제 등 행사성 사업과 홍보관 사업

지방재정영향평가의 대상이 되는 국가사업에 대해서 살펴보면, 우선 지방재정법 25조와 제26조에는 중앙관서의 장이 지방자치단체에 경비부담을 수반하는 사무에 관한 법령을 제정하거나 개정하려면 미리 행정자치부장관의 의견을 들어야 하고, 세입 · 세출 및 국고채무 부담행위의 요구안 중 지방자치단체의 부담을 수반하는 사항에 대하여는 기획재정부장관에게 예산요구 전에 행정자치부장관과 협의하도록 규정하고 있다. 중앙관서의 장은 바로 지방재정법 제25조 및 제26조에 따라 의견을 듣거나 협의할 때에 대규모 지방재정 부담을 수반하는 사항에 대해서 지방재정영향평가서를 행정자치부장관에게 제출하도록 하고 있다. 지방재정법 시행령 제35조의6 제2항에 중앙관서의 장이 평가하여야 하는 평가대상을 총사업비가 500억원 이상이고 지방재정 부담이 200억원 이상인 신규사업으로 규정하고 있다. 다만 행정자치부 훈령인 지방재정영향평가 지침에는 ① 신규사업이 아닌 지방자치단체의 국내 · 국제경기대회, 축제 · 행사, 공모사업 ② 사업비 전액이 민간자본 또는 외국자본의 사업, 사업이 전액이 국가에서 지원한 재원인 사업에 해당되는 경우에는 지방재정영향평가의 예외가 될 수 있음을 규정하고 있다.

2. 평가항목 및 기간

지방자치단체의 지방재정영향평가의 평가항목은 지방재정법 시행령 제35조의6에 규정하고 있으며, 세부적인 평가항목, 기준, 평가절차 및 방법에 대해서는 행정자치부 장관의 훈령에 위임하도록 하고 있다. 행정자치부장관 훈령인 지방재정영향평가 지침에 구체적으로 평가 항목을 제시하고 있다. 우선 지방사업에 대한 평가항목은 〈표14-2〉와 같이 연도별 예산 대비 사업비, 연도별 정책사업 예산대비 사업비, 연도별 자체사업 예산대비 지방비의 비율로 평가하도록 하고 있다.

〈표 14-2〉 지방사업에 대한 평가항목

연도별 예산 대비 사업비	·연도별 사업비/연도별 예산(일반회계 특별회계를 포함한 순계기준 당초예산을 기준으로 추계)
연도별 정책사업 예산 대비 사업비	·연도별 사업비/정책사업 예산
연도별 자체사업 예산 대비 지방비	·연도별 지방비/자체사업 예산

주: 단, 연도별 자체사업 예산 증가율은 가장 최근에 수립한 중기지방재정계획상 연평균 증가율로 한다.

다음으로 지방재정법 시행령 35조의6에 따른 국가사업에 대한 평가항목은 〈표 14-3〉과 같이 지방자치단체의 수, 지방자치단체의 재정부담 규모, 지방자치단체의 재정부담 변화율이다. 즉, 국가사업이 지방자치단체의 재정에 얼마나 영향을 미치는지를 거시적으로 평가하도록 하고 있다.

〈표 14-3〉 국가사업에 대한 평가항목

지방자치단체 수	·평가대상 관련 시·도 및 시·군·구의 수
지방자치단체의 재정부담 규모	·지방재정 부담 총액 및 시·도별 재정부담
지방자치단체의 재정부담 변화율	·사업기간 동안의 지방재정 부담 총액의 변화율

지방재정영향평가의 대상기간은 지방재정영향평가지침 제3조의 제3항에 해당 사업의 시행기간으로 한다고 규정하고 있다. 다만, 사업기간이 정해져있지 않고 계속되는 사업의 평가대상기간은 시행연도를 포함하여 3년으로 할 수 있다는 예외 규정을 두고 있다.

3. 지방재정영향평가의 절차

지방재정영향평가의 절차에 대해서는 지방재정법 시행령 제35조의6에 따른 위임에 의해 행정자치부 장관 훈령인 지방재정영향평가 지침 제4조(지방사업)와 제5조(국가사업)에 규정되어 있다. 우선 지방자치단체의 평가 절차에 대해서 살펴보면, 평가는 다음 회계연도부터 시행하는 사업을 대상으로 하되 중기지방재정계획에 반영하기 전에 시행하도록 규정하고 있다. 다만 예외적으로 긴급히 국가시책사업을 추진하거나 연도 중에 수행할 특별한 이유가 있는 때에만 당해 회계연도 사업에 대하여 실시할 수 있도록 하고 있다. 따라서 지방재정영향평가의 대상이 되는 지방사업의 경우에는 [그림 14-1]과 같은 절차를 거쳐 사업이 집행되게 된다. 지방자치단체의 재정영향평가에 대해서 지방재정투자심사위원회는 매년 4회로 나눠 평가결과에 대한 심사를 실시하되, 필요한 경우에는 수시심사를 추가할 수 있도록 하고 있다. 1차 심사는 2월 28일까지, 2차 심사는 5월 31일까지, 3차 심사는 8월 15일까지, 4차 심사는 10월 31일까지, 수시심사는 심사의뢰서 제출일부터 40일 이내에 이를 완료하도록 하고 있다.

그림 14-1   **지방자치단체의 지방재정영향평가 시행 절차**

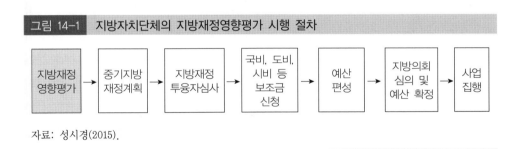

자료: 성시경(2015).

다음으로 국가사업에 대한 중앙관서의 재정영향평가의 절차를 살펴보면, 중앙관서의 장은 중앙관서의 법령 제·개정안, 세입·세출 및 국고채무 부담행위의 요구안에 대해 행정자치부장관에게 의견을 듣거나 협의를 할 때 지방재정영향평가 관련 서류를 제출하도록 하고 있다. 관련 서류는 중앙관서의 법령 제·개정안 또는 세입·세출 및 국고채무 부담행위의 요구안, 지방재정영향평가서, 기타 평가에 필요한 자료이다. 행정자치부 장관은 중앙관서의 지방재정영향평가와 관련하여 필요시 지방재정 등에 관한 전

문가의 자문을 받거나 지방재정법 제27조의2 지방재정부담심의위원회의 심의를 요청할
수 있다. 구체적으로 중앙정부의 지방재정 영향평가의 시행절차는 [그림 14-2]와 같다.

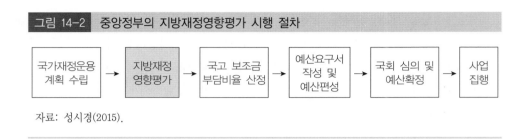

그림 14-2 중앙정부의 지방재정영향평가 시행 절차

국가재정운용 계획 수립 → 지방재정 영향평가 → 국고 보조금 부담비율 산정 → 예산요구서 작성 및 예산편성 → 국회 심의 및 예산확정 → 사업 집행

자료: 성시경(2015).

제 3 절   지방재정영향평가제도의 전망과 과제

1. 지방재정영향평가제도의 전망

지방재정영향평가제도의 시행에 앞서 일각에서는 실질적인 효과는 없고 형식적인
절차를 거쳐야 하기 때문에 지방자치단체의 업무부담을 가중시키고 자율성을 제약할
것이라는 우려가 있었다. 특히 지방재정영향평가를 관련 전문가가 아닌 담당 공무원이
해야 하기 때문에 그 실효성에 대한 의문도 제기되었다. 아직 운영의 초기이기 때문에
그 제도의 성과에 대해서 판단하기는 어렵지만 제도의 도입취지인 합리적인 지방비의
부담을 사전에 예측할 수 있도록 하는 장점을 잘 살려 나간다면 지방재정 건전성의 강
화에 크게 기여할 수 있을 것으로 기대된다. 특히 중앙관서의 재정적 지원 없는 또는 재
정적 지원이 부족한 사업의 수행으로 인한 지방자치단체의 재정부담을 사전에 검토하
고 재고할 수 있기 때문에 그 중요성이 크다고 할 수 있다. 다만 지방재정영향평가제도
가 지나치게 지방자치단체의 자율성을 통제하는 방식으로 나가게 된다면 지방자치를
저해하는 결과를 가져올 수 있기 때문에 행정자치부와 중앙관서는 건전한 지방자치의
발전이라는 관점에서 지방재정영향평가제도의 발전을 위해서 노력해야 할 것이다.

2. 지방재정영향평가제도의 과제

현행 지방재정영향평가제도는 그 제도 도입의 초기임을 감안하여 제도 도입의 본래 목적을 달성하기 위해 평가지표, 평가방법, 평가주체의 개선이 필요하다. 우선 현재의 평가지표는 지방자치단체의 지표는 사업비의 규모, 예산대비 사업비비율로 있고, 중앙 관서의 지표는 총괄적인 재원부담 규모, 재원부감 변화율, 국고보조율 변화 등으로 지표 가 현황분석 수준의 단순한 방식을 취하고 있다. 그러나 이러한 평가지표에 의해서는 특정사업이 지방자치단체의 재정전반에 어떠한 영향을 주는지에 대해서 평가하기가 어 렵다. 예를 들어 지방자치단체의 축제를 개최할 경우, 이 사업예산이 전체예산에서 얼마 나 차지하는지를 살펴보는 것뿐 아니라 이 사업을 위한 재원은 어떻게 조달할 것인지, 지방채를 통해 사업을 진행할 경우 장기적으로 지방재정에 어느 정도의 부담을 줄 것인 지 축제이후 축제장소의 유지관리 비용과 같은 추가적인 사후관리 비용이 얼마나 소요 될 것인지에 대한 종합적인 평가가 이뤄져야 실질적인 지방자치단체의 재정에 미치는 영향을 살펴볼 수 있을 것이다. 국가사업인 중앙관서가 추진하는 새로운 정책이나 사업 의 확대시행에 따른 지방재정영향평가는 전체적인 지방비의 부담이나 부담총액의 변화 율뿐만 아니라 지방자치단체가 이러한 사업의 추진으로 인한 재정부담을 감당할 수 있 는 정도를 평가해야 할 것이다. 따라서 지방자치단체의 규모와 유형별로 추가적인 재정 부담을 감당할 수 있는지에 대해서 가용재원의 변화를 측정해야 할 것이다.

둘째로는 평가방법과 주체의 변화가 있어야 한다. 현재의 담당공무원이 지방재정영 향평가를 담당하고 있다. 담당공무원의 전문성이 갖춰져 있지 않기 때문에 앞에서 살펴 본 평가지표가 단순비율 지표로 구성되어 있기도 하다. 즉, 평가방법이 지나치게 단순화 되어 있으며 그 원인은 내부의 담당공무원의 전문성의 부족에 있다고 볼 수 있다. 따라 서 대규모 사업의 경우에는 전문기관에 의뢰하여 지방재정영향평가를 종합적으로 거치 도록 하고, 규모가 크지 않은 경우에는 담당공무원에 대한 전문교육과정을 거쳐 공무원 의 평가 역량을 향상시키기 위한 노력을 해야 할 것이다.

탐구학습

1. 주요개념과 요약
   · 지방재정영향평가의 개념
   · 지방재정영향평가의 평가대상
   · 지방재정영향평가의 평가지표 및 절차

2. 토론과 과제
   · 지방재정영향평가제도의 필요성
   · 지방재정영향평가제도의 효과적인 발전방향

참고문헌

성시경(2015), "지방재정영향평가제도의 도입과 개선방안: 미국의 UMRA제도와의 비교", 정부와 정책, 7(2).

지방재정영향평가지침(행정자치부훈령 제24호).

한국공공관리학회(2014), 지방재정영향평가제도 도입을 위한 연구.

한국지방행정연구원.(2013), 투자사업 타당성조사 세부기준 마련 연구.

지방재정법(전면개정 2014.5.28., 법률 제11900호).

지방재정법(일부개정, 2015.12.29., 법률 제13638호).

지방재정법 시행령(일부개정, 2015.12.4., 대통령령 제26691호).

제 15 장

지방재정 분석·진단제도

제1절 지방재정 분석·진단제도의 의의

1. 지방재정 분석·진단제도의 개념

지방재정 분석은 지방재정법 제54조 및 제55조, 동법시행령 제64조 및 제65조의 규정에 의하여 지방자치단체장이 행정자치부장관에게 제출한 재정보고서를 기초로 하여 해당 지방자치단체의 재정현황과 운용실태를 객관적으로 검증하는 일련의 과정을 말한다.

지방재정 진단은 지방재정법 제55조 및 동법시행령 제65조의 규정에 의하여 지방재정 분석결과 재정의 건전성과 효율성 등이 현저히 저하된 지방자치단체 및 재정위기가 우려되는 지방자치단체를 대상으로 정밀분석을 실시하여 재정건전화를 위한 대책을 강구하는 일련의 과정을 말한다.

2. 지방재정 분석·진단제도의 필요성

지방재정 분석 및 진단제도는 지방자치단체의 재정여건이나 운영상태 또는 구조적인 문제를 체계적으로 분석하고 그 결과 파악된 현상이나 문제점에 대하여 재정진단 및 중기재정 계획수립 등의 적절한 대응책을 모색하는 데 있다(김종희, 2006: 519).

지방재정 분석 및 진단제도의 주요목적은 지방재정상태 및 재정운용상황에 대한 검증, 재정위기 상황의 진단 및 사전검증, 지방재정상태의 다양한 비교평가 및 정책지원의 근거제공, 지역주민 등의 이해관계자에 대한 정보의 제공에 있다.

Tip 제도 개요

- ·재정분석
  - 자치단체가 결산자료 등을 토대로 작성한 재정보고서를 기초로
    재정현황과 운영실태를 객관적으로 검증하는 일련의 과정
- ·재정진단
  - 재정의 건전성·효율성이 현저히 떨어진 자치단체를 대상으로
    정밀분석을 실시, 재정건전화를 위한 대책을 강구하는 일련의 과정
- ·진단대상(지방재정법 시행령 제65조 제2항)
  - 채무비율이 높거나 채무잔액이 과다한 단체
  - 예산대비 세입 감소단체, 다음연도 수입을 당기어 충당·사용한 경우
  - 경상경비비율이 높아 재정운영의 건전성이 현저히 떨어지는 경우
  - 기타 행정자치부장관이 필요하다고 인정하는 단체
- ·운영절차
  - 재정보고서 작성지침 시달(행정자치부) → 자치단체별 재정보고서 작성제출(자치단체)
    → 재정보고서 분석(행정자치부) → 건전성과 효율성이 떨어진 단체의 재정진단 실시
    (행정자치부) → 필요시 세입 확보·지출 개선·조직간소화 등 재정건전화계획 수립·
    시행(자치단체)

제2절   지방재정 분석·진단제도의 체계구축과 분석지표

1. 지방재정위기관리위원회의 구성·운영

지방재정위기관리에 대한 다양한 사항을 심의하기 위하여 지방재정·세제·회계·공기업 분야 전문가, 중앙 공무원 등으로 행정자치부에 지방재정위기관리위원회를 설치하여 운영한다. 이 위원회에서 심의하는 내용은 지방자치단체의 재정분석 및 재정진단, 재정위기단체의 지정 및 해제, 재정위기단체의 재정건전화계획 승인, 재정건전화 이행 결과가 부진한 지방자치단체에 대한 불이익 부여 등 지방재정의 건전성 및 효율성 제고에 대한 사항 등이다(지방재정법 제56조 및 지방재정법 시행령 제66조).

2. 지방재정 분석·진단제도의 분석지표

중앙정부는 1998년부터 지방재정상태를 분석하기 위하여 지표를 선정하였다.

지방자치단체는 10개 단위 지표를 중심으로 하는 지방재정분석제도를 통해 재정의 건전성(자주성과 안정성)과 효율성(생산성과 노력성)을 분석하였다.

2005년에 행정자치부는 기존의 10개 지표로 구성된 재정분석의 문제와 한계를 극복하고자 재정분석의 초점을 확대하여 재정관리 개선 노력도 등의 추세치를 측정할 수 있는 30개 지표로 분석지표를 확대하여 구성하여 2007년도까지 분석하였다.

2008년도는 안정성, 건전성, 효율성, 계획성의 4개 분야, 17개 정량지표(정성지표 배제)를 중심으로 재정지표와 지표별 기준을 마련하여 광역단체 중심으로 분석하도록 하였으며, 2009년에는 안정성, 건전성, 효율성, 계획성의 4개 분야, 13개 지표와 비계량 2개 지표(정성지표)의 총 15개 지표로 다시 행정자치부에서 분석하였다. 2010년~2012년 동안에는 건전성, 효율성, 계획성 분야로 나누어 총 20개 지표로 분석하였으며 보통교부세 인센티브지표와 연계하였다.

2013년~2014년 동안 적용된 지방재정분석은 재정건전성, 재정효율성, 재정운용노력 등의 영역으로 구분하고 총 25개의 지방재정 분석지표로 분석하였다(서정섭 · 주운현, 2011; 김상동, 2013: 29-34). 2015년도 재정건전성 7개 지표, 재정효율성 13개 지표, 정책유도 3개의 총 23개 지표로 분석하였다(한국지방행정연구원, 2015: 27-28).

〈표 15-1〉 지방재정 분석지표(2015년 기준)

재정건전성	재정효율성	정책유도
· 통합재정수지비율 · 실질수지비율 · 경상수지비율 · 관리채무비율(광역: 실질채무비율) · 환금자산대비부채비율 · 공기업부채비율 · 총자본대비영업이익율	· 자체세입비율(증감율) · 지방세징수율(증감율) · 지방세체납액관리비율(증감율) · 경상세외수입비율(증감율) · 세외수입체납액관리비율(증감율) · 탄력세율적용노력도 · 민간이전경비비율(증감율) · 출연 · 출자금비율(증감율) · 자본시설유지관리비비율(증감율) · 인건비절감노력도 · 지방의회경비 절감 노력도 · 업무추진비 절감 노력도 · 행사축제경비비율(비율증감율)	· 재난관리기금 전출금 확보 · 지역상생발전기금 확보 · 위탁금편성 후 보조금 집행여부

행정자치부 장관은 재정진단 결과를 토대로 해당 지방자치단체에 재정건전화계획의

수립 및 이행을 권고하거나 재정 건전화를 위하여 필요한 사항을 지도하고, 재정분석 및 재정진단 결과를 공개할 수 있으며, 재정분석 및 재정진단 결과의 중요 사항에 대하여는 매년 재정분석·진단 실시 후 3개월 이내에 국회 소관 상임위원회 및 국무회의에 보고하여야 한다(지방재정법 제55조).

제3절 지방재정 분석·진단과 지방재정 건전화계획

1. 지방재정 분석 및 진단

1) 지방재정보고서 작성 및 제출

지방자치단체의 장은 대통령령으로 정하는 바에 따라 재정보고서를 행정자치부장관에게 제출하여야 한다. 이 경우 시·군 및 자치구는 시·도지사를 거쳐 행정자치부장관에게 제출하여야 한다(지방재정법 제54조).

재정보고서에는 예산보고서, 결산승인보고서, 지방채발행보고서, 보증채무부담행위보고서, 출자보고서, 지방비부담보고서, 중기지방재정계획보고서, 재정투·융자사업계획에 대한 심사결과보고서, 채무부담행위보고서, 재무보고서, 채권의 관리현황보고서, 기금운용계획서와 기금결산보고서, 기타 지방재정에 관한 정책의 수립 및 그 적정한 운용을 위하여 필요하다고 인정되는 중요사항에 관한 보고서 등이 포함되어야 한다(지방재정법 시행령 제64조).

2) 재정분석 및 진단

행정자치부장관은 지방자치단체가 제출한 지방재정보고서의 내용을 바탕으로 매년 재정분석 및 재정진단을 실시하여야 한다. 그리고 행정자치부장관은 재정보고서의 내용을 분석한 결과, 지방자치단체가 ① 세입예산 중 채무비율이 세입예산의 행정자치부장관이 정하는 비율을 초과하거나 채무 잔액이 과다한 경우, ② 결산상 세입실적이 예산액보다 현저히 감소하였거나 다음연도 수입을 앞당기어 충당·사용한 경우, ③ 인건비 등 경상비성격의 예산비율이 높아 재정운용의 건전성이 현저히 떨어지는 경우, ④ 기타 행정자치부장관이 재정보고서의 분석결과 재정의 건전성·효율성 등이 현저하게 떨어져 재정진단이 필요하다고 인정하는 경우 등에 있어서는 재정진단을 실시하여야 한다 (지방재정법 시행령 제65조).

2. 지방재정 건전화계획

1) 지방재정 건전화계획 수립

행정자치부장관은 지방재정법 시행령 제65조에 의거하여 필요한 경우 지방자치단체로 하여금 조직개편, 채무상환, 세입의 증대 및 신규사업의 제한 등을 내용으로 하는 지방재정건전화계획을 수립·이행할 것을 권고할 수 있다.

2) 지방재정 건전화계획 내용

지방재정 건전화계획의 내용에는 당해 지방자치단체의 재정상황이 5년 이내에 실질적으로 개선될 수 있도록 조직개편, 채무상환, 세입의 증대, 신규사업의 제한 등이 포함된다.

내용에는 재정건전화기본방침, 건전화계획기간 중 세입·세출 등 재정운영계획, 세입확충을 위한 구체적 계획, 재정지출의 효율성 제고를 위한 인건비 등 경상경비절감과 사업비의 배분계획, 지방채무의 안정적 운영을 위한 채무관리계획, 계획기간 중 부족재원의 조달계획, 건전화계획의 시행을 위한 추진전략 등이 포함되어야 한다.

3) 지방재정 건전화계획 시행

행정자치부장관은 지방재정 건전화계획의 성실한 이행을 위하여 당해 지방자치단체로부터 매년 연도별 추진계획 및 실적보고서를 제출토록 하여 필요한 사항을 지속적으로 지도·지원하며, 이때 시·군·구의 경우에는 시·도지사를 경유토록 하여야 한다.

지방재정 건전화계획의 이행과정에서 계획의 수정이 필요한 경우 행정자치부장관은 지방자치단체의 요청 등에 의거 위원회의 심의를 거쳐 변경할 수 있으며, 지방자치단체가 계획대로 건전화 노력을 하지 않는 경우 필요한 조치를 강구하여야 한다.

4) 지방재정 건전화계획 평가

행정자치부장관은 지방재정법 시행령 제65조 제5항의 규정에 의거 재정건전화계획

이행결과를 평가하여 결과가 미흡하다고 판단될 때는 공개하거나 지도할 수 있다.

제4절 지방재정 분석·진단제도의 전망과 과제

1. 지방재정 분석·진단제도의 전망

지방재정 분석·진단제도는 중앙정부와 지방정부간의 재정협력 관계라는 인식을 가지고 운영되어야 한다. 우리나라 지방재정은 중앙의존도가 높기 때문에 지방자치제 실시가 중앙과 지방간의 재정연계 강화가 요구된다.

또한 지방재정위기의 사전예방을 위해 중앙정부가 재정분석·진단제도와 같은 것을 운영하는 것도 중요하지만 이에 앞서 중앙정부는 지방자치단체간의 재정격차를 완화하고 지방자치단체가 재정자주권을 신장할 수 있도록 노력하는 것도 중요할 것이다.

2. 지방재정 분석·진단제도의 과제

지방재정분석은 분석지표별로 집단화(grouping)를 통한 상대평가와 시계열적인 분석을 실시하고 있다. 그러나 인구구조, 산업구조, 지역특성이 비슷한 지방자치단체를 재집단화하여 비교하고 계속적인 평가를 위하여 다년도 추세분석을 통하여 지방자치단체 재정운영의 순위변동과 문제점을 파악하여 개선방안을 모색하여야 할 것이다.

그리고 지방재정법시행령 규정에 의거 재정진단단체의 선정시 채무잔액, 세입충당, 경상비집행 등의 지표를 측정하여 선정하고 있으나, 사용목적에 알맞게 다양한 지표개발이 요구되며, 지방재정진단은 재정운영이 부진한 지방자치단체를 대상으로 현지조사와 같은 정밀진단을 통하여 재정위기를 사전에 방지하는데 그 목적이 있기 때문에 향후 바람직한 지방재정분석과 진단을 위해서는 지방재정위기관리제도와의 연계가 필요하다.

탐구학습

1. 주요개념과 요약
   · 지방재정분석
   · 지방재정진단
   · 지방재정 분석·진단제도의 분석지표

2. 토론과 과제
   · 지방재정 분석·진단제도의 필요성
   · 지방재정 건전화계획의 효과적인 수립방향

참고문헌

김동기(2005), 한국지방재정학, 서울: 법문사.

서정섭·주운현(2011), "지방재정분석제도의 변화과정에 대한 연구", 한국행정학회 동계학술대
    회 발표논문.

김상동(2013), "지방재정 건전성 지표개발과 관리방안에 관한 연구", 영남대학교 박사학위 논문.

김종희(2006), 지방재정론, 서울: 범론사.

한국지방행정연구원(2015), FY 2014 지방자치단체 재정분석 종합보고서.

지방재정법(전면개정 2014.5.28., 법률 제11900호).

지방재정법(일부개정, 2015.12.29., 법률 제13638호).

지방재정법 시행령(일부개정, 2015.12.4., 대통령령 제26691호).

제 16 장

지방재정위기관리제도

제 1 절 지방재정위기관리제도의 의의

1. 지방재정위기의 개념

지방재정위기(local fiscal crisis)는 학자 또는 국가에 따라 다르게 인식하고 관리하고 있기 때문에 그 개념이나 기준이 상이하다. 재정위기는 일정한 공공서비스 수준 하에서 수입과 지출간의 불균형으로부터 기인한 현금흐름의 지속적인 부족에 의해서 발생한 현상이다. 재정위기란 현금흐름의 지속적인 부족상태로, 이는 어떤 서비스 수준을 위하여 수입과 지출사이의 불균형으로부터 나온다라고 정의할 수 있다(A. G. Cahill and J. A. James, 1992). 재정위기의 원인은 내적인 부분과 외적인 부분으로 나누어 살펴볼 수 있다. 내적인 원인은 지방자치단체 자체의 부정확하고 불완전한 재정기록 관행, 수입의 과대예측, 과대지출, 차입남용, 비효과적이고 비효율적인 징세방법, 비용통제의 실패 등이다. 외적인 원인은 지방자치단체의 통제 밖에 있는 원인들로 인구통계학적 변화 등 지역경제기반의 구조적 변화에 의한 거시경제적 요소로서 산업이나 사업기반의 손실을 가져오는 지역, 국가, 국제적 요인들을 말한다(A. G. Cahill and J. A., James, 1992). 중앙정부로부터의 재원 없는 기능 이양 또는 기존 지원 재원의 감축·중단도 중요한 외적인 원인이다(서정섭·이희재, 2015).

알렌 쉭(Allen Schick)은 재원부족 현상과 그 정도에 따른 재정운영 상황을 통해 재정위기 시에 나타나는 현상을 구분하였다. 그는 재정위기를 야기할 수 있는 재원부족의 현상을 그 심각성의 정도에 따라 ① 완화된 재정부족, ② 만성적 재정부족, ③ 심각한 재정부족, ④ 총체적 재정부족의 4단계로 유형화하여 설명하고 있다(김종순, 2003:

563). 먼저, 완화된 재정부족의 현상은 기존사업과 신규 사업을 시행할 수 있어 재정위기 범주에 포함하는 경우는 드물다. 다음으로, 만성적 재정부족은 사업 확장이나 신규 사업의 시행을 위한 재원확보에 어려움을 겪는 상태이다. 하지만 점증주의적 예산편성이 가능하기 때문에 관리 상의 문제는 심각하지 않다. 일반적으로 이를 재정위기의 초기 단계라고 할 수 있다. 세 번째 유형인 심각한 재정부족이란 기존 사업이나 서비스 수준을 유지하는데 필요한 재정 수입도 확보하기 어려운 상태를 말한다. 이미 상당히 진행된 재정위기를 타개하기 위해 감축관리가 시도되고 있으며, 공공서비스 수준 악화를 최소화하기 위한 노력이 있는 상태이다. 넷째 유형인 총체적 재정부족은 재정수요와 가용재원 사이에 심각한 격차가 있어 기존사업의 유지가 곤란하고, 당초 예산목표를 달성할 수 없는 상태로 일반적으로 파산 위기에 직면한 상태를 말한다(김종순, 2003: 536-537).

재정위기의 정도는 수입과 지출의 불균형 정도, 재원부족 정도, 지불한계 수준 등에 따라 구분되고, 당면하고 있는 재정위기의 강도, 지속성, 그리고 자력에 의한 회복가능성 여부에 따라 재정압박 유·무, 재정압박 심화(fiscal distress), 재정위기(fiscal emergency), 재정파산(bancrupycy) 등 그 의미의 차이도 있다.

2. 지방재정위기관리제도의 의의

지방재정위기관리제도는 지방자치단체의 재정위기 발생을 예방하고, 재정위기단체의 지정 및 해제의 기준과 절차를 정한 제도이다. 지방재정위기관리제도는 재정분석·진단제도와 달리 일정한 재정위기 관련 기준과 절차를 규정하여 기준을 초과할 경우 지방자치단체의 재정운영에 중앙정부가 법령에 기초하여 개입하고 관리한다.

현재 지방재정위기관리제도는 지방재정법 제55조의2~제56조 및 시행령 제65조의2~제66조에 따른 통상적인 재정위기관리제도와 지방재정법 제63조의3~9에 따른 긴급재정관리제도가 있다.

3. 지방재정위기관리제도의 필요성

지방재정위기관리제도는 재정위기에 처해 있는 특정 지방자치단체에 대하여 법령의 규정에 따라 재정을 회생시키는 제도로 다음과 같은 이유에서 필요하다(서정섭 외, 2014: 111-114).

첫째, 지방재정위기관리제도는 지방자치단체의 재정위기 발생을 예방하여 지방재정의 건전성과 효율성을 도모하기 위해 필요하다. 또한 특정 지방자치단체가 재정위기에 처해 있을 경우 신속히 재정을 회생시키기 위해 필요하다.

둘째, 지역주민에 대한 행정서비스 유지와 주민보호를 위해 필요하다. 재정위기는 행정서비스의 중단 및 축소를 초래하고, 조세 및 이용료 등을 증가시킨다. 이러한 상황을 예방하고 대응하기 위해 재정위기관리제도가 필요하다.

셋째, 지방자치단체의 최종 보호자적 역할의 철학적 관점에서 필요하다. 지방자치단체는 주민의 복리에 관한 사무와 재산을 관리할 의무가 있다. 지방자치단체의 기능이 중단되지 않도록 재정위기의 예방 및 조속한 재정회생이 필요하다.

넷째, 지방자치단체의 재정책임성 확보 차원에서 필요하다. 재정분권화가 진행될수록 지방자치단체의 예산제약은 느슨해져, 소위 연성예산제약의 문제가 발생하여[1] 재정위기 발생의 가능성이 커진다. 연성예산제약 하에서 지방자치단체의 재정책임성 강화 차원에서 필요하다.

다섯째, 최근 준 재정영역을 포함한 재정관리가 대두되었기 때문에 필요하다. 지방분권 및 재정분권이 진전됨에 따라 지방자치단체 세입·세출 불균형 외에 지방공기업의 재정위험 증가, 민간활용에 의한 사업위험 등이 증가하고 있다. 이와 같이 준 재정영역이 확대되어 재정위험의 범위가 확대되고 있으므로 재정위기관리 차원에서 필요하다.

---

1) 연성예산제약은 지방자치단체(장, 또는 지도자들)이 재정위기에 몰렸을 때 중앙정부가 재정원조를 통해서 구해줄 것이라는 기대 하에 재정의 효율적인 운영이나 세입증대노력을 하지 않음을 의미한다. 지방자치단체의 타당성 없는 사업의 추진, 지방의회의 의결이 없는 재정활동이나 예산 외의 민간에 대한 지급보증 등의 편법적인 재정활동 등이 그 예이다. 연성예산제약의 또 다른 문제는 지방자치단체에 투자한 채권자들 역시 중앙정부가 보호해 줄 것을 기대하여 지방재정의 운용을 감독할 유인을 상실하게 된다는 것이다. 즉 채권자들은 지방자치단체가 파산되어 투자금의 손실을 볼 수 있다는 염려도 있어야 되는데 그렇게 생각하지 않아 투자자의 책임성 희박 문제도 발생한다.

제 2 절   지방재정위기관리제도의 법적 근거와 절차

1. 지방재정위기관리제도의 법적 근거

지방재정위기관리제도는 지방재정법, 지방재정법 시행령 및 지방재정위기 사전경보시스템 운영 규정이 있다.

지방재정법 제55조의2에서는 재정위기단체의 지정과 해제, 제55조의3~제55조의5 및 제56조에서는 재정위기단체의 의무, 재정위기단체의 지방채 발행제한, 재정건전화 이행 부진 지방자치단체에 대한 불이익, 지방재정위기관리위원회 설치 및 운영 등을 규정하고 있다. 지방재정법 시행령 제65조의2~제65조의4 및 제66조에서는 재정위기단체의 지방·해제의 기준 및 절차, 재정건전화계획의 제출시기, 재정투자사업 예산편성의 제한, 지방재정위기관리위원회의 구성 및 운영 등을 규정하고 있다.

지방재정법 제60조의3에서는 긴급재정관리단체의 지정 및 해제의 기준, 제60조의4~제60조의9에서는 긴급재정관리인의 선임 및 파견, 긴급재정관리계획수립, 긴급재정관리계획의 이행, 긴급재정관리단체의 예산안 편성, 긴급재정관리단체의 지방채발행 제한, 국가 등의 지원 등을 규정하고 있다.

지방재정위기 사전경보시스템 운영 규정은 지방재정법 제55조의2 내지 제56 및 시행령 제65조의2 내지 제66조에 따른 재정지표의 모니터링 기준 및 절차, 재정위기단체의 지정절차, 재정건전화계획 수립 및 이행관한 절차 등을 규정하고 있다.

2. 지방재정위기관리제도의 운영 절차

재정위기관리제도의 운영은 지방재정위기 사전경보시스템의 운영에서부터 시작된다. 지방재정위기 사전경보시스템은 지방자치단체의 주요재정지표를 모니터링[2]하여 지방자치단체의 재정위기를 사전에 예측하고 선제적으로 대응하는 일련의 과정을 말한다.

재정위기 모니터링은 지방재정법 시행령 제65조의2 제1항의 재정지표에 대하여 다

---

[2] 모니터링은 지방자치단체의 재정위험 수준을 판단하기 위하여 재정지표를 주기적으로 점검하고 필요한 경우 추가적으로 자료를 검토하는 것을 말한다

음과 같은 기준에 따라 실시한다(지방재정위기 사전경보시스템 운영 규정 제3조 제1
항). 재정지표의 모니터링은 분기별로 하며, 필요한 경우 수시로 할 수 있다.

〈표 16-1〉 지방재정위기 모니터링 기준

시행령	지표	주의 기준	심각 기준
제65조의2 제1항 제1호	통합재정수지적자비율	25%초과	30%초과
	예산대비채무비율	25%초과	40%초과
	채무상환비비율	12%초과	17%초과
	지방세징수액 현황	50%미만	0%미만
	금고잔액현황	20%미만	10%미만
	공기업부채비율	400%초과	600%초과

모니터링 결과 주의 기준 및 심각 기준의 어느 하나에 해당하는 지방자치단체에 대
하여 지방재정에 영향을 주는 일반현황, 세입분야, 세출분야, 채무분야, 공기업 재무분
야 등에 대하여 서면분석을 한다. 서면분석 결과를 바탕으로 지방자치단체의 재정위험
수준을 판단하기 위하여 종합적인 재정 심층진단3)을 실시한다.

행정자치부장관은 재정지표 모니터링 기준 중 주의 기준 초과의 어느 하나에 해당
하는 경우에는 심층진단 결과를 바탕으로 지방재정위기관리위원회의 심의를 거쳐 주의
등급단체를 지정할 수 있다. 주의등급단체는 모니터링 및 심층진단 결과 재정위기단체에
준하는 재정위기관리 조치를 취할 필요가 있다고 인정되는 지방자치단체를 말한다.

재정위기단체는 재정위기 모니터링 결과 재정위기 심각 기준의 어느 하나라도 초과
하는 경우 심층진단 결과를 바탕으로 행정자치부장관이 지방재정위기관리위원회의 심
의를 거쳐 지정할 수 있다.

긴급재정관리단체는 재정위기단체로 지정된 이후 재정위험이 악화되거나 일정기간
내 공무원인건비 미지급, 채무상환 불이행시 지정된다. 긴급재정관리단체는 지방자치단
체 자력으로 재정위기 상황을 극복하기 어렵다고 판단되는 경우 행정자치부장관이 지
정할 수 있으며, 또한 지방자치단체의 장이 지정을 신청할 수 있다. 이 경우 모두 지방
재정위기관리위원회의 심의를 거쳐 지정한다.

---

3) 심층진단이라 함은 재정지표 모니터링 결과 재정위험이 우려되는 지방자치단체를 대상으로 정밀분석을 실시하는
것을 말한다.

제 3 절   지방재정위기단체의 지정기준과 관리

1. 재정위기단체의 지정기준

행정자치부장관은 다음 기준의 하나 이상에 해당하는 지방자치단체로서 재정위험의 수준이 심각하다고 판단되는 경우 재정위기단체로 지정할 수 있다(지방재정법 시행령 제65조의3)

① 통합재정수지적자비율이 100분의 30을 초과하는 경우(통합재정수지적자비율)

② 지방채발행액, 보증채무부담행위이행액 및 채무부담행위액의 총 합계액이 해당 연도 최종예산의 100분의 40을 초과하는 경우(예산대비채무비율)

③ 해당 연도 기준으로 과거 4년과 미래 4년간 순지방비 채무 상환액의 평균이 같은 기간 일반재원(지방교육세를 제외한 지방세, 세외수입, 지방교부세, 조정교부금) 평균 수입액의 100분의 17을 초과하는 경우(채무상환비비율)

④ 해당 연도 분기별 지방세 누적 징수액이 최근 3년 해당 분기별 평균 지방세누적 징수액보다 작은 경우(지방세 징수액 현황)

⑤ 해당 연도 분기별 금고의 총 잔액이 최근 3년 해당 분기별 평균 금고 총 잔액의 100분의 10 미만인 경우(금고 잔액 현황)

⑥ 지방공기업법 제49조에 따라 설립된 지방공사의 부채가 순자산의 6배를 초과하는 경우(공기업부채비율)

2. 긴급재정관리단체의 지정기준

지방자치단체가 다음 기준의 어느 하나에 해당하여 자력으로 재정위기 상황을 극복하기 어렵다고 판단되는 경우 행정자치부장관이 긴급재정관리단체로 지정할 수 있으며(지방재정법 제60조의3 ①), 지방자치단체의 장은 다음 기준의 어느 하나에 해당하거나 그에 준하는 재정위기에 직면하여 긴급재정관리가 필요하다고 판단되는 행정자치부장관에게 긴급재정관리단체의 지정을 신청할 수 있다(지방재정법 제60조의3 ②).

① 재정위기단체로 지정된 지방자치단체가 재정건전화계획을 3년간 이행하였음에도 불구하고 재정위험수준이 재정위기단체로 지정된 때보다 악화된 경우

② 공무원의 인건비를 30일 이상 지급하지 못한 경우

③ 상환일이 도래한 채무의 원금 또는 이자에 대한 상환을 60일 이상 이행하지 못한 경우

3. 재정위기단체의 관리

재정위기단체의 관리는 재정위기단체에 대한 조치와 재정건전화계획 이행관리계획의 두 가지 내용이 포함된다.

주의등급단체에 대하여는 행정자치부장관이 재정건전화계획 수립 및 이행을 지도·권고할 수 있으며, 건전화계획 이행결과를 평가하여 필요사항을 지도·권고할 수 있다. 건전화계획의 주요 내용은 세입·세출 등의 건전화 방안 및 채무의 건전화 방안 등이다.

재정위기단체로 지정된 단체에 대하여는 재정건전화계획 수립·시행, 이행상황보고 및 평가 등의 의무가 부여되며, 지방채발행 제한, 재정투자사업의 예산편성 제한 및 재정건전화계획 불이행시의 교부세 감액 등의 불이익이 따른다. 재정위기단체의 지정사유가 해소되는 경우 지방재정위기관리위원회의 심의를 거쳐 지정을 해제할 수 있다.

긴급재정관리단체에 대하여는 지방재정위기관리위원회의 심의·의결을 거쳐 긴급재정관리인이 파견되며, 긴급재정관리인은 긴급재정관리계획 수립 및 이행상황 점검 등의 업무를 수행한다. 긴급재정관리단체는 긴급재정관리계획에 따르지 않고는 지방채 발행을 할 수 없다. 국가는 긴급재정관리단체가 긴급재정관리계획을 추진하는데 필요한 행정적·재정적 지원을 할 수 있다. 긴급재정관리단체의 지정사유가 해소되는 경우 지방자치단체장은 행정자치부장관에게 지정해제를 신청할 수 있으며, 행정자치부장관은 지방재정위기관리위원회의 심의를 거쳐 지정을 해제할 수 있다.

제 4 절   지방재정위기관리제도의 전망과 과제

1. 지방재정위기관리제도의 전망

지방재정위기관리제도는 지방자치단체의 재정위기 발생을 사전에 예방하기 위한 제도이다. 저성장 시대를 맞이하여 지방세입의 증가는 둔화 내지 감소되는 반면 사회복지비지출 등 의무적 경비의 지출이 증가하여 지방자치단체의 세입·세출간의 불균형이 발생하고 있다. 재정분권이 진전됨에 따라 지방자치단체의 연성예산제약의 문제점이 발생하고 있다. 지방공기업은 경기침체에도 불구하고 사업확장 등으로 인한 사업위험이 증가하고 있다. 지방자치단체의 채무 증가 및 지방공기업의 부채가 증가하고 있으며, 민간자본 활용에 따른 지급보증 등의 재정위험이 나타나고 있다. 지방자치단체의 재정위기 발생의 가능성이 우려되고 있다(서정섭·이희재, 2015: 155-159).

지방재정위기가 발생할 경우 이를 정상적으로 회복시키기 위해서는 막대한 비용과 시간이 투입되어야 하며, 실제 불가능할 수도 있다. 지방재정위기가 발생하면 재정파산으로 전개될 수도 있으며, 이로 인한 피해는 좁게는 지역주민, 넓게는 국민들이 받는다(라휘문, 2014: 346). 지방재정위기가 발생하지 않도록 하는 것이 중요하며 지방재정위기관리제도가 그 역할을 담당할 수 있다.

2. 지방재정위기관리제도의 과제

지방재정위기관리제도는 재정위기 또는 재정파산을 사전에 방지하기 위해 재정위기 상황의 정도에 따라 주의등급단체, 재정위기단체, 긴급재정관리단체로 구분하여 관리하고 있다. 이들 단체를 선별하기 위해 주요 재정지표를 통하여 분기별로 모니터링하고 있다.

현행 법상 재정위기관리는 재정주의단계, 재정위기단계, 자력회생이 곤란한 상태에 직면한 상태의 긴급재정관리단계의 3단계이다. 재정주의단계 및 재정위기단계의 기준은 지방재정법상 통합재정수지적자비율, 예산대비채무비율, 지방채상환비비율, 지방세

징수 현황, 금고잔액 현황, 공기업부채비율이다. 긴급재정관리단계의 기준은 기존 재정위기단체의 재정회생 기간, 공무원 인건비 및 채무상환의 일정기간 지불 불이행이다.

　재정위기관리제도가 제 기능을 수행하여 지방자치단체의 재정위험이 발생하지 않도록 모니터링을 효율적으로 시행해야 하며, 이를 위해서는 기준지표 및 지표별 기준이 타당하고 신뢰성 있게 설정되어야 한다. 또한 지방재정분석・진단제도가 재정운영의 건전성과 효율성이 떨어지는 단체를 중심으로 재정진단을 하여 재정건전화계획을 수립・시행토록 하고 있어, 어느 정도 재정위기관리제도와 맥을 같이하기 때문에 상호간에 지표 혹은 활용 측면에서 연계도 필요하다.

탐구학습

1. 주요개념과 요약
  ・지방재정위기
  ・지방재정위기관리제도
  ・재정위기단체와 긴급재정관리단체 지정 기준

2. 토론과 과제
  ・지방재정위기관리제도의 필요성
  ・재정위기단체와 긴급재정관리단체의 공통점과 차이점

참고문헌

김종순(2003), 지방재정학, 서울:삼영사.

라휘문(2014), 지방재정론, 서울: 한국행정DB센터.

서정섭(2010), "지방재정위기관리제도의 현황과 한계", 지방재정과 지방세, 통권 제34호, 한국지방재정공제회.

서정섭・신두섭・이희재・배정아(2014), 지방재정위기관리제도의 개선방안, 한국지방행정연구원.

서정섭・이희재(2015), "지방재정위기극복을 위한 '긴급재정관리제도'에 관한 연구", 한국정책연구, 제15권 제4호, 경인행정학회.

지방재정법(일부개정, 2015.12.29., 법률 제13638호).

제 17 장

지방재정의 정보공개

제 1 절 지방재정 정보공개의 의의

1. 지방재정 정보공개의 개념

일반적으로 정보의 공개란 수집·처리·관리하고 있는 각종 정보를 일반인에게 공개하는 것을 말한다. 따라서 지방재정 정보공개는 지방자치의 실현을 위해 지방재정에 관한 정보, 재정의 운용결과, 주민의 관심사항 등을 객관적인 절차(홈페이지, 일간지 등)을 활용하여 주민 등 이해관계인에게 공개하는 것을 의미한다. 우리나라에서는 1994년부터 재정운영상황 공개제도를 운영해오다가, 2006년부터 지방재정 공시제도를 도입하면서 재정공시 대상, 공시방법. 시기, 지방재정공시심의위원회의 설치 등에 관한 사항을 법령(지방재정법 제60조, 동법 시행령 제68조)으로 규정하였다. 이러한 법령규정을 통하여 주민에 대한 재정투명성 및 책임성을 제고하고자 하였다. 한편 지방재정 정보공개는 주민의 정보공개청구를 전제로 하는 소극적 의미의 정보청구 공개와 지방자치단체가 자발적으로 보유정보를 공개하는 적극적 의미의 공시정보 공표의 두 가지 제도가 있다.

2. 지방재정 정보공개의 필요성

1) 지역주민의 입장

(1) 재정운영성과의 평가 및 감사
지방자치단체의 예산과 결산의 내용이 상세하게 지역주민에게 공개됨으로써 정보폐쇄로 인한 부정과 낭비를 막을 수 있다. 이는 지방의회와 지방자치단체장에 대한 주민의 통제 및 감시를 강화하는 계기를 마련한다. 즉 지방재정에 관한 구체적인 정보를 단계별로 지역주민·투자자·지방의회·시민단체·언론 등에 제공하여 실질적으로 감시가 가능하도록 한다.

(2) 시장정보·투자정보 제공

지방자치단체가 지방채를 발행할 경우 기채승인을 위한 판단기준으로 사용되어 지방의회, 주민, 시민단체 등이 재정위기의 발생을 경계하여 건전재정운용을 위해 압력을 행사하게 한다. 지방채에 대한 신용등급이 시장에서 매겨져서 이자율이 결정되고 지방채가 발행되는 사업의 타당성과 해당 지방자치단체의 재정운영의 건전성이 자동적으로 검증되고 평가되어 지방채에 대한 기채조건이 결정된다.

2) 지방자치단체의 입장

(1) 정책결정지원 및 연구지원

재정운영의 효율성은 우선적으로 공공부문의 생산성을 높이는 것이다. 이를 위해 행정의 단위당 비용을 최소화하고, 경비지출의 효율화를 도모하여야 한다. 또한 주민부담의 적정화를 유지하면서 일정수준의 행정서비스 수준을 유지하기 위하여 적정한 세금의 징수, 사용료·수수료 등 세외수입의 확보는 물론 국고보조금·지방교부세 등 의존재원도 보다 많이 확보하는 것이 바람직하다.

(2) 지방재정 위기의 경보

정확하고 객관적인 정보는 관련 당사자들에게 지방자치단체의 재정적 위기 징후를 사전적으로 파악하고, 대비책을 마련할 수 있는 경보기능을 수행한다. 지방재정 정보제도가 효과적으로 정착되면 조세징수노력, 비과세·감면규모, 조세징수율 및 체납정리율 등과 같은 만성적 재정위기를 초래할 수 있는 지표를 활용하여 행정조직 내부와 외부에서 지방재정 위기에 대한 경보기능을 수행할 수 있다.

제2절 지방재정 정보공시제도

1. 지방재정 정보공시제도의 의의

지방자치단체의 장은 조례가 정하는 바에 의하여 매 회계연도마다 1회이상 세입·세출예산의 편성 및 집행상황, 지방채 및 일시차입금의 현재액 등 재정운영에 관한 중요사항을 주민에게 공시하여야 한다(지방재정법 제6조).

2. 지방재정 정보공시 시기 및 범위

지역주민에게 지방자치단체의 재정정보를 공시하는 시기와 범위는 〈표 17-1〉과 같다(행정자치부, 2015).

〈표 17-1〉 지방재정 정보공시 시기와 범위

정기 공시 (8월)	공통 공시	·총량적 재정운영 결과 - 세입·세출예산의 운용상황(성과계획서, 성과보고서 포함), 재무제표, 채권관리 현황, 기금운용 현황, 공유재산의 증감 및 현재액, 지역통합재정통계, 지방공기업 및 출자·출연기관의 경영정보, 중기지방재정계획, 성인지 예산서 및 성인지 결산서, 예산편성기준별 운영 상황, 재정운용상황개요서, 재정건전화계획 및 그 이행현황, 재정건전성관리계획 및 이행현황, 투자심사사업, 지방채 발행사업, 민간자본 유치사업, 보증채무사업의 현황, 지방보조금 관련 현황(교부현황, 성과평가 결과 등) ·재정운영에 관한 중요사항 - 중앙정부로부터 받은 재정분석·진단 결과, 감사원 등으로부터 받은 감사결과, 주민 주요 관심항목 등
정기 공시 (8월)	특수 공시	·각 자치단체별로 설치된 지방재정공시심의위원회에서 결정 - 공시대상 건수 대비 2~3배수 정도를 위원회에 상정하여 결정 ·특수공시 선정기준 - 전년도 업무계획에 의거 추진중이거나 완료된 사업 ※ 단체장 치적홍보를 위한 사업, 계획중인 사업은 배제 - 주민 관심도 제고, 공시의 효과성 등을 고려하여 가급적 전체 주민에게 수혜가 있는 사업 - 타 자치단체에서는 추진하지 않는 고유사업으로 파급효과가 큰 사업
수시공시 (발생시)		·부득이한 사유로 정기공시에서 누락된 항목 및 새로운 수요 발생시 실시

3. 지방재정 정보공시대상

1) 공시대상 정보

(1) 정기공시

매년 상반기에는 당해연도의 지방재정여건 및 재정운용방침, 투자예산내용, 당해연도의 예산현황 및 주요 투자사업계획, 당해연도 주민부담 예정액, 지방채 등 채무관리계획, 기금운용계획, 지방공기업 운용계획, 기타 지방재정운용상 주민에게 공시할 필요성이 있는 사항을 중심으로 공시한다.

그리고 하반기에는 전년도 결산을 중심으로 결산개황, 세입·세출 집행상황과 주요 투자사업실적, 주민부담상황, 지방채 등 채무관리상황, 기금운용상황, 공유재산·중요물품의 증감 및 현재액, 지방공기업 운영상황 및 경영평가결과, 재정진단이나 신용평가를 받은 경우 그 결과에 대한 사항, 기타 지방재정 운영상황상 주민에게 공시할 필요성이 있는 사항 등을 중심으로 공시한다.

(2) 수시공시

비정례적 공시대상으로는 ① 지방자치단체장의 궐위, 임기만료, 기타의 사유로 사무의 인계·인수가 이루어지는 경우 인수받은 재정운영상황, ② 지방재정법 제54조에 의거하여 작성되는 재정보고서의 분석결과, ③ 지방재정법 제55조에 의거하여 재정의 건전성과 효율성이 현저히 떨어져 재정진단이 실시되는 경우 재정진단의 결과와 이 결과에 의하여 수립된 재정건전화계획의 내용 등이 포함된다.

2) 비공시대상 정보

지방자치단체가 보유하는 정보는 모두 청구에 의한 공개가 원칙이다. 하지만 이들 정보 중에는 공시를 함으로써 행정의 공정성을 해치거나 원활한 집행을 곤란하게 하고, 오히려 주민에게 불이익을 주거나 개인의 프라이버시를 해칠 우려가 있는 경우 예외적으로 비공개를 인정한다.

비공시 대상범위는 ① 프라이버시와 관련되거나 범죄수사·예방 등가 관련된 사항, ② 확정되지 아니한 사업·정책에 관한 사항, ③ 시설공사, 물품의 제조 및 구매, 용역에 대한 예산 및 입찰에 관한 사항으로 기밀에 속하는 사항, ④ 법령에 비공시가 지정된 사항, ⑤ 기타 공시함으로써 국가재정이나 당해 지방자치단체의 재정운용을 저해하는 사항 등이다.

그러나 이러한 비공시정보를 구체적으로 규정함에 있어서 기본적으로 지향하여야 할 점은 ① 비공시대상의 범위는 필요한 한도 내에서 최소한으로 할 것, ② 비공시의 이유를 가급적 구체적으로 할 것, ③ 비공시 사항으로 지정한 경우라도 시간경과에 의해 비공시사유가 소멸되었을 경우 지체 없이 공시할 것, ④ 전면적 공시가 곤란한 경우 일부분만이라도 공시하도록 할 것 등이다.

제 3 절 지방재정 정보공개체계의 구축

1. 정보공시체계

1) 공시담당부서

상반기에는 업무 성질상 예산과 사업계획을 총괄하는 예산부서가 담당하고, 하반기에는 결산과 관련되므로 회계담당부서가 담당하는 것이 바람직하다.

2) 공시횟수 및 시기

공시횟수는 상·하반기 2회로 구분하여 발표하되, 예·결산절차 등을 고려하여 예산은 2월 중, 결산은 9월 중에 하는 것이 바람직하다. 지방자치단체장의 궐위, 임기만료, 기타의 사유로 사무의 인계인수가 이루어지거나, 재정진단이나 신용평가 등이 실시되는 경우 그 결과 및 대책을 가능한 조속히 공시하는 것이 바람직하다.

3) 공시방법

공보, 지역신문, 방송 등의 미디어, 반상회보 등 간행물, 게시판, 공청회 등의 정보매체를 사용할 수 있다. 최근에는 지방예산결과 즉 세입세출예산 총계 및 순계, 세입재원별 현황(지방세, 세외수입, 국가지원재원, 지방채), 세출성질별·목별현황(경상예산, 사업예산, 채무상환, 예비비 등), 10대 재정지표를 전국단위·광역단위·자치단체단위별로 지방예산통합정보시스템을 통하여 지역주민이 검색할 수 있도록 운영하고 있다.

2. 청구공개체계

1) 청구주체

공개를 청구할 수 있는 자, 즉 청구주체는 해당지역주민 이외에도 다른 지역의 주민
으로 확대하는 것이 바람직하다. 그리고 복사, 우송 등 정보의 공개와 관련되어 소요되
는 비용은 청구인의 부담으로 하는 것이 타당하다.

2) 청구창구

주민의 접근성이 용이할 수 있도록 청구창구를 통합하여 일원화하는 것이 바람직하
다. 행정정보실, 기획관리실 등 행정여건이나 기구특성을 고려하여 지정하여야 한다.

3) 청구방법

행정기관의 공개의무 준수 및 비공개처분에 대한 책임소재의 명확화를 위하여 문서
에 의하여 청구하도록 하는 것이 바람직하다. 정보공개제도의 대상이 되는 시점도 결정
종료시점 이후의 대상정보로 하는 것이 타당하다.

제4절 지방재정 정보공개의 전망과 과제

1. 지방재정 정보공개의 전망

지방재정정보의 공개는 그 동안 재정운용의 투명성 확보, 주민의 알 권리 보장, 재정
운용의 합리화 도모, 중앙정부의 정책판단자료 제공 등에 크게 기여해 왔다. 그러나 아
직도 지방정부의 관심부족과 제도의 미비, 지방재정통계 산출지표의 미흡 등으로 인해
실질적인 효과는 미흡하다. 앞으로는 정보공개의 실질적 효과가 나타날 수 있는 방향으
로 발전하기 위해서는 정보공개의 대상과 시기가 확대되고, 지방정보공개 범위의 확대
및 절차와 방법이 간편해져야 할 것이다.

이러한 문제점을 해결하고 지방재정의 건전성을 확보하기 위하여 2014년 5월 지방재정법을 전문개정하면서 지방재정의 통합공시 제도를 도입할 계획이다. 동법의 주된 내용은 첫째, 지방자치단체장이 지역통합 재정통계를 작성하여 행정자치부 장관에게 제출하도록 하였으며, 둘째, 예산 또는 결산의 확정 또는 승인 후 2개월 이내에 재정운용상황을 공시하도록 하고 있다. 공시의 내용은 세입 세출예산의 운용상황, 재무제표, 채권관리현황, 기금운용현황, 공유재산의 증감 및 현재액, 지역통합재정통계, 지방공기업 및 지방자치단체 출자·출연기관의 경영정보, 중기지방재정계획, 성인지 예산서 및 결산서, 재정운용상황개요서, 재정건전화 계획 및 이행현황, 재정건전성관리계획 및 이행현황, 투자심사사업, 지방채 발행사업, 민간자본 유치사업, 보증채무사업의 현황, 지방보조금 현황 및 결과·주요내용 등이 해당된다(지방재정법 제60조). 셋째, 행정자치부 장관은 지역통합재정통계 내용을 분석하여 지방자치단체 별로 구분 공시, 비교공시 등을 할 수 있도록 법제화하였다.

2. 지방재정 정보공개의 과제

지방재정 정보공개를 위한 이러한 노력에도 불구하고 지방재정 공개시기의 적시성 문제나 정보공개 수준의 미흡, 정보공개 책임에 대한 문제 등이 여전히 지방재정 정보공개의 과제로 남아있다.

지방재정 정보공개의 주요 과제는 다음과 같다.

첫째, 정보공개의 대상이 확대되어야 할 것이다. 지방재정 정보공개제도의 목표를 실질적으로 달성하기 위해서는 지방재정 운영상황의 전반에 대한 공개가 필요하다. 따라서 일본의 재정건전화법에서 명시하고 있는 바와 같이 연결법칙을 도입할 필요가 있을 것이다. 이는 지방자치단체의 일반회계, 특별회계, 기금 등 지방자치단체와 관련된 모든 영역들의 모든 회계들에 대한 정보공개가 이루어져야 한다. 이렇게 연결된 정보를 명확하게 제시하게 될 경우 지방재정의 투명성이 보다 확대될 수 있을 것이며, 재정운영상의 효율성 확보나 지역주민들의 재정활동에 대한 이해도 향상 등이 이루어질 것이다.

둘째, 정보공개의 시기가 구체적이며 적시성을 띠어야 한다. 따라서 정기공시의 경우 공시대상과 시기를 구체적으로 명시(예 : 매년 8월 31일까지)하고, 수시공시의 경우에도 그 시기를 구체적으로 명시(예 : 확정일로부터 30일 이내)할 필요가 있다. 또한 재정모니터링 등과 연계하여 분기별 혹은 반기별 보고 등을 통해 재정정보공개의 적시성을 확보할 수 있어야 할 것이다.

셋째, 현행 재정정보 공시의 경우 재무정보가 부실하게 제공될 경우 이에 대한 책임구분이 명확하게 규정되어 있지 않다. 따라서 적절한 절차에 의한 감독, 공개에 대한 책임, 부실공시에 대한 제재 등이 고려되어야 할 것이다.

넷째, 정보공개를 표준화할 필요가 있다. 지방정부마다 자료의 공개형식이 달라 이해하기 어렵고 상호 비교가 곤란하므로 이를 표준화하여 효율성을 높여야 할 것이다.

탐구학습

1. 주요개념과 요약
   - 지방재정 정보공개제도와 정보공시제도
   - 정시공시와 수시공시

2. 토론과 과제
   - 지방재정 정보공시의 필요성
   - 지방재정 정보공개제도의 과제

참고문헌

권형신·이재성·이상용(2006), 한국의 지방재정: 이론과 실무(제3판), 서울: 해남.
김동기(2005), 한국지방재정학, 서울: 법문사.
심정근 외(1997), 지방재정학, 서울: 박영사.
행정자치부(2015), 지방자치단체 재정공시 편람.
지방재정법(전면개정 2014.5.28., 법률 제11900호).
지방재정법(일부개정, 2015.12.29., 법률 제13638호).
지방재정법 시행령(일부개정, 2015.12.4., 대통령령 제26691호).

제 18 장

발생주의 복식부기회계제도

제 1 절   복식부기회계의 의의

1. 복식부기회계의 정의

1) 복식부기회계의 정의

발생주의 복식부기회계제도는 경제주체의 재정상태와 운영실적을 거래가 발생한 시점(발생주의)에 거래의 인과관계를 대차의 평균원리(복식부기)에 의해 계리하는 회계처리방식이다. 회계적 개념의 거래(transaction)란 지방자치단체의 자산, 부채 및 순자산에 증감변화를 일으키는 모든 경제적 사건을 말한다. 발생주의 복식부기회계제도는 2007년부터 도입·운영되도록 지방재정법령에 근거를 도입하였으며, 현행 예산회계제도를 보완하는 제도로서 운영하도록 하고 있다.

| 그림 18-1 | 발생주의 복식부기회계제도의 개요 |

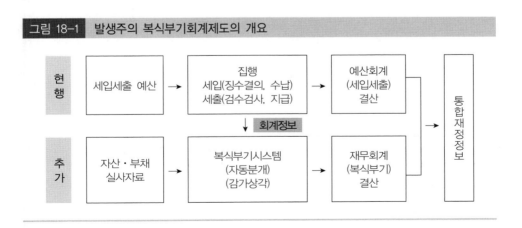

2) 회계정보의 인식

인식 또는 식별이라 함은 특정거래 또는 경제적 사건에 대한 회계처리시점을 결정하는 것을 말하는데, 인식과정을 통해 거래나 사건이 화폐금액으로 측정되어 재무제표에 계상된다. 이러한 경제적 정보의 인식방법에는 크게 현금주의와 발생주의의 두 가지 방법이 있는데 이를 각각 살펴보면 다음과 같다.

(1) 현금주의

현금주의(cash basis)는 현금이 유입되면 수입으로, 현금이 유출되면 지출로 인식한다. 즉 재화와 서비스를 제공했다 하더라도 현금으로 회수가 되지 않는 동안은 수익으로 계상하지 않으며, 재화와 서비스를 제공받았다 하더라도 현금으로 지급되기 전에는 비용으로 계상하지 않는다.

(2) 발생주의

발생주의(accrual basis)는 현금의 수수에 관계없이 거래가 발생된 시점에 인식하는 기준으로 현금거래 이외의 비현금거래에 대하여도 거래로 인식하여 회계처리하게 된다. 이에 따라 거래는 발생하였으나 현금의 유입과 유출이 이루어지기 이전 시점에 인식되는 미수세금, 미수수익, 미지급금, 선수수익, 선급비용 등의 발생주의 계정을 사용하게 된다.

3) 회계정보의 기록

회계정보의 기록이란 거래를 일정한 원리에 따라 자산, 부채, 자본, 수익, 비용 등으로 구분하여 회계장부에 기입하는 과정을 말하는데, 이를 약칭하여 부기(簿記)라고도 한다. 이러한 기록과정을 통해 궁극적으로는 재정상태보고서나 재정운영보고서와 같은 결산재무제표를 생성하게 된다.

(1) 단식부기

단식부기(single entry)는 현금, 채권, 채무 등을 대상으로 발생된 거래의 한쪽 면만을 기록하는 방식으로 전통적으로 정부회계에서 사용하여 온 기록방식이다.

(2) 복식부기

복식부기(double entry)는 하나의 거래를 대차평균의 원리에 따라 왼쪽(차변)과 오른쪽(대변)에 이중 기록하는 기록방식으로, 복식부기에서는 하나의 거래를 두 가지 요소 또는 그 이상의 요소로 분해할 수 있다. 즉 발생된 거래는 반드시 두 가지 이상의 계정에 기입된다. 두 가지 이상의 계정을 병행하여 동시에 기록함으로써 비로소 현금수지 잔액과 사용별 내역이 동시에 얻어지게 된다. 이러한 과정을 통해 복식부기에서는 모든 거래를 대상으로 한 회계기록으로부터 최종 목적인 재정상태보고서나 재정운영보고서를 작성할 수 있으므로 회계실체의 활동 전반을 파악하는 것이 가능해지며 이런 점에서 복식부기를 완전부기라고도 한다.

〈표 18-1〉 예산회계와 복식부기회계 비교

구 분	예 산 회 계	복식부기회계
· 의 의	· 예산의 집행실적 기록 　- 장-관-항-목	· 재정운영성과 및 재정상태 보고 　- 수익과 비용, 자산과 부채 등
· 회계방식	· 현금주의 단식부기 　- 공기업회계는 발생주의 복식부기	· 발생주의 복식부기 　- 기업형
· 결 산 　보고서	· 세입세출결산서	· 재무제표 　- 재정상태보고서, 재정운영보고서 등
· 보고형식	· 회계단위별 분리보고	· 회계단위간 연계와 통합보고
· 가치지향	· 행정 내부조직 중심 　- 예산집행통제, 법규준수	· 주민의 삶의질 향상 　- 투명한 공개, 효율적 집행
· 자기검증 　기 능	· 없음	· 대차평균의 원리에 의한 회계오류의 　자동검증
· 정치적기반	· 중앙집권시대 　- 상급기관 보고	· 지방분권시대 　- 주민에 대한 보고

2. 복식부기회계의 필요성

우리나라 지방자치단체에서는 그동안 공기업 특별회계를 제외하고 일반회계, 기타 특별회계 및 기금회계에 있어서 현금주의 단식부기 회계방식을 사용하여왔다. 그러나 2007년 1월 1일부터는 모든 지방자치단체의 회계적 거래의 발생시 복식부기 회계방식을 추가하여 기록하게 하고 있다.

따라서 전 지방자치단체에서는 복식부기 회계방식으로 거래를 인식하여 장부에 기록하고 있다. 지금까지 공공부문에서 결산은 현금주의 단식부기 방식이었다. 이 방식은 현금수지의 변동에 거래의 주안점이 있어 현금이 들어오면 세입으로 현금이 나가면 세출로 기록하는 것이다. 이 방식은 거래를 인식하고 기록하기에는 편하고 편성된 예산의 집행통제에 효과적인 제도이다.

반면에 이 방식은 현금의 수지만을 기록하는 방식으로 ① 자산과 부채의 변동내역이 표시되지 못하고, ② 행정서비스에 대한 원가 산출이 곤란하며, ③ 자산의 비용화(감가상각) 개념의 부재로 기간별 성과와 자산의 교체시기에 대한 정보를 제공해 주지 못한다. 또한 재정운영 현황에 대한 전체적 윤곽을 보여주지 못하고 복잡한 구조(목별조서)의 개별적 세부자료만 나열하여 회계담당공무원이 아니고서는 이해하기 힘든 결산서를 산출하여 부정과 오류에 대한 사전적 예방 및 사후적 적발이 곤란하다는 점 등으로 그동안 지속적으로 제도 개혁에 대한 요구가 있어 왔다.

이러한 현금주의 단식부기 회계제도의 문제점을 극복하고 재정운영에 대한 책임성을 확보하기 위해 지방자치단체에서 발생주의 복식부기 회계제도를 도입하게 된 것이다.

그림 18-2 발생주의 복식부기회계제도의 도입배경

- 지방재정의 투명성·회계책임성·효율성 제고를 위하여 상장기업처럼 발생주의 복식부기방식에 근거한 회계처리와 재무보고서 작성·공시
  - 행정서비스 원가와 성과측정이 가능한 디지털예산회계인프라 구축

현금주의 단식부기	회계시스템 개혁	발생주의 복식부기
현금의 수입이나 지출의 단면만을 기록		현금의 증감 외에 자산, 부채, 자본의 증감 및 수익, 비용의 증감을 모두 표시

- 지역 주민의 '삶의 질'을 높이기 위한 회계시스템 도입
  - 국민소득 2만불 시대 재정인프라로서의 회계시스템 지향

지방재정 운영 → 회계처리 (발생주의 복식부기) → 재무 보고서 → 공개평가 참여 → 주민의 삶의질 향상
환류

- 학계, 시민단체, 국제기구 등의 요구에 따른 정부회계제도 개혁을 위해 복식부기 회계제도를 도입키로 결정(1999년)
  - 정부혁신지방분권위원회의 로드맵에 포함(2003년)
  - 참여정부 국정과제(정부혁신지방분권과제)로 채택(2004년)
- 디지털예산회계인프라 구축을 위해 발생주의 복식부기 회계제도 도입추진의 재확인(2005년)

제 2 절 복식부기회계의 처리과정

1. 거래 및 회계처리 사례

1) 거래의 개념

복식부기회계에서의 거래(transaction)란 지방자치단체의 자산, 부채 및 순자산과 수익이나 비용의 증감변화를 일으키는 모든 경제적 사건으로 일상적 거래의 개념과는 그 범위가 다르며, 예산거래는 물론 예산외 거래에 대해서도 인식하게 된다.

〈표 18-2〉 거래의 개념

구 분	일상적 거래	일상적 비거래
부기상 거래	·임대료의 수입, 임차료의 지급	·건물·재고자산 등의 손실·훼손, 금전·물품등의 망실, 건물·비품·기계장치 등의 감가, 채권의 대손
부기상 비거래	·상품의 매매계약, 건물의 임대차 계약	·종업원의 사망

2) 분개의 법칙

거래내용을 차변과 대변으로 나누어 기입하는 것을 의미하며 분개는 거래의 8요소에 따른 결합관계를 차변과 대변의 해당 계정과목에 의해 나타내는 복식부기의 가장 기본적인 논리구조이다.

그림 18-3 거래 8요소의 결합관계

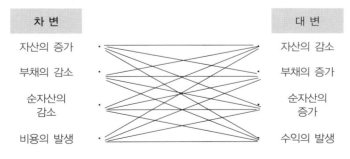

3) 거래의 이중성과 대차평균의 원리

모든 거래는 차변요소와 대변요소로 결합되어 이루어지며 차변요소의 금액과 대변요소의 금액도 같게 되는데, 이것을 거래의 이중성이라 한다. 거래의 이중성으로 인해 결국 차변의 합계액과 대변의 합계액은 일치하여야 하는데 이러한 것을 대차평균의 원리라 한다.

4) 거래의 종류

(1) 예산거래

현행 세입·세출 예산으로 편성되어 집행되는 거래를 말한다. 수입거래는 세입예산으로 편성된(지방세, 세외수입, 보조금, 지방채 등) 항목 거래와 거래의 인식 및 회계처리 시점은 세입행위시(징수결정, 감액, 수납, 과오납환부 및 결손처분시) 발생하게 되며, 지출거래는 세출예산으로 편성된(인건비, 물건비 등) 항목 거래와 거래의 인식 및 회계처리 시점은 지출원인행위시(검수·검사, 지급명령시) 발생한다.

(2) 예산외거래

현행 세입·세출 예산으로 편성되지는 않았으나 회계적 관점에서 회계처리가 요구되는 항목에 대한 거래를 말한다

결산보정거래는 재무제표 확정을 위해 처리되어야 하는 거래로서, 즉 재무회계결산을 위한 결산정리분개로 결산시점에서 회계처리한다. 결산보정거래는 재정자금의 재분류, 지방채 만기재분류, 수익비용항목 정리, 감가상각, 대손충당금 설정, 퇴직급여충당부채 설정 등을 대상으로 한다.

또한 기타예산외거래는 예산외거래 중 결산보정거래를 제외한 거래로서 세입세출외현금과 기부채납 등의 거래로 거래가 발생하는 시점에서 회계처리하며, 기부채납, 교환,

〈표 18-3〉 거래의 종류

구 분		비 고
예산거래	수입거래	세입예산 편성항목
	지출거래	세출예산 편성항목
예산외거래	결산보정거래	결산항목
	기타예산외거래	세입세출외현금 등

세입세출외현금 등을 대상으로 한다.

2. 회계의 순환과정

복식부기의 목적은 거래나 사건을 분개를 통해 차변과 대변으로 각각 기록하여 궁극적으로는 재정상태보고서와 재정운영보고서를 비롯한 결산보고서를 작성하는 것이며, 회계의 순환과정을 표를 통해 살펴보면 [그림 18-4]와 같다

그림 18-4 처리 흐름도

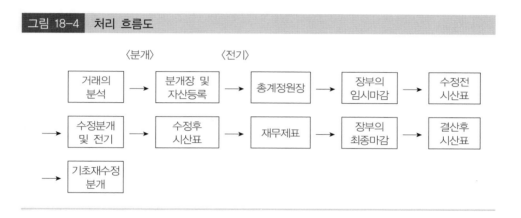

1) 분개장
분개장은 회계자료를 인식하고 측정하여 최초로 기록하는 장부로서 하나의 거래를 원인과 결과로 구분하여 따로 기록하고 또한 거래내역의 발생 순서별로 기록한다. 거래가 다양하고 분량이 많은 기업에서는 분개장 대신에 전표를 사용한다.

2) 원장과 전기
원장은 계정과목별로 일목요연하게 모아 놓은 회계장부이며, 전기는 분개의 내용을 각 계정별로 집계하기 위하여 해당계정에 이기하는 것을 말한다.

3) 시산표 및 재무제표 작성
시산표는 대차금액 일치의 원리에 의해 오류를 검증하기 위해 작성하며, 재무제표는

거래자료를 활용하여 경영활동의 결과를 분석한 각종 재무 회계정보 보고서이다.

3. 재무제표의 작성

1) 재무제표의 목적

재무제표의 목적은 정보이용자의 경제적 의사결정에 유용한 정보를 제공하는 것이다. 회계실체의 자산은 주주나 채권자로부터 위탁받은 것인 바 경영자는 위탁받은 자산을 효율적으로 관리하고 수익을 창출할 책임을 지게 되는데 이를 경영자의 수탁책임이라고 한다.

2) 재무제표의 종류

재무제표는 보고실체의 재정상황을 표시하는 가장 중요한 요소로서 재정상태보고서, 재정운영보고서, 현금흐름보고서(유예) 및 순자산변동보고서로 구성된다(재무제표는 주석을 포함한다).

(1) 재정상태보고서

재정상태보고서는 특정시점의 재정상황(stock)을 표시한다. 이 보고서를 통해 자산·부채 구조, 유동성, 투자수익율 등을 평가할 수 있다.

(2) 재정운영보고서

재정운영보고서는 회계기간 동안의 운영결과(flow의 개념)를 표시한다. 이 보고서를 통해 과거의 경영성과 및 미래의 수익성을 예측할 수 있다.

(3) 현금흐름보고서

현금흐름보고서는 회계기간 동안의 현금수지를 표시한다.

(4) 순자산변동보고서

순자산변동보고서는 순자산 변동상황을 표시한다.

〈표 18-4〉 기업과 지방자치단체의 재무제표비교

정보의 성격	기업회계	지방자치단체회계
재무상태(재정상태)	· 대차대조표	· 재정상태보고서
경영성과(운영성과)	· 손익계산서	· 재정운영보고서
자본(순자산)의 변동	· 이익잉여금처분계산서	· 순자산변동보고서
현금흐름의 내용	· 현금흐름표	· 현금흐름보고서

3) 구성요소

지방자치단체의 재무결산시 작성하는 재무제표의 구성요소는 재정상태보고서의 구성요소인 자산, 부채, 순자산과 재정운영보고서의 구성요소인 수익, 비용, 운영차액으로 구분한다.

(1) 재정상태보고서

재정상태보고서는 자산, 부채, 순자산을 표시한다. 지방자치단체 회계기준에 관한 규칙(약어로 회계기준이라 한다)[4]에 의하면 자산은 회계실체가 소유하고 이들 자산을 일정기간 보유 또는 사용함으로써 공공서비스 잠재력이나 경제적 효익을 창출할 수 있는 자원을 말한다. 또한 부채는 과거 사건의 결과로 회계실체가 부담하는 의무로서 이행을 위하여 미래에 자원의 유출이 예상되는 현재 시점의 의무를 말하며, 순자산은 회계실체의 자산에서 부채를 차감한 잔여액으로서 전년도 순자산, 당해연도 운영차액, 순자산의 증감으로 구성된다.

$$자산 = 부채 + 순자산$$

(2) 재정운영보고서

재정운영보고서에서 운영차액은 수익에서 비용을 차감한 금액이며, 순자산의 증감을 반영(잉여금 또는 결손금)하고 있다.

$$운영차액(순자산의 증감반영 : 잉여금 또는 결손금) = 수익 - 비용$$

---

4) 지방자치단체 회계처리의 통일성을 기하기 위하여 지방자치단체회계기준에관한규칙을 2006년 10월 행정자치부령으로 제정·공포하였다.

〈표 18-5〉 재정상태보고서와 재정운영보고서의 개념

재정상태보고서		재정운영보고서	
자 산	부 채	비 용	수 익
	순자산	운영차액	

수익은 자산의 증가 또는 부채의 감소를 초래하는 회계연도 동안의 거래로 인한 순자산의 증가를 의미한다. 단 자본거래에 의한 순자산 증가는 포함하지 않는다. 또한 비용은 자산의 감소 또는 부채의 증가를 초래하는 회계연도 동안의 거래로 인한 순자산의 감소를 의미한다.

(3) 현금흐름보고서

현금흐름보고서에서 기말현금은 현금 및 현금성 자산을 의미한다. 이 경우, 경상활동에 의한 자금흐름은 행정서비스와 관련된 활동이며, 투자활동에 의한 자금흐름은 자금의 융자 및 회수, 시설 취득 활동 등이다. 또한 재무활동에 의한 자금흐름은 자금의 차입 및 상환활동을 말한다.

> 기말현금＝현금 및 현금성자산(재정상태보고서)

ⓐ 경상활동에 의한 자금흐름 : 행정서비스와 관련된 활동
ⓑ 투자활동에 의한 자금흐름 : 자금의 융자 및 회수, 시설 취득 활동 등
ⓒ 재무활동에 의한 자금흐름 : 자금의 차입 및 상환 활동

(4) 순자산변동보고서

순자산변동보고서에서 순자산은 기말순자산을 의미한다. 이 경우, 기말순자산은 기초순자산, 운영차액, 순자산증가의 합에서 순자산감소를 차감한 부분이다.

> 순자산(재정상태보고서)＝기말순자산
> 기말순자산＝기초순자산+운영차액+순자산증가−순자산감소

제 3 절 복식부기회계의 자산 및 부채회계

1. 자산회계

1) 자산의 정의

자산이란 회계실체가 소유하고 이들 자산을 일정 기간 보유 또는 사용함으로써 공공서비스 잠재력(service potential)이나 경제적 효익(economic benefit)을 창출하는 자원으로 정의하고 있다. 경제적 효익(economic benefit)은 지방자치단체에 미래에 자금유입을 창출해 내거나 자금유출을 방지할 수 있는 능력을 말하며, 서비스잠재력(service potential)은 직접적인 자금유입과는 관련되지 않지만 공공서비스를 제공할 수 있는 능력을 의미한다.

2) 재산과의 관계

자산과 유사한 의미로 사용되는 단어 중 재산이 있다. 재산이란 개인이나 국가 또는 단체가 소유하는 재화의 집합이며 일정한 목적하에 결합된 경제적 가치의 총체로서 이는 소유와 연결되는 법률적 개념을 의미한다. 먼저 성격상 재산은 법률적인 개념인데 비해 자산은 회계적인 개념이며, 둘째 인식기준에서는 재산은 현금주의, 자산은 발생주의에서 사용하는 용어이며, 셋째 포괄범위에서 재산에 비해 자산의 포괄범위가 보다 넓다고 볼 수 있다.

자산과 재산을 구분하는 것은 단식부기와 복식부기제도의 차이에서 비롯되며 발생주의 하에서는 현금주의와 달리 자산, 부채, 순자산, 수익, 비용 개념이 반영되고 있기 때문에 재산과 구분하여 자산이란 용어를 사용하고 있다.

〈표 18-6〉 재산과 자산의 비교

비교대상	현행 지방재정법 재산	발생주의 회계 자산
인식기준	·현금주의	·발생주의
분류기준	·지방재정법, 재산(물품)관리지침	·정부회계기준
대상회계	·모든 회계실체(구분성)	·모든 회계실체(통합성)

관리대상 자산	·공유재산	·투자자산, 일반유형자산, 주민편의시설, 사회기반시설, 기타비유동자산
	·물 품	·일반유형자산, 재고자산
	·채 권	·유동자산, 투자자산, 기타비유동자산
	·공공시설	·일반유형자산, 사회기반시설
	·기 금	·해당되는 모든 자산

3) 자산의 인식기준

자산은 공공서비스 잠재력을 창출하거나 미래의 경제적 효익이 회계실체에 유입될 것이 거의 확실하고 그 금액을 신뢰성 있게 측정할 수 있을 때 인식한다. 다만 문화재, 예술작품, 역사적 문건 등 유산자산 및 자연자원은 자산으로 인식하지 않고 필수보충정보의 관리책임자산으로 보고한다.

4) 자산의 분류

지방자치단체 회계기준상에는 현금으로 전환하기 쉬운 순서, 즉 유동성(liquidity)을 기준으로 분류하고 있으나, 이를 직접 대분류로 구분하지 않고 유동자산, 투자자산, 일반유형자산, 주민편의시설, 사회기반시설, 기타비유동자산으로 구분한다.

〈표 18-7〉 자산의 과목별 분류

중분류	회 계 과 목
유동자산	·현금및현금성자산, 단기금융상품, 미수세금, 미수세외수입금, 미수징수교부금, 미수정부간이전수익, 단기대여금, 기타유동자산
투자자산	·장기금융상품, 장기대여금, 장기투자증권, 기타투자자산(공기업특별회계자본전 출금, 회원권 등)
일반유형자산	·토지, 입목, 건물, 구축물, 기계장치, 차량운반구, 집기비품, 임차개량자산, 기타 일반유형자산, 건설중인일반유형자산
주민편의시설	·도서관, 주차장, 공원, 박물관및미술관, 동물원, 수목원및휴양림, 문화및관광시 설, 체육시설, 사회복지시설, 의료시설, 교육시설, 기타주민편의시설, 건설중인주 민편의시설
사회기반시설	·도로, 도시철도, 상수도시설, 수질정화시설, 하천, 폐기물처리시설, 재활용시설, 농수산기반시설, 댐, 어항및항만시설, 기타사회기반시설, 건설중인사회기반시설
기타비유동자산	·보증금, 무형자산(지적재산권, 용익물권, 전산소프트웨어), 기타비유동자산

여기서 유동자산은 1년내에 현금화가 가능하거나 또는 실현될 것으로 예상되는 자산이며, 투자자산은 회계실체가 투자 또는 권리행사 등의 목적으로 보유하고 있는 비유동자산이다. 또한 일반유형자산은 1년이상 공공서비스 제공을 위하여 반복적 또는 계속적 으로 사용되는 자산으로 공무원이 주민에 대한 공공서비스를 창출하는 과정에서 보유하는 자산이다. 한편 주민편의시설은 1년이상 공공서비스 제공을 위하여 반복적 또는 계속적으로 사용되는 자산으로 지역주민이 공동으로 이용하는 편의시설이며, 사회기반시설은 초기에 대규모의 투자가 소요되며 파급효과가 장기간에 걸쳐서 나타나는 지역사회의 기반적 자산이다. 기타비유동자산은 유동자산, 투자자산, 일반유형자산, 주민편의시설, 사회기반 시설에 속하지 않는 자산이다.

5) 자산의 평가

재정상태보고서에 기재하는 자산의 가액은 당해자산의 취득원가를 기초로 하여 계상함을 원칙으로 한다. 다만 교환, 기부채납, 관리전환, 기타 무상으로 취득한 자산의 가액은 공정가액을 취득원가로 한다. 그리고 개시 재정상태보고서 작성을 위해 조사한 자산결과에 대한 평가는 행정자치부의 자산평가 기준에 따른다.

6) 감가상각

(1) 개념

감가상각(depreciation)이란 특정자산의 가치를 현실에 맞게 평가하는 것이 아니라 자산가액을 사용기간에 걸쳐 비용화 하는 과정이다. 즉 감가상각은 자산의 시장가치가 감소한 것을 인식하는 과정이 아니라, 경제적 효익(또는 공공서비스잠재력)을 보유한 자원인 자산가액을 효익(또는 공공서비스)이 제공되는 기간에 체계적이고 합리적인 방법으로 원가를 배분하는 과정을 말한다.

(2) 목적

감가상각을 수행하는 목적은 회계연도 중 자산과 관련하여 발생한 원가를 파악하여 사업별 원가분석을 위한 기본 자료로 활용하고, 자치단체별 보유하고 있는 유형자산 및 사회기반시설 등의 자산 감소분을 반영하여 잔존가액(장부가액)을 확인할 수 있어 실제 자산 가치 및 자산 수급관리의 유용한 정보제공을 위한 것이다.

(3) 대상

자산의 감가상각은 토지, 입목과 같이 시간이 경과함에 따라 가치감소가 일어난다고 보기 어려운 자산을 제외한 자산을 대상으로 하고 있으나, 다만 지방자치단체회계기준에 의하면 유지보수 활동 등을 통해 본래 자산의 서비스잠재력이 유지되는 특수자산에 대하여는 예외적으로 감가상각을 하지 않을 수 있도록 규정하고 있다.

감가상각 대상자산은 일반유형자산, 주민편의시설 및 사회기반시설, 그리고 지적재산권, 용익물권, 전산소프트웨어 및 프로그램 등의 무형자산이다. 또한 감가상각 제외자산은 각 자산유형별 토지와 입목, 사회기반시설의 도로, 도시철도, 하천시설, 농수산기반시설(소류지), 기타 사회기반시설 등이다.

(4) 방법

감가상각의 방법에는 정액법, 정률법, 생산량비례법, 조별상각법(종합상각법) 등 여러 가지가 있는데, 지방자치단체회계기준에서는 감가상각방법을 원칙적으로 정액법을 적용하도록 규정하고 있다. 정액법은 실무자들이 이해하기 쉽고 간편한 방법으로 유형고정자산의 경우에 유용하다. 정액법은 감가상각 대상액(취득원가 - 잔존가액)을 내용연수에 걸쳐 균등 배분하는 방법이며, 감가상각비는 (취득원가 - 잔존가액)/내용연수로 계산된다.

(5) 내용연수

내용연수(useful life)란 지방자치단체의 활동 과정에서 자산의 사용이 가능할 것으로 기대되는 기간을 말한다. 지방자치단체 재무회계 운영 규정에 따르면 일반유형자산·주민편의시설·사회기반시설과 기타 비유동자산으로 구분하여 자산별 내용연수를 예시하고 있다.

〈표 18-8〉 일반유형자산·주민편의시설·사회기반시설의 경우 자산별 내용연수

구 분	구조 또는 종류	내용연수
건물	철골·철근콘크리트조, 철근콘크리트조, 석조, 연와석조, 철골조	40년
	연와조, 블록조, 콘크리트조, 토조, 토벽조, 목조, 목골모르타르조, 기타의 구조	20년
	철골·철근콘크리트조, 철근콘크리트조, 석조, 연와석조, 철골조	40년

구축물	연와조, 블록조, 콘크리트조, 토조, 토벽조, 목조, 목골모르타르조, 기타의 구조			20년
	상수도시설 구 축 물	토목시설 및 그 밖의 수도 시설 (취수 · 도수 · 정수 · 배수지 설비시설 등)		30년
		상수도 관거	스텐레스관, 주철관, 강관	30년
			PVC관, PE관	20년
			아연도강관	10년
			그 밖의 관(재질에 따라)	20~30년
		수도관 부속설비		20~30년
	수질정화시설 구 축 물	하수처리장 시설	슬러지 처리시설	20년
			그 밖의 수처리시설	30년
			중계펌프장시설	30년
		하수도 관거	구조물시설(BOX 등)	30년
			그 밖의 하수관거시설 (흄관, PC관, VR관, PE관 등)	20년
	댐 구축물			50년
	기타 소규모 구축물			5년
기계 장치	물품관리지침에 규정된 것			물품관리지침 준용
	농업 및 임업용기계, 건설기계			5년
	폐기물처리시설 기계장치(소각로 등)			10년
	재활용시설 기계장치			10년
	농수산업기계장치			10년
	기타의 기계장치			10년
차량 운반구	물품관리지침에 규정된 것			물품관리지침 준용
	선박 및 항공기			12년
	기타의 차량운반구			5년
집기 비품	물품관리지침에 규정된 것			물품관리지침 준용
	기타의 집기비품			5년

〈표 18-9〉 기타 비유동자산의 경우 자산별 내용연수

구 분	종 류	내용연수
지적재산권	의장권, 실용신안권, 상표권	5년
	특허권	10년
	저작권	저작권 보호기간
전산소프트웨어	전산소프트웨어의 취득 또는 개발	3년

용익물권	지상권, 구분지상권, 지역권	존속 기간
	어업권	10년
	광업권	20년

2. 부채회계

1) 부채의 정의

부채란 과거 사건의 결과로 회계실체가 부담하는 의무로서 그 이행을 위하여 미래에 자원의 유출이 예상되는 현재시점의 의무를 말한다. 부채란 ① 과거의 거래 또는 사건의 결과로 나타나고, ② 미래에 자산을 이전할 가능성을 가진 현재시점의 의무로서, ③ 과거 또는 현재의 경제적 이익과 대응하는 미래의 경제적 희생으로 정리할 수 있다.

지방재정법에서는 부채란 용어보다 채무란 용어를 사용하고 있다. 채무에 대해서는 명시적 개념규정은 없으나 동법 시행령 제108조에서 채무관리사무의 범위로 지방채증권 등 4종을 언급하고 있다.

〈표 18-10〉 지방재정법상 채무와 발생주의회계의 부채

종 류	내 용	비 고
지방채증권	·증권발행을 통한 자금의 차입	·부채에 포함
지방채	·금융기관, 중앙정부기금 등을 통한 증서방식의 자금차입	·부채에 포함
채무부담행위	·채무부담을 전제로 한 예산사용	·기성고 등을 통해 확정된 부분만 부채에 포함
보증채무부담행위	·타 지방자치단체, 타법인 등에 대한 채무상환의 보증	·확정채무로 결정된 부분만 부채에 포함

2) 부채의 인식기준

부채는 회계실체가 부담하는 현재의 의무를 이행하기 위하여 경제적 효익이 유출될 가능성이 거의 확실하고 그 금액을 신뢰성 있게 측정할 수 있을 때 인식한다.

3) 부채의 분류

부채는 크게 만기일 및 의무부담의 확실성 여부에 따라 분류될 수 있다. 지방자치단

체회계기준에서는 만기일을 기준으로 하여 결산일(매년 12월 31일)을 기준으로 1년 이
내에 지급기일이 도래하면 유동부채로 지급기일이 1년을 초과하는 경우 장기부채로 분
류한다.

〈표 18-11〉 부채과목 분류

분 류	과 목	사 례
· 유동부채	· 단기차입금	· 단기차입금, 단기예수금
	· 유동성 장기차입부채	· 유동성장기차입금, 유동성지방채증권, · 유동성장기미지급금
	· 기타유동부채	· 일반미지급금, 선수금, 선수수익, 단기예수보관금, 일반미지 급비용, 가수금, 기타유동부채
· 장기부채	· 장기차입금	· 장기차입금, 장기예수금
	· 지방채증권	· 지방채증권, 지방채할인발행차금, 지방채할증발행차금
· 기타 비유동 부채	· 퇴직급여충당부채	· 퇴직급여충당부채, 퇴직금전환금및예치금
	· 기타비유동부채	· 장기미지급금, 장기선수수익, 장기예수보관금, 기타 비유동 부채

4) 부채의 평가

지방자치단체 부채평가의 기준은 만기 상환가액으로 한다. 다만 지방채증권, 퇴직급
여 등 충당성 부채, 외화부채, 리스 등은 별도의 평가기준을 적용한다.

제 4 절 수익 및 비용회계

1. 수익회계

1) 수익의 정의

발생주의 복식부기회계에서 수익이란 지방자치단체에 자산의 유입이나 증가 또는
부채의 감소형태로 나타나며, 회계기간 동안의 경제적 이익의 증가를 말한다. 다만 자본
거래에 의한 순자산의 증가는 포함하지 않는다.

〈표 18-12〉 수입·세입·수익 비교

수 입	세 입	수 익
·회계연도 개념이 없음 ·현금의 유입	·회계연도의 개념이 있음 ·현금의 유입	·회계연도의 개념이 있음 ·발생주의에 의한 경제적 이익의 증가

2) 인식기준

수익은 교환거래와 비교환거래로 나눌 수 있고, 교환거래에 의한 수익은 재화나 용역 제공의 반대급부로 발생하는 사용료, 수수료 등으로 수익창출 활동이 완료되고 그 금액을 합리적으로 측정할 수 있을 때 인식하며, 비교환거래에 의한 수익은 직접적인 반대급부 없이 발생하는 조세수익, 보조금, 기부금 등으로 해당 수익에 대한 법적, 행정적 청구권이 발생하고 그 금액을 합리적으로 측정할 수 있을 때 인식한다.

3) 수익의 분류

(1) 자체조달수익

자체조달수익은 지방자치단체의 과세권에 의해 징수되는 지방세 수익과 자체적인 징수활동에 의해 조달되는 경상적세외수익, 임시적세외수익으로 구성된다.

① 지방세 수익

지방세 수익은 지방세법에 따라 지방자치단체가 과세권을 바탕으로 반대급부 없이 징수하는 세금으로 하며, 지방세수익의 과목은 지방세기본법 제7조에서 규정하는 보통세 9개 세목 및 목적세 2개 세목으로 한다.

먼저 보통세 9종으로는 취득세, 등록면허세(구세), 레저세, 담배소비세, 주민세, 지방소득세, 재산세, 자동차세로 구성된다. 다음으로 목적세 2종은 지역자원시설세, 지방교육세로 구성된다.

② 경상적 세외수익

경상적 세외수익은 경상적이고 반복적으로 재화나 서비스를 제공하고 그에 대한 반대급부로 발생하는 세외수익으로 하며, 일반적으로 재화를 판매하는 때에는 서비스제공이 완료된 시점에 수익을 인식한다.

③ 임시적 세외수익

임시적 세외수익은 지방자치단체의 사용자 부담수익과 비권력적 수익으로서 법령 또는 조례로 정하여 회계연도마다 비반복적으로 확보되는 교환수익을 말한다.

(2) 정부간 이전수익

지방자치단체가 국가 또는 상위 정부의 교부에 의해 조달받은 수익으로 지방교부세수익, 조정교부금수익, 재정보전금수익, 보조금수익, 자치단체간 부담금수익, 기타정부간 이전수익 등으로 구성된다.

(3) 기타수익

기타수익은 자체조달수익과 정부간 이전수익에서 열거되지 않은 수익으로 회계간 전입금수익, 기부금수익 등으로 구성된다.

2. 비용회계

1) 비용의 개념

비용이란 자산의 감소 또는 부채의 증가를 초래하는 회계연도 동안의 거래로 인한 순자산의 감소를 말한다.

2) 인식기준

교환거래에 의한 비용은 반대급부로 발생하는 급여, 지급수수료, 임차료, 수선유지비 등으로 대가를 지급하는 조건으로 민간부분이나 타공공부문으로부터 재화나 서비스의 제공이 완료되고 그 금액을 합리적으로 측정할 수 있을 때 인식한다. 비교환거래에의한 비용은 직접적인 반대급부 없이 발생하는 보조금, 기부금 등으로 가치의 이전에대한 의무가 존재하고 그 금액을 합리적으로 측정할 수 있을 때 인식한다.

3) 비용의 분류

회계는 거래를 기록, 분류, 요약, 보고하는 행위라고 정의되고 있는데, 거래를 기록하는 이유는 이해관계인에게 필요한 정보를 전달하기 위한 것이다. 재정운영보고서에서비용을 어떻게 분류할 것인가는 크게 성질별 분류와 기능별 분류로 구분할 수 있다.

성질별 분류는 집행결과를 비용의 성질을 감안하여 비용을 분류한 계정과목(인건비, 운영비, 이전경비, 기타비용)을 나타내는 분류방식이며 기능별 분류는 집행결과를 기관이 수행하고 있는 기능별로 비용을 분류하여 나타내는 분류방식이다. 현행 지방자치단체회계기준에서는 기능별 분류를 주된 재무제표로 사용하고, 성질별 분류는 필수보충정보로 제공하게 된다.

〈표 18-13〉 비용의 분류

구 분		계 정 과 목
성질별 분류	인건비	·급여, 복리후생비, 기타인건비, 퇴직급여
	운영비	·도서구입및인쇄비, 소모품비, 홍보및광고비, 지급수수료, 일반유형자산유지보수비, 주민편의시설유지보수비, 사회기반시설유지보수비, 기타자산유지보수비, 교육훈련비, 제세공과금, 보험료및공제료, 임차료, 출장비, 연구용역비, 이자비용, 업무추진비, 행사비, 의회비, 위탁대행사업비, 예술단운동부운영비, 공익근무요원운영비, 위원회운영비, 주민자치활동운영비, 의료기관운영비, 징수교부금, 연료비, 관리자산취득비, 기타운영비
	정부간 이전비용	·시도비보조금, 조정교부금, 재정보전금, 지방자단체간부담금, 국가에대한부담금, 교육비특별회계전출금, 교육기관운영비보조금
	기타 이전비용	·민간보조금, 민간장학금, 민간장학금, 운수업계보조금, 이차보전금, 출연금, 예비군운영보조금, 국제기관부담금, 국외지원금, 전출금비용, 사립학교교직원건강보험부담금, 기타이전비용
	기타 비용	·일반유형자산처분손실, 주민편의시설처분손실, 사회기반시설처분손실, 기타비유동자산처분손실, 일반유형자산감액손실, 주민편의시설감액손실, 사회기반시설감액손실, 유산자산재해복구비, 자연자원재해복구비, 재고자산매각손실, 재고자산감액손실, 장기투자증권처분손실, 장기투자증권감액손실, 외화평가손실, 외환차손, 일반유형자산감가상각비, 주민편의시설감가상각비, 사회기반시설감가상각비, 무형자산감가상각비, 미수세금대손상각비, 미수세외수입금대손상각비, 단기대여금대손상각비, 일반미수금대손상각비, 장기대여금대손상각비, 기타비용
기능별 분류		·입법및선거관리, 지방행정·재정지원, 재정·금융, 일반행정, 경찰, 재난방재·민방위, 유아및초중등교육, 교등교육, 평생·직업교육반행정, 예비비, 기타 등 13개 분야 51개 부문

제 5 절 재무회계 결산 및 재무보고서 작성

1. 재무회계 결산

1) 결산의 개념

회계연도 동안의 예산거래(세입·세출 예산집행) 결과 및 예산외 거래(결산보정거래, 기타예산외 거래)를 최종적으로 확정하는 절차를 말하며, 발생주의·복식부기에 의한 재무회계 결산은 회계처리의 결과확정 및 재무보고라는 의미가 내포되어 있다.

회계결산은 회계연도내의 거래활동을 계수로 확정하는 것이고, 재무보고는 계수로 확정한 결과를 정보이용자에게 보고하기 위한 것이라 할 수 있다.

2) 결산의 목적

지방자치단체 회계처리 및 보고와 관련하여 통일성과 객관성을 부여함으로써 재정투명성과 공공책임성을 제고하고, 지방자치단체와 직·간접 이해관계를 지니는 외부이용자(지역주민, 지방세 납세자, 지방의원, 지방자치단체, 채권자, 기타 이해관계자) 및 내부관리자가 지방자치단체의 재정상태와 운영결과를 파악하는데 있다.

3) 회계연도와 결산범위

(1) 회계연도의 적용

지방재정법에 의한 회계연도(1월 1일부터 12월 31일 까지)와 출납기한내의 거래를 포함하여 결산함으로써 현행 예산회계 결산과 통일성을 추구한다.

(2) 재무보고서의 작성범위

지방자치단체에서 운영하고 있는 일반회계, 기타특별회계, 기금회계, 지방공기업특별회계 등 전체에 대하여 각 회계별 및 이를 통합하여 재무제표 작성함으로써 전체의 재정이 파악될 수 있도록 하고 있다.

4) 결산내용 및 일정

재무회계 결산서는 재무회계 결산 및 분석결과가 종합적으로 반영된 재무보고서로서 결산총평, 재무제표, 주석, 필수보충정보, 부속명세서로 구성된다.

〈표 18-14〉 재무보고서의 주요내용

· 결산총평: 결산에 대한 총괄적 설명 및 분석
· 재무제표: 재정상태보고서, 재정운영보고서, 순자산변동보고서, 현금흐름보고서, 주석
· 필수보충정보: 예산결산요약표, 성질별 재정운영보고서, 관리책임자산, 예산회계와 재무회계의
　　　　　　　 차이에 대한 명세서
· 부속명세서: 재무제표 과목별 세부내역

이러한 재무결산은 현행 예산회계 결산과 같은 일정으로 이루어지며, 주요 일정은 [그림 18-5]와 같다.

그림 18-5　재무결산의 일정

일 정	재무회계 결산	예산회계 결산
회계연도 종료 (매년 12월 31일)		지출원인행위 마감
출납폐쇄일 (매년 12월 31일)	결산자료의 수집 및 대사	세출금의 지출, 반납, 지급 완료
출납정리기한 (출납폐쇄기한 경과후 10일까지)	회계처리의 확정	세입금의 금고납입 마감
출납사무의 완결 (2월 10일까지)	회계장부 마감, 회계별 재무정보 집계	제반 장부 마감
결산서 작성 (출납폐쇄후 80일 이내)	재무보고서 작성, 공인회계사 검토	부문별 결산서 작성
결산 검사 (20일간)	결산검사위원회 제출	결산검사위원회 결산 검사
결산 승인 신청 (5월 10일까지)	제1차 정례회 회기	

5) 예산회계 결산과 재무회계결산의 차이점

현금주의에 기초한 현행 예산회계결산과 발생주의에 의한 복식부기회계의 결산은 차이가 발생하게 된다. 따라서 기본적으로 서로 분석(검증) 대사되어 수치의 연계성 및 정확성에 대한 확인이 필요하게 되고, 예산편성에서 결산까지 거래 흐름간 상호 연관성 이해를 위하여 예산회계와 재무회계의 차이에 대한 명세서를 필수보충정보로 제공하도록 회계기준 제42조에 규정하고 있다.

〈표 18-15〉 예산회계결산과 재무회계결산의 차이점

구 분	예산회계결산	재무회계결산
결산서	· 세입 · 세출결산서(세입결산서+세출결산서) · 기금결산서 · 채권현재액보고서 · 채무현재액보고서 · 공유재산현재액보고서 · 물품현재액보고서	· 재정상태보고서 · 재정운영보고서 · 순자산변동보고서 · 현금흐름보고서

회계기간	· 1월 1일~12년 31일
	  (출납폐쇄기간 포함)
		· 1월 1일~12년 31일
		  (출납폐쇄기간 포함)

기장방식	· 경상과 자본이 구분이 불명확	· 복식(자본)회계와 경상회계의 구분
인식기준	· (수정)현금주의	· 발생주의
과목분류	· 세입, 세출	· 자산, 부채, 순자산, 수익, 비용

과목체계	· 예산과목
	  (분야-부문-정책-단위-세부-편성목-통계목)
		· 회계과목
		  (대분류-중분류-회계과목-관리과목)

2. 결산회계 처리

1) 기타 예산외거래

기타 예산외거래는 자산처분, 결산보정거래, 내부거래의 상계 등을 들 수 있는데, 먼저 자산처분은 회계연도 중 매각한 공유재산 및 물품 등의 현황을 파악하고 해당자산이 자산대장 및 재무제표에 등재되었는지 유무 및 처분손익 계상을 확인해야 한다. 또한 순자산의 증감, 리스거래의 자산부채, 세입세출외 현금예수 및 이자수취 거래 등을 반영하여야 한다.

· 자산처분

 - 회계연도 중 매각한 공유재산 및 물품 등의 현황을 파악

 - 해당자산이 자산대장 및 재무제표에 등재되었는지 유무 및 처분손익 계상을 확인

· 순자산의 증감반영

 - 일반, 고정, 특정순자산의 재분류, 무상취득 자산의 반영 등

· 리스거래의 자산부채 반영

· 세입세출외현금 예수 및 이자수취 거래 반영

2) 결산보정거래

(1) 재정자금의 재분류

대상회계과목은 현금 및 현금성자산, 단기금융상품, 장기금융상품 등이다. 재정자금으로 보유하고 있는 예금, 적금 등 금융상품의 만기기준 현금 및 현금성자산(만기 3개월이내), 단기금융상품(만기 1년내), 장기금융상품(만기 1년초과) 등으로 재분류한다.

〈표 18-16〉 재정자금의 재분류에 따른 회계처리

거래단계	회계처리(분개)	
	차 변	대 변
결산회계처리시(회계연도말)	· 단기금융상품 x x x · 장기금융상품 x x x	· 현금및현금성자산 x x x
기초재수정분개(다음연도초)	· 현금및현금성자산 x x x	· 단기금융상품 x x x · 장기금융상품 x x x

(2) 지방채의 만기별 재분류

지방채의 만기별 재분류 대상과목은 유동성장기차입부채, 장기차입금, 지방채증권 등이다. 장기부채에 속하는 장기차입금, 지방채증권 중 회계연도말 이후 1년 이내에 만기가 도래하는 부분은 별도로 유동부채로 재분류하여야 한다.

〈표 18-17〉 지방채의 만기별 재분류에 따른 회계처리

거래단계	회계처리(분개)	
	차 변	대 변
결산회계처리시(회계연도말)	· 장기차입금 x x x · 지방채증권 x x x	· 유동성장기차입금 x x x · 유동성지방채증권 x x x

(3) 보조금 반납확정액의 계상

보조금 반납확정액의 계상은 국고보조금과 시도비보조금을 대상으로 하며, 산정방법은 회계연도 말 기준으로 보조금에 대한 정산을 실시하여 확정된 반납금액을 부채로 표시하고 다음 회계연도 실제 반납 시에는 부채의 상환으로 처리한다.

〈표 18-18〉 보조금 반납확정액 계상에 따른 회계처리

시 점		회계처리(분개)	
		차 변	대 변
회계연도 중 (보조금 수령비)		·현금과예금 x x x	·국고보조금수익 x x x
결산회계 처리시	전년도분조정	·(남음)일반미지급금 x x x	·기타수익 x x x
	현년도분 부채설정	·(적음)기타비용 x x x	·일반미지급금 x x x
다음 회계연도 실제반납시		·일반미지급금 x x x	·현금과예금 x x x

(4) 수익·비용항목의 정리

수익·비용항목의 정리는 미수수익, 선급비용, 선수수익 등을 대상으로 하며, 산정방법은 회계연도 중 발생한 수익·비용 항목을 발생주의 원리에 따른 기간비용 및 기간수익으로 해당 회계연도에 배분한다. 미수수익은 현회계연도에 속하는 수익으로 아직 받지 못한 금액이 있을 경우에 해당하는 금액을 현 회계연도의 수익으로 대변에 기록하는 동시에 같은 금액을 미수수익이라는 자산으로 차변에 기록한다. 이때 차년도 초에 결산보정거래로 발생한 미수수익에 대해서는 재수정분개한다. 미수수익의 종류는 장·단기금융상품, 장·단기융자금등 금융자산에 대한 기간경과 이자분을 들 수 있다.

〈표 18-19〉 미수수익의 회계처리

시 점	회계처리(분개)	
	차 변	대 변
결산회계처리시(회계연도말)	·미수수익(미수이자) x x x	·이자수익 x x x
기초재수정분개(다음연도)	·이자수익 x x x	·미수수익(미수이자) x x x
이자 수취시(다음연도)	·현금과예금 x x x	·이자수익 x x x

선급비용은 회계연도 중에 이미 비용으로 지출한 금액 중에서 현 회계연도에 전액

비용화 되지 않고 차기 회계연도에 비용화되는 금액으로서 결산시 차기 회계연도에 속하는 비용을 현회계연도의 비용으로부터 차감하고 동 금액을 자산으로 계상한다. 선급비용이 종류는 화재보험료, 자동차 보험료 기간 미경과분, 선급임차료 등을 들 수 있다.

〈표 18-20〉 선급비용의 회계처리

시 점	회계처리(분개)	
	차 변	대 변
결산회계처리시(회계연도말)	·선급비용 x x x	·보험료 및 공제료 x x x
기초재수정분개(다음연도초)	·보험료 및 공제료 x x x	·선급비용 x x x
이월후 종료시(다음연도)	·회계처리 없음	

선수수익은 장래에 용역을 제공하기로 하고 대금을 미리 받았으나 결산시까지 용역을 제공하지 못한 경우 용역을 제공하지 못한 부분을 현 회계연도의 수익에서 차감하고 같은 금액을 선수수익이라는 부채로 계상하는데, 그 종류로는 공유재산 임대료의 기간 미경과분 등을 들 수 있다.

〈표 18-21〉 선수수익의 회계처리

시 점	회계처리(분개)	
	차 변	대 변
결산회계처리시(회계연도말)	·재산임대료수익 x x x	·선수수익 x x x
초재수정분개(다음연도초)	·선수수익 x x x	·재산임대료수익 x x x
이월후 종료시(다음연도)	·회계처리없음	

(5) 대손충당금의 설정

대손충당금의 설정은 미수세금, 미수세외 수입금, 단기 민간융자금, 장기 민간융자금 등이며 자치단체융자금과 지방자치단체내의 회계간 예탁금은 설정은 제외한다. 산정방법은 각 과목별로 세목별 결손처분 경험율을 반영하여 충당금을 설정한다.

〈표 18-22〉 대손충당금 설정의 회계처리(재산세의 예)

시 점	회계처리(분개)	
	차 변	대 변
회계연도중(결손처분)^{주)}	·재산세대손충당금 x x x	·미수재산세 x x x
결산회계처리 시	·재산세대손상각비 x x x	·재산세대손충당금 x x x

주: 회계연도중 결손처분시 이미 설정된 대손충당금을 초과하는 경우는 그 초과분을 당해 연도 결산시 대손
상각비로 추가 반영.

(6) 퇴직급여충당부채의 설정

퇴직급여충당부채의 설정 퇴직전 3개월간 평균급여와 근속기간을 곱하여 산정한다.

〈표 18-23〉 퇴직급여충당부채 설정의 회계처리

시 점	회계처리(분개)	
	차 변	대 변
결산회계처리시(회계연도말)	·퇴직급여 x x x	·퇴직급여충당부채 x x x
퇴직금지급시(회계연도중)	·퇴직급여충당부채 x x x	·현금과예금 x x x

주: 퇴직급여충당부채설정액 = 퇴직금지급추계액 − 설정전 퇴직급여충당부채.

(7) 건설 중인 자산의 준공처리

건설 중인 자산의 준공처리는 건설 중인 일반유형자산, 건설 중인 주민편의시설, 건
설 중인 사회기반시설, 건설 중인 기타비유동자산 등이 해당되며, 회계연도 말까지 준공
된 건설 중인 자산을 해당자산의 재무회계과목으로 대체 처리하여 산정한다.

〈표 18-24〉 건설 중 자산 준공처리를 위한 회계처리

시 점	회계처리(분개)	
	차 변	대 변
회계연도 중	·건설중인일반유형자산 x x x	·현금과예금 x x x
결산회계처리시	·건물 x x x	·건설중인일반유형자산 x x x

(8) 재해 등에 따른 자산손괴분의 반영

재해 등에 따른 자산손괴분 반영은 일반유형자산 감액손실, 주민편의시설 감액손실,
사회기반시설 감액손실 등이 해당되며, 재해 등에 따라 유형자산 및 사회기반시설 등의

파괴, 유실, 도난 등 손괴가 발생한 경우에는 손괴발생분 상당액을 감액손실로 회계처리한다.

〈표 18-25〉 재해 등에 따른 자손손괴분 반영을 위한 회계처리

시 점	회계처리(분개)	
	차 변	대 변
결산회계처리시	·도로감액손실 x x x	·도로 x x x

(9) 기타 채권 등의 장단기 재분류

기타 채권 등의 장단기 재분류는 장기금융상품, 단기금융상품, 장기융자금, 단기융자금 등이 해당되며, 기말에 장단기 구분하는 기말보정거래가 수행된다. 기말보정거래에 의해 발생한 회계과목은 기중거래를 위해서 기초재수정분개로 환원하는 회계처리가 반드시 수행되어야 한다.

〈표 18-26〉 기타 채권 등의 장단기 재분류에 따른 회계처리

시 점	회계처리(분개)	
	차 변	대 변
결산회계처리시	·단기융자금 x x x	·장기융자금 x x x
기초재수정분개시	·장기융자금 x x x	·단기융자금 x x x

주: 1) 융자금재수정분개에 따라서 장단기융자금대손충당금도 재수정분개 수행.
    2) 융자금은 기중에 장기융자금으로 관리, 단기융자금은 기말에 결산조정시 발생.

3) 내부거래의 상계

회계간 또는 세부회계간 내부거래는 지방자치단체 세입·세출예산과목구분과 설정규정에 의한 내부거래와 기본적으로 같은 개념이다. 내부거래는 지방자치단체 전체의 재무제표(즉 복식부기에 의한 결산총계 및 순계정보)를 다열식으로 작성함에 있어 함께 기재해야 하는 것이다. 내부거래는 예산편성시 동일 자치단체장이 동일한 의회에서 심의의결하는 점을 고려하여 이루어지는 점 때문에 복식부기회계에서도 기본적으로 회계간 일치가 이루어져야 한다.

내부거래는 회계적 성격에 따라 수익·비용거래, 채권·채무거래 및 출자·자본거래로 구분된다. 먼저 기타회계전출금, 기금전출금의 지출은 수익·비용거래로 분류되고

공기업자본전출금의 지출은 출자·자본거래로 분류한다. 단 공기업경상전출금의 지출은 수익·비용거래로 분류한다. 실질주의원칙에 따라 다른 예산과목을 통해 집행하는 경우에도 사실상 회계간 자원이전과 관련된 경우에는 내부거래로 간주한다.

〈표 18-27〉 내부거래제거 분개의 사례

구 분	세 입	세 출
전입금과 전출금	· 차)현금과예금 / 대)전입금수익	· 차)전출금비용 / 대)현금과예금
차입금과 융자금	· 차)현금과예금 / 대)장기차입금	· 차)장기융자금 / 대)현금과예금
	· 차)현금과예금 / 대)장기융자금 · 대)융자금이자수익	· 차)장기차입금 / 대)현금과예금 · 차)차입금이자비용
예탁금과 예수금	· 차)현금과예금 / 대)단기예탁금 · 대)예탁금이자수익	· 차)단기예탁금 / 대)현금과예금
	· 차)현금과예금 / 대)단기예수금	· 차)단기예수금 / 대)현금과예금 · 차)예수금이자비용

3. 재무보고서 작성

1) 재무보고서의 구성

재무보고서는 보고실체의 재정상태와 운영성과 및 순자산 변동사항을 보여주는 재무회계의 결산서로 일반적으로 기본재무제표를 중심으로 주석, 필수보충정보 및 부속명세서로 구성된다.

2) 재무제표

(1) 재무제표의 의의

지방자치단체의 모든 회계(일반회계, 기타특별회계, 기금, 지방공기업특별회계)와 지방재정에 영향을 미칠 수 있는 관련 회계실체에 대한 자산·부채, 자금의 흐름 등을 종합적으로 파악하며, 회계실체간에 중복되거나 이중 계상된 부분을 밝히고 지방자치단체의 전체적인 차입금이나 자산의 규모 등을 파악하여 장기적인 재정정책 및 운영을 지원하기 위한 것이다.

(2) 작성절차

재무제표의 작성절차는 단위회계의 재무정보 작성, 회계별 재무정보의 작성, 재무제표의 합산, 내부거래의 상계제거, 그리고 재무제표의 작성 등 5단계를 거치게 된다.

제1단계는 단위회계별 재무정보의 작성이다. 기금, 기타특별회계 및 공기업특별회계와 같이 하나의 회계에 여러개의 단위회계가 있는 경우 회계유형별로 재무정보를 합산·작성한다. 제2단계는 회계별 재무정보의 작성이다. 단위회계별 재무정보를 합산하여 기타특별회계, 기금 및 지방공기업특별회계의 재무정보를 작성 및 일반회계의 재무정보 작성한다. 제3단계는 재무제표의 합산이다. 일반회계, 기타특별회계, 기금 및 지방공기업특별회계의 재무제표를 회계과목 분류(회계과목 및 관리과목을 기준)에 따라 합산한다. 제4단계는 내부거래의 상계제거이다. 회계간 또는 세부 회계간 내부거래를 상계제거하는 것인데, 지방자치단체간의 보조금, 교부금, 부담금 등 외부거래는 재무제표작성시 상계대상에 포함되지 않는다. 제5단계는 재무제표의 작성이다. 재정상태보고서, 재정운영보고서, 순자산변동보고서, 현금흐름보고서 등을 작성하되, 전년도와 현년도를 비교하는 방식으로 작성한다. 과목별 재정운영보고서는 재무제표로 공시하되, 성질별

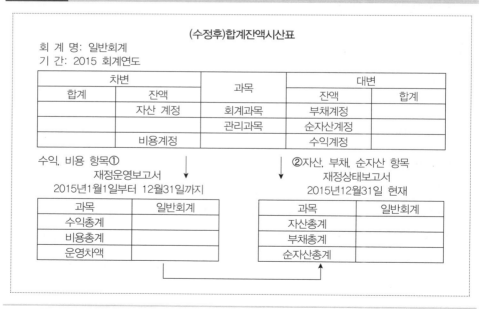

그림 18-6   재무제표의 작성방법

재정운영보고서는 필수보충정보에 별도로 제공해야 한다.

3) 재무제표의 주석

재무제표의 주석은 재무제표의 각 회계과목에 대한 세부내역 및 중요한 회계처리 사항을 상세하게 설명하는 첨부 자료를 말한다. 여기에 포함되는 내용은 ① 지방자치단체 회계실체간 주요 거래내용, ② 가입하고 있는 보험의 종류, 보험금액 및 보험에 가입된 자산의 내용, ③ 타인을 위하여 제공하고 있는 담보보증의 내용, ④ 천재지변, 중대한 사고, 파업, 화재 등에 관한 내용과 결과, ⑤ 채무부담행위 및 보증채무부담행위의 종류와 구체적 내용, ⑥ 무상사용허가권이 부여된 기부채납자산의 세부내용, ⑦ 기타의 사항으로서 재무제표에 중대한 영향을 미치는 사항과 재무제표의 이해를 위하여 필요한 사항 등이 있다.

4) 필수보충정보

필수보충정보는 재무제표에 대한 주석이나 부속명세서 이외에 지방자치단체의 재정상태와 재정운영에 관한 관리적 의사결정을 위해 추가적으로 제공되는 정보 중 반드시 공표하는 것이 요구되는 사항으로서 예산결산요약표, 성질별 재정운영보고서, 관리책임자산, 예산회계와 재무회계의 차이에 대한 명세서 등을 말한다.

관리책임자산은 자산의 특성상 가치측정의 어려움 등의 제약으로 인해 정부자산으로 인식하지 않고 있는 유산자산, 문화자산, 천연자원 등에 대해 그 종류와 수량 등을 파악하여 공시하는 자산을 말한다(예컨대 문화재, 예술작품, 역사적 문건, 자연자산 등).

5) 부속명세서

부속명세서는 재무제표에 표시되는 재무회계과목에 대한 세부내역(관리과목별내역)을 명시해야 할 필요가 있을 때, 추가적인 정보를 제공하기 위한 것이다.

제 6 절   복식부기회계의 전망과 과제

1. 복식부기회계의 전망

지금까지 지방자치단체에 복식부기 회계제도를 도입하는 방식은 새로운 제도의 연구개발 → 시험운영 및 표준화 → 확산보급 등 단계적 도입전략 추진과 대대적인 교육훈련의 실시를 통해 제도의 정착을 유도하는 것이었다.

그 결과 시험용이긴 하지만 재무보고서가 산출되고 자산부채에 대한 실사가 이뤄지는 등 새로운 제도의 실행가능성이 확인되었으며 인식도 긍정적인 것으로 분석되었다. 그 과정에서 자치단체별 전담인력 구성과 시험운영 경험 축적 등으로 2007년제도 시행에 따라 발생할 수 있는 문제점을 최소화 한 것으로 판단할 수 있겠다.

향후 발생할 수 있는 문제점을 면밀히 분석하고 실제로 제도 운영상 생기는 문제에 대한 즉시 대응체계를 구축하는 등 대응방안을 마련해 놓는 것이 필요하다. 아직 복식부기 회계제도를 도입함으로써 어떤 효과가 나타나는지 명확히 보여질 수는 없다. 단지 회계학 교과서나 외국의 도입사례를 통해 기본적인 사항을 유추해 보는 정도라 할 것이다. 여기서는 행정 내부적으로 재정운영시스템 차원의 접근과 고객인 주민 관점, 그리고 국제적 차원의 기대 효과로 나누어 파악해 보고자 한다.

1) 지방재정 운영시스템의 개혁

현행 예산회계시스템으로는 재정의 투명성, 회계책임성 및 성과측정을 위한 재정정보 산출이 어렵다는 것이 가장 큰 문제점으로 지적되고 있다. 이러한 문제점을 해소하고 행정서비스의 원가산정, 성과측정, 자원배분에 관한 합리적 정책결정 지원을 위한 인프라의 구축이 복식부기 회계시스템의 도입을 통해서 가능해진다.

첫째, 지방자치단체가 관리하는 모든 자산, 부채, 수익, 비용의 내역을 전 회계(일반, 특별, 공기업)를 종합하여 투명하게 공개(회계정보의 투명성)한다. 재정운영에 대한 투명한 공개가 재정제도 개혁의 첫 번째 목표이다.

둘째, 행정서비스에 대한 원가정보 산출로서 모든 행정 서비스 활동에 대한 합리적인 원가의 산출을 통해 보다 효율적인 재정운영을 가능케 하는 성과관리시스템 기반이 구축된다.

셋째, 공무원의 경영마인드 함양으로 지출에 대한 인식이 전환된다. 지출은 지출의 효과가 장기간에 걸쳐 나타나는 자본적 지출과 일 회계연도에 비용으로 소멸되는 수익적(경상적) 지출로 나눠진다. 또한 자본적 지출의 경우에도 감가상각을 통하여 매년 비용이 발생되는 자산이 존재하는 바 이러한 지출행위는 그로 인해 얻어지는 성과5)가 비용보다 높아야 한다는 인식이 심어지게 될 것이다.

2) 지역주민에 대한 효과

지역주민에게는 우선 지방재정운영 결과의 투명한 공개로 행정에 대한 신뢰성이 제고된다. 특히 이해하기 쉽게 전체를 요약한 보고서와 세부내용을 체계적으로 파악할 수 있는 재무보고서가 작성되어 공개된다. 재정정보의 투명한 공개를 전제로 주민들이 재정운영결과에 대한 평가가 가능해지고 더 나아가 재정운영에 참여하는 통로까지 마련된다면 고객이 원하는 행정서비스 창출을 위해 정부는 노력하게 된다. 지방재정운영에 대한 참여 증대와 외부통제가 강화되는 효과가 나타나는 것이다.

한편 복식부기 재무보고서 작성의 핵심은 1년간 수익과 비용이라는 재정운영의 결과 자산과 부채의 변동이 어떻게 이루어지고 있는가를 보여주는 것이다. 이는 국민 개개인에게 적용될 경우 자신의 살림살이의 기록을 통해 자신의 수입과 지출의 운용을 통해 어떻게 부(富)가 변동되는가를 보여주게 된다. 단순히 수입과 지출의 균형에 초점을 맞추던 가계부 수준의 기록에서 벗어나 장기적으로 자신의 부를 축적할 수 있도록 도와주는 기록이 된다. 이는 국민 개개인의 경제 IQ를 높이는 데에도 일정한 기여를 하게 된다.

3) 국제적 위상 제고

복식부기 회계제도의 운영결과로 산출되는 자료는 IMF에서 제시하는 기준에 부합된 국가재정통계(GFS)정보의 산출이 가능하게 한다. 이를 통하여 우리나라 정부 통계에 대한 국제적 신인도가 향상되는 데에도 기여하게 된다.

---

5) 여기서의 성과는 민간 부문과 같이 수익으로 나타날 수도 있으나 대부분 특정 지출로 인해 주민들이 얻는 경제적 또는 비경제적(만족감 등) 이익의 총합으로 보여진다.

2006년도에 스위스 세계경제포럼(WEF)이 발표한 국제경쟁력지수(Global Competitiveness Index: GCI)에서 우리나라는 125개 대상국 가운데 24위를 기록하였으며, 국제투명성기구(Transparency International)가 발표한 부패인식지수(Corruption Perceptions Index: CPI)에서 163개국 중 42위에 머물렀다. 국제경쟁력과 투명성 지수의 향상은 기본적인 회계인프라의 변혁을 통해 어느 정도 향상될 것으로 기대하고 있다.

2. 복식부기회계의 과제

1) 성공적 정착을 위한 전략계획

복식부기의 성공적 정착을 위해서는 첫째, 간부공무원, 의원 등 그동안 교육이 소홀했던 대상자에 대한 전략적 집중교육 프로그램을 개설하고 운영하여야 한다.

둘째, 지역단위 복식부기 회계제도의 확산보급과 안정적 정착을 위한 민간 전문가의 참여와 지원 유도를 위해 지방회계기준심의위원, 정부회계학회 회원, 지역 공인회계사, 결산검사위원 등 정부회계에 대한 이해와 식견을 지닌 지역별 인사를 대상으로 지역전문가 네트워크를 구성해야 할 것이다.

셋째, 지방재정관리시스템의 운영으로 대부분의 단위 재정관리시스템간 연계 및 실시간 정보가 산출된다. 단 제도적으로 차이가 있는 자산과 공유재산물품관리제도간 일원화된 제도 및 시스템 개선방안을 마련하여 원활한 시스템 운영과 정보를 산출할 수 있도록 해야 할 것이다.

넷째, 재무정보의 정확성을 제고하기 위해서는 행정자치부 및 전문가(공인회계사, 교수) 차원의 지속적이며, 주기적인 검증활동이 필요함에 따라 적절한 대책을 마련하여 시행할 계획이고 아울러 지방자치단체 차원에서도 재무정보의 정확도를 높이고 오류를 줄여나가는 노력이 필요하다.

2) 원가관리시스템 기반 마련

궁극적으로 복식부기 회계제도는 재정정보의 투명성을 확보하고 합리적인 재정정보의 산출과 분석을 통해 지방경영의 효율성를 추구하는 것이다. 이를 위해 핵심적 사항으로 행정 서비스에 대한 원가의 파악과 관리회계제도의 운영이 필요하다. 현행 지방자치단체 예산제도는 품목별 제도로서 편성과 집행과정에서 품목 통제중심의 비효율성을 노정시키고 있다. 이에 2008년도부터 사업예산제도가 시행되고 그 결과를 복식부기 회계처리 과정을 거치면 사업단위별 원가의 산출이 가능해진다. 현행 현금주의 세입세출결산은 현금지출액 전체를 일종의 비용으로 인식, 사업비 전체(자본적 지출 포함)를 세출로 표시하지만 발생주의에서는 수익적 지출만을 비용으로 인식하고 자본적 지출은 자산의 증가로 표시된다. 그 결과 일정기간(1년 단위)의 행정서비스의 원가를 제대로 파악할 수 있게 되는 것이다.

또한 이러한 원가정보가 원활히 산출되게 되면 행정서비스 관리시스템을 구축하는 것이 가능해진다. 이는 민간기업의 경영관리와 같은 개념으로 조직의 목표와 전략을 수립하고 수립된 목표와 전략을 성취하기 위해 유무형의 자원을 투입하여 최선의 결과를 달성하도록 하는 체계이다.

이러한 시스템 구축을 위하여 ① 행정서비스 수행결과에 대한 보고서 작성과 공시체계 구비, ② 서비스 단위당 원가의 산출과 지방자치단체간 비교·평가, ③ 중장기계획, 특정서비스에 대한 공급가액 결정 등을 통한 행정서비스의 효율적 수행, ④ 책임부문별로 성과를 측정하고 평가가 가능한 체제를 마련해야 할 것이다.

탐구학습

1. 주요개념과 요약
   - 현금주의와 발생주의
   - 단식부기와 복식부기
   - 예산회계와 복식부기회계
   - 재무제표의 종류와 내용
   - 자산과 부채
   - 수익과 비용
   - 재무보고서

2. 토론과 과제
   - 복식부기회계의 필요성
   - 예산회계와 복식부기회계의 장·단점
   - 복식부기회계제도의 발전방향

참고문헌

박의식(2006), "지방자치단체 복식부기 회계제도 도입: 추진상황 및 향후과제", 동계세미나 발표
    자료, 한국지방재정학회.

서원교(2000), "정부부문의 예산과 회계의 연계를 위한 복식부기 회계제도 구축방안", 지방행정
    연구, 제14권 제1호(통권 48호), 한국지방행정연구원.

한국지방행정연구원(2000), 복식부기도입 회계기준 및 전산프로그램 개발.

_____(2000), 지방자치단체 복식부기 도입을 위한 회계기준 보고서.

_____(2001), 지방회계제도 개혁을 위한 복식부기도입방안 연구.

행정자치부·한국지방행정연구원(2004), 지방자치단체 복식부기회계 이론과 실무.

제 **5** 편

지방재정의 실제

본 편에서는 지방재정의 실제에 대해 살펴보고자 한다. 먼저, 지방자치단체의 금고관리, 기금관리, 채권관리에 대해 살펴본다. 이를 위해, 이들 각각의 의의, 운용실제, 전망과 과제에 대해 논의한다. 또한 지방공기업, 지방공공서비스의 민영화, 지방교육재정, 지방사회복지재정, 외국의 지방재정제도에 대해 살펴보고, 마지막으로 지방재정의 전망과 과제에 대해 논의한다.

제 19 장

지방자치단체의 금고관리

제 1 절 지방자치단체 금고관리의 의의와 역할

1. 지방자치단체 금고관리의 의의

1) 금고의 정의

금고라 함은 지방자치단체의 장이 지방재정법 제77조의 규정에 의하여 지정한 금융기관을 말한다. 여기에서 말하는 금융기관은 은행법 제2조 및 제5조에서 규정한 은행을 의미한다. 또한 체신관서, 새마을금고, 신용협동조합, 상호신용금고, 신용카드 또는 신용사업을 하는 당해 금융기관을 포함한다.

Tip 은행법 제2조 및 제5조

> 제2조(정의) ① 이 법에서 사용하는 용어의 뜻은 다음과 같다.
> 1. 은행업이란 예금을 받거나 유가증권 또는 그 밖의 채무증서를 발행하여 불특정 다수인으로부터 채무를 부담함으로써 조달한 자금을 대출하는 것을 업으로 하는 것을 말한다.
> 2. 은행이란 은행업을 규칙적·조직적으로 경영하는 한국은행 외의 모든 법인을 말한다.
> 〈3~9 생략〉
> 제5조(수산업협동조합중앙회에 대한 특례) 수산업협동조합중앙회의 신용사업 부문은 이를 하나의 은행으로 본다.

2) 금고관리의 정의

지방자치단체의 장은 소관 현금과 자치단체소유 또는 보관에 속하는 유가증권의 출납 및 보관, 각종 세입금의 수납, 세출금의 지급 등 기타 그와 관련된 업무를 취급하게 하기 위하여 계약의 형식을 빌려 금융기관을 지정하여 운영하도록 하고 있다.

3) 금고관리의 필요성

지방자치단체는 자치단체의 막대한 공금의 출납을 회계공무원이 담당하기에는 공금의 규모 및 업무의 양 그리고 금융정세에 따른 자금운용의 전문성에 한계가 있기 때문에 이를 전문성이 있는 금융기관에 대행 운영케 함으로써 자치단체공금의 안정적 관리와 세입금의 수납 및 출납사무의 효율성을 도모하도록 할 필요가 있다.

2. 지방자치단체 금고의 연혁과 법적근거

1) 금고의 연혁

지방자치단체의 금고는 1915년도에 경성부(현 서울특별시)에서 경성은행(종전 상업은행)을 지정하여 운영하면서 시작되었으며 그 역사는 아래와 같다.

· 1915. 3. 31: 경성부가 경성은행을 지정 운영(지방재정법시행 이전에 해당함)
· 1936. 4. 1: 부산부가 조선상업은행을 금고로 지정 활용, 도는 조선식산은행을 금고로 지정 활용함.
· 1954. 1. 25: 9개도의 금고업무를 제일은행에서 승계 받아 취급
　※ 조선식산은행이 한국산업은행으로 개편됨에 따라 한국산업은행에 속하지 않은 금고 업무가 제일은행으로 이관됨.
· 1964. 4. 25: 법률 제1443호(1963. 11. 11)로 지방재정법이 제정, 공포되면서 시는 중소기업은행을, 군은 농협을 금고은행으로 지정 운영됨.
· 1967년: 지방은행이 신설되면서 금고지정 금융기관이 다변화됨.
· 1998년: 지방자치단체 금고업무편람을 최초로 작성·운영하였으며 2008년에 개정함.
· 1999년: 1단체 1금고 원칙에서 금고운영의 안정성·수익성 제고와 금융기관간 선의 경쟁을 통한 서비스 향상을 위해 회계별·기금별로 예치금융기관을 별도로 운영함.
· 2002년: 금고지정업무의 편의성·객관성 등을 위하여 자치단체 금고운영기준 수립·운영함(행정자치부에서 조례 및 준칙안 작성 통보).
· 2006. 5. 24: 최초로 지방자치단체 금고지정기준 제정(행정자치부 예규 제212호)하였으며, 이후에도 다양한 상황을 고려하여 개정함.
· 2015. 12. 24: 지방자치단체 금고지정 기준 개정(행정자치부 예규 제30호)

2) 금고의 법적근거

지방재정법 제77조의 규정에 의하면 지방자치단체의 장은 은행법에 의한 금융기관으로 하여금 소관 현금과 그의 소유 또는 보관에 속하는 유가증권의 출납 및 보관 그 밖의 금고 업무를 취급하게 하기 위하여 금고를 지정하도록 하고 있다. 금고를 지정하거나 지정한 금고를 변경한 때에는 이를 공고하고, 시·도에 있어서는 행정자치부장관, 시·군 및 자치구에 있어서는 시·도지사에게 즉시 보고하여야 한다.

지방자치단체의 장은 해당금융기관과 금고 업무에 관한 약정을 하여야 하며, 당해 금융기관은 법령 등이 정하는 금고로서의 모든 의무와 그 약정한 사항을 신의에 따라 성실히 이행하여야 한다. 금고의 지정기준과 절차는 금융기관의 금고업무취급능력, 주민이용편의 및 금융기관의 재무구조 등을 고려하여 행정자치부장관이 정한다.

3. 지방자치단체 금고의 기능과 역할

1) 금고의 기능

지방자치단체는 주민의 편의성을 도모하기 위하여 자치단체의 금고 이외에 수납대행점 및 지출대행점, 그리고 공금지급대행점을 각각 정하여 운용하고 있으며 이는 지방세입금 및 지출금을 주금고에서 전담하기에는 주민들의 불편이 있기에 지역내 금융기관을 포함한 제2금융권 등을 지정하여 주민들에게 최대한의 편익을 도모함에 그 목적이 있다고 본다.

첫째, 자치단체 금고라 함은 자치단체 소관의 현금, 유가증권을 출납 및 보관하는 총괄금융기관을 말한다. 즉 지방재정법 제77조의 규정에 의하여 자치단체의 장이 지정한 금융기관이 이에 해당된다.

둘째, 자치단체금고 수납대행점은 자치단체금고의 수납업무를 일부 대행하는 금융기관으로서 총괄금융기관인 금고를 제외한 은행법 제2조에서 규정한 금융기관과 체신관서, 새마을금고법에 의한 새마을금고 또는 신용협동조합법에 의한 신용협동조합, 신용금고법에 의한 상호신용금고가 이에 해당된다. 수납대행점의 지정은 지방재정법시행령 제103조의 규정에 의하여 자치단체의 장, 금고금융기관과 수납금융기관의 3자협약에 의하여 처리하여야 한다.

셋째, 자치단체금고 지출대행점은 자치단체 제1관서의 지출 및 보관업무를 일부 대

행하는 금융기관 또는 체신관서가 이에 해당된다. 제1관서라 함은 자치단체의 소속행정
기관 또는 하부행정기관 중 지출원을 설치한 기관이 이에 해당된다. 지출대행점의 지정
은 자치단체 관서의 장의 신청에 의해 자치단체의 장, 금고은행, 지출대행금융기관 등 4
자 협약에 의하여 처리하여야 한다.

넷째, 자치단체금고 공금지급대행점은 자치단체 일상경비 출납기관의 지급 및 보관
업무를 일부 대행하는 금융기관 또는 체신관서가 이에 해당된다(지방재정법시행령 제
103조에 의한 공법인인 금융기관 또는 체신관서의 조합원은 여기서 금융기관으로 간주
한다). 공금지급대행점은 자치단체 관서의 장의 신청과 해당금융기관의 승낙에 의하여
운영하고 있다.

2) 금고의 역할

지방자치단체의 금고가 해당자치단체를 위하여 행하는 역할은 ① 현금·유가증권의
출납 및 보관, ② 지방세·세외수입 등 수납, ③ 지역경제 및 지역개발에 기여, ④ 자치
단체자금의 관리운용 등 네 가지로 나누어 볼 수 있다(행정자치부, 2008: 19-22).

첫째, 현금·유가증권의 출납 및 보관역할은 각종 장부를 비치하고 지방세입·세출
에 대한 사항을 자치단체의 징수관에게 매일 보고하여야 하며, 현금·유가증권의 출
납·보관에 관하여 지방자치단체에 손해를 끼친 경우에는 배상책임을 져야 한다(지방
재정법 제80조). 지방자치단체의 장은 지방재정법 제79조의 규정에 의하여 금고가 취급
하는 지방자치단체 소관의 현금 및 유가증권의 출납·보관 등 금고업무 전반에 대해 검
사의 권한을 갖고 있기 때문에 정기적인 검사를 실시하여야 한다.

둘째, 지방세·세외수입 등 수납업무 취급은 지방자치단체의 장이 부과한 소관의 지
방세, 세외수입, 기타 납입금 등의 수납업무를 처리하여야 한다.

셋째, 지역경제 및 지역개발에 기여하여야 하는 이유는 금고를 통해 발생되는 이익
을 지역사회에 환원하는 것으로 볼 수 있으며, 이를 위해 금고는 지역경제발전과 지역
개발을 위하여 자치단체에서 추진하는 공공부문과 상호 협력하여 재원조달에 기여하고
참여하도록 한다는 의미를 갖고 있다.

넷째, 자치단체자금의 관리운용의 역할이란 금고금융기관은 자치단체의 요청에 의
하기보다는 적극적인 측면에서 자금흐름의 구조를 분석하여 공익성을 우선하되 가장
효율적인 자금관리가 되도록 협조하여야 한다는 것이다. 금고는 자금관리의 원칙에 따

라 자금특성의 조화를 이루어 실효성을 확보하여야 한다.

한편 금고금융기관은 공공자금이 지방행정의 공공서비스에 소요되는 재화인 점을 감안하여 가장 안전하게 관리되어야 한다. 여유자금을 수익성에 지나치게 치우쳐서 운용할 경우, 예기치 못하는 위험도 발생할 우려가 있을 수 있기 때문에 안전성에 최우선을 두어야 하며, 금융시장 전체질서를 준수하면서 관리·운용되어야 하고 무리한 이자율 결정은 해당금고의 위기는 물론 지역주민이나 기업체에 대한 높은 대출이자를 부담하게 하는 역효과가 있고 국가 전체적으로도 인플레심리 유발은 물론, 국가경쟁력을 상실케 하므로 금고자금은 공익성도 함께 고려하면서, 금고에 보관 관리되는 자금은 가능한 한 이자율이 높은 상품으로 운용하여 이자수입의 증대 등 지방재정의 확충에 기여할 필요가 있다. 그러나 수익성은 때로는 안전성 및 유동성뿐만 아니라 공익성과도 대립되는 경우가 많으므로 수익성 또한 적정하게 확보될 수 있도록 운용되어야 한다. 한편 적정수준의 유동자금을 운용하여 긴급한 행정수요 발생시 탄력적으로 대응할 수 있도록 운용할 필요도 있다. 다만 유동성 자금이 필요 이상 많은 경우, 이자수입이 상대적으로 감소될 수 있으므로 계획적 운용이 필요하다.

제 2 절 지방자치단체 금고의 선정과 운영관리

1. 지방자치단체 금고의 선정기준

1) 금고지정의 원칙

금고의 지정권은 현행 법령상 지방자치단체의 장의 고유권한 사항이다. 다만 금고의 지정기준과 절차는 금융기관의 금고업무취급능력, 주민이용편의 및 금융기관의 재무구조 등을 고려하여 행정자치부장관이 정한다(지방재정법 시행령 제102조).

지방자치단체 금고선정기준의 연혁 및 배경은 지난 1996년 10월 경제협력개발기구(OECD)가입에 따른 금융자율화 및 금융시장의 개방확대에 따라 국내·외 금융환경변화 등 경쟁심화로 금융기관의 경영 어려움이 예상되고, 1996년 6월 예금자보호법 시행(1995. 12. 29 제정)으로 자치단체는 동법의 보호대상에서 제외되어 안정적인 자금관리를 위한 금고의 선정이 필요하게 됨에 따라 기준을 마련하게 되었다. 특히 IMF사태로 인한 금융기관의 도산·합병 등에 따른 자치단체의 공공예금 손실 등이 우려되어 자치단체의 금고선정 시 우량금융기관의 선정이 최우선시 될 필요성이 인정됨에 따라 지방재정법 시행령 개정을 통하여 금고선정기준을 행정자치부장관이 정하여 운영하고 있다.

일부 자치단체에서는 금고선정과정에서 금고선정을 위한 제안서에 자치단체의 협력사업을 명목으로 과다한 기부금품 및 출연금 등을 요구하거나 공금예산에 대한 과다한 금리의 보전을 요구하는 등 금융질서를 해치는 행위[1])가 발생되어 지방재정법령을 개정하여 금고선정기준을 개정하는 등 금고선정의 투명성과 안정성을 확보하기위한 제도를 2006년도부터 적용하도록 하고 있다.

2) 금고지정의 선정기준

지방자치단체 금고지정의 선정기준으로는 금융기관의 대내외적 신용도 및 재무구조의 안정성, 자치단체에 대한 대출 및 예금금리, 지역주민이용 편의성, 금고업무 관리능력, 지역사회기여 및 자치단체와 협력사업, 지역의 특수성 등을 고려하여 자치단체 조례 또는 규칙으로 정하는 사항 등이 있다(행정자치부 예규 제30호).

〈표 19-1〉 금고의 선정 기준

기 준	세 부 내 용
·금융기관의 대내외적 신용도 및 재무구조의 안정성	·외부기관의 신용조사 상태평가 - 국외평가기관 - 국내평가기관 ·주요경영지표 현황 - 총자본비율 - 고정이하여신비율 - 자기자본이익율
·자치단체에 대한 대출 및 예금금리	·정기예금 예치금리 ·공금예금 적용금리 ·자치단체 대출금리
·지역주민이용 편의성	·관내지점의 수 및 지역주민이용 편리성 ·지방세입금 수납처리능력

---

1) 자치단체가 금고선정을 하면서 기부금출연이 기부금품에 해당되지 않는다는 법제처 유권해석(2002. 5)에 따라 상당수 자치단체가 금고선정기준항목중 협력사업 및 수익성에 배점을 높게 평가함으로서 고금리 및 기부금출연을 많이 하는 금융기관이 금고로 선정되는 사례가 많아지고 있다. 반면 금융감독원에서는 과당경쟁으로 금융기관의 건전운영 및 발전을 저해한다는 취지에서 자치단체에 기부금을 출연하지 못하도록 금융기관에 대한 감독을 강화하고 있고, 감사원에서는 자치단체가 금고선정을 위한 심사를 하면서 특정항목(협력사업, 수익성)에 높은 점수를 부여하는 것은 문제가 있다고 지적하였다.

	・지방세입금 납부편의 증진방안
・금고업무 관리능력	・세입세출업무 자금관리 능력 ・금고관리업무 수행능력 ・전산시스템 보안관리 등 전산처리능력
・지역사회기여 및 자치단체와 협력사업	・지역사회에 대한 기여 ・자치단체와의 협력사업
・기타사항	・지역의 특수성 등을 고려하여 자치단체 조례 또는 규칙 으로 정하는 사항

자료: 행정자치부 예규 제30호(2015. 12. 24)〈별표〉.

2. 지방자치단체 금고의 운영관리

1) 금고운영의 현황

지방자치단체의 금고운영현황을 살펴보면 광역자치단체는 일반은행과 지방은행 그리고 농협을 골고루 지정하여 운영하고 있으나, 일반 시와 군은 전국적인 점포망을 갖추고 있고, 읍・면지역의 경우에는 타 은행지점이 없는 경우가 많아서 주로 농협을 금고로 지정하여 운영하고 있다. 그러나 자치구는 일반은행과 지방은행을 중심으로 운영하고 있다(김동기, 2005: 217).

2015년 1월 1일 기준으로 지방자치단체의 금고 현황을 보면 1개 금고 135개 단체, 2개 금고 99개 단체, 3개 금고 8개 단체, 4개 금고 1개 단체이다. 행정자치부 예규 제30호에 따르면 일반회계는 단일금고로 지정하고 일반회계를 포함한 자치단체 총 금고의 수는 2개를 초과할 수 없도록 하고 있다.[2] 다만 공기업특별회계는 지방공기업법 제33조에 의거 별도의 절차에 따라 금고은행 지정이 가능하다. 특정기금을 예치할 경우 금고로

〈표 19-2〉 지방자치단체 금고지정 현황

(단위: 개)

구 분	계	1개 금고	2개 금고	3개 금고	4개 금고
계	243	135	99	8	1
광 역	17	2	13	1	1
기 초	226	133	86	7	0

주: 일반회계, 기타특별회계, 공기업특별회계, 기금 포함.
자료: 재정고.

---

2) 2014년 7월 14일 예규를 개정하여 지방자치단체의 금고지정은 2개를 초과할 수 있도록 하였다.

지정된 금융기관 내 금리가 높은 상품에 예치·운용하여야 하며, 원금보전이 되지 않는 금융상품에 예치하는 것은 지양하도록 하고 있다.

2) 금고의 운영관리

지방자치단체는 지정한 금고를 관리하며 금융시장의 동향이나 금융상품의 종류 및 금융상품의 조건 등을 수집하고 분석할 수 있는 전문인력이 필요하나, 순환보직제 등의 여러 가지 제도적 제약 때문에 전문인력의 채용이 거의 불가능하다. 따라서 금고에 대한 운영관리를 위하여 지방재정법 제79조에서는 지방자치단체의 장은 금고가 취급하는 지방자치단체 소관의 현금 및 유가증권의 출납·보관에 관하여 검사를 할 수 있다. 또한 시행령 제141조 규정에 의하여 금고는 다음의 장부를 비치하고, 지방자치단체를 위하여 취급하는 현금의 출납 또는 유가증권의 수급을 기록하여야 한다.

① 세입·세출 및 세입·세출외 현금의 출납에 관한 장부
② 지급자금의 출납에 관한 장부
③ 지방채의 발행과 상환에 관한 장부
④ 교부를 받은 자금의 출납에 관한 장부
⑤ 유가증권의 수급에 관한 장부

금고는 금고업무에 관한 장부 및 증빙서류를 회계연도 경과 후 5년간 보존하여야 하며 금고가 지방자치단체를 위하여 취급하는 현금 또는 유가증권의 출납·보관에 관하여 지방자치단체에 손해를 끼친 경우에 금고의 배상책임에 관하여는 민법 및 상법을 적용한다(지방재정법 제80조).

제 3 절   지방자치단체 금고관리의 전망과 과제

1. 지방자치단체 금고관리의 전망

지방자치단체의 자금관리와 운영의 효율성을 위한 여러 가지 방안 중에서 금고운영과 관리는 향후에도 필요성이 크다고 할 수 있다. 자금관리의 효율성을 제고하기 위해서는 지방자치단체와 금융기관과의 상호 협력과 연계는 중요하다. 그러나 실제 지방자

치단체가 제정한 조례에 의거 금고를 운영하는 데 있어서 금고의 선정방법 및 선정기준, 금고의 관리 및 평가 등 전반적인 측면에서 여전히 불합리한 점이 존재하고 있다. 지방자치단체가 금고지정을 할 경우, 투명성과 공정성 강화의 의지가 무엇보다도 선행되어야 하며 제도적인 보완가능성과 지역주민, 시민단체 및 지방의회 등에서 관심을 갖고 감시하여야 할 것이다. 또한 지정한 금융기관에 대한 금융서비스 제고방안과 업무평가를 위해서는 관계공무원의 전문성 강화도 요구되며 일본의 경우처럼 지정금융기관의 담보제공 등으로 금고업무에 대한 책임성 확보도 요구하도록 하는 등 금고운영상의 문제에 대한 대안마련에도 지속적인 노력이 있어야 할 것이다.

2. 지방자치단체 금고관리의 과제

지방자치단체는 일반시민 등 소액 예금자를 보호하기 위하여 1995년 제정된 예금자보호법의 예금자보호를 받지 못한다. 이 법은 금융기관이 파산 등의 사유로 예금 등을 지급할 수 없는 상황에 대처하기 위하여 예금보험제도 등을 효율적으로 운영함으로써 예금자 등을 보호하고 금융제도의 안정성을 유지하는데 이바지함을 목적으로 한다. 이 법에서 부보금융기관이라 함은 예금보험의 적용대상 기관을 의미하는데, ① 정부 또는 지방자치단체, ② 한국은행 및 금융감독원, ③ 다른 부보(附保)금융기관 등은 예금보호 대상 기관에서 제외된다. 이하에서는 지방자치단체 금고의 선정과 운영관리의 향후 과제를 살펴보도록 한다.

1) 지방자치단체 금고 선정의 과제

(1) 지방자치단체별 금고선정의 안전성 확보
금고은행 선정 시 일반적으로 지역사회 기여도(정책자금 지원 등), 우대금리, 자금조달 능력 등에 높은 비중을 두고 평가하는 경향이 있으나, 예금자보호법에 의거 2001년부터 자치단체 금고예치예금이 보호대상에서 제외됨에 따라 금고 선정 시에는 은행 재무구조의 안전성에 최우선을 두고 선정하는 것이 요구된다. 또한 금융기관의 퇴출에 따른 재정손실을 사전에 예방하기 위해 금고은행에 대해 정기적으로 재무건전성 평가보고서 등의 객관적 공시자료(BIS비율 등)를 제출토록 제도화할 필요가 있다.

(2) 금고선정의 투명성 제고

금고선정 시에는 가급적 공개경쟁을 통해 금고선정의 투명성을 확보해 나가되, 수의계약의 형태로 금고를 선정하는 경우에도 계약조건과 선정과정 등을 사후 공개하여 투명한 재정운영을 도모할 필요가 있다. 또한 자치단체 금고지정 및 운영업무의 표준화를 통한 금고업무의 투명성·공정성을 제고하기 위해 금고선정기준 및 절차, 위원회의 운영 등 필요사항을 규정한 조례를 제정하는 방안을 적극 검토할 필요가 있다.

(3) 자치단체 금고선정 심사기준 철저 적용

지방자치단체의 금고선정 시 심사항목별 배점기준을 시행규칙으로 정하여 운영하고 있는데, 그동안 노정되었던 문제점들을 개선하기 위해 배점기준을 변경하였다. 구체적으로 수익성과 협력사업추진에 대한 비중을 낮추고 재무구조 건전성에 높은 비중을 부여하였으며, 주민편의성과 지역사회기여도의 평가에 좀 더 높은 비중을 부여하였다.

2) 지방자치단체 금고 운영관리의 과제

(1) 지방자치단체별 자금운영의 분산관리

종전 금고지정은 1단체 1금고 원칙을 준수해 왔으나, 1999년 이후 금고운영의 안전성·수익성 제고와 금융기관 간 선의의 경쟁을 통한 금융서비스 향상을 위해 일반회계는 1단체 1금고제를 운영원칙으로 하되, 특별회계(공기업 포함) 및 기금은 별도금고를 설치할 수 있도록 개선하였다. 그러나 금고선정의 안전성 문제, 자금운용에 있어 비효율성, 업무량 증가, 금고별 전산망 구축에 따른 호환성 문제 등 단점도 있으므로 신중히 고려하여야 한다. 2014년 7월부터 일반회계는 1금고 원칙으로 하고 이를 포함하여 지방자치단체는 2개를 초과하는 금고지정을 할 수 없도록 금고지정 기준을 행정자치부 예규에서 정하고 있다.

(2) 금고운용 및 자금관리의 전문성 강화

자치단체 내부조직만으로는 금융기관을 평가하고 그 선정과정의 객관성을 확보하는데 어려움이 있는 바, 금고선정 및 운영위원회를 설치하여 관련분야 전문가의 참여폭 확대 등 기능을 강화할 필요가 있고, 자금운용부서의 경우에도 잦은 순환보직을 자제하고 전문인력 채용 및 인력양성을 위한 전문교육 실시를 강화하여 전담부서의 기능을 강화하여야 한다.

(3) 고객의 편의 도모 강화

현재 금융기관에서는 지방세입금의 수납시 7일 동안(우체국은 10일) 자금운영 후 해당자치단체 금고에 이체하고 있으나, 저금리시기의 경우 지방세수납에 대한 인건비가 보전되지 않는다고 하여 수납을 거부하는 사례가 발생하기도 하였다. 일부 금고에서는 자기 은행에 통장이 개설되어 있는 고객에 한하여 무인공과금 수납기로 수납을 받고 있고 고객이 아닌 납세자의 수납은 거부하고 있다. 금고운영관리에서 납세자의 편의를 도모하기 위한 대책이 마련되어야 한다(김종희, 2006: 518).

(4) 금고운영 검사 및 평가의 활성화

지방자치단체가 경쟁방법에 의한 금고 지정시에 공정성을 기하기 위해서 금고지정 심의위원회를 두고 있으나, 정작 약정 기간 중 금고의 운영에 대한 검사와 평가에는 소홀히 하거나 형식적으로 그칠 경우가 많다. 약정 기간 중에도 해당 금고에 대한 전문적인 조사와 평가를 할 수 있도록 금고평가위원회를 활성화하는 등 제도를 개선할 필요가 있다(이희봉, 2011: 784).

▌ 탐구학습

1. 주요개념과 요약
   · 금고
   · 금고 지정 기준

2. 토론과 과제
   · 금고의 기능과 역할
   · 금고 선정의 과제

▌ 참고문헌

김동기(2005), 한국지방재정학, 서울: 법문사.

김종희(2006), 지방재정론, 서울: 범론사.

손희준·강인재·장노순·최근열(2011), 지방재정론(개정4판), 서울: 대영문화사.

이창균(1998), 지방자치단체의 금고운영 개선방안, 한국지방행정연구원.

이희봉(2011), 거버넌스 지방재정, 서울: 사회문화사.

전상경(2007), 현대지방재정론, 서울: 박영사.

행정자치부(2008), 지방자치단체 금고업무편람.

행정자치부 예규 제30호.

제 20 장

지방자치단체의 기금관리

제 1 절 지방자치단체 기금관리의 의의와 유형

1. 지방자치단체 기금의 의의

1) 기금의 정의

지방자치법 제142조에 의하면 지방자치단체는 행정목적의 달성을 위하여 또는 공익상 필요한 경우에 조례로 기금을 설치할 수 있고 이렇게 설치된 지방기금은 지방재정법 제34조에 의하여 예산총계주의 원칙에서 벗어나 세입·세출예산외로 운용할 수 있도록 규정하고 있다.

지방자치단체기금은 복잡다기(複雜多岐)하고 급변하는 현실에서 지방자치단체의 특수한 행정목적을 달성하기 위하여 예산총계주의 등 지방재정법령의 일반적인 제약에서 벗어나 좀 더 탄력적으로 운용할 수 있도록 세입·세출예산에 의하지 않고 특정사업을 위해 보유·운용하는 특정자금이라고 할 수 있다. 좀 더 구체적으로 지방자치단체기금이라 함은 지방자치단체 기금관리기본법 제2조에서 규정하고 있는 바와 같이 지방자치단체가 특정한 행정목적의 달성을 위하여 지방자치법 제142조의 규정 또는 다른 법률의 규정에 의하여 설치·운용하는 기금 중 지방공기업법 제19조의 규정에 의한 지역개발을 위한 기금을 제외한 기금을 의미한다.

지방공기업법 제19조의 규정에 의한 지역개발을 위한 기금은 기금이라는 명칭을 사용하고 있으나 지방공기업법에 의거 공기업특별회계로 관리되고 있기 때문에 기금의 범위에 포함되지 않는다. 또한 기금이라는 명칭을 사용하면서도 조례로 특별회계에서

관리하고 있는 일부 기금들도 명칭은 기금이나 실질은 특별회계이기 때문에 법적인 의미에서 지방자치단체기금의 범위에 포함되지 않고 있다.

2) 기금의 필요성

지방자치단체의 재정활동은 주로 일반회계와 특별회계로 구성된 예산에 의하여 이루어지고 있으나, 특정한 분야의 사업에 대하여 지속적이고 안정적인 자금지원이 필요하거나, 사업추진에 있어 탄력적인 집행이 필요한 경우에 예산과는 별도로 기금을 설치·운용할 필요성이 발생하는 경우에 조례로 설치한다.

지방자치단체기금은 특수한 목적을 위해 사업추진의 융통성(flexibility), 효과성(effectiveness), 효율성(efficiency)을 제고하는 데 가장 큰 가치를 두고 있으며, 행정의 신축성을 높이고, 특정사업의 지속적이고 안정적인 재원확보를 위해 예산과는 별도로 조성·운용하도록 하고 있는 것이다.

3) 기금의 법적근거

지방기금은 지방자치법, 지방재정법, 그리고 지방재정법 시행령에 근거하여 설치되고 관리·운용되어 왔으나, 지방재정법이 2006년 4개의 법으로 분법(分法)되면서 지방자치단체 기금관리기본법이 별도로 제정되어 지방자치단체에 설치하는 기금의 관리 및 운용에 관한 기본적인 사항을 규정하고 있다.

2. 지방자치단체 기금의 특징

기금은 일반·특별회계예산과는 다른 수지체계를 가지고 있다. 예산은 세입과 세출을 일치시켜 단년도 원칙에 따라 처리하고 있으나 기금은 일정시점의 재산상태를 나타내는 조성과 일정기간의 운영상황을 나타내는 운용으로 나누고 있다.

1) 기금조성상의 특징

기금의 조성규모는 연간 조성규모와 연도 말 가용재원의 총액을 나타내는 연도 말 조성규모로 구분된다. 여기에는 기본재산 즉 각종 출연금, 부담금수입, 운용수익 등과 지방채 발행액 등이 포함되나, 투·융자금의 회수액, 일시차입금은 포함되지 않는다.

기금조성계획의 구조를 살펴보면, 일정시점의 기금 총조성액에서 사용액을 뺀 순조성액으로 표시되고 있는데, 총조성액은 기금에 들어온 자금의 누계로 수입재원별로 구분하여 표시되고, 사용액은 기금에서 빠져나가 소모된 자금으로 용도별 또는 사업별로 표시된다. 다만 장래에 회수 가능한 투·융자금이나 고정자산에 투자된 금액은 사용액에 포함되지 않는다.

2) 기금관리상의 특징

기금의 운용상황은 1년간의 수입과 지출로 구성되는 기금운용계획에 나타나는데, 수입은 전년도 이월금, 출연금, 융자금 회수액, 적립금이자 등으로 구성되고, 지출은 인건비, 물건비, 고유목적 사업비, 융자금 등으로 구성된다.

(1) 자율적·탄력적 관리계획 수립·확정

자치단체의 기금은 일반회계·특별회계 예산과는 다르게 운용계획이 수립되고 집행되는 바, 기금은 기금운용관이 기금운용계획을 수립하여 기금운용심의회의 심의를 거친 다음 자치단체장의 승인을 얻어 세입·세출예산안과 함께 지방의회에 제출하여 지방의회에서 심의·의결함으로써 기금운용계획이 확정된다.

이에 비해 예산은 각 부서별로 예산총괄부서장에게 예산요구서를 제출하고 예산총괄부서장은 이러한 예산요구서에 근거한 최종 예산안을 편성하고, 자치단체장의 승인을 얻어야 하며, 자치단체장은 이러한 예산안을 지방의회에 제출하여 지방의회 의결로 최종확정한다. 이러한 점에서 볼 때 기금은 계획수립단계에서부터 예산에 비해 각 기금운용주체의 자율성이 다소 확보되는 제도라고 볼 수 있다.

(2) 기금관리계획의 자율적·탄력적인 집행

지방예산의 주재원인 지방세는 그 종목과 세율이 법률 또는 조례에 규정되어 있고, 세외수입 등도 법령 및 조례 등에 근거한 일정한 기준에 의해 징수되고 있으나 기금의 재원은 개별조례에 의거 조성·운용함으로써 자율성과 탄력성을 확보하고 있다.

또한 계획의 변경에 있어서도 예산은 추가경정예산을 편성하여 지방의회의 의결을 얻어야 하나, 기금은 정책사업 기준 지출금액의 10분의 2범위 내에서 지방의회의 의결 없이 기금운용계획의 변경이 가능하고 주요항목 금액이 변경되지 않는 범위 내에서 세항 간의 전용이 허용된다(지방자치단체 기금관리기본법 제11조).

지출면에서도 예산은 금고에서 통합·관리하고 지출은 지출원인행위에 의해 공금수표를 발행하는 등 엄격한 절차에 따라 이루어지고 있으나 기금은 수입을 수입계정에 계상 후 운용을 위해 기금운용관 및 기금출납원에 의해 바로 지출 또는 금고에 예치함으로써 자금집행이 자율적·탄력적으로 이루어지고 있다.

〈표 20-1〉 예산과 기금의 비교

구 분	일 반 회 계	특 별 회 계	기 금
·설치 사유	·자치단체 고유의 일반적 재정활동	·특정세입으로 특정세출에 충당 ·특정사업운영 ·특정자금 보유운용	·특정목적 및 시책추진을 위해 특정자금을 운용할 필요가 있는 경우
·재원조달 및 운용형태	·공권력에 의한 지방세수입과 무상적 급부의 제공이 원칙	·일반회계와 기금의 운용형태 혼재	·출연금, 부담금 등 다양한 수입원으로 융자사업 등 사업수행
·확정 절차	·사업부서 예산요구, 예산부서 예산안편성, 지방의회 심의·의결	·좌동	·기금운용부서 계획 수립, 예산부서 협의·조정, 지방의회 심의·의결
·집행 절차	·집행과정에서도 합법성에 입각한 통제가 가해짐 - 예산의 목적외사용 금지원칙	·좌동	·집행과정에서는 합목적성 차원에서 자율성과 탄력성이 보장
·수입과 지출의 연계	·특정한 수입과 지출의 연계 배제	·특정한 수입과 지출의 연계	·좌동
·계획 변경	·추경예산편성	·좌동	·주요항목(장·관·항) 지출금액의 10분의 2초과 변경시 지방의회 의결
·결 산	·지방의회 심의·승인	·좌동	·좌동

3. 지방자치단체 기금의 유형과 재원

1) 기금의 유형

(1) 설치목적에 따른 분류

기금은 설치목적에 따라 사업관리기금, 융자성 기금, 적립성 기금으로 구분된다. 먼저 사업관리기금은 특정한 목적사업을 수행하는데 필요한 자금을 관리·운용하는 기금

(사회복지기금, 문예진흥기금, 장학기금 등)이며, 융자성 기금은 일정한 자금을 조성하여 특정한 부문에 대한 융자기능을 수행하는 기금(중소기업육성기금, 농어촌진흥기금 등)이다. 그리고 적립성기금은 장래의 지출에 대비하여 원금을 이식하는 등 자금을 적립하는 기금(재해대책·구호기금, 주차시설확충기금, 신청사건립기금 등)이다.[1]

(2) 성질에 따른 분류

기금은 성질에 따라 구호기금, 사회복지기금, 장학기금, 산업지원기금, 문예·체육진흥기금, 농수산·어업진흥기금, 도시개발기금, 공무원복지기금으로 구분된다. 구호기금은 재난·재해, 생활보호 등의 구호를 목적으로 하는 기금이고, 사회복지기금은 모자·노인·여성 등 사회복지사업을 목적으로 하는 기금이며, 장학기금은 장학사업을 목적으로 하는 기금이다. 또한 산업지원기금은 중소기업육성 등 지역경제 지원·육성을 목적으로 설치된 기금이고, 문예·체육진흥기금은 지역사회의 문화·예술·체육의 진흥을 위하여 설치된 기금이며, 농수산·어업진흥기금: 농수산·어업 발전과 동업 종사자 육성을 목적으로 설치된 기금이다. 도시개발기금은 도시지역 재개발 및 기반시설 설치·보수 등을 위해 설치된 기금이며, 공무원복지기금은 공무원의 후생·복지를 위하여 설치된 기금이다.

(3) 기금관리방식에 의한 분류

기금은 관리방식에 따라 직접관리기금과 위탁관리기금으로 구분된다. 먼저 직접관리기금은 관리운용 주체가 직접 운용·관리하는 기금이며, 위탁관리기금은 관리운용 주체가 직접운용하지 아니하고 장학재단, 체육회 등 다른 기관에 위탁하여 운용·관리하는 기금이다.

2) 기금의 조성재원

(1) 자치단체의 출연

기금에 따라 소요자금을 자체적으로 해결할 수 있는 경우도 있으나 그렇지 못한 경우에 자치단체에서 출연하는데 출연의 근거는 지방재정법 및 개별기금조례 등에 규정되어 있으며,[2] 출연여부는 기금을 관장하는 소관 부서에서 예산요구시 제출한 개별기금

---

[1] 일부 기금은 복수기능을 수행하므로 이러한 분류가 모호한 경우도 있다.
[2] 각 기금은 개별기금별로 목적수행에 필요한 자금을 조달하기 위하여 개별조례 등에 기금조성방법을 규정하고 있다.

의 조성 및 운용계획을 토대로 그 타당성을 검토·결정하고 있으며 각 개별기금의 사정에 따라 개별적으로 판단한다.

현재 기금운용체계 하에서는 일단 자치단체의 출연이 결정된 후에는 기금소관부서 책임하에 집행 또는 변경되기 때문에, 예산부서에서는 자치단체 출연이 있었던 기금이 추가 출연을 요구하는 경우에 한하여 지원의 필요성, 효과성 등을 판단할 수 있다. 이 때 추가출연 판단은 당해 기금의 사업규모의 적정성, 자체 자금조달가능성 등을 면밀히 검토하여 결정하되, 가능한 한 추가출연을 억제하고 있다.

(2) 민간의 임의출연

일부기금은 관련조례에 민간의 출연규정을 두고 있으나 출연실적은 미미한 형편이다. 출연의 형태는 주민성금·기탁금이나 관련단체 기부금이 있고 사업수행에 필요한 부동산 등의 기부가 있는데, 이 때 기부금품은 기부금품모집규제법상 절차를 거친 경우만 접수한다.

(3) 부담금

부담금은 기금의 중요한 재원 중의 하나로 법규에 의하여 강제적으로 부과되는 재원으로서 크게 과징금과 과태료가 있다. 예를 들어 식품위생법을 위반한 사업자에 부과되는 과징금, 도로교통법을 위반한 자에게 부과하는 과태료 등이 있다.

(4) 기금운용수익

기금운용수익은 기금의 여유자금운용에 따라 발생하는 수입과 기금의 고유사업수행에 따라 발생하는 사업수입으로 구분할 수 있는데, 여유자금 운용수익은 이자수입, 임대료수입, 기타 부대사업수입이 있고, 특히 적립성기금의 경우 기금증식을 위한 수익사업이 기금의 목적달성을 위한 주된 사업으로 되어 있다.

(5) 기타수입

기타수입에는 특별회계로부터의 잉여금 수입, 기타 수입금 등 잡수입이 있다.

(6) 지방채

지방자치단체의 장은 지방재정법에 의한 지방채발행 한도액 또는 행정자치부장관의 승인을 얻은 범위 안에서 기금의 조성을 위하여 지방채를 발행할 수 있다(지방자치단체 기금관리기본법 제6조).

제 2 절   지방자치단체 기금의 설치 및 폐지·통합

1. 지방자치단체 기금의 설치

1) 근거

일반조항으로 지방자치법 제142조에는 지방자치단체가 행정목적의 달성 또는 공익상 필요한 경우에는 특정한 자금의 운용을 위한 기금을 설치할 수 있고, 이 경우 기금의 설치·운용에 관하여 필요한 사항은 조례로 정한다고 되어 있다. 이외에도 중앙행정기관은 정책사업 추진을 위해 각 개별법령에 근거를 두고 자치단체에 기금설치를 의무화 또는 권고 할 수 있다.

2) 지방기금의 설치제한

법률에 의한 지방기금설치로 인한 자치단체의 부담을 경감하기 위하여 소관 행정기관의 장은 자치단체에 재정적인 부담이 되는 기금을 설치하고자 하는 경우, 기금신설의 타당성심사를 위하여 미리 행정자치부장관과 협의하여야 하고, 행정자치부장관은 관련 지방자치단체의 의견을 들은 후 ① 기금의 재원과 목적사업과의 연계성, ② 신축적인 사업추진필요성, ③ 새로운 기금설치의 필요성, ④ 안정적인 재원조달과 사업추진 가능성 등을 검토하여 소관 중앙행정기관의 장과 협의한다.

행정자치부장관은 심사결과, 신설하고자 하는 기금이 기준에 적합하지 않은 경우 계획서의 재검토 또는 수정을 요청할 수 있다(지방자치단체 기금관리기본법 제3조 및 동법 시행령 제2조).

3) 절차

관계기관과의 협의 및 전문가 등의 의견을 수렴하여 기본계획을 수립한다. 그리고 상위법령 규정사항 검토, 예산사업과의 차별성, 다른 기금 또는 특별회계와의 중복여부 등을 고려하여 조례(안)을 작성한다. 조례(안)의 지방의회 제출, 입법예고, 지방의회 의결 등 제반절차를 이행한다. 구체적으로 보면, 기본계획의 수립, 총괄기금관리관 사전협의, 입법예고, 조례규칙 심의위원회 의결, 지방의회 제출, 상임위원회 심사처리, 본회의 의결, 그리고 자치단체 공보게재 및 공포의 절차를 거친다.

그림 20-1 지방자치단체 기금 설치 과정

기본계획수립
(조례안 마련) → 총괄기금관리관
사전협의 → 입법예고 → 조례규칙
심의위원회 의결

→ 지방의회
제출 → 상임위원회
심사처리 → 본회의
의 결 → 자치단체 공보
게재 및 공포

4) 조례제정 시 검토사항

조례제정 시 검토사항은 기금설치의 필요성, 기금설치 절차, 재원확보의 가능성토, 상위법령에의 부합성 등이다. 첫째, 기금설치의 필요성은 예산과 차별성이 있는 행정·공익상 특정한 자금의 운용 필요성이 있는지 여부(예컨대 일반회계예산으로 사업추진 가능성, 특별회계와의 중복성 등)이다. 둘째, 기금설치 절차는 총괄기금관리관(예산담당 실·국·과장)과 사전협의가 적절했는지 여부이다. 셋째, 재원확보 가능성은 재원은 성금이나 기부금품을 제외하고도 재원조성이 가능한지 여부이다. 넷째, 상위법령에 부합한 조례의 제정여부에 있어 조례에 설치근거만 두고 운용에 관한 사항을 포괄적인 규칙으로 위임하는 것은 불가하고 기금의 존속기한3)을 당해 조례에 명시해야 한다.

2. 지방자치단체 기금의 폐지·통합

1) 절차

지방자치단체 기금은 조례로 설치되므로 기금의 폐지·통합도 조례의 개정 및 폐지의 절차에 따라야 한다. 따라서 기금의 폐지·통합은 기금설치(조례제정) 시의 절차를 준용할 수 있을 것이다.

---

3) 지방자치단체가 기금을 신설하여 운용하고자 하는 경우에는 기금의 존속기한을 당해 조례에 명시하여야 한다. 다만 법률에 의하여 의무적으로 설치·운용되는 기금의 존속기한은 명시하지 않을 수 있다. 기금의 존속기한은 5년 이내로 정하되, 사업수행에 필요한 재원조성 등에 5년 이상이 소요될 것으로 예상되는 경우에는 존속기한을 10년 이내로 정할 수 있다. 다만 존속기한이 경과된 이후에도 기금의 존치 필요성이 있는 경우에는 조례를 개정하여 존속기한을 연장할 수 있다(지방자치단체 기금관리기본법 제4조, 시행령 제3조).

2) 기금의 폐지·통합

지방자치단체는 기금이 다음 각 호의 어느 하나에 해당하는 경우에는 조례의 폐지 및 개정의 절차에 따라 이를 폐지하거나 다른 기금과 통합하여야 한다(지방자치단체 기금관리기본법 제15조 제1항).

① 기금의 설치목적을 달성한 경우

② 기금설치의 목적달성이 불가능하다고 판단될 경우

③ 지방재정법에 의한 특별회계와 기금간 또는 기금 상호간에 유사하거나 중복되게 설치된 경우

④ 그 밖에 재정운용의 효율성 및 투명성 제고를 위하여 일반회계에서 통합하여 운용하는 것이 바람직하다고 판단되는 경우

3) 법정기금

법률에 의하여 지방자치단체에 의무적으로 설치된 기금의 경우에는 관련 중앙행정기관의 장에게 기금의 폐지 또는 통합을 위한 조치를 요청할 수 있는데, 지방자치단체로부터 기금의 폐지 또는 통합을 위하여 필요한 조치를 요청받은 관계 중앙행정기관의 장은 행정자치부장관과 협의한 후 그 결과를 당해 지방자치단체의 장에게 통보하여야 한다(지방자치단체 기금관리기본법 제15조 제2항).

제 3 절   지방자치단체의 기금관리

1. 지방자치단체 기금관리계획 수립

1) 기금운용계획안의 작성

기금운용계획은 운용총칙과 자금운용계획으로 구성하는데, 운용총칙에는 기금의 설치목적, 기금의 조성·운용 및 자산취득에 관한 총괄적인 사항을 규정한다.

자금운용계획은 수입계획과 지출계획으로 구분하되, 수입계획은 성질별로 구분하고, 지출계획은 그 내용의 성질과 기능을 고려하여 주요항목 및 세부항목으로 구분하고, 이 경우 수입계획은 지방자치단체 세입예산과 같이 장·관·항·목으로 구분하여 작성하

고, 지출계획은 세출예산과 같이 장·관·항·세항·목으로 구분하여 작성한다(지방자치단체 기금관리기본법 제9조 및 동법 시행령 제5조).

2) 기금운용계획의 확정절차

기금운용관은 회계연도마다 기금의 기금운용계획안을 작성하고, 동 계획안은 기금운용심의회4)의 심의를 거쳐 자치단체의 장의 결재를 얻어 확정한다. 그리고 확정된 기금운용계획은 시·도의 경우 회계연도 개시 50일전까지, 시·군·구의 경우는 40일전까지 세입·세출예산안과 함께 지방의회에 제출한다(행정자치부, 2015: 280).

그림 20-2 기금운용계획의 확정절차

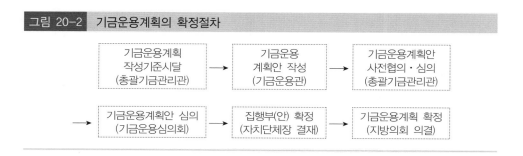

(1) 기금운용계획 작성기준 마련·통보

총괄기금관리관(시·도 기획관리실장, 시·군·구 기획감사실장)은 기금운용계획의 작성을 위한 기준을 마련하여 매년 8월 31일까지 기금운용관에게 통보하되, 기금운용계획 작성기준 마련시 미리 관련부서장의 의견을 수렴해야 한다.

(2) 기금운용계획(안) 제출

기금운용관은 기금운용계획(안)을 수립하여 전년도 9월 10일까지 총괄기금관리관에게 제출하여야 한다(세입세출예산안의 제출시기와 동일함). 기금운용계획 수립시 유의사항은 먼저 기금을 설치하여 추진하는 사업의 경우에는 일반회계, 기타특별회계 예산으로 해당기금사업을 추가할 수 없는 것이 원칙이다. 다만 일정기간동안 기금을 적립

---

4) 기금운용심의위원회에는 기금운용 및 관련분야에 전문지식을 갖춘 민간전문가가 1/3이상 참여하도록 하여야 하는데, 기금운용계획의 수립 및 결산보고서의 작성, 기금운용성과분석은 반드시 기금운용심의위원회 심의를 거쳐야 하며, 이외에도 기금의 관리·운용에 관한 중요사항으로 지방자치단체장이 부의하는 사항을 심의한다(지방자치단체 기금관리 기본법 제13조).

하여 사업을 추진하고자 하는 경우에는 기금의 적립기간동안 당해 사업의 추진을 위해 불가피한 경우에 한하여 지원이 가능하다. 또한 기금운용계획 사전심의시 예산부서는 기금설치 목적사업외 인건비, 업무추진비, 여비 등은 필요성 여부를 판단 예산편성을 자제해야 한다.

(3) 기금운용계획(안) 협의 및 심의

총괄기금관리관은 기금운용계획(안)을 일반예산과 연계하여 협의 및 심의한다.

(4) 기금운용위원회심의 및 확정

기금운용관이 편성한 각 개별기금의 운용계획(안)에 대하여 총괄기금관리관이 사전심의후, 개별기금운용심의회의 심의를 거쳐 자치단체장의 결재를 득하여 집행부 기금운용계획(안)을 확정한다.

(5) 지방의회 제출

지방자치단체장은 확정된 기금운용계획을 회계연도개시 50일(시·군·구는 40일) 전까지 지방의회에 제출해야 한다.

(6) 기금운용계획 확정

지방의회는 지방자치단체장이 제출한 기금운용계획(안)을 소관 상임위별로 심의를 거쳐 본회에서 심의·의결하고 기금운용계획을 확정하되, 지방의회는 지방자치단체장의 동의없이 기금운용계획안의 주요항목지출금액을 증액하거나 새로운 비목을 설치할 수 없다.

3) 기금운용계획의 변경절차

기금운용계획은 주요항목 기준 50% 범위 내에서 지출의 탄력적인 운용이 가능한데, 정책사업 기준 20%를 초과하여 변경하는 경우에는 예산부서와 협의하여 지방의회의 심의·의결이 요구된다. 다만 재난관리기금과 재해구호기금의 경우에는 규모에 관계없이 지방의회의 의결없이 기금운용계획의 변경이 가능하다.

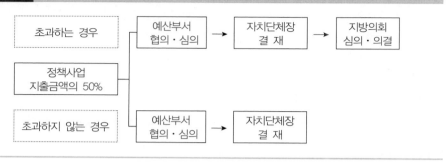

그림 20-3 기금운용계획의 변경절차

지방의회의 의결없이 기금운용계획을 변경한 경우(정책사업 지출금액의 20% 이하, 재난관리기금과 재해구호기금 운용계획 변경)에는 기금의 결산보고서에 그 내용과 사유를 명시해야 한다(지방자치단체 기금관리기본법 제11조).

2. 지방자치단체 기금의 운용·관리

1) 기금관리 및 운용

(1) 기금 관리·운용의 원칙

지방자치단체의 장은 기금의 설치목적과 지역실정에 맞도록 기금을 관리·운용하여야 한다(지방자치단체 기금관리기본법 제5조 제1항).

(2) 기금의 관리 및 운용

기금은 세계현금(歲計現金)의 수입·지출·보관의 절차, 공유재산 및 물품관리·처분의 예 또는 채권관리의 예에 의하여 이를 관리하되, 조례가 정하는 바에 따라 기금의 관리·운용에 관한 사무의 일부를 소속공무원에게 위임하거나 자치단체 이외의 자에게 위탁할 수 있다(지방자치단체 기금관리기본법 제6조 제1항 및 제2항).

(3) 회계관직의 지정

기금의 수입과 지출을 위하여 기금의 종류별로 기금운용관과 기금출납원을 두어야 하며, 필요한 경우 분임기금운용관을 둘 수 있다. 기금운용관과 기금출납원은 기금의 적정한 관리를 위하여 필요한 장부를 비치하고 증빙서류를 따로 관리하여야 한다(지방자치단체 기금관리기본법 시행령 제4조).

〈표 20-2〉 회계관리의 지정

구 분	시·도	시·군·구
총괄기금관리관	· 예산업무 담당실(국)장	· 예산업무 담당실(과)장
기금운용관	· 기금별 담당실(국)장	· 기금별 담당실(과)장
분임기금운용관	· 기금별 담당실(과)장	· 기금별 담당실(과)장
기금출납원	· 기금별 담당실(과) 주무담당 및 업무담당	· 기금별 담당실(과) 주무담당 및 업무담당

(4) 회계책임

기금의 관리 및 운용에 관한 사무의 일부를 위임 또는 위탁받아 담당하는 자의 책임에 관하여는 회계관계직원 등의 책임에 관한 법률을 준용한다(지방자치단체 기금관리기본법 제6조).

(5) 기금의 집행

기금은 세입·세출예산과 구분하여 세입·세출예산외로 처리하고, 세계현금의 지출(집행)의 예에 따라 집행하여야 하고, 기금집행은 기금조례에서 정하는 목적 사업 외에 다른 목적으로 집행할 수 없다. 예컨대 중소기업육성기금을 직원연수 등의 명목으로 집행하거나 일반회계로 집행 가능한 일반업무추진비, 여비 등을 기금운용계획에 편성하여 집행해서는 안된다(김종희, 2006: 513).

또한 기금을 집행할 때에는 기금운용 부서에서 집행품의서를 작성하여 총괄기금관리관의 협의를 받아 자체 또는 회계부서에 의뢰하여 집행하고 증빙서류는 해당 실과에서 보관한다(지방자치단체 기금관리기본법 제6조).

그림 20-4 **지방자치단체 기금의 집행**

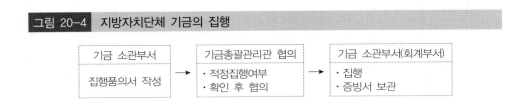

(6) 기금운용계획 불성립 시의 기금운용계획 집행

지방의회에서 새로운 회계연도가 개시될 때까지 기금운용계획안이 의결되지 못한 경우, 전년도 기금운용계획에 준하여 집행이 가능하다. 이는 ① 법령이나 조례에 의하여 설치된 기관 또는 시설의 운영비, ② 법령 또는 조례상의 지출 의무, ③ 이미 기금운용계획으로 승인된 사업의 계속의 경우이다. 이러한 경우 집행된 금액은 당해 연도의 기금운용계획이 성립되면 성립된 기금운용계획에 의하여 집행된 것으로 본다(지방자치단체 기금관리기본법 제10조).

(7) 이월

매 회계연도의 지출금액은 다음 연도에 이월하여 사용할 수 없다. 다만 당해 연도 내에 지출원인행위를 하고 불가피한 사유로 인하여 연도 내에 지출하지 못한 금액과 지출원인행위를 하지 아니한 그 부대경비는 다음 연도에 이월하여 사용할 수 있다.

기금 이월 시에는 예산의 이월절차를 준용하여 회계연도 완료 후 40일 이내에 이월요구서(사고이월요구서상 예산액을 지출계획액으로 개서)를 작성하여 예산부서에 제출, 예산부서는 회계연도 종료 후 60일 이내에 확정한다(지방자치단체 기금관리기본법 제12조).

2) 기금자산의 관리

(1) 기금자산 관리의 원칙

지방자치단체의 장은 기금자산의 안정성·유동성·수익성 및 공공성을 고려하여 기금자산을 투명하고 효율적으로 운용하여야 한다(지방자치단체 기금관리기본법 제5조 제2항).

(2) 기금자산 관리

기금은 세계현금의 수입·지출·보관의 절차, 공유재산 및 물품관리·처분의 예 또는 채권관리의 예에 의하여 이를 관리하여야 한다. 즉 기금의 현금자산은 세계현금의 보관의 절차에 따라 보관하여야 하므로 자치단체 금고에 보관하는데, 자치단체 금고지정의 절차와 동일한 절차에 의해 기금별로 별도의 금고 지정이 가능하다(지방자치단체 기금관리기본법 제6조 제1항).

(3) 여유자금

여유자금이란 기금이 당해 회계연도에 직접 필요로 하는 일상적인 운용자금, 목적수행을 위한 융자·출자·출연 및 보조에 필요한 자금, 목적수행을 위한 토지·건물·시설 등의 취득·관리·처분에 필요한 자금을 제외한 자금을 말하며 상례적 또는 장기적으로 발생하는 여유자금과 일시적 또는 단기적으로 발생하는 여유자금으로 구분된다. 먼저 상례적 또는 장기적으로 발생하는 여유자금은 일정한 회계연도의 기금수입이 목적사업수행 등 기금의 설치목적 달성에 필요한 당해 연도의 지출소요를 초과함으로써 발생하는 여유자금으로 주로 재해구호기금, 청사건립기금 등 적립성 기금에서 발생한다. 그리고 일시적 또는 단기적으로 발생하는 여유자금은 기금수입과 지출시기의 차이 등에 따라 일시적으로 소액 발생하는 여유자금을 말한다.

(4) 여유자금의 관리

장기성 여유자금[5]은 안정적 운용을 위해 정기예금, CD 등 저축성 예금, 국·공채 투자 등 이자율이 높은 상품으로 관리하고, 단기성 여유자금은 요구불 예금, 기업자유예금, 기타 단기성 금융상품 등으로 운용하되, 지출시기 등을 고려하여 고금리 상품에 예치한다.

(5) 통합관리기금의 설치·운용

지방자치단체는 각종 기금의 여유자금을 통합관리하고 이를 재정융자 및 지방채 상환 등에 활용하기 위하여 지방자치단체별로 기금의 여유자금을 통합하여 통합관리기금을 설치할 수 있다(지방자치단체 기금관리기본법 제16조).

(6) 지역발전협력기금의 설치·운용

둘 이상의 자치단체가 기금의 여유자금을 효율적으로 관리하고 활용하기 위하여 자치단체 조합(지방자치법 제149조)을 설립하여 기금의 여유자금으로 지역발전협력기금을 설치할 수 있고 이를 사회간접자본시설 등에 투자할 수 있다. 또한 자치단체 조합은 지역발전협력기금을 관리·운용에 관한 사무를 전문기관(지방재정공제회)에 위탁할 수 있다(지방자치단체 기금관리기본법 제17조).

---

5) 자치단체장은 유휴자금을 활용하기 위하여 금고에 이자율이 높은 예금으로 예치 관리할 수 있다(재무회계규칙 제74조). 다만 신탁법(신탁업법 및 증권투자신탁업법)에 의한 신탁상품은 원금이 보장되지 않으므로 여유자금을 신탁할 수 있다.

3. 지방자치단체 기금의 결산 및 성과분석

1) 결산

(1) 결산보고서의 작성

지방자치단체의 장은 회계연도마다 기금 결산보고서를 작성, 기금운용심의위원회의 심의를 거쳐 세입·세출결산서와 함께 다음 회계연도 5월 10일까지 지방의회에 제출한다. 기금의 결산보고서는 기금운용계획안과 동일한 구분에 의하여 작성하며, 재무회계 결산에 관하여는 지방재정법 제53조의 규정을 준용한다(지방자치단체 기금관리기본법 제8조 및 시행령 제6조).

(2) 기금결산 승인절차

기금결산의 승인절차는 먼저 기금운용관은 기금결산기준에 의거 기금결산보고서를 작성하여 총괄기금관리관에게 제출하고, 총괄기금관리관은 각종기금을 총괄하여 총괄 결산보고서안을 자치단체장에게 보고 후 결산검사위원에게 제출한다. 다음으로 자치단체장은 결산검사위원의 검사를 거친 기금결산서를 세입·세출결산서와 함께 지방의회에 제출하여 의결을 얻어야 한다(지방자치단체 기금관리기본법 제8조 제2항). 그리고 지방의회는 기금결산을 검토한 후에 의결 처리한다(지방자치법 제35조 제1항).

그림 20-5 **기금결산 승인철차**

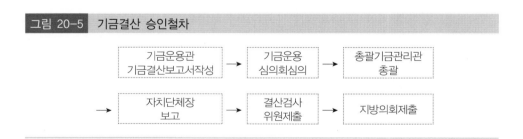

2) 성과분석

(1) 근거

지방자치단체장은 대통령령이 정하는 바에 따라 회계연도마다 기금의 운용성과를 분석하여야 한다(지방자치단체 기금관리기본법 제14조 제1항).

(2) 절차

자치단체의 장은 기금운용성과 분석결과를 기금의 결산보고서와 함께 지방의회에 제출하며, 기금운용성과 분석결과를 행정자치부장관에게 제출하여야 한다. 이 경우 시·군·구에 있어서는 특별시장·광역시장 및 도지사를 거쳐야 한다.

행정자치부장관은 대통령령이 정하는 기준과 절차에 따라 성과분석결과를 확인·점검하여 기금운용의 성과가 현저하게 떨어지는 자치단체에 대하여는 기금운용의 성과향상을 위한 조치를 권고할 수 있고, 필요한 경우 그 확인·점검결과와 권고의 내용을 공개할 수 있다. 지방자치단체의 장은 기금의 운용 성과 분석결과를 기금결산보고서와 함께 지방의회에 제출하여야 한다(지방자치단체 기금관리기본법 제14조).

(3) 확인·점검의 기준과 절차

기금운용의 성과는 기금사업의 성과와 기금자산의 운용성과를 분석하되, 구체적인 성과분석의 기준과 절차는 행정자치부장관이 정한다.

행정자치부장관은 기금운용의 성과분석을 위한 계획을 수립하여 시행하되, 기금별로 3년 마다 1회 이상 성과분석이 이루어지도록 하여야 하는데, 기금운용의 성과분석결과를 확인·점검하기 위하여 행정자치부에 자문단을 구성하여 운영이 가능하다(지방자치단체 기금관리기본법 시행령 제8조 및 제9조).

3) 기금현황

지방자치단체 기금은 1963년 서울특별시에서 재해구호기금을 처음 설치한 이래 1970년대 초 80여 개에 불과하였으나, 2008년 2,261개를 거쳐 2014년에는 2,380개로 증가하였다. 그리고 조성액은 2008년 18조 1,480억원에서 2013년 16조 4,272억원으로 다소 감소하였다.

〈표 20-3〉 지방자치단체별 지방기금의 조성내역

(단위: 억원, %, 개)

구 분		합 계	특별시	광역시	도본청	시	군	구
조성액	2008	181,480 (100.0)	79,952 (44.1)	18,479 (10.2)	42,712 (23.5)	21,797 (12.0)	7,302 (4.0)	11,238 (6.2)
	2014	164,272 (100.0)	43,872 (26.7)	21,543 (13.1)	49,894 (30.6)	24,726 (15.1)	9,502 (5.8)	14,436 (8.8)
기금수	2008	2,261 (100.0)	15 (0.7)	100 (4.4)	146 (6.5)	754 (33.3)	685 (30.3)	561 (24.8)
	2014	2,380 (100.0)	14 (0.6)	99 (4.7)	150 (6.3)	939 (35.3)	644 (27.1)	621 (26.1)

주: 세종특별자치시는 광역시, 제주특별자치도는 도본청에 각각 포함하여 작성함.
자료: 행정자치부(2015), 2015년도 지방자치단체 통합재정 개요.

지방자치단체 기금의 연도별 현황을 살펴보면 〈표 20-4〉와 같다. 지방자치단체 기금의 조성액은 2014년 현재 16조 4,272억원에 달하고 있고, 지난 2008년 이래 다소 감소세에 있다. 그러나 기금의 수는 2008년 2,261개에서 2014년 2,380개로 증가하였다.

〈표 20-4〉 지방자치단체 기금의 연도별 현황

(단위: 억원, %, 개)

구 분	2007	2008	2009	2010	2011	2012	2013	2014
조성액	203,250 (13.0)	181,480 (△10.7)	178,930 (△1.4)	170,804 (△4.5)	179,507 (5.1)	179,431 (0.0)	160,887 (△10.3)	164,272 (2.1)
기금수	2,229 (3.7)	2,261 (1.4)	2,342 (3.6)	2,373 (1.3)	2,409 (1.5)	2,395 (△0.6)	2,394 (0.0)	2,380 (△0.6)

주: ( )는 전년대비 증가율, 연도별 기금수 및 조성액은 누계임.
자료: 행정자치부(2015), 2015년도 지방자치단체 통합재정 개요.

제4절 지방자치단체 기금관리의 전망과 과제

1. 지방자치단체 기금관리의 전망

지방자치단체의 기금은 근본적으로는 공공자금으로서 효율성과 투명성을 제고하는 방안으로 운영되어야 하는데 조례에 근거하여 설치가 가능하며 지방의회의 의결로 확정된다. 즉 기금의 설치 및 운용에 대한 결정권을 지방의회가 갖고 있으므로 형식상으로 재정민주주의를 반영할 수 있도록 제도적으로 뒷받침하고 있다고 볼 수 있다. 그러나 그동안 많은 개선이 이루어졌음에도 아직도 정비해야 할 것들이 많이 남아 있으며 실질적으로 기금제도를 지방의회가 통제 및 감시할 수 있는 절차가 형식적이어서 부실하게 운용되고 있고 예산집행의 투명성도 미흡한 실정이다. 따라서 기금의 신설도 때로는 필요하지만 기존에 설치되어 운용되고 있는 기금에 대한 지속적인 평가와 개선작업 등을 철저히 하도록 한다면 지방자치단체의 기금이 지방재정의 건전성과 효율성을 제고하고 나아가 주민의 복리증진에 크게 기여할 수 있을 것으로 본다.

2. 지방자치단체 기금관리의 과제

지방자치단체 기금관리기본법의 시행 이후 지방자치단체 기금관리에 대한 기존의 미비점들이 많이 개선되었으나 그동안 제기된 문제점을 중심으로 향후 지방자치단체 기금관리의 과제를 몇 가지 제시하고자 한다.

1) 설치기금의 정비

지방자치단체별로 현재 설치·운용되고 있는 기금을 분석하여 유사·중복목적의 기금은 통·폐합을 추진하여 기금운용의 비효율성, 재정배분의 합리성을 꾀하도록 설치기금의 정비를 추진하여야 할 것이다.

2) 기금운용의 통합적 관리방안 마련

기금운용의 통합적 관리는 바로 상호 유기적으로 연계되어 있는 기금제도의 주요문제를 개선하는 출발점이라 할 수 있다. 기금별로 관리·운용해 오던 각 기금자금을 전체적으로 통합하거나, 자금의 운용수익 증대를 위하여 각 기금별 연간 평상 운용액 및 월별 자금흐름을 분석·예측하여 최소 필요 수준의 적립금 외에는 자금운용이익 실현 및 투자재원으로 활용하여 기금관리의 효율성, 수익성 제고 및 재원활용도를 강화할 수 있겠다.

3) 기금사업비 집행률 제고

기금의 설치목적 달성을 위해 집행의 적정성을 제고하고, 기금별 여유자금의 통합운영으로 자금 활용도 및 수익성을 제고하여야 하겠다.

4) 기금운용계획 및 결산 등의 효율성과 전문성 확보

기금운용계획, 집행 및 결산과정에서 행정의 효율적이고 체계적인 관리를 위하여 자금의 통합관리시스템의 구축 및 활용이 필요하며 기금관리자의 전문성 강화를 위하여 벤치마킹, 학습기회의 제공 등을 통한 경영마인드 확보와 전문성 강화가 필요하다. 또한 각 기금에 대하여 기금규모(규모의 효율성), 운용기간(운용경험의 축적), 사업유형에 따른 운영방식과 성과 등에 대한 운영성과평가의 데이터축적 및 분석시스템도 필요하다(여영현, 2008: 185-186).

5) 지방의회의 기금관리운용 심의의 내실화

지방의회가 실질적인 심사를 할 수 있도록 심의내용과 심의일정에 대한 검토가 요구되며 우수한 자질의 지방의원이 지방자치단체의 집행부를 충실히 견제할 수 있는 토대가 마련되어야 할 것이다.

▌ 탐구학습

1. 주요개념과 요약
   - 기금
   - 법정기금
   - 통합관리기금

2. 토론과 과제
   - 예산(일반회계, 특별회계)과 기금의 차이점
   - 기금설치의 필요성과 유용성
   - 지방자치단체 기금관리의 개선방안

참고문헌

김동기(2005), 한국지방재정학, 서울: 법문사.

김종희(2006), 지방재정론, 서울: 범론사.

여영현(2008), "자치단체 기금의 효율화를 위한 운용성과와 특성연구", 한국행정연구, 제16권 4호.

전상경(2007), 현대지방재정론, 서울: 박영사.

행정자치부(2006), 2005년도 지방자치단체 기금운용기본지침.

_____(2009), 2008년도 지방기금 현황.

_____(2015), 2016년도 지방자치단체 예산편성 운영기준 및 기금운용계획 수립기준.

_____(2015), 2014년도 지방자치단체 통합재정 개요.

제 21 장

지방자치단체의 채권관리

제 1 절   지방자치단체 채권의 의의

1. 지방자치단체 채권의 개념

채권이란 채권자라는 특정인이 채무자라는 특정인에 대하여 일정한 행위를 할 것을 청구할 수 있는 권리로서 청구권의 전형이다. 지방자치단체의 채권이라 함은 금전의 지급을 목적으로 하는 지방자치단체의 권리를 의미하고, 금전 이외에 재화와 서비스를 급부의 목적으로 하는 채권은 제외된다. 지방자치단체 채권관리에 대해서는 지방재정법(제2조 제4호, 제85조～제87조), 지방재정법시행령(제107조～133조), 지방자치단체 재무회계규칙(제151조～제154조)에 법적근거를 마련하고 있다. 지방자치단체의 채권과 세외수입을 비교하면 〈표 21-1〉과 같다.

〈표 21-1〉 채권과 세외수입의 비교

구 분	채 권	세외수입
발생	·지방자치단체의 사업계획에 의거하여 사업자 및 개인에게 지원(융자)하고 정해진 기간 안에 채무자로부터 회수되는 금원 및 사법적 계약에 의한 금원 등이 해당	·지방세를 제외한 수입을 말하며 지방자치단체 소유의 재산임대수입등 사법적 계약에 의한 수입 ·지방자치법에 의한 사용료수입, 수수료 등 수입과 공법상 의무이행을 강제하기 위한 금전적 행정질서벌(과태료 및 과징금)에 의해 부과되는 금원 등이 해당
종류	·보증금, 융자금, 미수금, 기타채권	·재산임대수입, 매각수입, 사용료수입, 과태료와 과징금 등

관계	・위와 같은 내용에 근거하여 회수시 세외수입으로 관리하고 잔액만 채권으로 관리	・공유재산매각 수입이나 융자금 등 수입된 금원에 대하여는 세외수입으로 처리(채권에 의하여 관리하는 수입 포함)
관리	・특별한 법규정을 제외하고는 민법 및 민사집행법에 의하여 관리・회수	・개별적으로 규정된 법규정 및 지방세외수입금의 징수에 관한 법률 등에 의하여 관리・징수

주: 지방자치단체의 소유재산매각 및 융자로 인하여 지원된 금원이 회수되기까지는 채권으로 관리하여야 하고 부과・징수에 의하여 회수될 경우 세외수입으로 처리함.

2. 지방자치단체 채권의 범위

아래에 열거한 적용 제외 채권을 제외한 모든 채권은 주로 사법 상의 원인(계약, 불법행위, 사무관리 등)에 의하여 발생하는 채권으로서 모두 지방자치단체의 관리대상이 된다.

1) 금전지급채권

지방재정법의 채권관련 규정(제2조 제4호)은 채권관리에 관한 일반규정으로 이 규정의 적용을 받는 채권은 금전의 지급을 목적으로 하는 지방자치단체의 권리, 즉 지방자치단체 이외의 자에 대한 금전채권을 대상으로 하며, 금전 이외의 재화와 서비스를 급부의 목적으로 하는 채권은 여기에서 제외된다. 그리고 여기에서의 채권은 일반회계, 기타특별회계, 공기업특별회계, 기금상의 채권을 포괄하며, 지방재정의 통합수지분석 및 발생주의 복식부기회계제도 도입에 따라 자치단체에서 운용하는 재정전체에 대해서 포괄하여 관리하게 된다.

2) 적용제외 채권

(1) 과태료

과태료, 과징금, 범칙금 등 채권은 제재적 성격이 강한 것으로 재정상 지방자치단체 재산으로 경제적 가치를 추구하는 일반채권과 다르다. 과태료는 주정차위반, 자동차책임보험 미가입, 자동차관리법위반, 주민등록법위반, 건축법위반, 환경보전법위반 등(세외수입분류 참조)을 들 수 있다.

(2) 지방세와 그 가산금 및 체납처분에 관한 채권

지방세와 그 가산금 및 체납처분에 관한 채권은 공법적 성격에 따라 특별한 관리를 필요로 하는 것이어서 지방세법 등의 법령에 의하여 관리에 관한 제도 및 조직이 확립되어 있으므로 채권관리에 관한 규정을 적용할 필요가 없어 제외된다. 또한 지방자치법 제136조 내지 제138조의 규정에 의하여 지방세징수의 예에 의하여 징수키로 되어 있는 사용료·수수료·분담금 등의 채권도 공법 상의 성질이 지방세와 같고 또 징수 등 관리를 지방세의 예에 의하는 것이어서 제외되는 것으로 해석된다.

(3) 증권으로 된 채권

각종 증권에 대한 권리행사는 각 관계법의 규정에 의하여야 하며 지방자치단체 소유의 유가증권의 보관 및 취급에 관하여는 지방재정법 및 시행령에 의하여 규제를 받는 등 채권으로서의 규제 외에 동산(動產)으로서의 규제를 해야 하므로 제외된다.

(4) 금고에 대한 예금에 관한 채권

자치단체 금고에 대한 예금에 관한 채권은 지방재정법 및 시행령, 지방자치단체재무회계규칙 등에 의하여 현금출납 상의 책임과 규제가 확립되어 있기 때문에 제외한다.

(5) 일상경비출납원 및 세입세출외현금출납원이 예탁한 예금에 관한 채권

이 채권은 변상책임을 갖는 일상경비출납원이나 세입세출외현금 출납원이 보관하는 현금을 금고 기타 금융기관에 예탁한 경우의 원금과 그에 따른 이자채권까지 포함하는 것이므로 이는 현금보관 방안의 결과로 생긴 것이며 그 관리에 대하여는 현행 현금출납 제도에 의하여 어느 정도의 관리가 행하여지고 있어 특별한 지장을 초래할 만한 것이 아니기 때문에 제외되는 것으로 해석된다.

(6) 보관금이 될 금전의 지급을 목적으로 하는 채권

보관금에 관한 채권은 입찰보증금, 계약보증금, 하자보증금 등으로 이들은 모두 주목적인 특정행위의 전제조건으로서 납부되는 것이어서 그 납부가 없으면 자치단체가 그에 관한 행위를 거부함으로써 목적달성이 용이하기 때문에 제외한다.

(7) 보조금 또는 기부금에 관한 채권

보조금(부담금, 교부금 포함), 기부금에 관한 채권은 보조자나 기부자의 자발적인 의사에 의하는 것으로서 지방자치단체가 채권자로서 추심할 성질의 것이 아니므로 제외된다.

(8) 외국 또는 국제기구, 외국의 대사·공사 등이 채무자인 채권

외국 또는 국제기구를 채무자로 하는 채권에 대하여는 외교교섭 또는 국제관행에 따라 처리하는 것이 타당한 경우가 많으므로 제외하고, 외국의 대사·공사 그밖에 외교관에 준하는 자에 대한 채권에 대하여도 상호주의에 입각한 특수한 취급을 하고 있으므로 제외한다.

〈표 21-2〉 적용제외채권의 내용

분 류	정 의	예 시	발생원천	회계개념
·과태료등 채권	·과태료와 이와 유사한 채권	·과태료	·과태료부과	·미수금
·지방세 채권	·지방세와 그 가산금 및 체납처분 관련 채권	·지방세 미수납액	·지방세징수 결의등	·미수세금
·투자채권	·자치단체가 투자를 목적으로 보유하고 있는 증권형태의 채권	·민관공동사업 출자금, 출연금	·제3섹터 사업 출자, 출연단체에 대한 출연등	·투자 유가 증권
·금융채권	·지방자치단체 금고 및 기타 금융기관예치금에 대한 채권	·예금 및 적금	·금고 및 금융기관 자금예치	·현금 및 현금등가물, 금융상품
·자치단체내 채권	·자치단체내 회계간 내부거래에 의한 금전의 수수에 따른 채권	·회계간 전출입금	·회계간 자금거래	·자치단체내 채권
·보조금, 기부금 채권	·보조금 및 기부금 관련채권	·국고보조금 미수분, 기부금미수분	·보조금 및 기부금 교부결정	·미수보조금 등
·외국(인) 채권	·외국과 국제기구를 채무자로 하는 채권	·융자금, 보증금	·국제행사개최, 차관 등	·융자금, 보증금 등

3. 지방자치단체 채권의 분류

지방자치단체의 채권은 현행 지방재정법령, 중앙정부의 채권분류, 지방자치단체의 실제적인 채권관리현황, 발생주의회계 개념 등을 종합적으로 고려하여 그 목적 및 성격을 기준으로 크게 네 가지 유형으로 분류한다.

1) 보증금채권

보증금채권은 계약 상의 권리행사 등을 목적으로 자금을 예치함에 따른 채권을 말하며, 이에는 채권의 내용에 따라 청사건물 임차보증금, 숙소전세보증금, 전화가입보증금, 기타 선수금 등이 있고, 이외에 자치단체가 소유하지 않고 타인의 재산을 임대하는 조건으로 일정한 금액을 주고 사용하다 계약기간 도래 시 되돌려 받을 수 있는 채권 등도 포함한다.

2) 융자금채권

융자금채권은 자금을 융자해 준 후 만기 도래 시 융자원금 및 관련 이자를 회수하는 채권을 말하며 이에는 융자목적에 따라 주택사업융자금, 의료보호기금융자금, 학자금융자금 등이 있고, 이외에 자치단체가 법인, 개인 기타 제3자에게 빌려주고 향후 받을 수 있는 채권 등을 포함한다.

3) 미수금채권

미수금채권(재산매각 및 사용 등 관련채권)은 상환기간이 도래되었는데도 회수하지 못한 채권과, 수년간에 걸쳐 받을 수 있는 채권으로서 자치단체 소유의 재산매각에 의한 대가로 발생하는 채권을 말한다. 미수금채권은 재산매각대금, 분양미수금, 환지청산금 등이 있다. 그러나 보증금·융자금채권 등에서 상환기간이 도래되었는데도 회수하지 못한 채권은 효율적인 관리를 위해 보증금·융자금채권 등에서 관리한다.

4) 기타채권

기타 위에서 열거되지 아니한 채권으로 과불보상금, 의료보호 부당이득금, 소송공탁금, 행정송의 승소금 등이 채권의 범주에 포함된다.

〈표 21-3〉 자치단체의 채권분류표

분 류	정 의	예 시	발생원천	회계개념
보증금채권	·계약상의 권리행사 등을 목적으로 자금을 예치하는 경우 발생하는 채권	·임차보증금, 전세보증금, 전화가입보증금	·임대차계약, 전화가입	·보증금

융자금채권	·자금을 융자해 준 후 만기 도래시 융자원금 및 이자를 회수하기 위한 채권	·주택사업융자금, 의료보호기금융 자금, 학자금융 자금	·주택사업, 의료보호기금, 학자금융자	·융자금
미수금채권 (재산매각 및 사용 등 관련 채권)	·자치단체소유의 재산매각, 사용료, 수수료 등 세외수 입에서 발생하는 채권	·재산매각미수금, 분양미수금 사용료등미수분	·재산매각 분양상환 사용료, 수수료	·미수금
기타채권	·기타 위에서 열거되지 아니 한 채권	·기간경과이자, 상표권, 행정소송승소금	·이자기간경과, 상표출원및등록	·미수수 익, 산업 재산권

제 2 절   지방자치단체 채권관리사무 및 채권의 관리기관

1. 지방자치단체 채권관리사무

채권관리에 관한 사무는 지방자치단체의 채권에 대하여 채권자로서 행하여야 할 보전·추심·내용의 변경 및 소멸에 관한 일련의 사무를 말하는데, 채권의 관리에 관한 사무는 채권의 발생원인 또는 내용에 따라 지방자치단체의 이익에 가장 적합하도록 처리하여야 한다(지방재정법 제87조).

1) 채권관리사무의 종류

(1) 채권내용의 파악에 관한 사무

지방자치단체의 장이 법령 또는 조례·규칙의 규정 또는 계약 기타행위에 의하여 채권을 발생하게 하였거나 이를 지방자치단체에 귀속하게 한 직원으로부터 채권발생 등의 보고를 받거나, 스스로 알 수 있는 채권의 내용을 조사 확인하여 채권관리부에 등재하는 등의 사무 등을 말한다(지방재정법 제87조, 동법 시행령 제110조).

(2) 채권의 보전에 관한 사무

채무이행을 확보하기 위하여 배당요구 등 채권의 신고, 담보 또는 보증의 요구, 가압류 또는 가처분, 채권자대위권 또는 사해행위 취소권의 행사, 시효중단 등에 관한 사무 등을 말한다(지방재정법 시행령 제115조 내지 제118조).

(3) 채권의 행사에 관한 사무

채무자에게 이행을 청구하기 위하여 하는 납부고지, 독촉, 담보의 처분, 경매 기타 담보권의 행사, 강제집행, 소송, 이행기한전 징수 등에 관한 사무 등을 말한다(지방재정법 시행령 제111조 내지 제114조).

(4) 채권의 내용변경에 관한 사무

채권의 내용변경을 가져오는 이행연기의 특약, 화해 등에 관한 사무 등을 말한다(지방재정법 시행령 제124조 내지 제129조).

(5) 채권의 징수정지에 관한 사무

독촉을 하여도 완전이행이 되지 아니한 채권으로서 일정한 사유가 있고 이를 이행시키는 것이 부적당하다고 인정되는 때에 채권의 추심에 관한 사무를 정지하는 것을 말한다(지방재정법 시행령 제119조).

(6) 채권의 소멸에 관한 사무

채권의 소멸원인이 되는 변제, 면제, 시효의 완성, 해제조건의 성취, 계약의 해제, 행정처분의 취소 등의 사유에 의하여 채권이 소멸되었을 때에 이를 정리하는 사무를 말한다(지방재정법 시행령 제130조).

2) 채권관리사무범위에서 제외되는 사무

(1) 징수관이 행하는 사무

세입징수에 관한 사무는 지방재정법 제62조 제2항(지방세 및 기타세입의 징수)에 의거 징수관이 하도록 되어 있으므로 제외한다. 단 채권관리관은 징수관에게 납입고지의 요청 및 독촉의 요청 등을 할 수 있다.

(2) 법령의 규정에 의하여 체납처분을 집행하는 자가 행하는 사무

체납처분을 집행하는 자가 행하는 사무는 일반채권에 있어서 민사소송의 절차에 의한 강제집행을 하는 집행관 등에 상당하는 것으로서 특수한 신분을 가지고 행동할 뿐 아니라 그 사무내용은 특수한 집행행위에 해당하므로 이를 채권관리관이 하는 채권관

그림 21-1	지방재정법령의 채권관리사무 흐름도

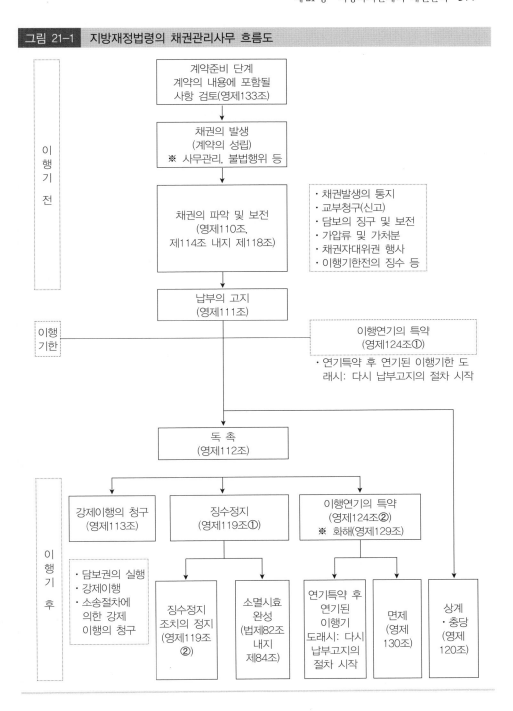

리사무에서 제외한다.

(3) 채무이행의 수령에 관한 사무

상대방이 채무이행(변제)을 할 때 즉 채무금액을 납입할 때에는 수입급출납원이나 금고가 이를 수납하도록 되어 있으므로 채권관리사무에서 제외한다.

(4) 현금 또는 물품의 보관에 관한 사무

채권관리상의 담보목적으로 또는 압류한 결과로 채무자의 현금이나 물품을 보관하는 경우에는 별도 세입세출외현금출납원이나 물품출납원이 담당하는 것이 타당하므로 채권관리사무에서 제외한다(지방재정법 시행령 제107조).

2. 지방자치단체 채권의 관리기관

1) 지방자치단체의 장

지방자치단체의 장은 그 소관에 속하는 채권을 관리하되, 소속 공무원에게 위임하여 관리하게 할 수 있다. 지방재정법 제85조에서는 채권관리에 관한 기관의 설치를 의무화하지 않고 채권관리 업무를 모두 지방자치단체의 장의 책임으로 하고 있다.

2) 채권관리관

채권관리관은 지방자치단체의 장이 그 소관에 속하는 채권의 관리에 관한 사무를 위임한 소속 공무원(소관 실·과장)으로서, 지방자치단체채권에 대하여 채권자로서 행할 채권의 보전, 행사, 내용변경 및 소멸 등 채권관리에 관한 사무를 담당한다. 채권관리관은 현금수납의 직무를 겸할 수 없다. 다만 직원과소로 인하여 부득이한 사유가 있는 경우는 예외로 한다(지방재정법 제85조, 재무회계규칙 제3조).

3) 총괄채권관리관

총괄채권관리관은 지방자치단체의 장이 당해 지방자치단체의 채권의 관리에 관한 사무를 총괄하도록 임명한 채권관리관(세입업무담당국장)으로서, 채권현재액보고서의 작성에 관한 사무와 당해 지방자치단체의 채권관리를 감독한다(재무회계규칙 제3조).

제 3 절 지방자치단체의 채권관리

1. 지방자치단체 채권의 발생 및 장부등재

1) 채권의 발생

(1) 발생의 원인

일반적으로 채권이 발생하는 원인으로서는 계약, 불법행위, 사무관리, 부당이득, 법률의 규정에 의한 경우 및 행정상의 처분이 있다. 지방자치단체의 채권은 새로이 발생하는 것 외에도 기존의 채권이 지방자치단체에 귀속함에 따라 채권관리관이 관리하여야 할 지방자치단체의 채권이 되는 경우가 있다. 예를 들어 지방자치단체 외의 자가 지방자치단체에의 채권양도, 지방자치단체의 채무자가 제3채무자에 대하여 갖는 압류채권에 대한 전부명령 등이 있다.

(2) 채권의 발생 또는 귀속의 보고

① 지방자치단체장에게 보고하여야 할 경우

채권의 발생을 지방자치단체장에게 보고하여야 하는 경우를 살펴보면 다음과 같다. 첫째, 법령 또는 조례·규칙의 규정에 의하여 지방자치단체의 채권이 발생하거나, 채권이 지방자치단체에 귀속될 원인이 되는 계약, 그 밖의 행위를 할 자가 당해 행위를 한 때이다. 다만 채권의 발생 또는 귀속에 있어서 정지조건[1])이나 시기가 있는 때에는 조건이 성취되거나 기한이 도래함으로써 채권이 발생 또는 귀속하였을 때이다. 둘째, 법령 또는 조례·규칙의 규정에 의하여 지방자치단체를 위하여 지출원인행위를 하는 자가 당해 지출원인행위의 결과 반납금에 관한 채권이 발생된 것을 안 때이다(지출원인행위를 한 것으로서 과오지급되어 반납할 경우, 일상경비출납원에게 교부된 자금으로서 그 지급잔액을 반납하여야할 경우 등). 셋째, 위에서 언급한 경우 외에 법령 또는 조례·규칙의 규정에 의하여 지방자치단체를 위하여 계약을 하는 자가 당해 계약에 관하여 채권이 발생하였거나 지방자치단체에 귀속한 것을 안 때이다(상대방의 계약의무위반으로 발생하는

---

1) 정지조건이라 함은 법률행위의 효력을 장래 그 발생이 확실하지 못한 사실의 성취까지 정지시키는 부관을 의미하고, 기한이라 함은 장래 도래가 확실한 사실의 발생에 연계시키는 부관을 말한다.

손해배상금채권 등). 넷째, 위에서 언급한 경우 외에 현금 또는 물품의 출납원이나 공유 재산에 관한 사무를 행하는 자가 그 취급에 속한 재산에 관하여 채권이 발생한 것을 안 때이다(현금 또는 물품이 횡령 당했거나 또는 공유재산이나 물품이 훼손되었을 때 손해 배상금채권이 발생한 경우 등).

② 채권관리관의 채권발생(소멸)의 보고

채권관리관은 채권의 발생·소멸 등 변동사항이 있을 때에는 총괄채권관리관에게 즉시 채권발생 및 소멸보고서에 의하여 보고하여야 하고, 채권현재액보고서를 매분기 다음달 15일까지 총괄채권관리관에게 제출해야 한다(재무회계규칙 제154조).

2) 장부의 등재

(1) 장부의 비치

지방자치단체의 장 또는 위임받은 공무원은 그 소관에 속하는 채권이 생긴 때에는 지체 없이 채무자·채권금액 및 이행기한 기타 관련되는 모든 사실을 확인하여 장부에 기재하고, 채권의 발생·변경, 채권의 독촉, 이행기간의 연장 등의 경우에는 채권관리부에 그 상황을 기록하여야 한다. 관련 장부에는 채권관리부(채권관리관), 총괄채권관리부(총괄채권관리관) 등이 있다(재무회계규칙 제140조).

(2) 채권관리부에 기록하여야 할 채권

채권관리부에 기록하여야 할 채권은 첫째, 계약에 의하여 발생된 채권으로서 그 이행기한이 경과하였으나 변제되지 아니한 채권, 둘째, 계약에 의하여 발생한 채권으로서 그 이행기간이 60일을 초과하는 채권, 셋째, 법령 또는 조례의 규정에 의하여 발생한 채권으로서 그 이행기간이 경과한 채권(다만 지방세법에 의하여 강제징수가 가능한 채권은 그러하지 아니함), 넷째, 기타 시·도지사가 정하는 채권 등이다(재무회계규칙 제 151조).

2. 지방자치단체 채권의 보전 및 이행의 청구

1) 채권의 보전

지방자치단체는 법령 또는 조례에 의하지 아니하고는[2] 채권의 전부 또는 일부를 면제하거나 당해 지방자치단체에 불리하게 효력을 변경할 수 없다(지방재정법 제86조). 채권관리관은 채무자의 채무이행을 확보하기 위하여 강제집행이라고 하는 비상수단을 취하기 전에 채권의 보전에 만전을 기하여야 한다.

채권보전을 위하여 채권발생원인이 되는 계약 또는 행정처분을 하기 전에 채무자의 자산상황, 신용상황 등을 충분히 조사하고, 채권 발생 후에도 채무자의 자산내용이나 담보상황, 일반적인 업무상황을 감시하는 등 일반적 조치방법이 강구될 수 있다. 이외에도 채권을 위태롭게 하는 특정사태에 대비하여 취하여야 할 특정 보전조치 방법으로 채권의 교부청구(신고), 담보의 징구(徵求) 및 보전, 가압류 또는 가처분, 채권자대위권의 행사, 사해행위의 취소, 시효중단 이행기한 전의 징수 등이 있다.

(1) 채권의 신고

채권의 신고란 채무자가 강제집행을 받게 되어 그 책임재산이 위태롭게 되거나 총재산에 대하여 청산이 개시된 때에 채무자의 재산배분에 불이익이 되지 않도록 자치단체가 채권자로서 즉시 배당을 요구하거나 채권을 신고하여 채권을 보전하게 하는 조치를 말한다. 채권의 신고를 하는 경우는 다음과 같다(지방재정법 시행령 제115조).

① 채무자가 강제집행을 받은 때
② 채무자가 조세 기타 공과금에 대하여 체납처분을 받은 때
③ 채무자의 재산에 대하여 경매의 개시가 있은 때
④ 채무자가 파산의 선고를 받은 때
⑤ 채무자의 재산에 대하여 담보권행사에 관한 절차의 개시가 있은 때
⑥ 채무자인 법인이 해산한 때
⑦ 채무자에 대하여 상속의 개시가 있는 경우에 상속인이 한정승인을 한 때
⑧ 파산선고, 담보권행사의 절차 개시, 법인의 해산 및 한정승인이외의 경우로서 채

---

2) 개개 특정채권의 감면에 관하여 각기 개별적 법령 또는 조례의 규정이 있음을 요하는 것이 아니고 감면 등 조치를 취할 수 있는 법령이나 조례의 근거만 있으면 된다.

무자의 총재산에 대한 청산이 개시된 때

(2) 담보의 징구 및 보전

지방자치단체의 장은 채권을 보전하기 위하여 필요한 때에는 법령·조례·규칙 또는 계약이 정하는 바에 따라 채무자에 대하여 담보의 제공 또는 보증인의 보증, 추가담보의 제공 또는 보증인의 변경, 기타 필요한 요구를 하여야 한다. 그리고 채권에 대하여 담보가 제공된 때에는 지체 없이 그 담보권의 설정에 관하여 등기·등록 기타 제3자에 대항할 수 있는 요건을 갖추어야 한다.

지방자치단체의 장은 채권에 대하여 지방자치단체가 채권자로서 점유하여야 할 담보물(채무자에 속하는 권리를 대위하여 행함으로써 수령한 물건을 포함한다) 및 채권 또는 채권의 담보에 관한 사항의 입증에 필요한 서류 기타의 물건을 선량한 관리자의 주의로 정비·보존하여야 한다(지방재정법 시행령 제116조 내지 제118조).

(3) 가압류 및 가처분

지방자치단체의 장은 채권을 보전하기 위하여 필요한 때에는 가압류 또는 가처분을 신청하여야 한다(지방재정법 시행령 제116조 제2항).

(4) 채권자대위권의 행사

지방자치단체의 장은 채권을 보전하기 위하여 필요한 경우에 법령 또는 조례·규칙의 규정에 의하여 지방자치단체가 채권자로서 채무자가 가지는 권리를 행할 수 있는 때에는 채권자에 갈음하여 당해 권리의 행사에 필요한 조치를 하여야 한다(지방재정법 시행령 제116조 제3항).

(5) 사해행위의 취소권 행사

지방자치단체의 장은 채권에 대하여 채무자가 당해 지방자치단체의 이익을 해하는 행위를 한 것을 안 경우에 법령 또는 조례·규칙의 규정에 의하여 지방자치단체가 채권자로서 당해 행위의 취소를 요구할 수 있는 때에는 지체 없이 그 취소를 법원에 청구하여야 한다(지방재정법 시행령 제116조 제4항).

(6) 시효중단의 조치

지방자치단체의 장은 채권이 시효로 인하여 소멸될 우려가 있는 때에는 시효를 중단시키기 위한 재판상의 청구 등 필요한 조치를 해야 한다. 예를 들어 법령 또는 조례의 규정에 의하여 지방자치단체가 행하는 납입의 고지는 시효중단의 효력이 있다(지방재정법 제84조).

자치단체의 금전채권에 대한 소멸시효의 중단과 정지에 관하여 적용할 다른 법률의 규정이 없을 때에는 민법의 규정을 준용한다(민법 제83조).

(7) 이행기한전의 징수

지방자치단체의 장은 채권에 대하여 이행기한을 단축할 수 있는 사유가 발생한 때에는 지체 없이 납부의 고지를 하여야 한다. 다만 이행연기의 특약(제124조 제1항) 사유에 해당할 때는 이행기한을 단축할 수 없다(지방재정법 시행령 제114조).

2) 이행의 청구

(1) 납부의 고지

지방자치단체의 장은 채무이행의 청구를 하기 위하여 당해 채권의 이행기한 15일 전까지 납부의 고지를 하여야 하는데, 납부의 고지를 하고자 할 때에는 당해 채권의 금액·이행기한 그 밖의 내용이 법령 또는 계약에 위반되는지 여부를 조사하여야 한다(시행령 제111조).

채권의 이행기한은 일정한 기간으로 명시되어야 하며, 이행에 있어서 유리하다고 인정되는 때에는 다른 법령에 특별한 규정이 없는 한 그 채권금액을 분할하여 이행기한을 정할 수 있다(지방재정법 시행령 제123조).

(2) 독촉

지방자치단체의 장은 채권에 대하여 그 전부 또는 일부가 납부의 고지로 지정하는 기한(납부의 고지를 요하지 아니하는 채권에 대하여는 이행기)을 경과하여도 이행되지 아니한 경우에는 독촉을 하여야 한다. 다만 이행연기의 특약 사유에 해당하는 경우와 화해로 이행기간을 연장하는 경우에는 연장기한 만료 후 독촉해야 한다. 독촉장은 납부기한이 경과한 날부터 15일 이내에 발부하고 독촉에 의한 납부기한은 독촉장 발부일부터 15일 이내로 정하여야 한다(지방재정법 시행령 제112조).

채권관리관은 법령, 조례, 계약 기타 특별한 규정이 있는 경우를 제외하고 분기별로 채무자 또는 연대보증인의 소재를 파악하여 독촉장을 발부하고 채권확보를 하여야 한다(재무회계규칙 제152조).

(3) 강제이행의 청구

지방자치단체의 장은 이행기를 경과한 채권에 대하여 그 전부 또는 일부가 독촉을 한 후 독촉기한이 경과하여도 이행되지 아니한 경우에는 강제이행의 조치를 하여야 한다. 강제이행 조치의 구체적 내용은 다음과 같다(지방재정법 시행령 제113조).

① 담보권의 실행

담보부채권에 대하여는 당해채권의 내용에 따라 그 담보의 처분 또는 경매 기타 담보권행사에 관한 절차를 이행하고, 보증인의 보증이 있는 채권에 대하여는 강제집행청구절차를 이행한다.

② 강제이행

집행권원이 있는 채권에 대하여는 강제집행청구절차를 이행한다.

③ 소송절차에 의한 이행의 청구

담보가 없는 채권, 담보가 있는 채권이라 하더라도 물적담보를 처분하거나 보증인에게 이행의 청구를 하여도 전액 이행되지 않을 경우에는 그 부족된 부분의 금액에 대하여는 소송절차에 의한 이행을 청구한다.

3. 지방자치단체 채권의 징수정지 및 내용변경

1) 채권의 징수정지

채권의 징수정지란 지방자치단체의 장이 독촉을 하여도 완전 이행이 되지 아니한 채권(지방세징수 또는 지방세체납처분의 예에 의하여 징수하는 채권을 제외한다)으로서 이를 이행시키는 것이 부적당하다고 인정되는 때에는 담보부채권을 제외하고는 당해 채권에 대한 추심에 관한 사무를 요하지 아니하는 것으로 정리할 수 있다.

징수정지를 하고자 할 때에는 세무서 등에 대하여 채무자의 소재 및 재산의 유무를 조사·확인하여야 한다. 단 그 채권금액이 10만원 미만인 경우에는 그러하지 아니하다. 채권의 징수정지를 할 수 있는 경우는, 첫째 법인인 채무자가 그 사업을 휴업하여 장래 그 사업을 재개할 가망이 없으며 압류할 수 있는 재산의 가액이 강제집행의 비용을 초과하지 아니할 것으로 인정되는 경우(당해 법인의 채무에 대하여 이행의 책임을 질 자가 따로 있는 경우 제외), 둘째 채무자의 소재가 불명하고 압류할 수 있는 재산의 가액이 강제집행의 비용을 초과하지 아니할 것으로 인정되는 경우, 셋째 채권금액이 소액으로 추심에 요하는 비용에 미달할 것으로 인정되는 경우 등이다.

지방자치단체의 장은 징수정지의 조치를 한 후 사정의 변경 등으로 인하여 그 조치를 계속 유지함이 부적당하다고 인정되는 경우에는 그 조치를 중지하여야 한다.

2) 채권의 내용변경

(1) 이행연기의 특약

지방자치단체의 장은 채권에 대하여 일정한 경우에 그 이행기를 연장하는 특약 또는 처분을 할 수 있다. 이 경우 당해 채권의 금액을 분할하여 이행기를 정할 수 있다. 이행기 후에 있어서도 이행연기의 특약을 할 수 있으나, 이행기 후에 있어서는 이미 발생한 연체금에 관한 채권은 징수하여야 한다(지방재정법 시행령 제124조).

또한 채권으로서 분할하여 이행하도록 되어 있는 것에 대하여 이행연기의 특약을 하는 경우에 있어서 특히 필요하다고 인정되는 때에는 당해 이행기 후에 이행하기로 되어 있는 금액에 관한 이행기한도 동시에 연장조치를 할 수 있다. 이행연장의 특약을 받고자 하는 때에는 지방자치단체의 장에게 이행연기의 특약을 신청하여야 하며, 지방자치단체의 장은 세무서 등에 재산의 유무를 조사·확인하여야 한다. 다만 그 채권금액이 10만원 미만인 경우에는 그러하지 아니하다.

① 이행연기의 특약을 할 수 없는 채권

이행연기의 특약을 할 수 없는 채권은 지방세징수 또는 지방세체납처분의 예에 의하여 징수하는 채권, 다른 법률에 의한 경우(법령의 규정에 의하여 지방자치단체에 납입하는 이익금, 잉여금 또는 수입금, 공무원연금법의 규정에 의한 보험료)가 있다.

② 이행연기의 특약을 할 수 있는 채권

이행연기의 특약을 할 수 있는 채권은 채무자가 무자력 또는 이에 가까운 상태에 있는 때, 채무자가 당해 채무의 전부를 일시에 이행하기 곤란하고 현재 보유하고 있는 자산의 실정에 따라 이행기를 연장함이 징수 상 유리하다고 인정되는 때, 채무자가 재해

기타의 사고로 인하여 당해 채무의 전부를 일시에 이행하기 곤란하여 이행기의 연장이
부득이하다고 인정되는 때, 계약에 의한 채권으로서 채무자가 당해 채무의 전부를 일시
에 이행하기 곤란하고 정해진 기한 내에 이행하게 하는 것이 공익에 현저한 장애를 미
칠 우려가 있는 때, 손해배상금 또는 부당이득 반환금에 관한 채권으로서 채무자가 당
해 채무의 전부를 일시에 이행하기 곤란하고 이행에 있어 특히 성의가 있다고 인정되는
때이다.

③ 이행기연장의 기한

이행연기의 특약을 하는 경우에는 이행기로부터 5년 이내로 그 연장에 관한 이행기
를 정하여야 한다(채무자가 무자력 또는 무자력에 가까운 상태에 있는 때에는 10년).
또한 필요하다고 인정하는 때에는 이행의 재연기의 특약을 할 수 있으며 이행기는 10년
(채무자가 무자력 또는 무자력에 가까운 상태에 있는 때에는 20년)을 초과할 수 없다
(지방재정법 시행령 제125조).

④ 이행연기의 특약에 대한 조치

이행연기의 특약에 대한 조치는 연납담보의 제공 및 이자의 경우, 채권에 대하여 이
행연기의 특약을 하는 경우에는 담보를 제공하게 하고 이자를 부담하여야 한다. 이때의
이자율은 이행연기특약일 현재 은행법의 규정에 의한 금융기관의 일반자금대출시의 이
자율로 한다(지방재정법 시행령 제126조). 또한 집행권원[3] 취득의 경우, 집행권원이 없
는 채권에 대하여 이행연기의 특약을 하는 때에는 집행권원을 취득하기 위하여 필요한
조치를 하여야 한다. 그리고 집행권원의 취득을 위하여 필요한 때에는 채무자가 행하여
야 할 행위 및 그 기한을 정하여 통지하여야 한다. 다만 해당 채권에 확실한 담보가 있
는 경우, 채무자가 집행권원을 취득함에 필요한 비용을 부담할 수 없다고 인정되는 경
우, 기타 채무자의 무자력으로 인하여 집행권원의 취득이 사실상 실효성이 없다고 인정
되는 경우에는 집행권원의 취득을 위한 조치가 필요없다(지방재정법 시행령 제127조).

⑤ 이행연기의 특약에 붙이는 조건

이행연기의 특약에 붙이는 조건은 지방자치단체의 장이 이행연기의 특약을 하는 경
우 당해 채권의 보전상 필요한 때에는 채무자 또는 보증인에 대하여 그 업무 또는 자산

---

3) 일정한 사법상 청구권의 존재 및 범위를 표시하고 이를 실현시키는 집행력을 인정하는 공적인 문서(예컨대 법원
의 판결, 공증인이 작성한 공정증서, 화해조서 등)를 의미한다.

의 상황에 관하여 질문하거나 장부·서류 기타의 물건을 조사하거나 보고 또는 자료의
제출을 요구하는 조건을 붙여야 한다. 또한 채무자가 지방자치단체에 불이익하게 그 재
산을 은닉·손괴 기타의 처분을 하였거나 그 우려가 있다고 인정되는 때, 허위로 다른
채무를 부담하는 행위를 한 때, 당해 채권의 금액을 분할하여 이행기를 연장한 경우에
채무자가 분할된 이행금액에 대한 이행을 태만히 한 때, 채권의 신고 등을 하여야 할
때, 채무자가 이행연기의 특약에 붙이는 조건(당해 채권의 보전상 필요한 때에는 채무
자 또는 보증인에 대하여 그 업무 또는 자산의 상황에 관하여 질문하거나 장부·서류
그 밖의 물건을 조사하거나 보고 또는 자료의 제출을 요구할 수 있게 하는 조건) 등을
이행하지 아니한 때, 무자의 자력상태 기타 사정의 변화로 그 연장된 이행기에 의하는
것이 부적당하게 되었다고 인정되는 때에는 당해 채권의 전부 또는 일부에 대하여 그
연장된 이행기를 단축할 수 있게 하는 조건을 붙여야 한다(지방재정법 시행령 제128조).

(2) 화해

채권으로서 법률상의 분쟁이 있는 때에는 그 분쟁을 해결하기 위하여 부득이하거나
지방자치단체로서 당해 채권의 징수상 유리하다고 인정되는 범위 안에서 재판상의 화
해를 할 수 있다(지방재정법 시행령 제129조).

4. 지방자치단체 채권의 소멸

채권의 소멸사유는 변제, 면제, 기타 원인에 의한 소멸 등으로 구분하여 살펴볼 수
있다.

1) 변제

변제는 채권의 목적인 금전의 지급이 이루어져 채권 본래의 목적을 달성하여 소멸
하는 경우를 말한다.

2) 면제

면제는 채권의 일부 또는 전부를 소멸시키는 채권자의 단독행위로서, 이러한 채권자
의 권리포기행위는 채무자의 동의를 요하지 않는다(지방재정법 시행령 제130조).

(1) 이행연기의 특약을 한 채권의 면제

지방자치단체의 장은 채무자가 무자력하거나 이에 가까운 상태로 인하여 당초의 이행기로부터 10년을 경과한 후에도 채무자가 무자력하거나 이에 가까운 상태에 있고 이행할 수 있는 가망이 없다고 인정되는 경우에는 당해 채권과 이에 관한 연체금 및 이자를 면제할 수 있다.

또한 연납이자를 붙인 경우에 채무자가 당해채권의 금액(연납이자를 제외한다)의 전부에 상당하는 금액을 그 연장된 이행기한 내에 납부하는 때에는 연납이자에 대하여는 채권자의 자력상태에 비추어 부득이하다고 인정되는 경우에 한하여 그 전부 또는 일부에 상당하는 금액을 면제할 수 있다.

채무자가 위에서 언급한 사유에 해당하여 채무의 면제를 받고자 하는 때에는 지방자치단체의 장에게 채무면제를 신청하여야 한다. 채무 면제의 신청을 받은 지방자치단체의 장은 세무서 등에 재산의 유무를 조사·확인하여야 한다. 다만 그 채권금액이 10만원 미만인 경우에는 그러하지 아니하다.

(2) 연체금 채권의 면제

① 소규모 채권규모에 대한 연체금의 처리

이행기한 내에 변제되지 아니한 채권(이자를 붙인 채권이나 다른 법령에 연체금에 관한 규정이 있는 채권은 제외)의 금액이 1만원 미만일 때에는 연체금을 붙이지 아니할 수 있다(지방재정법 시행령 제131조).

② 특별한 성질의 채권에 붙이는 연체금의 면제

지방자치단체가 설치한 교육시설에서 징수하는 수업료 또는 기숙사 사용료, 지방자치단체가 설치한 의료시설에서 환자로부터 징수하는 제비용, 채무자의 고의 또는 중대한 과실에 의하지 아니한 부당이득반환금에 대해서는 원금의 전부에 상당한 금액이 변제된 때에는 연체금의 전부 또는 일부를 면제할 수 있다.

3) 기타 원인에 의한 소멸

(1) 해제조건의 성취

해제조건부 법률행위는 그 조건 성취 시에 효력을 상실하므로 채권은 해제조건의 성취라고 하는 사실이 있을 때에 소멸한다.

(2) 계약의 해제 또는 행정처분의 취소

계약불이행 등의 사유로 계약의 해제나 행정처분이 취소되면 채권은 처음부터 없었던 것으로 되어 계약 또는 행정처분의 당시로 소급하여 소멸한다.

(3) 소멸시효의 완성

금전의 지급을 목적으로 하는 지방자치단체의 권리로서 시효에 관하여 다른 법률에 특별한 규정이 없는 것은 5년간 이를 행사하지 아니하면 시효가 완성된다(지방재정법 제82조).

(4) 상계 등

지방자치단체의 장은 채권에 대하여 법령 또는 조례·규칙의 규정에 의하여 당해 채권과 상계하거나 이에 충당할 수 있는 지방자치단체의 채무가 있는 것을 안 때에는 즉시 당해 채무를 취급하는 지출원에 대하여 상계 또는 충당을 할 것을 명하여야 한다. 그리고 지출원은 그 소관지출금에 관한 채무에 대하여 지방자치단체장의 명령이 있는 때 또는 기타 법령 또는 조례·규칙의 규정에 의하여 당해 채무와 상계하거나 이를 충당할 수 있는 지방자치단체의 채권이 있는 것을 안 때에는 지체없이 상계 또는 충당을 함과 동시에 이를 지방자치단체의 장에게 보고하여야 한다(지방재정법 시행령 제120조).

(5) 기타

이외에 혼동, 경개, 공탁 등의 원인에 의해 채권이 소멸한다. 혼동(混同)은 채권과 채무가 동일의 주체에게 귀속하는 것을 말하며 이 경우에는 채권은 당연히 소멸한다. 경개(更改)는 신채무를 성립시킴으로서 구채무를 소멸시키는 계약을 의미한다. 즉 채권자, 채무자, 채권의 목적 등 채무의 요소를 변경하면 신채권이 성립하고 구채권은 소멸한다. 공탁(供託)은 법령의 규정에 의하여 금전, 기타의 물건을 공탁소에 임치하는 것으로서, 여기에서 공탁이라 함은 변제공탁, 즉 채무소멸을 위한 공탁을 의미한다.

4) 채권소멸의 보고

징수관, 법령 또는 조례·규칙의 규정에 의하여 지방자치단체를 위하여 채무이행의 수령을 하는 자와 채권발생의 보고의무자가 그 직무상 채권이 소멸된 것을 안 때에는 지체없이 이를 지방자치단체의 장에게 보고하여야 한다(지방재정법 시행령 제121조).

5) 채권이 소멸된 것으로 보아 정리하는 경우

지방자치단체의 장은 특정한 경우에는 당해 채권의 전부 또는 일부가 소멸된 것으로 보아 이를 정리하고 장부에 그 사실을 기재하여야 하는 바(지방재정법 시행령 제122조), 그 경우는 첫째, 당해 채권에 대하여 소멸시효가 완성된 경우, 둘째, 채무자인 법인에 대하여 청산절차가 종결된 경우, 셋째, 채무자가 사망하고 그 채무에 대하여 한정승인이 있는 경우에 그 상속재산의 가액이 강제집행을 한 때의 비용 및 다른 우선변제채권의 합계액을 초과하지 아니한다고 인정되는 경우, 넷째, 동일 채무자에 대한 채권액이 납입고지서 또는 납부서의 송부에 요하는 비용을 초과하지 아니하는 경우이다.

5. 지방자치단체 채권 현황

2014년말 우리나라 지방자치단체의 채권은 총 18조 8,384억원에 달한다. 지방자치단체별로 보면, 경기도가 4조 9,760억원으로 가장 많고, 다음은 서울시 2조 614억원, 인천시 1조 9,697억원, 전라남도 1조 4,713억원 등의 순이다.

〈표 21-4〉 지방자치단체별 채권 현황(2014년 말)

(단위: 억원)

구 분	채권액	구 분	채권액
합 계	188,384	경 기	49,760
서 울	20,614	강 원	10,585
부 산	1,693	충 북	8,861
대 구	3,299	충 남	12,162
인 천	19,697	전 북	6,662
광 주	1,995	전 남	14,713
대 전	4,011	경 북	14,651
울 산	342	경 남	14,703
세 종	357	제 주	4,279

자료: 재정고 홈페이지.

제 4 절   지방자치단체 채권관리의 전망과 과제

1. 지방자치단체 채권관리의 전망

지방자치제의 실시 이후 적극적인 지방재정활동으로 인해 적자재정에 대한 논란 및 관심증대와 더불어 채권관리의 중요성이 높아지고 있다. 그러나 그동안 지방자치단체의 채권관리는 채권의 회수와 결산에 대한 소극적인 관리에 머물러 있었다. 따라서 앞으로는 미래의 수입에 대한 정확한 현황과 채권관리에 대한 성과평가 등 적극적인 관리가 더욱 필요하다.

2. 지방자치단체 채권관리의 과제

지방자치단체 채권의 효율적 관리를 위해서는 먼저 채권관리업무의 전산화를 위한 노력이 지속되어야 한다. 이를 통해 과거자료에 대한 통계관리에 철저를 기하고 채권현황을 시계열적으로 파악하여야 할 것이다.

또한 적극적인 채권관리가 필요하다. 지방자치단체별로 채권관리방안을 수립하고 기한미도래 채권에 대해서는 채권관리관으로 하여금 채권의 현황 및 실태를 계속적으로 파악하여 관리하고, 기한이 도래하였으나 회수하지 못한 채권에 대해서는 주기적인 재산파악과 채무자 소재파악 등 채권의 회수관리를 강화해야 한다.

탐구학습

1. 주요개념과 요약
   · 채권
   · 채권의 분류
   · 채권의 소멸사유

2. 토론과 과제
   · 채권관리의 필요성
   · 채권관리의 문제점
   · 지방자치단체의 효율적 채권관리방안

참고문헌

권형신·이상용·이재성(2006), 한국의 지방재정: 이론과 실제(제3판), 서울: 해남.
김동기(2005), 한국지방재정학, 서울: 법문사.
심정근 외(1997), 지방재정학, 서울: 박영사.

제 22 장

지방공기업

제 1 절   지방공기업의 의의

1. 지방공기업의 개념

1) 실정법상의 개념

지방공기업은 지방자치단체가 경영하는 사업 중 지방공기업법의 적용을 받는 사업으로, 지방직영기업과 지방공사 그리고 지방공단으로 구분한다. 여기서 지방직영기업은 지방자치단체가 공기업특별회계를 설치하여 사업을 직접 설치·운영하는 형태이며, 상·하수도사업, 공영개발사업, 지역개발기금 등이 해당된다. 지방공단은 지방자치단체가 자본금 전액을 출자한 법인을 설립하여 간접적으로 운영하는 사업(시설관리공단, 환경관리공단 등), 지방공사는 지방자치단체가 자본금의 50%이상을 출자한 법인을 설립하여 간접적으로 운영하는 사업(도시철도사업, 지방공사의료원, 도시개발공사 등)을 의미한다.

2) 유사개념

(1) 지방경영사업

지방경영사업은 지방자치단체가 주민복지향상을 위하여 경영마인드를 가지고 최소한의 비용부담으로 최대의 복지효과를 거두기 위하여 시행하는 사업으로서 가장 넓은 의미의 개념이다.

(2) 경영수익사업

경영수익사업은 지방자치단체가 민간경제영역을 침범하지 않는 범위 내에서 직접적으로는 지방자치단체의 부족재원 보충을 목적으로, 간접적으로는 주민복리증진을 목적으로 하는 지방경영사업의 일종을 의미한다.

(3) 공익사업

공익사업은 주민의 일상생활에 불가결한 재화나 서비스를 제공하는 고도의 공익성을 갖는 사업으로 대부분 방대한 고정설비를 필요로 하여 독점적인 성향을 갖고 있으며 요금의 인허가, 서비스제공방법, 절차에 대한 공공규제가 필요한 사업을 말한다

(4) 지방공기업

지방공기업은 지방자치단체가 경영하는 사업 중 공공성과 수익성을 동시에 고려하여 수익자부담원리에 따라 추진하는 사업으로 지방공기업법 제2조에 의하여 다음의 사업을 포괄한다.

첫째, 일정규모 이상의 8개 사업(수도사업, 공업용수도사업, 궤도사업, 자동차운송사업, 지방도로사업, 하수도사업, 주택사업, 토지개발사업)과 일정규모 도달시 6월 이내에 공기업으로 운영하는데 필요한 조치를 하여야 한다.

둘째, 경상수지비율 50% 이상인 사업 중 조례로 정하여 공기업으로 운영 가능한 사업으로서 일정규모 미만 8개 사업(수도사업, 공업용수도사업, 궤도사업, 자동차운송사업, 지방도로사업, 하수도사업, 주택사업, 토지개발사업)과 민간인의 경영참여가 어려우나 주민복리증진·지역경제활성화나 지역개발 촉진에 이바지할 수 있다고 인정되는 사업, 그리고 체육시설의 설치·이용에 관한 법률에 의한 체육시설업, 관광진흥법에 의한 관광사업(여행업 및 카지노업 제외) 등이다.

(5) 출자·출연법인

지방공사와 동일한 사업영역을 갖고 있으며 지방자치단체가 자본금의 10% 이상 50% 미만을 출자한 사업으로 상법상 주식회사 또는 민법상 재단법인에 관한 규정을 적용받으나 예외적으로 지방자치단체장에게 일부 감독권이 있다. 감독권의 구체적인 내용은 경영상황에 관한 보고 및 서류제출 요구권, 업무·회계·재산 검사권, 경영개선을 위한 지도·조언·권고권이 있다.

(6) 국가공기업

국가공기업은 공공기관의 운영에 관한 법률의 적용을 받는 기관으로 조직의 대규모성, 수혜범위의 광역성을 갖는 사업이 주 대상이 되고, 설립주체는 국가이며 개별법에 의하여 설립된다. 정부가 30% 이상의 지분을 가지고 있으며 정책결정에 지배력을 행사하거나 50%이상의 지분을 가지고 있는 기관이 해당된다. 국가공기업은 자체수입액을 기준으로 공기업과 준정부기관으로 구분되며, 공기업은 자산규모와 자체수입액을 기준으로 시장형 공기업과 준시장형 공기업으로 나뉘어진다. 준정부기관은 사업내용에 따라 기금관리형 준정부기관, 위탁집행형 준정부기관으로 구분되며, 공기업과 준정부기관에 포함되지 않은 기관은 기타공공기관으로 분류된다.

2. 지방공기업의 성립배경

국민소득 증가에 따라 지방행정 서비스에 대한 주민요구가 양적으로 팽창되었을 뿐만 아니라 그 내용이 다양화되고 고급화 되었으나 이를 충족시켜주기 위한 재원은 한정되어 있거나 증가폭이 미미하였다. 이에 따라 지방자치단체가 공급하는 행정서비스에 대해 수익자부담원리에 따른 서비스 공급체계를 마련함으로써 공공성과 수익성을 동시에 충족시키기 위하여 지방공기업이 출현하였다고 볼 수 있다. 구체적으로 지방공기업의 발생배경 내지 필요성을 열거해 보면 다음과 같다.

1) 지역주민의 복지증진

상하수도, 병원, 교통 등 지역주민의 일상생활에 필수불가결한 사업이나 서비스는 지방자치단체가 직접 제공할 수도 있고, 별도의 지방공기업을 설치하여 운영할 수도 있다. 상하수도는 역사적으로 가장 오래된 지방공기업분야이며, 중소도시의 병원운영은 의료취약지역 주민에게 의료서비스의 제공을 위하여 지방공기업 형태로 운영되어 왔다.

2) 민간자본의 부족

지역주민의 일상생활에 필요한 사업이나 초기에 투자하여야 할 민간자본이 부족하고 투자자본에 대한 회수기간이 길고 채산성이 불투명한 경우 민간기업의 투자가 어려우므로 지방공기업의 운영이 필요하다. 대도시의 지하철사업, 벽지버스운행 등의 경우 지방비를 투자하거나 지방채 등을 발행하여 지방공기업을 설립하여 운영할 수 있다.

3) 지역독점사업

상하수도사업과 같이 지역독점적인 사업은 일반적으로 공영으로 하는 것이 원칙이다. 이와 같은 사업을 민간기업에 맡길 경우 지나친 이윤의 추구 등으로 지역주민에게 많은 폐해를 끼치게 된다. 따라서 민간이 경영하는 경우에도 요금의 규제 등 공공통제의 필요성이 제기되며, 이와 같은 문제를 근본적으로 해결하기 위하여 지방공기업형태로 운영하는 경우가 많다.

4) 지역차원의 종합경영

대도시의 지하철 건설, 공업용 수도건설, 항만건설운영, 공단조성 등 일반행정과 밀접하게 운영할 필요가 있는 사업의 경우가 있다. 지방행정은 종합행정이므로 지방자치단체 차원에서 건설에서 운영까지 패키지화하여 종합적·체계적으로 추진하는 것이 보다 효율적인 경우에는 지방공기업 형태가 바람직하다.

3. 지방공기업과 지방행정·사기업 간의 관계

1) 지방공기업과 일반행정

지방공기업이나 일반지방행정 모두 주민복리증진이라는 최종목적은 동일하나 제공하는 재화나 서비스의 성격에서 차이점이 발생한다. 일반적으로 재화와 서비스는 공급측면의 배제가능성과 소비자의 특성을 두 가지 차원으로 하여 네 가지로 구분할 수 있다.[1] 재화와 서비스를 위와 같은 기준에 의해서 구분할 때, 일반적으로 지방공기업은 요금재적

〈표 22-1〉 재화와 서비스의 구분

구 분		소비측면(소비성)	
		개 인	집 단
공급측면 (배제성)	가 능	민간재	요금재
	불가능	공동소유재	집합재

---

1) 민간재는 옷, 공산품 등을 들 수 있으며, 공동소유재는 공기, 해양광물, 바다고기 등을 들 수 있다. 요금재는 유선 TV, 국립공원, 전화, 가스, 수도 등이며, 집합재는 국방, 경찰, 소방 등을 들 수 있다.

성격, 일반행정은 집합재적 성격의 재화나 서비스를 공급하고 있다고 할 수 있다.

2) 지방공기업과 사기업

　민간기업은 소유와 경영의 주체가 개인 또는 사기업이며, 긍극적인 목적은 이윤획득에 있다. 최근 기업의 사회적 책임이 강조되고는 있으나 기본목적은 최대이윤의 확보에 있으며 기업경영과정에서 발생된 이윤은 주주에게 배당된다.

　지방공기업은 지방자치단체가 소유하고 채산성보다는 공공성을 강조하는 측면에서 민간기업과 차이가 있다. 또한 이 때 발생된 이윤은 지방공기업의 발전을 위한 자금으로 재투자 되는 경우가 많다. 그러나 지방공기업과 사기업 모두 기업의 생산성과 효율성 증대를 위한 계획화, 조직화, 인력배치, 지휘·통제 등 경영의 관리과정을 가지고 있고, 지하철과 버스운행, 의료원과 민간병원의 기능분담관계 등에서 보듯이 공공성을 가지는 재화와 용역의 공급에 있어 상호 보완관계를 가진다고 할 수 있다.

〈표 22-2〉 지방공기업과 사기업의 차이

구 분	지방공기업	사 기 업
소유구조	·자본주의적·공적 소유	·자본주의적·사적소유
추구목적	·공익실현	·이윤추구
경영원리	·독점원리	·경쟁원리
경영이념	·목적(공공성)+수단(기업성)	·목적(영리성)+약간의 사회성
사업영역	·주민생활필수 공공사업	·수익성이 있는 사업
조직구조	·민주적+능률적 조직	·능률적 조직구조
가격정책	·공공규제내의 원가보상주의	·시장원리에 의한 가격결정
노사관계	·노사관계에 대한 공적규제	·자율적 노사관계 중시

4. 지방공기업의 유형과 현황

1) 지방직영기업(직접경영)

　지방직영기업은 지방자치단체가 직접 사업수행을 위해 공기업특별회계를 설치하여 일반회계와 구분하여 독립적으로 회계를 운영하는 형태로 조직·인력은 지방자치단체 소속이다. 여기에는 상수도, 하수도, 공영개발, 지역개발기금 등이 있다.

　지방직영기업은 1990년 128개에서 2000년 175개, 2010년 241개, 2015년 257개로 증

가하였다.

〈표 22-3〉 지방직영기업의 현황

(단위: 개)

구분	1990	2000	2006	2010	2015
계	128	175	222	241	257
상수도	73	94	105	113	116
하수도	8	22	63	79	90
공영개발	34	44	38	33	33
지역개발기금	13	15	16	16	18

자료: 행정자치부(2015: 11).

2) 지방공사·공단(간접경영)

지방공사·공단은 지방자치단체가 50% 이상 출자한 독립법인으로 지방자치단체와 별도 독립적으로 운영되며 종사자의 신분은 민간인이다. 여기에는 지하철공사, 도시개발공사, 시설관리공단(환경, 경륜, 주차관리공단 포함), 기타공사·공단이 있다.

지방공사·공단은 1990년 3개에서 2000년 59개, 2010년 137개, 2015년 143개로 증가하였다.

〈표 22-4〉 지방공사·공단의 현황

(단위: 개)

구분	1990	2000	2006	2010	2015
계	3	59	100	137	143
지하철	1	4	7	7	7
도시개발	1	11	14	16	16
기타공사	1	14	17	32	38
지방공단		30	62	82	82

자료: 행정자치부(2015: 11).

3) 출자·출연법인

출자·출연법인은 지방자치단체가 10% 이상 50% 미만 출자한 독립법인이다. 지방자치단체의 출자·출연법인은 지방공기업법을 적용받아 왔으나 지방출자·출연기관의 운영에 관한 법률이 제정[2])된 후에는 이 법을 적용받고 있다.

---

2) 법률 제12507호, 2014.3.24. 제정.

출자·출연법인은 지방공기업법 제2조 제2항 및 지방출자·출연기관의 운영에 관한 법률 제4조 제1항에 따른 지역경제 활성화 및 지역개발에 이바지할 수 있는 사업, 문화, 예술, 장학, 체육, 의료 등의 분야에서 주민복리에 이바지할 수 있는 사업을 할 수 있다.

〈표 22-5〉 지방공기업법 적용법인의 비교

구분	지방공기업			출자·출연법인
	지방직영기업	지방공사	지방공단	
적용법률	· 지방공기업법 · 지방자치법 · 지방재정법	· 지방공기업법 · 상법(일부 준용)	· 지방공기업법	· 지방자치단체 출자· 출연기관의 운영에 관한 법률 · 상법
사업성격	· 필수주민생활 서비스	· 공공성〉수익성	· 공공성	· 공공성〈수익성
설립	· 지방자치단체 조직(특별회계), 조례로 설립	· 지방자치단체 단독 또는 민관공동출자 (지방자치단체 50% 이상), 조례 로 설립	· 지방자치단체 단독 (지방자치단체 100%), 조례로 설립	· 민관공동출자(지방자 치단체 50% 미만)
경영비용	· 사용료 등	· 판매수입 · 대행수수료	· 대행사업비	· 판매수입
업무관계	· 지방자치단체 고유사무	· 독립사업 경영, 특 정사무 대행	· 지방자치단체 사무 중 특정사무 대행	· 독립사업 경영
사업범위	· 지방공기업법 제2조 (당연적용사업+ 임의적용사업)	· 지방공기업법 제2조 (당연적용사업+ 임의적용사업)	· 지방공기업법 제2조 (당연적용사업+ 임의적용사업)	· 지방공기업법 제2조 제2항 사업, 지방자치 단체 출자·출연기관 운영에 관한 법률 제 4조 제1항 사업

주: 당연적용사업은 수도·공업용수·하수도·궤도·자동차운송·지방도로·주택·도시개발사업(지방공기
   업법 제2조 제1항 사업)이며, 임의적용사업은 지역경제활성화 및 지역개발·체육시설·관광사업 등(동
   법 제2조 제2항 사업)이다.

자료: 행정자치부(2015: 8).

제2절 지방공기업의 설립 및 운영

1. 지방공기업의 설립절차

1) 지방직영기업의 설립절차

(1) 조례제정

지방의회의 의결을 거쳐 지방공기업설치조례를 제정한다. 이 조례에는 사업범위, 관리자지정, 경비부담원칙, 재정운영 등이 포함되어야 한다.

(2) 예산편성

행정자치부장관이 정한 공통기준 내에서 지방자치단체의 장이 정한 지방공기업예산편성지침에 의하여 예산을 편성하는데, 예산총칙, 사업예산, 자본예산 등이 포함되어야 한다.

(3) 자산평가

지방공기업이 보유하는 자산에 대하여는 지방공기업 자산평가요령에 의한 자산평가를 실시한다.

(4) 규칙제정 및 장표준비

회계관직을 지정하고, 회계규칙을 제정하여 회계처리기준을 마련하고 각종 장표 및 서식을 마련한다.

2) 지방공사·공단의 설립절차

(1) 설립타당성 검토 및 심의

지방공사·공단을 설립하고자 하는 경우와 기존사업에 새로운 사업을 추가할 경우에도 사전에 전문기관의 타당성 검토를 거쳐야 한다. 이 타당성 검토에는 사업의 적정성 여부, 사업별 수지분석, 조직 및 인력의 수요판단 주민의 복리증진에 미치는 영향, 지역경제와 지방재정에 미치는 영향을 포함하여야 한다.

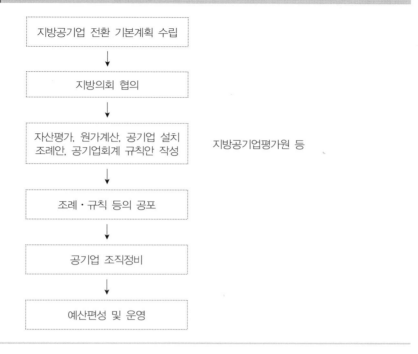

그림 22-1　지방공기업의 규칙제정 및 장표 준비

지방자치단체장은 지방의회의원, 관계전문가 및 당해 지방자치단체의 관계 공무원 등으로 심의위원회를 구성하여 전문기관의 타당성 검토결과를 기초로 지방공사·공단의 설립여부를 심의하여야 한다.

(2) 조례의 제정

지방자치단체가 지방공사·공단을 설립하고자 할 때에는 그 설립·업무 및 운영에 관한 기본적인 사항을 조례로 정하여야 한다. 조례에 포함되어야 할 주요내용으로는 사무소의 위치, 자본금 규모, 주식발행 방법, 정관에 기재하여야 할 사항, 임원 및 직원, 이사회, 사업, 재무회계, 감독 등이다.

복수의 지방자치단체가 공동으로 지방공사·공단을 설립하고자 할 때에는 규약을 정하여야 한다. 이 규약에는 공사(공단)의 명칭, 사무소의 위치, 설립지방자치단체, 사업내용, 공동처리사항, 의결기관 대표자의 선임방법, 출자방법, 기타 필요한 사항을 규정하여야 한다.

(3) 정관의 작성

지방공사·공단의 정관에는 목적, 명칭, 사무소의 소재지, 사업에 관한 사항, 임직원에 관한 사항, 이사회에 관한 사항, 재무회계에 관한 사항, 공고에 관한 사항, 자본금에 관한 사항, 사채발행에 관한 사항, 정관변경에 관한 사항 등이 기재되어야 한다. 정관은 지방공사·공단의 근본규정이므로 조례에 규정된 사항이라도 필요시 모두 규정하여야 한다.

(4) 사장(이사장)의 선임

지방공사의 사장과 지방공단의 이사장은 전문경영인이 영입될 수 있도록 공모를 원칙으로 하되 지방공기업의 경영에 관한 전문적인 식견과 능력이 있는 자 중 사장추천위원회에서 추천된 자들 중에서 지방자치단체의 장이 임면한다. 사장·이사장은 지방공사·공단의 설립등기의 신청자이므로 사장·이사장이 조기에 임명되는 것이 바람직하다.

(5) 자본금 출자

지방공사·공단의 자본금은 현금 또는 현물로 출자한다. 지방자치단체가 출자할 경우에는 지방의회의 의결을 얻어야 한다. 공사의 운영을 위하여 필요한 경우 자본금의 1/2을 초과하지 않는 범위 내에서 지방자치단체 이외의 자로 하여금 출자하게 할 수 있다.

(6) 설립등기

지방공사·공단은 그 주된 사무소의 소재지에서 설립등기를 함으로써 설립된다. 지방공사·공단은 자본금의 납입이 있는 날로부터 3주일 이내에 목적, 명칭, 주된 사무소의 소재지, 자본금, 출자의 방법을 정한 때에는 그 방법, 임원의 성명과 주소, 공고의 방법을 등기하여야 한다.

2. 지방공기업의 조직관리

1) 지방직영기업

지방직영기업은 지방자치단체가 직접 경영하는 방식으로 협의의 지방공기업이다. 본래 지방자치단체의 사무로 되어 있는 사업을 지방자치단체의 조직 중 국·과 또는 본부의 사업소 형태, 즉 상수도사업본부, 수도국·과처럼 지방자치단체의 하부조직으로

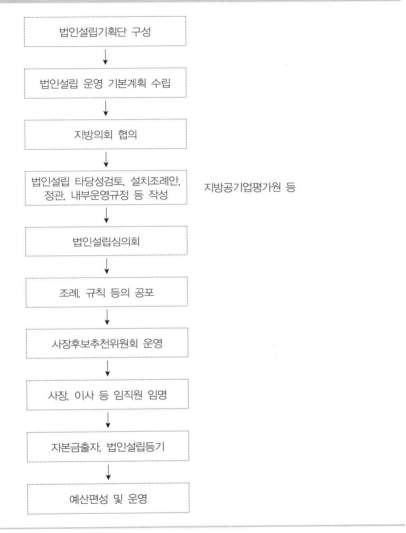

그림 22-2 지방공사·공단의 설립절차

법인설립기획단 구성

↓

법인설립 운영 기본계획 수립

↓

지방의회 협의

↓

법인설립 타당성검토, 설치조례안,   지방공기업평가원 등
정관, 내부운영규정 등 작성

↓

법인설립심의회

↓

조례, 규칙 등의 공포

↓

사장후보추천위원회 운영

↓

사장, 이사 등 임직원 임명

↓

자본금출자, 법인설립등기

↓

예산편성 및 운영

운영되며, 직원은 지방공무원이고, 회계는 지방공기업특별회계를 설치하여 운영한다. 이 형태의 지방공기업은 가장 오랜 역사를 가진 경영형태로 매년 지방의회의 의결을 받아 확정되는 예산에 의하여 운영되며, 지방공기업법의 적용을 받고 동법에 규정한 것을 제외하고는 지방자치법, 지방재정법 및 기타 관계법령의 적용을 받는다.

지방자치단체의 장은 직영기업의 경영에 관한 지식과 경험이 풍부한 자 중 조례 또는 회계규칙 등에 근거하여 관리자를 임명하는데, 이 경우 자치단체장의 관리자에 대한 지휘·감독은 당해 직영기업의 기본운영계획에 관한 사항, 업무 중 주민복리에 중대한 영향이 있다고 인정되는 사항, 당해 직영기업의 업무와 다른 업무와의 조정에 관한 사항으로 한정하게 된다.

또한 직영기업의 관리자는 예산안의 지방의회 제출, 결산안의 지방의회 승인, 일반의안의 지방의회 제출, 그리고 지방자치법 제27조에 의한 과태료를 부과하는 사항을 제외한 당해기업의 업무처리에 관한 모든 권한이 부여된다.

2) 지방공사·공단

지방공사와 지방공단은 지방자치단체가 별도의 법인을 설립하여 간접적으로 경영하는 형태로 최근 가장 발전하고 있는 지방공기업분야이다. 지방공사는 민간영역에 가까운 사무이나 공공성을 확보하기 위하여 지방자치단체가 설립·운영하는 지방공기업이다. 지방자치단체가 전액 출자하는 것이 원칙이나 50% 미만의 민간출자도 가능하다.

지방공단이란 지방자치단체의 사무 중 주민복리와 직접적으로 관련되는 사무를 보다 효율적으로 처리하기 위하여 지방자치단체가 설립·운영하는 지방공기업으로 지방자치단체가 전액 출자하는 것이 원칙이다. 원래 이 제도는 대도시의 지하철 등 대규모 교통사업 등의 사업을 직접 경영하기에는 여러 가지 행·재정적 제약으로 한계가 있고, 민간자본의 유지를 확대하면서 복잡·다양해지고 있는 현대행정에 선진민간부문의 기술과 경영방법을 도입하기 위하여 발전되었다.

지방공사·공단에 대해서는 지방공기업법에 규정된 사항을 제외하고는 상법 중 주식회사에 관한 규정을 적용하는데, 공사·공단의 일반적인 조직구조는 [그림 22-3]과 같다.

그림 22-3 지방공사·공단의 조직

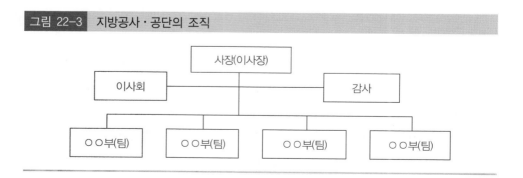

사장(이사장)은 사장추천위원회에서 복수 추천한 자 중에서 자치단체장이 임명하며, 이사는 자치단체장의 승인을 전제로 사장이 임명한다. 감사는 자치단체장이 임명하나 직원의 경우 정관의 규정에 따라 사장이 임명한다. 임직원의 보수는 경영성과가 반영될 수 있도록 보수기준을 설정하여 지급한다.

3. 지방공기업의 재무관리

1) 지방공기업예산의 특성

(1) 경영목표 설정적 성격

예산의 편성에 있어서 일반회계예산은 세출규제에 초점을 두나 공기업예산의 경우 경영목표 설정적 성격을 가져서 사업량(재화·서비스공급량)에 대한 목표설정 후 이에 따른 세입을 결정한다.

(2) 발생주의 회계방식의 예산

일반회계에서는 현금의 수입 및 지출의 사실을 바탕으로 하여 계리하나 공기업예산은 현금수지의 유무에 관계없이 경영활동의 발생사실에 따라 계리하므로 세입은 조사결정시점에서 수익으로 인식하고 세출은 채무확정시점에 비용으로 인식한다.

그림 22-4 발생주의 회계방식의 예산

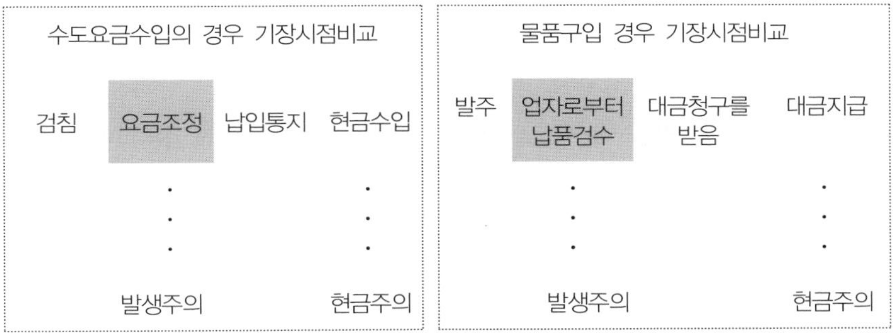

(3) 복식예산(자본예산)제도 채택

일반회계예산이 세입·세출의 단일예산인 반면 공기업의 경우 경영활동으로 획득할 수입과 지출할 비용의 예정적 계산의 성격을 가지는 사업예산(당기의 예정손익계산서)과 경영활동을 지속적으로 영위하기 위한 투자활동에 관한 예정적 계산의 성격을 가지는 자본예산으로 구분하여 복식예산체제를 가진다.

(4) 수입과 지출의 밀접한 관련성

일반회계가 수입과 지출의 상관성이 희박한 반면 공기업예산의 경우 수익을 발생시키기 위하여 재화·서비스를 생산해야 하고 이를 생산하는데 비용이 수반되므로 수입과 지출간에 밀접한 상관성을 가진다.

(5) 예산집행상의 탄력성 부여

공기업 예산의 경우 일반회계에 비하여 세항 및 목간 전용의 자율성이 상대적으로 높고, 수입금 마련 지출을 허용하고 있으며, 현금지출이 없는 경비지출 및 예산초과지출이 가능하다. 이외에도 의회의 의결 없이 건설개량 관련 사업비를 이월하여 사용할 수 있다.

2) 지방공기업예산의 내용

(1) 예산총칙

업무예정량, 수익적 수지, 자본적 수지, 계속비, 채무부담행위 등에 관한 총괄적 규정과 지방채, 일시차입금, 예산전용금지과목 등 예산에 관한 필요한 사항을 규정한다.

(2) 사업예산

경영성과의 파악을 위한 예산으로 수익과 비용에 관한 수익적 수입 및 지출의 예산을 말한다. 당년도 손익계산서의 형식을 취한다.

(3) 자본예산

건설개량 등 투자계획과 기업채상환계획을 표시하는 자금예산으로 자본적 수입과 지출에 관한 예산을 말한다. 전년도말 대차대조표에 자본예산을 가산하면 예정대차대조표가 된다. 다만 자본예산에는 현금수입·지출만을 예정하므로 비현금수입·지출은 이를 감안하여야 한다.

> 전기말 대차대조표 + 자본예산 = 당기말 예정대차대조표

(4) 자금운용계획

사업예산 및 자본예산은 발생주의에 의한 것으로 현금지출유무와는 관계없이 자금운용상황을 정확히 파악할 수 없기 때문에 별도로 현금주의에 의하여 자금운용계획을 수립하는 것이다. 따라서 현금주의방식의 예산이라 할 수 있으며, 경영활동에 수반되는 건전한 상태로 유지하여 자금수요에 대하여 적정한 자금을 조달하려는 데 그 뜻이 있다.

그림 22-5 일반회계와 지방공기업회계의 비교

일반회계	지방공기업

· 예산총칙
· 세입세출예산
· 계속비
· 채무부담행위
· 명시이월비
	· 예산총칙
	· 예정수입 · 지출
	  − 사업예산(수익적수입,
	    수익적지출)
	  − 자본예산(자본적수입,
	    자본적지출)
	· 계속비
	· 채무부담행위
	· 지방채
	· 자금운영계획

---

3) 지방공기업 예산의 과정

(1) 예산의 편성

지방직영기업의 예산편성기준은 행정자치부장관이 정한 공통기준에 따라 지방자치단체의 장이 정한다. 지방직영기업의 예산은 관리자가 작성한 예산안을 지방자치단체장이 조정하여 지방의회에 제출하고 의결을 얻어야 한다. 그러나 지방공사와 공단의 예산은 이사회의 의결을 얻어 확정한다. 확정된 예산은 지체없이 지방자치단체의 장에게 보고하여야 한다. 회계연도가 시작되기 전까지 예산이 확정되지 못한 경우에는 전년도 예산에 준하여 집행할 수 있다.

(2) 예산의 집행
① 현금지출예산의 집행

재고자산구매, 공사도급 등 자금의 지출에 관계되는 집행은 사업예산 및 자본예산을 기초로 하여 작성된 자금운영계획에 의하여 집행된다. 현금지출을 수반하는 경비의 지출은 예산통제계정을 설정하여 자금집행을 통제한다. 그러나 발생주의 회계원칙에 의하여 재고자산구매와 일시차입 및 상환은 현금지출이 있어도 예산집행으로 보지 않는다.

② 예산의 전용

예산총칙에서 정하는 과목인 기본급, 업무추진비, 특수활동비 등을 제외한 세출예산의 각 세항 및 목의 경비는 전용이 가능하다.

③ 예산집행의 탄력성

사업량의 증가로 인하여 경비에 부족이 생긴 경우 관리자는 당해 사업량의 증가로 인한 증가수입에 상당한 금액을 그 증가수입과 관련된 업무의 직접비에 예산을 계상하지 않고 직접 사용이 가능하다. 이 경우 관리자는 미리 지방자치단체의 장의 승인을 얻어야 한다. 또한 현금의 지출을 수반하지 않는 경비(감가상각비 등)에 대하여는 예산없이 경비 계상이 가능하다. 예산의 전용에 있어서도 관리자에게 상당한 권한을 부여하고 있는데 세항과 목의 예산은 관리자가 지방자치단체 장의 승인을 얻어 전용이 가능하다.

④ 예산의 이월

건설개량비(자본예산) 중 연도 내에 지출원인행위를 하지 않은 것은 지방자치단체장의 승인을 얻어 다음연도에 이월하여 사용이 가능하다(건설개량비의 이월). 또한 사업연도 내에 지출원인행위를 마치고 채무이행을 마치지 않은 경우 다음연도로 이월하여 사용이 가능하다(사고이월). 연도별 소요경비 중 당해 연도에 지출하지 못한 금액은 사업 완성연도까지 차례로 이월하여 사용이 가능하다(계속비 이월).

(3) 지방공기업 결산
① 결산절차

지방공기업은 사업연도 말일 현재로 모든 장부를 마감하고 사업연도 종료 후 2월 이내에 결산서, 사업보고서, 재무제표 등을 공인회계사의 회계감사보고서와 함께 지방자치단체장에게 제출하여야 한다. 보고된 서류는 지방직영기업의 경우 지방자치단체장이 익년도 지방의회에 제출하여 승인을 얻어야 하며, 지방공사·공단의 경우는 지방자치단체장의 승인으로 종결된다.

② 손익금의 처리

매 사업연도에 이익이 발생하였을 때는 전사업연도로부터 이월한 결손금을 보전하고, 결손금 보전 후 잔액의 1/10 이상을 자본금의 1/2에 도달할 때까지 이익준비금으로 적립하여야 한다. 그리고 나머지 잔액의 1/2은 감채적립금으로 적립하고, 출자한 회계에의 납부금, 이익배당(공사의 경우) 등으로 처리한다.

③ 결손의 처리

매 사업연도에 결손이 발생하였을 경우에는 전사업연도로부터 이월된 이익으로 우선 보전한다. 그리고 부족이 있을 경우에는 이익적립금으로 보전하고, 그렇게 하여도 부족할 때는 다음 연도로 이월한다.

제 3 절 지방공기업의 경영평가 및 경영진단

1. 경영평가의 의의 및 필요성

지방공기업의 경영평가 및 경영진단은 지방공기업이 달성해야할 목표나 나아가야할 방향을 미리 설정해주고 사후에 실적과 이 기준을 비교 평가하여 인센티브를 부여하거나 책임을 추궁하며, 경영상의 미흡한 점에 대하여는 차기의 경영계획에 반영시키는 일련의 환류과정으로 궁극적으로는 경영개선을 도모하는 데 있다.

따라서 경영평가와 경영진단은 경영의 효과성과 능률성 등을 평가하여 대안의 선택과 개선, 운영의 능률성을 증진시키기 위한 지원체제로 작용하며, 또한 임직원들로 하여금 경영의 질과 성과에 대하여 책임을 지게 함으로써 주민의 세금으로 이루어진 자원을 최선의 방법으로 활용하게 하는 기능으로 작용한다.

2. 경영평가기구

경영평가는 행정자치부장관이 실시하되, 경영평가전문기관(현. 지방공기업평가원)에 일괄적으로 위탁하여 평가할 수 있으며, 지방공기업경영평가단을 임명 또는 위촉하여 평가를 실시할 수 있다. 다만 지방공사의료원은 의료원연합회(사단법인)로 하여금 경영평가단을 구성하여 평가할 수 있도록 하였다. 경영평가단은 대학교수, 공인회계사, 전문연구기관 연구위원 등 5~10명의 범위 내에서 구성하되 3년 연속 참여자 및 이해관계자를 배제하여 평가의 객관성과 공정성을 기하고자 하였다.

또한 지방공기업의 경영평가기준 설정, 평가대상의 선정, 평가기관의 지정, 평가결과에 대한 조치사항 등을 심의하기 위하여 7인 이내의 위원으로 구성하는 지방공기업경영평가위원회를 설치·운영할 수 있다.

3. 경영평가지표와 평가방법

경영평가지표는 평가대상 지방공기업의 성과를 쉽게 파악할 수 있도록 계획-집행-성과도출이라는 업무과정 및 정책준수를 포함하여 리더십/전략-경영시스템-경영성과-정책준수라는 4개 대분류지표로 구성한다. 각 대분류지표는 중분류지표와 세부지표로 구분하여 평가하는데 이때는 계량지표와 비계량지표를 활용하여 측정하며 측정 기준은 기관별 특성을 반영하여 정한다(행정자치부, 2014).

평가방법에는 서류평가와 현장확인 등을 토대로 합리적·객관적으로 평가하여야 한다. 절대적인 평가방법으로는 표준치 설정방법과 목표 대비 실적 비교방법이 있다. 상대적 평가방법으로는 전국평균치, 동급지방자치단체의 평균치(광역시별, 도별, 시별, 군별, 자치구별 등), 동일지역 내 동급지방자치단체의 평균치, 일정한 기준에 따라 유형화하여 유사지방자치단체의 비교기준으로 활용하는 방안 등이 있을 수 있다(김동기, 2005). 현재 지방공기업의 경영평가시 정성지표는 9단계 절대평가의 방법으로 평가하고, 정량지표는 과거실적, 추세 등을 고려하여 기준 목표에 따른 달성도를 평가하기 위하여 목표 대 실적이나, 목표부여, 목표부여(편차), 단계별 평가방법 중 지표성격에 따라 하나의 방법을 선택하여 평가한다.

그림 22-6	지방공기업 경영평가 지표

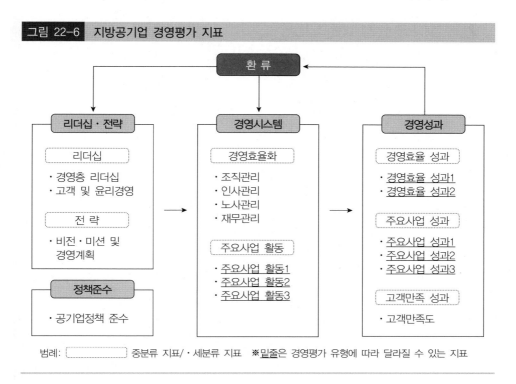

4. 경영평가결과 조치

행정자치부 지방공기업 경영평가위원회는 지방공기업에 대한 경영평가 등급을 부여하여 지방자치단체에 통보한다. 평가등급은 경영평가유형별로 경영수준에 따라 가, 나, 다, 라, 마의 5단계로 구성되어 있다. 평가결과 조치에 대해 구체적으로 살펴보면 다음과 같다(김동기, 2005).

1) 우수 지방공기업에 대한 조치

지방직영기업에 대하여는 포상과 상급기관에의 발탁, 희망부서로의 전보, 우선승진 등 인사상 조치와 사기를 앙양할 수 있는 방안을 강구하여야 한다. 또한 지방공사와 공단에 대하여는 포상지급, 우선 승진 등 인사상 특전부여, 기관성과급의 차등지급 등 경제상의 우대조치를 강구하여야 한다.

2) 부실지방공기업에 대한 조치

경영진단을 실시하고, 제도개선, 예산의 우선지원, 지방공사·공단의 임직원 징계처분 등 필요한 조치를 강구하여야 한다. 또한 '라, 마' 등급의 기관은 연봉 동결이나 익년도 연봉대비 5~10%의 삭감을 받을 수 있다.

5. 경영진단

행정자치부장관은 경영평가보고서 등을 분석한 결과 특별한 대책이 필요하다고 인정되는 지방공기업에 대하여는 따로 경영진단을 실시하고 그 결과를 공개할 수 있다. 이 경우에는 ① 경영목표설정이 비합리적인 공기업, ② 인력 및 조직관리가 비효율적인 공기업, ③ 재무구조가 불건전한 공기업, ④ 기타 행정자치부장관이 필요하다고 인정하는 공기업 등이 해당된다.

그리고 행정자치부장관은 경영진단결과 필요하다고 인정되는 경우에는 지방자치단체의 장, 공사의 장 또는 공단의 이사장에게 당해 지방공기업 임원의 해임, 조직의 개편 등 경영개선을 위하여 필요한 조치를 명할 수 있다. 이 명을 받은 지방자치단체의 장이나 사장(이사장)은 특별한 사유가 없는 한 지체없이 이에 응하여야 한다. 구체적으로 행정자치부장관은 ① 임직원에 대한 감봉 해임 등 인사조치, ② 사업규모축소, 조직개편 및 인력조정, ③ 법인의 청산 및 민영화, ④ 기타 경영개선을 위하여 필요한 사항 등의 경영개선조치를 명할 수 있다.

제4절 지방공기업의 전망과 과제

1. 지방공기업의 전망

사회·경제가 고도성장을 이룩하는 과정에서 경영 및 사회전반에 대한 행정의 관여 내지 의존정도가 심화되어 행정기능의 확대화가 초래되었다. 그에 따라 행정능률의 저하, 창의력 발휘의 미흡, 다양한 사회계층의 복지요구에 대한 적응력 부족 등 각종 폐해가 유발되었으며, 복합성 및 전문성 때문에 행정기능의 한계가 나타났다. 뿐만 아니라 세금은 적게, 그리고 서비스는 보다 많게라는 주민들의 기대와 함께 다양화되어 가면서 급증하는 행정수요에 대응해야 하는 지방자치단체로서는 공공부문이 직접 관여하지 않아도 될 기능까지 책임지고 있는 이른바, 공공부문이 필요이상으로 비대해지고 비싼 정부가 되었다. 따라서 세금을 거두지 않고 서비스의 공급비용을 절감할 수 있는 방안으로 공적책임영역의 축소, 즉 지방행정수요의 적정화는 행정이 책임져야 할 범위에 관한 것으로서, 이는 지방공공서비스의 공급을 공·사간 역할분담의 재조정을 통하여 서비스 공급주체는 다원화함으로써 공급의 효율화를 높이고 공공경비의 부담을 줄이는 것이다.

한편 지방자치단체 기능의 재분석을 통한 민영화 및 지방공기업화가 이루어져야 할 것이다. 지방자치단체의 기능을 재분석하여 민영화 가능 기능은 과감하게 민간에게 이양하고, 수익자부담원리 적용가능 사업은 지방공기업으로 전환하여 지방자치단체의 현존기능을 최소화하여 효율성 있는 간소한 정부를 구현하여야 한다. 또한 지방공기업의 운영방식에 있어서도 아직 직영경영방식의 형태가 지배적인데, 앞으로 지방공사와 공단 민·관 공동출자사업 등의 간접경영방식의 확대가 요청된다. 간접경영방식을 도입함으로써 민간자본을 적기에 대량으로 조달할 수 있고, 경영자의 자주적 경영이 가능하며, 지방자치단체의 불필요한 관여축소, 사회정세변화에 대응한 탄력적 운영 등 장점을 최대한 살릴 수 있다.

2. 지방공기업의 과제

1970년 중반 세계경제는 스태그플레이션(stagflation)의 영향으로 인하여 전체적으로 저성장 혹은 마이너스 성장을 기록하게 되었다. 이러한 경제의 침체는 바로 지방정부의 세입을 크게 줄어들게 하여 재정적 위기를 초래하였을 뿐 아니라, 사회적 약자를 위한 복지관련예산의 증대를 요구하게 되었다. 이처럼 저성장시대는 지방정부의 재정적 위기를 야기할 뿐 아니라 예산의 증대를 요구하는 바, 저성장시대에 있어 공공서비스의 효율성을 확보하기 위한 노력이 필요한 바, 이에 대한 대응방안으로서 지방경영이 대두하게 된 것이다.

우리나라는 IMF 금융위기로 인한 경기침체와 대대적인 구조조정으로 거의 모든 지방자치단체들이 재정적 위기를 맞이하고 있다. 또한 세계적 경제위기의 악화 등으로 인해 세계경제는 당분간 저성장시대를 맞이하게 될 뿐만 아니라, 향후 당분간 고성장은 기대하기 어려운 바, 지방자치시대에 있어서 지역발전을 위해서는 지방공기업의 역할이 더욱더 요구된다고 할 수 있다.

그리고 지방공기업에 운영에 있어 신축성과 자율성이 확대되어야 할 것이다. 이를 위해서는 자율적 책임경영체제의 확립과 조직 및 인사의 전문성이 향상되어야 할 것이다. 우선 책임경영체제를 확립하기 위하여 지방자치단체의 사전적 간섭은 최소한으로 하고 사후적으로 경영평가를 실시하여 그 결과에 대한 책임을 묻는 책임경영체제가 바람직하다. 아울러 매년 경영평가를 실시하여 다른 지방자치단체의 공기업을 벤치마킹하는 기회로 활용하도록 하고 인사상 또는 경제적 인센티브를 부여하여 지방공기업의 경영합리화를 유도하여야 한다. 또한 경영이 부진할 경우에는 경영자에 대한 인사상의 불이익을 주고 경영지도를 실시하여 근본적인 문제점을 개선하도록 하여야 한다. 한편 최고경영자의 자격을 직영기업의 경우 토목직, 화공직 분야의 공무원을 임명할 수 있게 하고, 지방공사와 지방공단의 경영자도 사업성격 등을 고려하여 전문성과 기업성을 고루 갖춘 민간경영자를 적극적으로 영입하는 것이 바람직하다. 지방직영의 경우 전문성과 기업성을 살리기 위하여 전문직렬제도를 적극 활용하여야 하며, 기업행정직, 수도토목직으로 들어와 최고경영자까지 승진할 수 있는 길도 터놓아야 한다. 그리고 순환보직 형태의 잦은 인사이동을 지양하고 강력한 동기부여방식의 도입이 필요하다. 즉 성과급, 우수직원의 자체승진, 장기근속자 우대, 근속가점제, 전보제한제, 국내외 연수기회의 확대, 민관 교환근무, 특별수당 지급 등 기업성을 대폭 강화하여야 한다.

끝으로 지방공기업의 광역화로 효율성을 제고해야 할 것이다. 우리나라의 경우 지방자치단체 단위별로 지방공기업을 고집하고 있어 적정 경영규모로 확대하는 것이 불가능하고 많은 간접비용이 발생하고 있다. 하지만 지방공기업 중 환경관련 사업 및 교통관련 사업은 그 효과가 인근 지방자치단체까지 확산되는 경향이 있다(예컨대 상수도, 하수처리장, 쓰레기 소각장, 지하철 및 경전철 등). 이 경우 지방자치단체간의 공동출자 또는 조합구성 등을 통하여 지방공기업의 설립 및 운영에 공동참여 함으로써 규모의 경제 실현이 가능하고 지방자치단체간의 협조분위기 조성에 도움이 되는 계기 마련할 수 있게 된다. 공영개발사업의 경우에도 국가공기업과 지방자치단체간, 광역자치단체와 기초자치단체간의 갈등양상이 나타나고 있는데, 행정계층간 개발이익의 배분비율 조정 등으로 적절한 조정이 필요하다.

또한 지방자치단체별로 다양한 개발사업이나 교통사업을 지방공기업에 위탁하여 운영하고 있다. 이러한 사업의 추진을 위하여 지방공기업은 불가피하게 많은 양의 부채를 지고 있다. 2014년 지방공기업의 부채규모는 약 73.6조원으로 지속적으로 증가하는 경향을 보여주고 있다. 또한 외부차입금의 의존도가 높아 독립채산을 유지하면서 운영하는 데는 한계가 있다. 지방공기업의 부채증가나 독립채산제 유지에 대한 한계는 지방자치단체의 재정부담으로 귀결될 수 있다. 따라서 건전하고 효율적인 재정운영을 통하여 지방자치단체의 공공성과 복리성 향상이라는 기본적인 목적에 부합할 수 있어야 할 것이다.

■ 탐구학습

1. 주요개념과 요약
   · 지방공기업
   · 지방직영기업
   · 지방공사 · 공단
   · 출자 · 출연법인
   · 경영진단

2. 탐구학습
   · 지방공기업의 현황과 역할
   · 지방공기업의 긍적적 기능과 부정적 기능

■ 참고문헌

권형신 · 이상용 · 이재성(2006), 한국의 지방재정: 이론과 실제(제3판), 서울: 해남.

김동희(2005), 한국지방재정학, 서울: 법문사.

김종희(2006), 지방재정론, 서울: 범론사.

안용식(2001), 지방공기업론, 서울: 대영문화사.

우명동(2001), 지방재정론, 서울: 법문사.

전상경(2007), 현대지방재정론, 서울: 박영사.

조임곤(2008), "지방분권 및 지방재정의 효율화: 지방공기업 경영분석", 한국정책학회 하계학술대회 자료집, pp. 167-180.

행정자치부(2014). 2015년 지방공기업 경영평가편람.

제23장

지방공공서비스의 민영화

제1절 지방공공서비스의 개념과 공급방식

1. 지방공공서비스의 개념

지방공공서비스는 지방자치단체가 지역주민의 복리증진을 위해 제공하는 일련의 재화와 서비스를 의미한다. 이러한 지방공공서비스는 비경합성과 비배제성의 속성을 갖고 있기 때문에 시장기구에 의해서 적정량이 공급되지 못하는 문제가 있다. 그래서 지금까지 지방공공서비스는 주로 공공부문에 의해 공급되어 온 것이 사실이다. 한편 지방공공서비스가 비배제성과 비경합성의 속성을 동시에 갖는 경우는 흔하지 않다. 대부분의 지방공공재는 비배제성과 비경합성 중 하나의 속성을 갖는 경우가 일반적인 바, 지방공공재는 준공공재의 특성을 갖는다고 하겠다(정성길 외, 1993).

이러한 지방공공재는 요금재, 공동이용재, 그리고 집합재의 성격을 갖고 있는데, 이에 대해서 보다 구체적으로 살펴보면 다음과 같다. 첫째, 요금재이다. 요금재는 공동으로 사용하지만 배제가 가능하기 때문에 시장에서 공급될 수 있다. 그러나 일부 요금재는 속성상 독점형태를 이루기 때문에 집합적인 행동이 필요하게 된다. 이러한 독점은 분배상의 불공평을 야기하게 되는 바, 독점의 피해가 큰 경우 규제를 통해 한정된 기간 동안만 독점을 허용한 후 그 이후에는 경쟁입찰방식을 하는 경우도 있다.

둘째, 공동이용재이다. 공동이용재는 배제가 불가능하기 때문에 합리적인 공급자는 이와 같은 서비스를 생산하지 않을 것이다. 돈을 낼 필요가 없고 소비를 방지할 방법이 없을 때에는 이와 같은 재화는 낭비가 될 것이고, 궁극적으로 공급문제를 발생시킨다. 희귀한 자연자원이 남획되고 멸종되어 가는 것이나, 맑은 강물이 오염되어 물고기가 살

수 없고 사람들이 물을 마실 수 없게 되어 가고 있는 것도 공동이용재가 공급상의 문제를 발생시킨다는 증거이다.

셋째, 집합재이다. 집합재는 비배제성과 비경쟁성을 동시에 가지고 있으므로, 전형적인 공공서비스이다. 속성상 시점은 이런 재화를 공급할 수 없고, 공급이 필요하면 조세 등의 형태로 집합적인 기여가 필요하게 된다. 그러나 차별없이 동일한 서비스를 향유할 수 있기 때문에 무임승차의 유인이 강하게 나타난다. 집합적 기여를 확보하는 과정에서 소집단의 경우에는 사회적 압력으로 충분하겠지만, 익명성이 보장되는 대규모 집단에서는 법적인 강제가 필요한 것이다. 집합재는 사적재와 달리 일반적으로 측정하기 어렵고 주어져 있는 양과 질을 그대로 받아들여야 한다는 점에서 소비자에게 선택권이 거의 없다. 집합재의 속성상 이용 정도에 따라 돈을 지불하는 것이 불가능하기 때문에 수요와 공급과정이 시장메커니즘에 의존하는 것이 아니고, 정치적 과정에 의존해야만 한다.

이상에서 살펴본 공동이용재와 요금재는 공공서비스와 부분적으로 관련이 있다면, 집합재는 공공서비스의 개념과 완전히 일치하는 것이다.

2. 지방공공서비스의 유형과 공급방식

지방자치단체가 수행하는 행정활동에는 권력적으로 부과징수하는 조세수입에 의하여 충당하는 일반행정활동과 서비스를 제공받는 사용자로부터의 요금수입으로 충당하는 비권력적 기업활동이 있다. 자치단체의 경영화를 효율적으로 수행하기 위해서는 서비스의 유형과 그에 따른 비용의 부담관계를 명확히 해야 한다. 이는 지방공공서비스가 경영의 대상이 될 수 없기 때문이다. 이를 위한 지방공공서비스의 분류도 매우 다양하다(김안제 외, 1994).

첫째, 지방공공서비스가 공공재이냐 아니냐 하는 외부성 기준과 공공부문이 부담할 필요가 있느냐 없느냐 하는 사회적 가치에 의한 분류가 있다. 일반적으로 공공서비스가 갖는 성격과 비용부담의 배분을 상정하여 공공재, 준공공재, 사적재로 분류된다. 이것은 사회적 외부성과 사회적 가치가 높은 서비스일수록 조세로 부담하여야 하고, 반대로 사회적 외부성과 사회적 가치가 낮은 서비스일수록 사용자에 의한 부담이 바람직하다. 이 중에는 공공재와 사적재의 중간영역인 준공공재가 있는데, 이에는 문화시설, 상하수도,

병원, 교통 등 주로 지방공기업으로 운영되고 있는 서비스가 이에 해당된다.

둘째, 공공서비스가 공공부문이냐 사적부문이냐 하는 부문적 기준과 채산성 기준에 따른 분류이다. 공공서비스의 부문별 및 채산성을 기준으로 ① 선택적·기초적 서비스(예: 주택, 교통), ② 선택적·기초적 이상의 서비스(예: 상수도의 기본량), ③ 필수적·기초적 서비스(예: 일정량 이상의 상수도), ④ 필수적·기초적 이상의 서비스(예: 일정량 이상의 상수도)로 구분하고 있다. 이 분류에서 지방자치단체는 필수적·기초적 서비스와 필수적·기초적 이상의 서비스에 대해서는 그 비용을 편익의 정도나 지불능력에 따라 부담하도록 하며, 선택적·기초적 이상의 서비스는 경우에 따라 시장메커니즘의 도입이 고려되어야 한다.

셋째, 지방자치단체가 제공하는 서비스로부터 창출되는 편익의 가분성 수준에 따른 분류이다. ① 지역주민들이 공통으로 요구하는 일반적 공공수요를 충족하기 위한 지방공공서비스 분야로써 재해, 조세의 징수 등 전형적인 일반행정서비스가 이에 해당되며, 사무의 성질상 서비스가 창출하는 편익과 비용부담자간의 관계를 직접 연결시킬 수 없는 불가분적 편익서비스가 있다. 그리고 ② 상하수도, 병원, 주택 등 주로 지방공기업을 통하여 제공되는 서비스로써 이러한 서비스로부터 창출되는 편익은 배제적인 성격을 띠고 있어서 편익과 비용부담간의 관계를 직접 연계시킬 수 있는 가분적 편익서비스이다. 끝으로 ③ 도로, 사회보장 등 절대적·가분적인 편익에 비해 사회적 편익의 수준이 약간 가분적인 편익서비스가 있다.

이상의 분류에서 지방자치단체가 민영화의 대상으로 할 수 있는 것은 준공공재, 필수적·기초적 서비스, 절대적 가분적 편익서비스에 해당되는 분야이다. 이는 모두 사용자부담에 의한 재원조달이 가능한 분야이다. 사용자가 부담하는 사용자부담은 지방재원조달이라는 기능 외에도 서비스의 수요를 억제하게 되고, 서비스의 낭비를 방지해 주고, 서비스의 우선순위 또는 주민선호도를 파악할 수 있는 효과가 있다.

제2절 지방공공서비스의 민영화 필요성과 관련이론

1. 민영화의 개념

민영화는 공공서비스를 공급하는 하나의 방식으로, 이는 서비스의 제공 주체에 초점을 맞춘 개념이다. Savas(1987)는 민영화를 정부가 생산하여 공급하던 공공서비스를 정부대신 민간기관이 소비주체인 민간에게 공급하는 형태라고 정의하고 있다(유미년 외, 2008). 행정능률의 저하, 창의력 발휘의 미흡, 다양한 사회계층의 복지욕구에 대한 적응력 부족 등 각종 폐해가 유발되었고, 동시에 경제규모의 팽창과 그 복합성 및 전문성 때문에 행정기능의 한계, 즉 지방정부의 재정위기와 지방공공서비스의 딜레마를 타개하기 위해 지방공공서비스의 민영화가 대두된 것이다. 민영화에는 민간자선형태로 지역사회 발전을 위해 비영리단체가 주체가 되어 필요한 지방공공서비스를 제공하는 것과 영리를 추구하는 민간기업체가 주체가 되어 지방공공서비스를 능률적으로 제공하는 두 가지 방법이 있다.

한편 민영화를 보는 시각은 다양하지만, 소극적으로 해석하는 입장과 적극적으로 해석하는 입장으로 나눌 수 있다. 먼저 소극적으로 해석하는 입장은 지방공공서비스의 생산이나 배분에 민간이 참여하는 것으로서 공공과 민간의 계약에 관한 새로운 표현이라고 본다. 반면에 민영화를 적극적으로 해석하는 입장에서는 공공부문에서 민간부문으로 서비스 책임을 이전하는 것으로 보는데, 이는 단순한 업무위탁뿐만 아니라, 책임의 이양까지를 포함하고 있다고 본다. 지방공공서비스의 민영화는 장기적인 관점에서 볼 때 적극적으로 해석하여 업무와 책임을 함께 이양하는 것이 바람직할 것이다.

2. 민영화의 필요성

경제성장과 함께 주민들의 요구는 더욱 다양해지고 고급화되어 가는 추세에 있다. 이러한 주민수요를 지방자치단체가 단독으로 처리하기에는 공급능력 및 재정여건상 많은 어려움이 있다. 특히 한정된 자원을 활용하여 공공목적을 달성하기 위해서는 더욱 합리적이고 투자효과가 큰 사업으로 자원이 배분되어야 한다. 따라서 대규모 개발사업을 추진하는데 있어서는 공공부문 뿐만 아니라 민간부문의 적극적인 참여와 협조가 따라야 한다. 이러한 민간참여는 지금까지 민간활력에 대해 정부가 지나치게 규제해 왔기 때문에 위축된 민간부문의 활성화와 지방정부의 재정압박을 완화할 수 있는 방안이 된다는 점에서 최근에 와서 그 필요성과 확대가 요청되고 있다. 이는 기초적 지방공공서비스는 국가 또는 지방자치단체가 공급하도록 하고 보다 높은 수준의 서비스는 민간부문에 맡기는 것이 더 효율적이고 능률적이라는 이론에 기초하고 있다. 따라서 민간부문의 활용이란 민간의 자본 참여만을 의미하는 것이 아니라, 민간의 활력, 창의성, 기술, 경영능력, 기업가 정신 등을 포괄하는 다의적 개념으로 이해하여야 할 것이다.

이러한 민간부문의 활용의 배경은 공공부문의 자금부족, 민관협력 가능영역의 확대, 공공영역의 기업화 경향에서 찾을 수 있고, 이의 필요성은 크게 공공부문과 민간부문의 차원에서 각각 찾아볼 수 있다.

1) 공공부문 차원의 필요성

공공부문 차원에서 민영화가 필요한 이유는 첫째, 지방정부가 직면하고 있는 재정난의 타개이다. 즉 지역주민의 다양한 서비스 수요에 대응하기 위한 지방정부의 재정능력은 한계에 달하였으므로 민간이 지니는 자금력을 활용하여 사회자본의 정비와 같은 공적인 정책을 추진하려고 하는 것이다.

둘째, 지역개발사업에 민간의 참여를 확대시킴으로써 지역경제의 활성화를 도모하려는 것이다. 이것은 지방공기업과 더불어 제3섹터를 통하여 경제정책적 영향력을 행사하는 것에 관련된 것이다.

셋째, 지방정부가 민간부문의 참여 또는 민간부문에의 위탁을 필요로 하게 되는 이유는 민간부문의 경영효율성과 노하우의 활용에서도 찾을 수 있다.

2) 민간부문 차원의 필요성

민간부문 차원에서 민영화가 필요한 이유는 첫째, 민간이 경제적인 영역에서 공공부문과 협력하는 것은 그로 인하여 영리성이 예상되는 경우이다. 특히 민간의 관심은 공공부문에 의한 경제정책적인 고려에 의해 제한된 활동영역을 집약적으로 활용하여 이윤을 획득하는데 있다. 그리고 해당 사업에서 수익성을 기대하기 힘들어도 부대사업에서 이득을 획득할 기회가 제공된다면 민간은 이를 위하여 출자하는 경우가 많다.

둘째, 민간은 자금부족의 극복과 위험의 분산을 꾀하려는 목적에서 공공부문의 우대조건 등을 이용하려는데 관심이 있다. 즉 공공부문에 참여함으로써 기업에 대한 출자나 보조 뿐만 아니라, 저리의 융자도 기대할 수 있으므로 대규모 사업과 위험부담도가 높은 사업에도 투자동기를 갖게 된다.

셋째, 공적사업에 민간이 참여하게 되는 것은 공급우선권, 정보상의 이점 등을 얻기 위한 경우도 있다. 이 경우 수익성은 중요한 관심의 대상이 되지 아니하기도 한다.

3. 민영화의 관련이론

민영화의 이론적 근거가 되는 이론으로는 신공공관리론, 공공선택론, 계약이론 등이 있다. 신공공관리론은 민간의 기술·자원을 활용하여 공공서비스 생산의 효율성을 확보하는 관리이론이고, 공공선택론은 이익의 극대화를 위해 상호경쟁하면서 최선의 선택에 관한 이론이다. 그리고 계약이론은 민간위탁의 계약방식, 모니터링, 성과 등과 관련하여 의사결정이론과 주인-대리인이론이 포함된다. 이에 대해서 구체적으로 살펴보면 다음과 같다(강인성, 2008).

1) 신공공관리론

신공공관리론은 공공부문의 비효율성에 대한 지적과 작은 정부에 대한 요구가 증가함에 따라 등장한 이론이다. 정부의 기능과 역할의 범위를 넓게 인정하던 전통적인 접근방식에서 벗어나 정부의 역할은 유지한 채 정부의 규모를 최소화하고 공공서비스에 시장의 경쟁과 선택을 강조하는 새로운 패러다임이다. 신공공관리론은 투입된 비용과 비용에 대한 효과를 분석하는 경제성의 원리, 행정의 책임성을 강조하는 고객위주의 행정, 시장친화적인 규제완화, 성과를 강조하는 성과지향적 사무체계 등을 우선으로 하는 이론이다. 현재 우리나라는 책임운영기관, 중앙정부 권한의 지방이전, 시장경쟁, 탈규제, 민영화, 사무의 전문화, 성과강조, 공사파트너십, 민간위탁 등을 통해 신공공관리론을 행정실무에 적용하고 있다.

2) 공공선택론

공공선택론은 개인이 언제나 자신의 이익을 극대화하는 합리적인 선택을 한다는 가정에서 출발한다. 정부와 민간 모두 자신의 이익극대화를 추구하기 위해 대립한다는 측면이 하나 있고, 이익극대화를 위해 다수의 민간까지 경쟁한다는 측면이 또 하나 있다. 공공선택론에 의하면, 정부는 자신의 이익을 극대화하기 위하여 민영화 방식을 사용하게 되고, 민간 또한 자신의 이익을 극대화하기 위하여 민영화 방식을 사용하게 된다. 공공부문 입장에서 보면, 민영화를 할 경우 정부가 투입해야 할 기술 및 자원 등이 절약될 수 있고, 민간부문의 입장에서 보면 민영화를 할 경우 기존의 사업영역을 확대하여 초과 이윤과 보다 상승된 입지를 확보할 수 있다.

3) 계약이론

계약이론과 관련하여 의사결정이론과 주인-대리인이론을 들 수 있다. 먼저 의사결정이론에 의하면, 재화나 서비스의 생산을 내재화하는 것과 반대하는 것이 외부조직과의 계약이고, 조직의 외부자원에 의존하는 것이다. Prager(1992)에 의하면, 규모의 경제와 재화 및 서비스의 통제를 고려하여 내적운영의 확장이 보다 능률적일 때 혹은 통제가 필요할 때 생산의 내재화가 바람직하지만, 어떤 규모에서는 능률을 기할 수 없기 때문에 외부조직과의 계약이 더 매력적일 수 있다. 둘째, 주인-대리인 이론에 의하면, 주인과 대리인의 소망과 목표는 갈등관계에 있고, 주인이 대리인의 실제 행동을 확인하는 것은 어렵고 비용이 많이 든다는 주장이다. 이 이론에서는 대리인의 사적 이익을 추구하는 행태를 가정할 때, 대리인의 행태를 모니터할 수 있는 메커니즘을 고안하는 것이고, 둘째, 산출물이 구체화된 계약을 체결하는 것이라고 할 수 있다. 관료적 환경에서 전통적인 접근법은 관료들이 예산이나 인사, 그리고 규제체계 등을 포함한 관료적, 그리고 다른 통제메커니즘을 활용하여 계약자를 모니터하는 것이다.

제 3 절 지방공공서비스의 민영화 방안

제공과 생산의 구별하에서 가능한 지방공공서비스의 공급대안들은 ① 정부서비스, ② 정부판매, ③ 정부간 협정, ④ 민간기업과의 계약, ⑤ 프랜차이즈, ⑥ 보조금, ⑦ 구입증서, ⑧ 시장, ⑨ 자발적 서비스, ⑩ 자기서비스 등으로 구분할 수 있다.

1. 공공주도형 방식

1) 정부서비스

전통적인 형태라고 볼 수 있는 정부서비스는 정부기관이 공무원을 이용하여 서비스를 공급하는 것을 의미한다. 이 경우 지방공공서비스는 대부분 조세로 재원이 조달되고 사용자 요금은 형식적이거나 무료인 경우가 많았으나, 향후 서비스의 진정한 비용을 현시한다는 차원에서나 재원의 한계를 극복한다는 차원에서 사용자 요금의 적정화가 필요하다.

2) 정부판매

정부판매는 지방공공서비스에 대해 사용자 요금을 부과하는 것과는 다르다. 정부가 전략, 가스 또는 수돗물서비스를 공급하기 위해 사용자 요금을 부과할 때, 그것은 직접적인 정부서비스로 공급하고 있는 사적재 및 요금재에 대하여 정부가 소비자에게 직접 요금을 부과하고 있는 것이다. 반면에 정부판매에서는 소비자가 제공자의 역할을 한다. 즉 제공자로서 소비자가 서비스를 공급하는 정부에게 돈을 지불하고 서비스의 생산주체를 결정한다.

3) 정부간 협정

계약 또는 협정의 형태로 나타나는 정부간협정은 대개 정부간 공동서비스 협정 또는 정부간 서비스계약의 형태를 취한다. 정부간 공동서비스협정은 협정대상지구 내 주민들에게 어떤 서비스를 전달하기 위해서 계획 또는 자금조달을 공동으로 하는 것이다. 그리고 정부간 서비스계약은 정부가 특정 서비스를 공급하기 위하여 계약을 통해 다른 정부를 이용하는 것이다.

2. 공공 – 민간 계약형 방식

1) 민간기업과의 계약

정부는 일정 수준과 질을 갖춘 재화와 서비스의 전달을 위하여 다른 정부 뿐만 아니라, 영리 또는 비영리조직과 계약을 맺는다. 주민은 조세 또는 이용자 요금을 통하여 지방정부에 돈을 내고, 이것을 다시 계약업자에게 지불하게 된다. 이처럼 민간기업과 계약을 맺고 지방공공서비스를 공급하는 것은 비용절약에 있어서 상당히 효과적인 것으로 평가되고 있다.

2) 프랜차이즈

지방공공서비스 공급권한을 일정한 공간적 범역을 설정해서 민간부문에게 부여하는 방식을 프랜차이즈 또는 지역별 면허라고 한다. 계약서비스에서는 이용자인 주민이 정부에 돈을 지불하고 그 돈을 정부가 다시 생산자에게 지불하게 되는 반면 프랜차이즈는 주민이 서비스 생산자에게 직접 돈을 지불하게 된다.

3) 보조금

사회적으로 사회적으로 필요한 재화가 시장메커니즘을 통해 적절한 양만큼 공급되지 않을 때 사용되는 방식으로서, 대개 비영리기관이 생산자가 되고, 보건 및 사회보건소 영역에서 가장 흔히 이용된다. 그러나 보조금의 지불로 인하여 지나치게 싸게 가격이 책정되거나 무료로 공급되게 되면 그 재화에 대한 수요는 흡사 공유재화에 대한 과잉이용의 경우처럼 폭발적으로 증가하게 되고 낭비가 초래된다.

4) 구입증서

구입증서는 보조금과 마찬가지로 소비가 장려되어야 할 서비스를 제공하기 위한 대안이지만, 이는 기본적으로 보다 시장지향적 접근방식이다. 즉 보조금은 지불되는 특정한 생산자에게 한정되는 것에 반하여 구입증서의 경우 이용자는 보다 다양한 선택권을 행사할 수 있다.

3. 민간주도형 방식

1) 시장

현대사회 대부분의 사적재와 요금재는 시장이라는 대안을 이용하여 공급되게 된다. 이용자인 주민이 서비스의 종류와 생산자를 선정하고, 그 과정에 정부는 제한적인 역할만을 수행하게 된다. 따라서 여기서 민간부문이 생산자가 되고, 정부부문의 역할은 계약을 이행한다거나 서비스의 표준을 수립하는 것으로 한정된다.

2) 자발적 서비스

어떤 종류의 서비스는 구성원의 자발적 노력을 이용하는 지원자로서 전부 또는 일부가 충원될 수 있다. 즉 수 많은 자선단체들은 그들의 자발적인 의지로 도움이 필요한 많은 사람들에게 서비스를 제공하고 있다.

3) 자기서비스

자기서비스는 여러 가지 대안 중에서 가장 기본적인 모형이다. 즉 서비스조달에 있어서 기본적으로 자기서비스에 의존하고 있다. 이러한 자기서비스의 단위로서는 개인,

〈표 23-1〉 지방공공서비스 공급대안별 참여자의 역할분담

구분		서비스 제공자	서비스 생산자	비용부담자
· 공공 주도형	정부서비스	정부	정부	-
	정부판매	소비자	정부	민간기업
	정부간서비스계약	정부(1)	정부(2)	정부(1)
	정부간서비스협정	정부(1)과 정부(2)	정부(1)과 정부(2)	정부(1)과 정부(2)
· 공공-민간 계약형	민간기업과의 계약	정부	민간기업	정부
	프랜차이즈(독점)	정부	민간기업	소비자
	프랜차이즈(복수)	정부와 소비자	민간기업	소비자
	보조금	정부와 소비자	민간기업	정부와 소비자
	구입증서	소비자	민간기업	소비자
· 민간 주도형	시장	소비자	민간기업	소비자
	자발적 서비스	자발적 협회	민간기업	자발적 협회
	자기서비스	소비자	소비자	-

가족, 그리고 지역사회집단 등 다양한 기준이 있다.

이상에서 살펴본 다양한 공급서비스 공급대안을 서비스 제공자, 서비스 생산자, 비용부담자 등으로 구분하여 정리하면, 〈표 23-1〉과 같이 나타낼 수 있다.

제4절 지방공공서비스 민영화의 전망과 과제

1. 지방공공서비스 민영화의 전망

1) 민영화의 전망

지방공공서비스 공급의 민영화에 대한 정당성은 다음 두 가지에서 구체적으로 살펴볼 수 있다. 첫째, 민영화는 응익성의 원칙에서 나온 것이다. 정부가 세금에 의하여 지방공공서비스를 공급하면서도 이용자 개인에게 혜택을 주고 있는 서비스에 대해서는 응익성의 원리에 입각하여 반대급부를 지불해야 한다는 것이다. 이 논리에 대해 지방정부는 서비스공급에 대한 반대급부로서 수수료, 사용료, 입장료 등의 형태로 반대급부를 받고 있다. 이것은 세외수입의 형태로 제도화되어 있다.

둘째, 민간부문을 통하여 지방공공서비스를 공급할 수 있는 이론적 근거로서는 민간기업의 이윤동기와 규모경제의 원리를 적용할 수 있다는 점이다. 정부가 세금에 의하여 지방공공서비스를 공급할 경우 그것이 예산을 절감하든 비용단가를 절약하든 하등의 이윤동기가 주어지지 않는다. 그러나 민간부문을 통하여 그와 같은 서비스를 공급하게 될 경우 기업의 사활이 이윤추구에 의해 결정되기 때문에 이윤추구를 통해 비용절약, 경영의 합리화를 가져오는 결과가 된다. 뿐만 아니라 지방공공서비스의 성격에 따라 일정규모에 달하지 않으면 서비스공급 단가가 높게 되고, 이와 반대로 일정규모를 넘어서면 유지할 이른바 서비스수요의 적정수준을 유지하기가 어렵다. 그러므로 단위당 비용을 적절히 유지하는 것이 목표라면 주민들의 입장에서는 지역행정구역과는 관계없이 규모경제의 원리를 적용할 수 있는 민간기업을 통해 서비스를 공급받는 것이 좋다는 것이다.

향후 지방정부가 직면하고 있는 내외적인 도전을 성공적으로 풀어가기 위한 방안의 하나로서 지방공공서비스의 효율화가 주된 과제로 부각될 것이다. 따라서 지방공공서비스의 효율화를 달성하기 위해서는 우선 지방공공서비스의 다양한 공급대안과 현실적인 적용형태를 지역실정에 맞게끔 검토해야 할 것이다. 또한 재원조달측면과 주민들의 기대수준의 조절, 그리고 보다 효율적인 지방공공서비스 공급대안 모색의 전제조건으로서 지방공공서비스의 비용부담형태의 다양한 방안을 검토하여 그 선택기준을 구체화하여야 할 것이다.

2) 민영화의 한계

지방공공서비스 공급의 민영화가 항상 긍정적인 효과만을 보이는 것은 아니며, 경우에 따라서는 여러 형태의 부정적인 측면들이 대두될 수 있는데, 이에 대하여 구체적으로 살펴보면 다음과 같다.

첫째, 공공성과 책임성의 문제이다. 지방공공서비스를 민간공급에 의뢰할 때 시장경쟁원리에 의한 비용절감이라는 성과가 기대되는 반면 업무수행의 공공성과 책임성의 결여로 서비스의 기피현상이 나타날 가능성이 있다. 민간업자들은 흔히 수익성이 좋고 다루기 편리한 고객들에게는 충실한 반면 그렇지 못한 고객들은 소홀히 취급하기 쉽기 때문이다.

둘째, 다수의 민간계약업체들을 대상으로 서비스공급에 관한 기획과 조정을 해야 하는 새로운 업무가 부과되고 또한 민간참여로 인해 서비스 집행구조가 복잡해짐으로써 지방정부가 정치적·법적 책임성을 확보하는데 어려움이 따르게 된다. 그렇기 때문에 다카자키 쇼조(高崎昇三)는 지방정부와 주민의 통제와 영향이 미치지 않는 부분까지 민간부문에 분담시키는 것은 지역재정을 사경제화 시키고 지방자치의 몰시민성을 가져오게 된다고 경고하였다.

셋째, 지방공공서비스 공급의 민간위탁이 경제적 능률성을 가져온다는 주장에 대해서도 의문성이 제기된다. 민간기업의 이윤추구 성향과 계약체결을 위한 비용 등으로 인해 오히려 서비스 공급가격이 증대된다는 것이다. 이 경우 높은 비용을 부담하기 힘든 저소득층의 주민들은 서비스 수혜대상에서 배제되기 쉽고, 그 결과 형평성 문제가 대두된다. 또한 계약을 통한 비용의 절감이 경영의 합리화보다는 서비스의 질이나 양의 축소에 기인할 것이라는 우려도 내재되어 있다.

넷째, 계약상의 불공정한 절차, 계약업체의 파업이나 도산으로 인한 서비스의 중단 해고·실업·사기저하 등과 같은 공무원에 대한 부정적 파급효과 등이 우려된다.

이상에서 살펴본 바와 같이, 방만해지고 매너리즘에 빠진 관료주의의 경직성을 해결하기 위한 방안으로서 제시된 지방공공서비스 민영화의 논리가 자칫 주민의 복지를 경시하고 수익성만을 추구하여 목적과 수단이 전도되는 경우가 발생할 수도 있다.

따라서 지방공공서비스 공급의 민영화를 추진할 경우 제기될 수 있는 문제점과 한계를 충분히 고려하여 그 여부를 결정해야 하며, 구체적으로 민영화의 유형과 절차를 구상할 때에는 이와 같은 문제점을 극복할 수 있도록 유의해야 한다.

2. 지방공공서비스 민영화의 과제

1) 민영화의 원칙

오늘날 지역행정 환경의 변화는 민간공급의 필요성과 참여를 증대시키고 있다. 지방정부의 재정능력의 빈약, 산업화·도시화로 인한 각종 도시문제의 발생과 지방자치제의 실시로 인한 행정수요의 질적·양적 변화에 효과적으로 대처하기가 어려워졌다. 각종 문제를 안고 있는 지역사회를 지방정부의 힘만으로 관리한다는 것은 현실적으로 거의 불가능하며 바람직하지 않다. 따라서 지역사회의 관리주체는 공공부문과 민간부문 모두이며 양자의 역할분담이 적절히 이루어지는 동시에 상호협력적인 체제가 이루어질 때 효과적인 지방정부의 경영이 이루어질 수 있다.

지방정부 지방공공서비스 공급기능의 민영화와 민자유치는 정부와 민간부문의 역할을 재정립함으로써 전체적으로 지방정부의 기능을 효율적으로 분담·수행하기 위한 방안이다. 그러나 무조건 정부기능을 민간부문으로 이관 혹은 민자유치를 통하여 기능수행의 효율성과 서비스의 질이 높아지는 것은 아니다. 따라서 각 상황에 맞는 적절한 방식이 합리적으로 신중히 선택되어야 하고, 사후대책도 적절하게 강구되어야 부작용을 최소화할 수 있을 것이다.

2) 민영화의 개선방향

민영화의 가장 큰 장점은 능률적이고 효과적으로 지방공공서비스를 공급할 수 있다는 것이다. 이를 위해서는 경쟁적 분위기의 진작, 명시적 계약조건, 업무감독, 서비스 중단에 대비한 대안의 강구 등이 주요 내용으로 검토되어야 한다.

(1) 경쟁적 분위기의 진작

비용절감과 서비스의 질 향상은 서비스 공급자간의 경쟁적 환경이 조성되지 않고서는 기대할 수 없기 때문이다. 뿐만 아니라 경쟁은 부패와 능률성 저하를 막아주는 장치이기도 하다. 우리나라의 경우 지방공공서비스의 민영화방식의 성과가 미약했던 이유는 민영화의 기본적 전제인 경쟁이 조성되지 않았기 때문이다.

(2) 계약요건의 명확화

지역지방공공서비스는 공공재적 성격을 갖고 있기 때문에 민영화할 경우 지방공공서비스 공급에 대한 모니터링과 행정적 책임을 확보할 수 있는가를 신중히 검토하여 그 여부를 결정해야 하며, 위탁을 결정할 경우 이 점을 계약내용에 충분히 반영시켜야 할 것이다. 따라서 계약내용은 각 지방공공서비스 수행시 필요한 장비의 비용, 업무수행 정도, 업무감독 요건 등과 같은 구체적 사항을 기초로 작성되어야 한다.

(3) 관리·감독의 강화

대부분의 지방정부들은 계약서에 사인만 하면 민영화가 끝난 것으로 생각하지만 그렇지가 않다. 다수의 민간계약자들이 약속을 이행하지 않거나 심한 경우 사기행위를 하는 경우도 있기 때문이다. 그렇기 때문에 계약 이후에는 지속적인 관리·감독이 요구된다.

(4) 서비스 중단에 대한 제도적 장치의 마련

지방정부가 계약상의 내용을 아무리 구체적으로 명시하더라도 지방공공서비스의 중단사태가 발생할 수 있다. 상수도, 전기, 가스, 교통서비스 등의 경우 해당 서비스의 중단으로 인해 사회적 파급효과가 매우 중대하므로 계약을 체결하는 과정에서 반드시 비상계획을 수립해야만 한다. 이에 대한 몇 가지 방안을 살펴보면, ⓐ 자체적으로 서비스를 공급할 수 있는 능력을 어느 정도 확보, ⓑ 서비스 공급에 필요한 장비의 전부 또는 일부에 대한 소유권을 지방정부가 확보하고 그것을 계약업체에 대여해주는 방법, ⓒ 계약기업이 업무불이행을 선언하는 경우 지방정부에게 계약자의 장비를 인수할 수 있는 선택권을 부여하는 조항을 계약상에 포함시키는 방안 등이 있다.

탐구학습

1. 주요개념과 요약
   · 지방공공서비스
   · 지방공공서비스 공급방식
   · 지방공공서비스 민영화

2. 탐구학습
   · 지방공공서비스 민영화 필요성과 한계
   · 민영화 가능한 지방공공서비스 사무·사업

참고문헌

강인성(2008), 지방자치단체 민간위탁경영의 효과성 제고방안에 관한 연구, 한국지방행정연구원.

김안제 외(1994), 지방자치의 발전전략, 서울: 박문각.

김종희(2006), 지방재정론, 서울: 범론사.

신열 외(2008), "지방공기업 민영화의 가능성과 실제", 지방행정연구, 제22권 제4호.

우명동(2001), 지방재정론, 서울: 법문사.

유미년 외(2008), "민간위탁에 의한 공공서비스 공급의 효율성 및 효과성 분석", 한국정책과학학 회보, 제13권 제3호.

이경준(2004), "지방공기업의 경영활성화 방안", 인적자원관리연구, 제10권.

정성길(1993), 지방자치단체와 공공정책, 서울: 범론사.

제24장

지방교육재정

제1절 지방교육재정의 의의와 성격

1. 지방교육재정의 의의

1) 지방교육재정의 의의

교육재정은 국가·사회의 공익활동으로서 교육활동을 지원하는데 필요한 재원을 확보, 배분, 지출, 평가하는 일련의 공공경제활동(public economic activity)이라고 정의된다(윤정일 외, 2015). 이러한 정의에 따르면 교육재정은 국가전체의 교육활동과 관련한 그 재원의 확보에서부터 배분, 지출, 평가를 포괄하는 활동 전체를 의미한다고 볼 수 있다. 반면 지방재정은 지방자치단체가 관할 구역에서 재화와 서비스의 공급을 위한 재원의 확보, 배분, 평가의 공공경제활동이라고 정의할 수 있다. 교육재정과 지방재정의 개념정의로부터 지방교육재정의 개념을 도출하면, 지방교육재정은 일반지방자치단체가 아닌 교육지방자치단체가 교육활동과 관련한 서비스 제공을 위하여 필요한 재원의 확보, 배분, 지출, 평가를 포괄하는 일련의 공공경제활동이라고 정의할 수 있다. 반면에 실무적인 차원에서의 지방교육재정은 시·도 교육비특별회계를 의미한다(반상진 외, 2014: 149).

2) 지방교육재정의 중요성

우리나라는 일반자치단체와 교육자치단체로 이원화되어 운영되고 있다. 지방교육자치에 관한 법률(1991.3)에 의해 심의·의결기관으로서 교육위원회와 집행기관으로서 교육감을 두고 있다. 일반자치단체와는 달리 교육자치단체는 특별시·광역시·도에 구성

되고 시·군·구의 교육장은 교육감의 위임사무를 처리하도록 되어 총 17개의 교육자
치단체가 있다. 이러한 교육자치단체는 각 지역과 각 학교에 적합한 모델을 만들어내야
하며 외부의 간섭을 배제한 자율성을 추구할 수 있어야 한다. 즉 지역의 실정에 맞는 개
별적인 서비스가 가능하고 교육자치 및 실질적인 분권화를 추구하기 위하여 지방교육
재정의 안정적인 확보와 운영이 필요하다. 이러한 교육재정을 통하여 지방교육의 자주
성과 전문성 그리고 정치적 중립성을 보장하고 지방교육의 효율성을 높일 수 있다. 따
라서 지방교육의 발전을 위해서는 지방교육재정에 많은 관심과 지방교육재정의 안정적
인 확보가 필요하다고 하겠다.

3) 지방교육재정의 법적근거와 추이

지방교육재정의 근거를 제공하는 법률은 교육기본법 제7조라고 할 수 있다. 교육기
본법 제7조는 국가와 지방자치단체는 교육재정을 안정적으로 확보하기 위하여 필요한
시책을 수립·실시하여야 한다, 교육재정을 안정적으로 확보하기 위하여 지방교육재정
교부금 등에 관하여 필요한 사항은 따로 법률로 정한다와 같이 규정하여 지방교육재정
교부금을 비롯한 지방교육재정 관련 법률의 근거규정이 된다. 또한 지방교육자치에 관
한 법률 제4장에서 교육재정 편을 규정하고 있다. 동법 제38조에서는 시·도의 교육·
학예에 과한 경비를 따로 경리하기 위해 당해 지방자치단체에 교육비 특별회계를 둔다
고 규정하여 교육비 특별회계의 근거를 제공하고 있다.

지방교육재정의 확보와 배분에 있어서 가장 중요한 법규는 지방교육재정교부금법이
다. 지방교육재정교부금법에는 교육재정의 확보와 배분에 관한 규정뿐만 아니라 지방교
육재정의 전반적인 내용이 제시되어 있어 지방교육재정의 확보와 운영에 있어서 핵심
적인 역할을 하고 있다.

그러나 지방교육재정관련 법규들이 법률적인 체계성과 일관성은 다소 미흡한 실정
이다. 지방교육재정교부금법은 교육기본법의 영향을 받아 제정되었고 지방교육 자치에
관한 법률과는 간접적인 영향을 받고 있다. 구체적인 운영에 있어서는 시·도교육비특
별회계재무규칙과 초·중등학교회계규칙에 의해 이루어지고 있다. 시·도교육비특별회
계재무규칙은 지방교육재정의 대부분은 중앙정부의 교부금으로 주어지는 특별회계형태
로 주어지고 있기 때문에 지방자치단체가 교육비특별회계를 어떻게 운용할 것인가 하
는 내용을 규정하고 있으며 지방자치단체에서 지방교육재정을 운영하는 실제적인 법규

인 것이다. 다소 복잡하게 구성되어 있는 지방교육재정에 관한 법령들에 대하여 지방교육재정 확보와 배분 및 운영을 통합하여 하나의 법률로 제정하자는 의견도 있다(조평호, 2006: 217-233 수정인용).

2. 지방교육재정의 성격

1) 지방교육자치 측면

지방교육자치단체인 시·도교육위원회는 교육재원조달을 위한 과세권이 없으며, 지방세를 과세할 수 있는 일반 지방자치단체는 법률로 정해진 법정전입금(法定轉入金)을 제외하고는 지방교육재정에 대한 책임을 지지 않는 구조로 되어 있다. 미국의 경우는 주정부가 초중등교육에 대한 행·재정적 책임을 떠맡고 있으며, 주정부 산하에는 일반 지방정부와는 독립적인 학교구(school district)가 존재하여 우리나라처럼 일반행정기관과 교육행정기관이 분리되어 운영되고 있다. 미국의 학교구는 우리와 달리 상당한 정도의 독자적인 행정권 및 과세권을 행사하면서 주정부와 공동으로 초중등교육을 책임지고 있다(김동건, 1997: 16). 그렇지만 일본을 비롯한 대부분의 유럽국가에서는 우리나라나 미국과 달리 교육행정을 일반행정의 범위에 포함시켜 운영하고 있다(전상경, 2007: 359-360).

2) 세입·세출 측면

지방교육재정은 크게 중앙정부로부터의 지방재정교부금, 국고보조금과 지방자치단체의 법정전입금, 비법정전입금 등에서 조달된다. 이밖에 지방자치단체 교육비특별회계와 미미한 수준이지만 주민부담수입에서도 재원이 조달된다. 이렇게 조달된 재원을 지방교육자치단체가 초·중등학교 등의 학교교육, 인건비 등 급여복지비, 교육행정비 등으로 지출한다.

지방교육재정의 독자적인 조세권이 없는 현행 제도하에서는 중앙정부로부터의 이전지출이 지방교육자치단체의 주요 세입원이다. 한편 교육은 공공재로서의 기능을 갖기 때문에 그것의 효율적인 공급을 위해서 국가의 지원은 요구된다. 특히 지방정부의 재정격차와 공평한 교육서비스의 공급을 위해서 국가의 재정지원이 요구된다고 하겠다.

제2절 지방교육재정의 세입구조

1. 지방교육재정의 세입구조

우리나라 초·중등교육을 위한 지방교육재정은 중앙정부와 지방자치단체, 그리고 학교 등에서 조달된 재원을 지방교육자치단체가 단위 학교에게 일정방식으로 지급하고 여기에 단위 학교에서 마련한 자체재원을 더해 최종적으로는 단위 학교에서 학생교육을 위해 지출하는 구조로 되어 있다.

중앙정부의 재정지원은 일반적인 지방재정조정제도의 틀과 동일하게 지방교육재정교부금과 국고보조금으로 나누어 지급된다. 한편 지방정부의 재정지원은 지방교육세와 지방세수입의 일정부분으로 이루어지는 법정전입금이 대부분이며 미미한 수준의 비법정전입금으로 구성된다. 이밖에 시도 교육청 자체수입으로 학생납입금(학교운영지원비 제외)과 교육청의 재산수입으로 구성된다. 지방교육재정의 세입의 구성은 [그림 24-1] 과 같이 구성되어 있다. 2015년도 기준으로 교육재정교부금은 내국세 총액의 20.27%를 차지하고 있다. 지방자치단체의 일반회계로부터 전입되는 법정전입금은 지방교육세, 담배소비세전입금, 시·도세전입금, 학교용지일반회계부담금, 지방교육재정교부금보전금, 교육급여보조금으로 구성되어 있다.

2. 지방교육재정 세입의 구성 및 추이

세입의 구성 및 주요한 변화추이를 살펴보면, 1980년대초까지만 하더라도 지방교육예산은 거의 전적으로 중앙정부와 학생 및 학부모들이 부담하는 형편이었다. 의무교육이 확대되면서 20% 가까이 이르던 학생 및 학부모 부담은 점차 감소하면서 중앙정부의 기여분은 1980년대에 걸쳐 전반적으로 확대되어 1990년대 초에는 가장 높은 수준인 85%에 이른다. 이후 몇 가지 제도의 개편을 거쳐 지방자치단체의 기여가 확대되면서 2000년대에는 대략 7:3 정도의 비율로 중앙과 지방이 지방교육예산을 분담하고 있는 실정으로 이는 일반지방자치단체의 중앙과 지방예산 비중과 비슷한 수준이다.

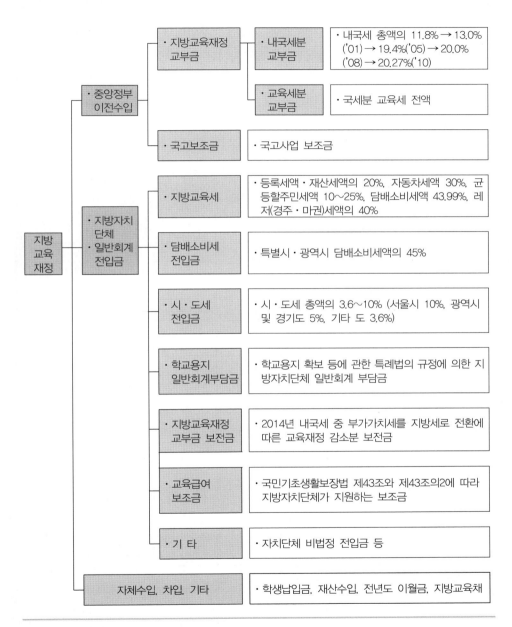

그림 24-1   지방교육재정의 세입구조

자료: 한국교육개발원(2015). 지방교육재정 관련 법령 개선방안 연구.

1980년대에 비해서 학생, 학부모의 부담과 중앙정부의 의존재원이 줄어든 것이 사실이지만 지방정부의 기여가 실질적으로 확대된 것은 아니다. 지방자치단체의 기여분이라고 할 수 있는 전입금이 크게 증가한 것은 2001년 이후인데, 이 해에 교육세가 국세분과 지방세분으로 나누어지면서 지방정부에서 교육자치단체로 전입되는 금액이 크게 늘어났기 때문이다. 지방교육재정의 세입에서 차지하는 국고부담, 즉 지방교육재정교부금의 비중은 최근 들어 감소하는 반면, 지방정부의 부담이 증가되고 있는 것을 알 수 있다.

〈표 24-1〉 지방교육재정 세입의 구성과 추이

(단위: 백만원, %)

연도	총 계	국고부담					지방부담		
		중앙정부 계	교부금	양여금	환경 개선	보조금	지방정부 계	자체 수입 등*	전입금
1980	1,074,163	845,271	833,669	-	-	11,602	228,892	203,249	25,643
	100.0	78.7	77.6	-	-	1.1	21.3	18.9	2.4
1985	2,644,861	1,949,389	1,948,609	-	-	780	695,472	640,484	54,987
	100.0	73.7	73.7	-	-	0.0	26.3	24.2	2.1
1990	5,023,490	3,797,099	3,792,744	-	-	4,355	1,226,391	891,107	335,284
	100.0	75.6	75.5	-	-	0.1	24.4	17.7	6.7
1995	12,251,423	10,269,367	7,208,983	2,986,982	-	73,401	1,982,057	1,298,388	683,669
	100.0	83.8	58.8	24.4	-	0.6	16.2	10.6	5.6
2000	19,318,097	14,513,794	8,571,416	5,161,800	700,000	80,578	4,804,304	3,691,122	1,113,181
	100.0	75.1	44.4	26.7	3.6	0.4	24.9	19.1	5.8
2004	29,057,839	21,252,185	16,868,324	4,238,600	-	145,261	7,805,655	1,702,787	6,102,868
	100.0	73.1	58.1	14.6	-	0.5	26.9	5.9	21.0
2008	37,852,416	28,964,453	28,957,122	-	-	7,331	8,887,963	1,800,420	7,087,542
	100.0	76.5	76.5	-	-	0.2	23.5	4.8	18.7
2012	47,703,415	36,713,392	36,701,509			11,883	10,990,022	2,606,551	8,383,471
	100.0	77.0	76.9			0.02	23.0	5.5	17.6
2015	54,334,098	38,160,743	38,138,026			22,717	16,173,354	6,537,595	9,635,759
	100.0	70.2	70.2			0.04	29.8	12.0	17.7

주: 자체수입 등 = 자체수입+지방교육채+주민부담금 등 기타
자료: 교육부(2015), 교육통계연보.

2015년도의 지방교육비특별회계 세입예산에서 세입원천별로 차지하는 비중을 살펴보면, 중앙정부의 지원이 70.2%, 지방정부가 17.7%, 자체수입 2.2%, 차입금이 9.0%를 차

지하고 있다. 이중에서 이전수입이 88.0%로 지방교육재정의 대부분을 차지하고 있으며 자체수입은 2.2%로 미미한 실정이다. 지방교육채 및 학교채가 9%로 과거에 비해서 지방 교육채의 발행이 증가된 것을 알 수 있다.

〈표 24-2〉 지방교육비 특별회계의 세입구성

(단위: 천원, %)

구 분	계	비 중
세입합계	54,334,098,524	100
·이전수입	47,811,963,734	88.0
- 중앙정부이전수입	38,160,743,723	70.2
- 지방자치단체이전수입	9,631,490,679	17.7
- 기타이전수입	19,729,332	0.0
·자체수입	1,185,700,002	2.2
- 교수-학습활동수입	972,543,145	1.8
- 행정활동수입	18,975,982	0.0
- 자산수입	69,946,203	0.1
- 이자수입	82,315,992	0.2
- 적립금수입	-	
- 금융자산회수	125,610	0.0
- 기타수입	41,793,070	0.1
·차입	4,870,973,900	9.0
- 지방교육채 및 학교채	4,870,973,900	9.0
·기타	465,460,888	0.9
- 전년도 이월금	465,460,888	0.9

자료: 교육부(2015), 교육통계연보.

　　최근의 지방교육재정교부금의 증가 추이를 살펴보면 단순 수치로 보면 매년 증가하고 있는 것으로 보인다. 그러나 시·도 교육청의 지방교육채 상환액을 제외한 가용교부 금은 2012년 후에 정체된 것으로 보인다. 누리과정, 초등돌봄 등의 예산증가로 각 교육 청의 예산 적자는 심각한 상황으로 2013년도 말 시·도 교육청이 발행한 뒤 갚지 못한 지방채의 규모가 3조에 육박하고, 재정부족으로 지방채의 발행은 증가되고 있다.

<표 24-3> 지방교육재정교부금의 규모 및 증가율

(단위: 조원, %)

구 분	'08	'09	'10	'11년	'12년	'13년	'14년	'15년(안)
교부금(a)	33.2	30.6	32.4	36.1	39.2	40.8	40.9	39.5
전년도 대비 증가율	23.4	△8.0	6.1	10.2	8.6	4.1	0.2	△3.3
지방교육채 상환액(b)	-	-	-	1.53	0.76	0.79	2.8	-
가용교부금(a-b)	-	-	-	34.6	38.4	40.0	38.0	-

자료: 한국교육개발원(2015). 지방교육재정 관련 법령 개선방안 연구.

제 3 절 지방교육재정의 세출구조

1. 지방교육재정의 세출구조

지방교육재정의 세출구조는 과거 기관별, 부서별, 품목별 체제에서 2000년 개편을 통해 사업별, 교육분야별, 학급별, 품목별 과목체제로 전환되었다. 개편된 체제에서는 학교교육(장)에 학교교육에 투자되는 시설비, 사학지원비 등 모든 경비를 편성하고, 학교교육비의 범위도 확대하여 예산편성단위 및 목적지정여부에 불구하고 종국적으로 학교단위에서 직접 집행되는 예산은 학교교육비로 편성하도록 하고 있다. 즉 이러한 학교교육비 이외에도 급여복지비, 교육행정비, 기타 경비 등에 대하여 세출예산이 편성된다.

2. 지방교육재정 세출의 구성 및 추이

세출의 구성 및 주요한 변화추이를 살펴보면, 최근 세출 중 가장 큰 항목은 급여, 복지 등으로 표현되는 인건비로 2014년 전체 세출에서 차지하는 비중이 57%에 이른다. 다음으로는 교육사업비가 21.6%로 많은 비중을 차지하며, 시설사업비, 기본운영비, 지방교육채 상황의 순으로 전체에서 차지하는 비중이 높다. 최근의 무상급식 및 누리과정 예산이 전체 교육청 예산의 10.3%를 차지하는 등 전체에서 차지하는 비중이 크게 증가하였으며, 교육과정운영지원 및 교육환경시설개선과 관련된 비용이 감소되고 있다.

〈표 24-4〉 사업별 시·도교육비특별회계 세출결산액 변화 추이

(단위: 억원, %)

구분		2011년		2012년		2013년		2014년	
		금액	비중	금액	비중	금액	비중	금액	비중
세출결산액		468,141		504,339		532,958		567,893	
인건비계		277,106	59.2	294,458	58.4	311,344	58.4	323,477	57.0
	교원	206,439	44.1	218,805	43.4	230,079	43.2	238,172	41.9
	지방공무원	29,176	6.2	31,192	6.2	33,190	6.2	35,247	6.2
	사립학교교직원	39,815	8.5	42,726	8.5	45,465	8.5	46,900	8.3
	기타	1,676	0.4	1,735	0.3	2,610	0.5	3,158	0.6
기본운영비계		37,871	8.1	42,730	8.5	44,998	8.4	45,362	8.0
	공립학교	32,983	7.0	37,038	7.3	38,936	7.3	39,446	6.9
	사립학교	2,871	0.6	3,462	0.7	3,786	0.7	3,642	0.6
	교육행정기관	2,017	0.4	2,230	0.4	2,276	0.4	2,274	0.4
교육사업비계		87,478	18.7	109,786	21.8	120,525	22.6	122,660	21.6
	무상급식	15,574	3.3	20,873	4.1	23,683	4.4	25,067	4.4
	누리과정	8,481	1.8	16,811	3.3	26,828	5.0	33,502	5.9
	교과서 및 학비	7,746	1.7	7,714	1.5	7,918	1.5	7,516	1.3
	초등돌봄	1,532	0.3	2,133	0.4	2,265	0.4	3,613	0.6
	방과후학교	4,037	0.9	5,881	1.2	5,041	0.9	3,692	0.7
	외국어교육	5,448	1.2	5,434	1.1	5,029	0.9	4,191	0.7
	특수교육	3,080	0.7	3,196	0.6	3,752	0.7	3,465	0.6
	유아교육	1,691	0.4	1,719	0.3	2,283	0.4	2,083	0.4
	특성화고교육	2,851	0.6	3,371	0.7	2,823	0.5	2,324	0.4
	교육과정운영지원	17,112	3.7	19,844	3.9	19,733	3.7	13,822	2.4
	평생·직업교육	1,567	0.3	1,843	0.4	1,434	0.3	4,337	0.8
	영재교육	623	0.1	602	0.1	616	0.1	687	0.1
	기타사업비	17,736	3.8	20,365	4.0	19,120	3.6	18,361	3.2
시설사업비계		49,606	10.6	49,660	9.9	47,974	9.0	48,351	8.5
	학교신설	15,826	3.4	17,704	3.5	20,357	3.8	26,689	4.7
	학교일반시설	12,065	2.6	9,454	1.9	7,283	1.4	5,045	0.9
	교육환경개선시설	14,565	3.1	14,699	2.9	12,568	2.4	10,544	1.9
	급식·체육시설개선	3,887	0.8	3,813	0.8	4,175	0.8	3,084	0.5
	통폐합·농어촌여건개선	675	0.1	622	0.1	547	0.1	621	0.1
	교육행정기관시설	2,588	0.6	3,368	0.7	3,044	0.6	2,368	0.4
지방교육채 상환		15,311	3.3	7,628	1.5	7,998	1.5	27,948	4.9
예비비 및 기타		769	0.2	77	0.02	119	0.02	95	0.02

주: 기본운영비란 공사립학교 학교회계전출금 및 교육행정기관 운영을 위한 기본운영비를 의미함.
자료: 지방교육재정알리미(http://www.eduinfo.go.kr).

　　지방교육재정의 세출구조를 살펴볼 때, 인건비는 대표적인 경직성 경비로 공사립을 합할 경우 시도교육비특별회계에서 인건비가 차지하는 비중은 75.4%에 가깝고, 인건비의 비중은 2000년대에 들어서 큰 변화를 보이지 않고 있다. 우리나라 시설비, 즉 자본적 경비 비중은 〈표 24-5〉에서 보는 바와 같이 17%를 넘고 있어 OECD 평균 8.9%에 비해 지나치게 높아 예산운영에 큰 어려움을 초래한다. 경상비 중 인건비의 비중은 OECD 평균 80.5%에 비해 적게 나타나며, 특히 교사 이외의 직원에 대한 인건비 비중이 10.7%에 불과함을 알 수 있다. 반면에 기타경상경비는 다른 나라에 비해 그 비중이 매우 높은 편임을 알 수 있다.

〈표 24-5〉 국가의 지방교육재정 중 경상비와 자본비 비중

(단위: %)

구 분	전 체		경 상 비			
	경 상	자 본	인 건 비			기타경상비
			합 계	교 사	기 타	
한 국	82.8	17.2	75.4	64.7	10.7	24.6
OECD 평균	91.1	8.9	80.5	63.5	16.5	19.5

자료: 한국교육개발원 홈페이지.

　　2015년 지방교육예산에서 인건비의 비중을 각 시도별로 나눠보면 〈표 24-6〉과 같이 나타나는바, 전체 지방교육예산 약 54조원의 대략 45.7%인 24조원 수준이다. 지방교육예산에서 인건비 비중이 가장 높은 지역은 강원도(51.8%)이고, 가장 낮은 지역은 세종(21.9%)으로 시도 간 큰 차이가 있다.

〈표 24-6〉 교육비 특별회계 인건비/물건비 비중

(단위: 백만원, %)

구 분	총예산액(A)	인 건 비(B)	인건비 비중(B/A)	물 건 비(C)	물건비 비중(C/A)
총 계	54,334,099	24,820,695	45.7	2,197,866	4.0
서 울	7,690,092	3,440,239	44.7	274,712	3.6
부 산	3,378,122	1,502,997	44.5	122,777	3.6
대 구	2,635,500	1,064,013	40.4	105,460	4.0
인 천	2,774,286	1,374,917	49.6	115,335	4.2
광 주	1,692,287	724,965	42.8	69,942	4.1

대 전	1,584,973	732,062	46.2	55,627	3.5
울 산	1,262,115	634,158	50.2	68,232	5.4
세 종	532,239	116,801	21.9	24,821	4.7
경 기	11,764,860	5,675,676	48.2	442,132	3.8
강 원	2,213,500	1,146,135	51.8	110,759	5.0
충 북	2,045,161	978,982	47.9	92,599	4.5
충 남	2,751,560	1,240,654	45.1	130,511	4.7
전 북	2,631,734	1,140,682	43.3	113,995	4.3
전 남	3,053,400	1,403,245	46.0	142,774	4.7
경 북	3,555,772	1,465,848	41.2	123,404	3.5
경 남	3,963,218	1,798,549	45.4	160,919	4.1
제 주	805,280	380,773	47.3	43,868	5.4

자료: 교육부(2015), 교육통계연보.

제 4 절   지방재정과의 비교

1. 공통점

지방재정과 지방교육재정은 모두 재원확보에 있어 의존재원의 비중이 크다는 점에서 공통점이 있다. 또한 최근 중앙정부의 복지정책시행의 증대로 인해 지방의 재정부담이 증대되고 있다는 점에서 공통점을 지닌다. 지방재정과 교육재정의 재원을 배분하는 지방교부세 중 보통교부세와 지방교육재정교부금의 보통교부금의 배분구조는 매우 유사하다. 특히 기준재정수요액과 수입액의 차액을 보전해 주는 구조는 매우 유사하다고 할 수 있다. 재정의 운용과 관련하여서도 지방교육재정은 지방재정법 10조의 운용규정에 의해서 일반재정의 원칙을 따르고 있다. 발생주의, 복식부기의 도입, 성과관리, 중기 지방교육재정계획제도, 지방재정투자심사제도 등을 준용하고 있다. 이외에도 환류의 측면에서는 재정분석, 공시, 운용평가제도 등에 있어서 지방재정과 지방교육재정의 유사점을 찾아 볼 수 있다.

2. 차이점

이상과 같은 공통점에도 불구하고 지방재정과 지방교육재정은 큰 차이를 보여준다. 우선 세입측면에서 지방재정은 자체세입으로서의 지방세가 존재하는 반면 지방교육재정은 지방세가 없으며, 주로 학부모의 수업료 및 입학금, 학부모 부담수입, 이월금 지방교육채 등의 교육비 특별회계수입만이 존재한다. 둘째 배분의 측면에서는 기준재정수요액의 산정에서 적용되는 보정계수의 산정방식과 기준재정수입액의 산정에 있어 지방세수입의 100%를 기준재정수입액으로 하는지 아니면 일부(80%)를 반영하는지에 있어서의 차이가 있다. 셋째 운용의 측면에서는 지방교육재정은 지방재정의 발생주의 복식부기의 도입과 달리 초중등교육법 제 30조의 2,3항에 근거하여 학교단위에서는 학교회계를 실시하고 있다는 점에서 차이가 있다. 넷째, 환류의 측면에서 지방교육재정은 그 대상기관수가 도지역 9개, 시지역 8개로 총 17개 기관밖에 되지 않는다는 차이가 있다. 또한 지방재정은 재정분석외에 평가를 따로 시행하고 있지 않지만 지방교육재정은 운용성과평가를 실시하고 있다. 또한 재정위기에 대한 사전경보체계가 지방재정에 비해 지방교육재정에서 상대적으로 미흡하며 지방교육재정 환류제도는 일차적인 수준의 정보공개 및 지방교육재정 운용의 결과 평가에 집중되어 있다는 점에서도 차이를 보이고 있다.

제 5 절 지방교육재정의 전망과 과제

1. 지방교육재정의 전망

교육자치의 활성화를 위한 교육자치단체의 정책 수행능력 강화와 이를 뒷받침할 수 있는 지방교육재정력의 확보, 그리고 재정운용의 자율성 제고는 필수적 요소이다. 교육자치의 활성화가 유능한 인적자원의 양성과 국가 및 지방자치단체의 경쟁력 제고를 위한 전제라는 인식하에서 지방교육재정의 안정적 확충과 효율적인 운용방안을 모색하여야 할 것이다. 이를 위해서는 중앙정부 차원에서 재정규모의 확대를 위한 지방재정교부금제도의 검토를, 지방자치단체 차원에서는 지방자치단체와의 협력 강화를 위한 제도의 활성화를, 그리고 교육자치단체 차원에서는 민간과의 교류 협력 강화 및 재정사업의 체계적 관리가 필요할 것이다(이남국, 2008: 55 수정인용). 궁극적으로 지방교육재정은 지방교육의 자주성 확보와 정치적으로 중립성을 보장하고 지방교육의 효율성을 높이기 위해 필요하다. 따라서 지방교육의 발전을 위해서는 지방교육재정에 많은 관심과 지방교육재정의 안정적인 확보를 위한 다양한 연구와 제도개선노력이 뒷받침되어야 할 것이다.

2. 지방교육재정의 과제

1) 지방교육재정의 문제

지방교육재정의 확보에 있어서 지방교육재정교부금은 지방교육재정 지원구조를 단순화하고 지방교육재정을 안정적으로 지원하는 점에서 의의가 있지만, 중앙정부가 여전히 지방교육재원의 대부분을 책임지고 있어 지방정부가 교육재정 확충의 자율성과 재정운영의 자율성을 확보하기 어려운 형편이다. 비용부담주체(국가)와 지출의사결정주체(교육자치단체) 간의 괴리에 따른 비효율성에 따른 지방교육재정구조의 제반 문제를 살펴보면 다음과 같다.

(1) 교육비 조달체계의 비효율성

우리나라의 현행 지방교육재정은 중앙정부에 대한 의존도가 매우 높은 실정이다. 또한 지방교육재정의 70%이상을 차지하는 지방교육재정교부금이 내국세의 20.27%로 한정되어 있어 내국세가 감소하는 경우 재정운용의 어려움을 겪게 된다. 지방교육재정에서 자체재원의 비중이 10.4% 수준에 불과하나 지방교육재정교부금과 지방자치단체로부터의 법정전입금으로 지방교육자치단체의 도덕적 해이 문제의 발생소지가 높다. 또한 교육재정운영에 대해 지방자치단체가 영향력을 발휘할 수 없기 때문에 지방자치단체는 교육에 대한 관심을 기울이지 않게 하고 결국 지방자치단체의 교육투자를 저해할 수 있다. 보다 중요한 문제는 교육자치와 일반자치의 분리가 교육재정에 대한 성과관리를 할 수 있는 메커니즘을 만들지 못하는 중요한 요인이 되고 있다.

행·재정의 지방분권화가 이루어지고, 지방자치단체장에 대한 인사권이 중앙정부에서 주민에게로 이동되면, 중앙정부의 교육자치단체 행·재정운영에 대한 성과관리 기능이 주민에게 이전되어 주민에 의한 통제·관리가 이루어져야 한다.

(2) 지방교육재정운영체계의 비효율성

현행 지방교육재정교부금제도 하에서는 일반 지방자치단체 교육투자 증가의 대부분이 교육재정교부금의 감축으로 상쇄되도록 되어 있어 전반적으로 지방의 자율적인 투자확대를 억제할 소지가 있다. 또한 재정교부금 배분에 있어서 자의적 배분의 소지가 있으며, 시설비 등 사업재정수요 산정방식의 객관성과 과학성이 낮아 재원낭비요소가 있다. 또한 최근에는 시·도에서의 법정전입금의 전입이 지연되어 지방교육재정의 집행에 어려움을 가져오고 있다.

이외에도 성과주의 예산제도가 제대로 정착되지 못하고 사업예산과 성과관리의 연계가 부족하고 성과목표를 설명할 수 있는 지표선정이 어렵다는 문제점이 있다.

(3) 지방교육재정배분의 형평성 부족

지방교육재정교부금은 기준재정수입액이 기준재정수요액을 미달하는 경우에 그 미달액을 기준으로 교부하므로 시도별 재정격차 해소를 통하여 교육서비스의 형평성을 제고하는 데 그 목적이 있다. 그런데 학교 신·증축, 교육정보화 시설, 교육환경 개선 등에 필요한 사업재정수요액은 서울시와 경기도 같은 수도권 인구 집중지역에서 상대적으로 크게 나타나 오히려 재정자립도가 높은 시·도가 지방교육재정교부금을 상대적으로 더 지원받는 현상이 나타난다. 이러한 결과는 지역간 재정격차를 해소하려는 재원배분의 형평성 추진 목적과는 배치되는 결과라 할 것이다.

또한 지방교육재정교부금의 배분에 있어 지나치게 세분화된 항목에 대한 측정단위와 단위비용을 적용하여 기준재정수요액을 산정하는 방식으로 인해 각 교육청이 이를 지출에 대한 지침으로 여기게 되면서 운용의 자율성을 저해하는 문제점이 있다.

2) 지방교육재정의 과제

지방교육재정의 과제는 비용부담 주체와 지출의사결정 주체간의 괴리에 따른 비효율성을 어떻게 극복하느냐 하는 것과 조기유학 경비와 과외비 등 사교육비의 공교육비로 흡수를 통해 지방교육재정 확충을 도모하는 것이라고 하겠다. 앞에서 살펴본 제반 문제를 중심으로 그 과제를 제시해 보면 다음과 같다.

(1) 진정한 분권화

무엇보다 진정한 분권화를 통한 중앙정부와 지방정부간의 지방교육재정에 있어서 적절한 역할분담 체제 재구축이 중요한 관건이다. 즉 지방교육을 위해 지역내 교육투자 재원 조달 및 집행에 관한 광역지방자치단체의 권한과 책임강화가 핵심과제가 된다. 장기적으로 지방은 설비투자, 중앙정부는 학비·연구비 지원을 주로 담당하는 이원적 구조를 지향하는 교육행·재정제도를 정비하고, 특히 지방교육자치제도를 조기에 정비하여야 한다. 이 경우 현행 체제하에서 지방자치단체와 지방교육자치단체의 연계를 강화하는 것이 중요한데 그 첫 단계는 현행 협의기구를 실효화하는 형식이 될 수 있다. 현재도 시도교육행정기관의 장은 지방자치단체 일반회계로부터의 전입금으로 충당되는 세출예산을 편성할 때는 미리 당해 자치단체의 장과 협의하도록 규정하고 있지만 전입금 규모가 미미하여 실질적인 협의가 이루어지지 않고 있는데, 형식적 협의가 아니라 국고보조금법에 규정되어 있는 시도지사협의회 수준의 공식적이고 실질적인 협의채널을 설치하는 것이 필요하다. 실질적인 협의회 구성에 이어, 학교시설투자 관련부분에 대해서는 일원화를 도모하는 노력이 이루어져야 할 것이다. 이때의 지방교육재정교부금은 명실상부하게 이원화되어 사업재정수요 중 시설비부분에 해당하는 몫을 지방교부세로 통합하여 지방자치단체에 배분되는 형식을 고려할 수 있다. 이렇게 될 경우 지방자치단체별 다양한 실험이 가능하며 획일적인 중앙집권형의 하나의 모형에 비해 다수의 모형이 창안될 것으로 기대되므로 사교육 감축 및 공교육 충실화의 필요요건을 마련할 수 있을 것이다.

(2) 지방교육재정배분제도의 개선

하나의 정책수단으로 하나의 정책목표를 추구하는 것이 효과적이라는 점에서 지방교육재정교부금은 투명하고 예측가능한 형태로 지역간 형평화 기능을 수행하고 , 국고보조금사업을 통해서 교육부가 국가시책을 펴면서 지역간 적절한 조정과 통제를 할 수 있어야 한다.

교부금의 지역별 배분에 있어 보다 투명하고 단순한 기준을 설정함으로써 교부금 재원확보의 예측가능성과 안정성을 높이고 아울러 지역간 형평성이 제고되어야 한다. 효율성 차원의 사업비 지출의 경우, 교부금이 아닌 자체재원과 국고보조사업의 틀에서 행해지는 것이 바람직하다. 향후 지역간 교육여건과 예산운용 여건의 차이가 어떻게 변화하는지를 모니터링하면서 교부금제도와 배분기준을 개선해 나갈 필요가 있다.

한편 교부금의 지역별 배분과 관련한 현행 제도 운용에 있어 예측가능성의 제고를 위해 다음 연도 지역별 교부액의 예정치를 가능한 한 빠른 시일 내에 각 지방교육자치단체에 통보하는 것이 필요하다. 이는 각 지방자치단체의 입장에서, 원활하고 계획성 있는 예산과정을 어렵게 하는 매우 중요한 문제가 되므로 교부예정액은 보다 빠른 시일 내에 시달되어야 한다.

(3) 교육세 확충 및 개편

현행 지방교육세는 세수의 60% 가량이 간접세에 의존하고 있어, 목적세로서의 성격이 약하고 소득재분배 효과가 약하다. 이는 현행 지방교육세가 조세의 효과성, 공평성 면에서 문제가 있음을 의미한다. 또한 지방교육세 과세표준 중 담배소비세, 레저세액은 엄격한 의미의 지방세(truly local tax)가 아니며, 등록세도 재산거래과세의 세부담 적정화의 차원에서 과세표준으로 바람직하지 않다. 따라서 장기적으로는 지방교육세는 편익과세 및 소득재분배의 원칙을 실현할 수 있는 재산과세와 소득과세 등 직접세 중심으로 개편하고, 교육재원조달에 있어 지방자치단체의 역할을 제고하는 것이 필요하다. 즉 현재의 재산세, 도시계획세 및 지역자원시설세 그리고 취득세와 등록세의 체제로 개편하여 주민의 발에 의한 투표(voting by feet)가 가능할 수 있게 하여, 교육공급자간 경쟁을 유발시킴으로써 교육공급의 효율성이 제고될 수 있도록 해야 한다.

■ 탐구학습

1. 주요개념과 요약
   - 지방교육재정
   - 지방교육자치단체
   - 지방교육재정 세입의 구성
   - 지방교육재정 세출의 구성
   - 지방교육재정교부금

2. 토론과 과제
   - 지방교육재정의 의의와 특성
   - 지방교육재정 세입의 구성내용의 특징

· 지방교육재정 세출의 구성내용의 특징
· 지방교육재정의 문제와 그 해결방안

참고문헌

교육부(2015), 교육통계연보.

김병주 외(2006), "지방교육재정교부금 배분구조의 혁신방안", 교육재정경제연구 제15권 제1호.

김정완(2008.8), "지방교육재정에 대한 자치단체의 자구노력 제고 방안", 한국거버넌스학회보 제 15권 제2호.

김종순(2003), 지방재정학, 서울: 삼영사.

박정수(1999), "교육재정체계 개혁방안", 지방행정연구, 제13권 1호.

이남국(2008), "교육자치의 활성화를 위한 지방교육재정의 확충 및 효율적 운용 방안: 부산광역 시 사례를 중심으로", 부산광역시 교육청.

전상경(2007), 현대지방재정론, 서울: 박영사.

조평호(2006), "지방교육재정 관련법규의 구조와 개선방안", 교육행정학연구, 제24호.

한국교육개발원(2015), 지방교육재정 관련 법령 개선방안 연구.

한국교육개발원 홈페이지(www.kedi.re.kr).

제25장

지역사회복지재정

제1절   지역사회복지재정의 의의

1. 지역사회복지재정의 의의

사회복지재정이란 빈곤, 질병, 장애, 소득상실 등의 사회적 위험으로부터 국민을 보호하고, 유년기부터 노년기에 이르는 생애주기별 복지수요에 대응하면서 사회전체의 복지를 뒷받침하는 재원조달 및 지출계획을 의미한다(박인화 외, 2008: 369). 이러한 사회복지재정은 일반재정의 중요한 기능 가운데 소득재분배의 기능을 담당하고 있으며, 국가의 사회통합력을 높이고, 전체 국민경제의 성장잠재력을 확충하는 역할을 수행하고 있다(김종순 외, 2008: 42). 따라서 효율성에 의한 재원조달과 형평성에 근거한 복지 및 소득재분배 정책이 복지재정을 통해서 실현되어야 한다.

사회복지재정은 조직이 목표달성을 위해 필요한 재정자원을 관리하는 과정을 포함하고 있는데, 예산(재정계획)을 수립하고(예산수립), 예산상의 수입(세입)과 지출(세출) 활동을 관리하고(예산집행), 재정자원의 수입과 지출에 관한 사항을 기록·정리하고(회계), 재정관리의 전반적인 과정을 평가(재정평가)하는 절차로 이루어진다(최성재 외, 2008: 298).

사회복지재정의 정책영역은 크게 3가지 유형으로 분류하고 있다(국회예산정책처, 2010: 26-28; 이재원, 2011: 7-9; 서정섭·이희재, 2015:14). 첫 번째 유형은 공적연금, 고용보험 등의 사회보험제도운영(social insurance)이고, 두 번째 유형은 국민기초생활보장, 기초노령연금 등의 사회적 약자를 위한 지원, 보훈관련 각종 수당 등의 공적부조(public assistance)이며, 세 번째 유형은 보육, 돌봄 및 직업훈련 등의 사회서비스(social services)이다.

사회복지재정은 정부의 복지재정과 민간 복지기관의 재정으로 구분할 수 있고, 이들은 일반회계와 특별회계 및 기타 재정 또는 수입과 지출로 나눌 수 있다. 그리고 정부의 복지재정은 정부의 수준에 따라 중앙정부와 지방자치단체의 복지재정으로 구분할 수 있다. 전자는 중앙정부의 일반회계 중 사회개발비의 사회보장비를 의미한다. 후자는 지방자치단체가 수입과 지출을 관장하는 재정 중에서 지방자치단체가 지역주민의 복지수요에 부응하기 위해서 사용하는 재정을 의미한다.

실제로 지방자치단체의 경우는 사회복지비의 비중이 전체 예산의 약 30%를 차지할 정도로 높은 수준을 보이고 있어, 중앙정부보다 지방정부에서 사회복지재정의 의의는 더 크다고 볼 수 있다.[1)]

2. 지역사회복지재정의 성격과 특징

지방재정이란 각 자치단체가 주체가 되어 수입과 지출을 관장하는 모든 재정을 의미한다. 따라서 국가의 전체 재정 중 중앙정부가 직접 집행하는 부분을 제외한 모든 부분이 지방재정이라고 할 수 있다. 그러나 지방재정은 국고보조금과 같은 형태로 중앙재정에 의존하는 성격을 지니고 있다.

지역사회복지재정은 지방재정 중에서도 중앙정부 재정에 대한 의존성이 크다. 이러한 이유는 다음과 같다. 첫째, 지역별로 지방정부의 재정자립도가 높지 않기 때문에 지방정부의 지출을 충당할 수 있는 지방 세수의 확보가 어렵다. 따라서 중앙정부 재정의 보조금 지원이 지역사회복지행정에 중요한 역할을 수행하고 있다. 둘째, 지역간 불평등을 완화하기 위하여 중앙정부 재정의 배분을 받는다. 이는 지역간 경제적 불평등이 사회복지서비스의 지역간 불평등을 야기하게 되면 주민생활에 상대적인 박탈감을 더욱 많이 가져오는 결과를 초래하게 되기 때문이다. 셋째, 중앙정부로부터의 보조금은 외부성(externality)의 문제를 해결할 수 있다(현외성, 2003: 275). 일반적으로 지방정부는

---

1) 2014년 회계연도를 기준으로 살펴볼 때, 지방자치단체 전체의 사회복지비 비중 평균은 26.1%이지만 지방자치단체의 규모에 따라서 다양한 비중을 보이고 있다. 광역자치단체의 경우 특별시는 31.4%, 광역시는 32.7%, 도는 30.1%로써 사회복지비의 비중이 30%대 이다. 기초자치단체의 경우는 시가 32.1%, 군 19.6%, 자치구 52.9%의 비중을 보이고 있다. 그러나 동일 수준이라고 하더라도 자치단체의 규모나 특성에 따라서 자치구의 경우는 최저가 28.7%, 최고가 67.2%, 군은 최저 6.7%에서 최고 32.8%, 시는 최저 18.5%에서 최고 47.0%의 분포를 보이고 있어 자치단체간 격차가 큰 것으로 볼 수 있다(재정고, lofin.mogaha.go.kr. 2015)

지역적 특성에 따라서 사회복지서비스를 제공하고 정책을 수립한다. 따라서 사회복지서비스가 주민들의 욕구에 부합하지 않는 경우, 자원의 비효율성을 초래할 수 있다.

실제로 사회복지서비스의 집행을 지원하는 재정으로는 중앙정부와 지방정부의 재정이 분담되어 있으며, 이는 보조금 관리에 관한 법률 시행령, 지방자치단체 경비부담의 기준 등에 관한 규칙에 규정되어 있다. 이 규정에 의하면 지역별, 사업별로 차이는 있으나 지방정부의 재정형편에 따라서 중앙정부와 지방정부의 부담이 정해져 있다.

3. 지역사회복지재정의 실태

우리나라의 GDP 대비 사회복지비 지출의 비중은 2014년도 기준 10.4%로 경제협력개발기구(OECD) 평균인 21.6%에 비해 매우 낮은 수준이다. 프랑스, 핀란드, 벨기에, 덴마크가 GDP의 32% 정도인데 비해서 매우 낮으며, OECD 국가들 중에서 멕시코, 칠레에 이어 세 번째로 낮은 국가에 속한다(OECD, Social Expenditure Database).

우리나라는 사회복지비 지출의 비중이 전체 GDP에서 차지하는 비중은 OECD 국가들 중에서 낮은 반면, 전체 사회복지비 지출 중에서 지방자치단체가 부담하는 비율이 높은 국가에 속한다. 지방정부가 해당 국가의 총 사회복지지출의 10% 이상을 분담하는 국가는 핀란드, 노르웨이, 스웨덴, 영국 등이며 대부분의 국가에서 지방정부는 10% 이하의 사회복지지출을 담당하고 있다. 반면에 우리나라의 경우에는 지방정부의 지출이 전체 복지지출의 약 30% 정도를 보이고 있다.

우리나라 재정과 예산구조를 기능별 예산항목으로 보면, 우선 방위비의 압도적 비중과 사회개발비의 상대적 취약성을 알 수 있다. 또한 사회개발비도 상이한 성격의 항목을 포괄하고 있어 사회보장의 비중은 매우 미미한 실정이다. 교육비가 큰 비중을 차지하는 것은 교육복지에 대한 배려 때문이 아니라 교육공무원의 급여와 교육재정교부금이 큰 비중을 차지하기 때문이다(김태수 외, 2003). 그러나 연도별 구성비의 변화추이를 볼 때 사회보장비를 포함하는 사회개발비는 꾸준히 증가하여 왔고 장기적으로도 지속적으로 성장할 것으로 예상된다.

또한 지역사회복지재정의 상당부분이 국가의 보조에 의존하고 있으므로, 전국적 최저기준 확충, 지역별 특성반영, 재원투입의 우선순위, 성과목표의 불확실성과 모호성, 대인적 서비스 전달의 직접성, 기존 운영제도의 보완성 등과 같은 사항을 고려한 재원

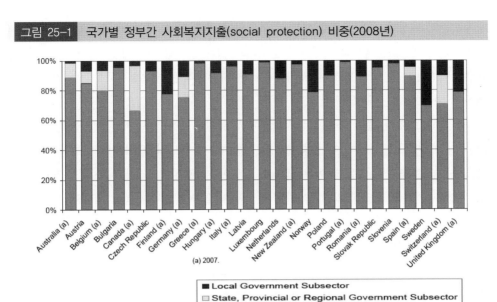

주: 1) 일반정부(공기업 제외) 지출임.
　　2) 정부지출은 개인과 가계에 대한 서비스 및 이전을 포함하며 단체에 대해 제공되는 서비스 역시 포함함.
자료: IMF, Government Finance Statistics, March 2010; CESifo calculations.

분담이 요구된다. 또한 사회복지정책과 관련하여 지역별 차별화가 바람직하지 않은 기능은 중앙정부가, 지역별 차별화가 바람직한 기능은 자치단체가 책임지도록 재정분담이 이루어져야 할 것이다(이상용 외, 2007: 23). 특히 저소득 취약계층에 대한 기초생활보장 급여는 수급권자의 국민으로서의 권리이기 때문에 국가에서 보장하여 전국적으로 동일한 서비스가 제공될 수 있도록 해야 한다. 즉, 지방자치단체의 재정여건에 따라 차별적인 서비스가 제공되지 않도록 국가는 의무를 다해야 하는 것이다.

제 2 절   지역사회복지재정의 세입구조

1. 지역사회복지재정 세입구조의 실태

지방정부의 재정을 꾸려나갈 재원의 확보과정은 현재 우리나라의 조세구조와 지방경제수준의 특성상 매우 복잡한 형태로 구축되어 있다. 먼저 우리나라의 조세구조에 의하면 내국세 안에는 국세와 지방세가 분리되고 있는데 지방세에 해당하는 세금의 종류는 매우 빈약한 것으로 평가된다. 따라서 지방자치단체는 중앙정부로부터의 전출금에 의존할 수밖에 없는 구조를 띤다.

중앙정부로부터 흘러 들어오는 지방정부의 세원은 우선 일반적인 재원을 구성하게 되는 지방교부세가 있는데 이는 중앙정부가 징수한 내국세의 19.24%로 이루어진다. 다음으로 국고보조금이 있는데 이는 국가의 다양한 정책 실시과정에서 소관 중앙부처별로 특정사업 수행을 위해 지방자치단체에 재원의 일부를 용도지정의 형태로 지원하는 것이다.

한편 참여정부 들어 신설된 지방정부의 재원조달 수단은 균형발전특별회계와 분권교부세인데, 전자는 국토의 균형발전사업에 해당하는 경우 지원하는 재원이고, 후자는 과거 국고보조금의 형태로 지원되던 것을 지방정부의 자율성을 확대하기 위해 2009년까지 한시적으로 내국세의 0.94%를 포괄보조금의 형태로 조달하는 것을 뜻한다. 2015년부터는 분권교부세제도가 폐지되고 지역발전특별회계의 계정으로 지원하고 있다. 이러한 분권교부세제도는 2005년부터 실시되어 보건복지여성부에 의해 수행되던 국고지원사업들 중 사회복지서비스에 해당하는 사업들이 지방이양되는 계기가 됨으로써 사회복지분야의 지방분권이 본격화되는 신호탄으로 평가되기도 한다.

지역사회복지재정의 일반적인 수입원은 여러 가지 기준에 의해 구분할 수 있다. 예컨대 재원의 원천을 기준으로 자립재원과 의존재원으로 구분할 수도 있고, 사업의 목적에 따라 일반회계수입과 특별회계수입으로 구분할 수 있으며, 주체에 따라 시·도의 재정주입과 시·군·구의 재정주입으로 구분할 수 있다. 이 중에서도 지방세, 세외수입, 지방교부세, 국고보조금, 지정채 등이 지역사회복지재정의 주요 수입원으로 볼 수 있다. 지방세, 지방교부세와 협의의 세외수입은 지방재정의 수입원과 동일한 것으로써 일반적으로 용도가 지정되지 않은 수입원이다. 그 외 용도가 복지로 지정되어 중앙정부에서 지원하는 국고보조금, 특별시와 광역시에 한하여 시에서 기능분담차원에서 복지용도로 지정하여 자치구나 군에 지원하는 조정교부금, 복지용도가 지정된 지방채, 복지관련 특별회계수입 등은 복지에만 쓸 수 있는 지정지방복지재정이라고 할 수 있다.

〈표 25-1〉 지역사회복지재정의 수입원

구 분	수 입 원
지정 지방복지재정	·용도 지정 - 국고보조금 - 조정교부금(특별시, 광역시) - 지방채 - 특별회계수입
일반 지방복지재정	·용도 비지정 - 지방세 - 지방교부세 - 세외수입 - 기타 수입

자료: 김태수 외(2003).

2. 지역사회복지재정 세입구조의 전망과 과제

사회복지재정은 일반재정의 중요한 기능 가운데 소득재분배의 기능을 담당한다. 즉 고소득층이 부담하는 수입으로 저소득층에게 복지혜택을 부여하는 기능을 하는 것이다. 이러한 복지재정의 특성을 수입측면에서 살펴보면 다음과 같다.

수입의 측면에서는 복지재정의 수입원이 여타 재정과 마찬가지로 조세에 크게 의존한다는 것을 특성으로 들 수 있다. 재정이 소득재분배 기능을 위해 일반재정은 고소득층에 대한 누진세 제도 및 중과세 제도 등과 저소득층에 대한 조세감면 제도 등 차등과세 제도를 운영하고 있다. 또한 목적세 제도를 운영하여 예산통일성의 원칙에 예외를 인정하고 있다. 그러나 우리나라 차등과세 제도의 실효성에 대한 의문이 끊임없이 제기되고 있으며 지나치게 높은 간접세의 비중도 큰 문제점으로 지적되고 있다. 그러나 정작 가장 큰 문제는 선진국의 복지세와 같이 복지재원을 안정적으로 확보할 수 있는 복지관련 목적세목이 없다는 것이다. 그 결과 복지재정의 수입은 일반세목 수입의 일부를 할애 받을 수밖에 없는 현실에 있다(김태수 외, 2003: 253).

최근에는 사회복지분야의 국고보조사업이 증대되고 있는데 대부분의 국고보조사업들의 경우에는 지방비의 부담을 가져온다. 지방자치단체의 입장에서는 사회복지 국고보조사업의 경우에는 지역사회복지재정의 확충을 가져오기도 하면서 그 만큼 지방자치단체의 자율적인 복지사업의 운영을 제약하는 측면이 있다. 최근 사회복지분야의 국고보조사업의 상당부분은 50% 이하의 국고보조율을 보이고 있다. 서울의 경우는 대부분의 사업이 기준보조율 50% 이하 이며, 지방의 경우 기준보조율 50% 이하가 전체 국고보조 사업 104개 사업중 43개 사업으로 41.3%를 차지할 정도이다(서정섭, 2010). 국고보조사 업은 지역사회복지재정의 주요 세입원이면서 지방재정의 부담요인이 되고 있는 것이다.

제 3 절   지역사회복지재정의 세출구조

1. 지역사회복지재정 세출구조의 실태

지방의 사회복지재정은 2008년 이후 보육, 노인, 취약계층, 기초생활보장, 장애인 부 문의 복지정책 확대 및 강화로 증가하였다. 지방의 사회복지지출은 '15년 기준 총지출 173.3조원 중 44.1조원으로 25.4%이며, '08-'15년 연평균 증가율은 10.4% 총지출 증가율 5.1%의 2배정도이다. 또한 지방의 사회복지지출은 전체적으로 91.4%가 보조사업이다 (서정섭·조기현, 2015). 2015년을 기준으로 전체 149.38조원의 사회복지지출 중에서 지 방자치단체의 사회복지지출은 44.1조원을 차지하여 전체 복지비지출의 29.5%를 차지하 고 있다.

〈표 25-2〉 중앙·지방의 사회복지지출 증가 추이

(단위: 조원, %)

	2008	2009	2010	2011	2012	2013	2014	2015	증가율
중 앙									
총지출(A)	279.6	316.4	299.4	319.1	335.4	351.6	362.4	382.4	
(증가율)	-	13.2	-5.4	6.6	5.1	4.8	3.1	5.5	4.7
복지/보건지출(B)	66.1	77.6	78.4	84.3	92.9	99.1	108.1	115.7	
(증가율)	-	17.5	1.0	7.5	10.2	6.7	9.1	7.0	8.4
사회복지(C)	60.2	70.5	71.0	76.9	85.1	90.3	99.0	105.3	
(증가율)	-	17.1	0.7	8.3	10.7	6.1	9.6	6.4	8.4
보건	5.85	7.13	7.41	7.38	7.77	8.77	9.17	10.4	
(증가율)	-	21.9	3.9	-0.4	5.3	12.9	4.6	13.4	8.8
(B/A)	23.6	24.5	26.2	26.4	27.7	28.2	29.8	30.3	
(C/A)	21.5	22.3	23.7	24.1	25.4	25.7	27.3	27.5	

지 방									
총지출(A)	125	149.7	138.6	141.2	150.3	160.6	180.9	173.3	
(증가율)	-	19.76	-7.4	1.9	6.4	6.9	12.6	-4.2	5.1
복지/보건지출(B)	24.4	30.4	30.2	31.5	34.7	39.8	44.9	46.8	
(증가율)	-	24.7	-0.7	4.4	9.9	14.8	12.9	4.2	10.0
사회복지(C)	22.4	27.9	27.9	29.4	32.4	37.3	42.2	44.1	
(증가율)	-	24.8	-0.3	5.6	10.2	15.1	13.0	4.5	10.4
보건	2	2.47	2.34	2.1	2.22	2.46	2.73	2.7	
(증가율)	-	23.5	-5.3	-10.3	5.7	10.8	11.0	-1.1	4.9
(B/A)	19.5	20.3	21.8	22.3	23.1	24.8	24.8	27.0	
(C/A)	17.9	18.7	20.1	20.8	21.6	23.2	23.3	25.4	

주: 중앙은 2014년까지 결산, 2015년 확정예산, 지방은 2013년까지 결산, 2014년 최종예산, 2015년 당초예
산임.
자료: 국회예산결산특별위원회(2015).

그림 25-2 **중앙·지방의 사회복지지출 증가 추이**

(단위: 조원)

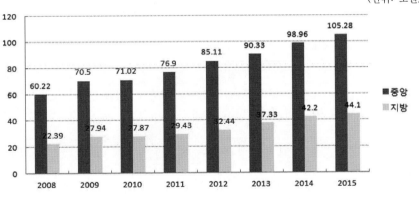

주: 〈표 25-2〉에 근거함.

　　지역 사회복지재정이 전체 지방재정에서 차지하는 비중이 점차 높아지고 있는데, 특
히 자치구의 경우에는 사회복지비의 비중이 50% 이상인 단체가 24개로서 전체 자치구
의 1/3이상이 세출의 50%이상을 사회복지비에 지출하고 있는 실정이다.

〈표 25-3〉 사회복지비 비중: 분포 현황

(단위: 단체수, %)

구 분	합 계		시·도	시	군	자치구
		구성비				
합계	243	100	17	75	82	69
10%미만	1	0.4	-	-	1	-
10~20%미만	64	26.3	2	9	53	-
20~30%미만	80	32.9	4	48	27	1
30~40%미만	36	14.8	11	18	1	6
40~50%미만	14	5.8	-	-	-	14
50%이상	48	19.8	-	-	-	48

출처: 행정자치부(2015a: 345).

다음의 〈표 25-4〉는 지방자치단체의 사회복지분야의 각 부문과 그 구체적인 해당업무를 보여주고 있다. 이에 따르면 지역사회복지재정의 세출은 기초생활보장, 취약계층지원, 보육·가족 및 여성, 노인·청소년, 노동, 보훈, 주택, 사회복지 일반의 8개 부문으로 구분된다.

〈표 25-4〉 사회복지분야의 각 부문 및 해당업무

부 문	해당업무	정책유형
·기초생활 보장	·주민 최저 생계 및 기초생활 보장을 위한 업무 ·기초생활급여, 교육급여, 의료급여 ·자활지원, 기초보장지원 등	·국민기초생활보장 ·저소득층 생활안정 지원
·취약계층 지원	·장애인·아동 등 취약계층의 보호 및 복지증진을 위한 업무 ·사회복지 종합지원 정책 ·장애인·불우아동 등 사회복지(시설물설치 포함) ·복지회관운영(읍면동에서 운영하는 복지회관은 제외(일반행정)) ·사회복지 기반조성, 사회복지 지원정책 ·사회복지 사업평가 등 ·지역사회복지 ·노숙자보호, 부랑인시설보호, 의사상자 및 재해구호 제외) 읍·면·동에서 운영하는 복지회관(일반행정으로 분류)	·취약계층 아동 보호 ·장애인 복지 증진 ·부랑인 보호 및 지원
·보육· 가족 및 여성	·여성정책의 기획·종합, 가정폭력·성폭력 방지 및 피해자보호, 윤락행위 방지, 양성평등 및 여성능력개발, 아동·보육 관련 업무 ·여성복지(시설물설치 포함) ·가정폭력·성폭력상담소	·보육·가족 지원

	·여성단체 지원 등 ·남녀차별금지, 여성인력 양성 등 여성의 권익증진 ·보육인프라 구축, 보육시설 운용, 보육료 지원 ·가족윤리교육, 가족계획, 가정의례 등 가족문화 ·모·부자 복지 등	·여성 복지 증진

·노인·
청소년
	·노령에 따른 제반 위험(소득상실, 사회생활 참여 저하 등)에 대
	  처하기 위한 제반 업무
	·청소년 육성·보호·활동지원을 위한 업무
	·노인 생활안정, 노인 의료보장, 노인 일자리 지원
	·노인 등 사회복지
	·노인복지관운영, 장묘사업(묘지공원 조성 포함) 등
	·청소년 육성, 청소년 활동 지원, 청소년 보호
	·기타 청소년 관련 지원
		·노인 복지 증진
		·청소년 보호 및
		  육성

·노동	·근로조건의 기준, 노사관계의 조정, 산업안전 보건, 근로자의 복
	  지후생, 고용정책 및 고용보험, 직업능력개발훈련, 기타 노동에
	  관한 업무
	·근로자지원 등 노정관리
	·실업대책, 고용촉진, 공공근로사업 등
	·노동행정, 지방노동관서 운영, 노동위원회
	·고용안정, 고용안정융자지원, 고용알선, 고용환경개선
	·능력개발, 능력개발융자지원, 직업능력개발
	·고용보험지원·반환, 고용보험 연구개발, 직업재활지원
	·장애인근로자 융자, 장애인시설 설치비용 융자
	·기능경기대회 지원, 고용정보 관리, 직업훈련 지원
	·산재보험 및 산재예방 관련 업무, 생활안정대부사업
	·근로자복지지원, 근로자휴양시설지원, 실직자점포융자
	·기타 고용정책 수립 및 시행 업무
	·공무원노조관련 업무
		·고용 촉진 및 안정
		·근로자 복지 증진

·보훈	·국가유공자와 그 유족에 대한 보훈, 제대군인의 지원 및 군인보
	  험 등 법령이 정하는 보훈에 관한 업무
	·보훈행정, 보훈의료복지
	·국가유공자단체사업운영, 국가유공자 복지사업
	·국가유공자 대부지원, 국가유공자 등 위로·위문
	·참전유공자지원사업, 제대군인 대부지원, 군인보험
	·5.18민주유공자 대부지원, 숭모사업, 묘소단장사업
	·독립운동 관련 문헌발간 등 편찬사업
	·기타 보훈정책 수립 및 시행 업무
		·국가 보훈 관리 및
		  지원

·주택	·임대주택건설, 수요자융자지원	·주거 환경 개선
	·저소득영세민 전세자금, 주택개량	
	·서민주택구입 및 전세자금·매입임대	·서민 주거 안정
	·재개발이주자 전세자금, 주택관련 금융지원	
·사회복지 일반	·기초생활보장(081)부터 주택(088)까지 속하지 않는 사항	

자료: 행정자치부(2015b: 83-85).

구체적으로 사회복지재정에서 가장 많은 비중을 차지하는 것은 2015년 기준으로 노인·청소년 부문이며, 다음으로 보육·가족 및 여성 부문, 기초생활보장, 취약계층지원의 순으로 높다. 2008년에 비해 2015년에 가장 증가의 비중이 높은 것은 노인·청소년 부문이며, 다음으로 보육·가족 및 여성 부문이다.

〈표 25-5〉 사회복지 부문별 지출 증가규모 및 비중

(단위: 억원, %)

구 분	2008	2015	증가규모	증가비중
·사회복지	223,929	440,629	216,700	100
- 기초생활보장	83,499	105,279	21,780	10.1
- 취약계층지원	29,254	57,547	28,293	13.1
- 보육·가족및여성	41,331	116,017	74,686	34.5
- 노인·청소년	53,705	134,884	81,179	37.5
- 노동	2,874	6,792	3,918	1.8
- 보훈	651	2,782	2,131	1.0
- 주택	9,615	12,640	3,025	1.4
- 사회복지일반	3,001	4,689	1,688	0.8

자료: 서정섭·이희재(2015: 30).

사업별로 살펴보면 사회복지분야의 사업들은 국고보조사업들 중에서도 지방비의 부담이 매우 큰 사업들인 것으로 분석된다. 지방비 1000억원 이상 사업 41개 중에서 사회복지분야 사업이 13개나 차지하고 있다. 구체적으로 〈표 25-6〉에서 보는 바와 같이 기초연금, 영유아보육료지원 사업, 의료급여경상보조, 생계급여, 가정양육수당지원 사업, 보육돌봄서비스의 사회복지분야 7개 사업이 지방비부담이 가장 높은 사업이다(서정섭·조기현, 2015).

〈표 25-6〉 지방비부담 1000억원 이상 사업 중 사회복지분야 사업 현황

(단위: 백만원, %)

국고보조사업	총사업비	국고지원	지방비부담	보조율
기초연금지급	10,008,986	7,563,388	2,445,599	75.6
영유아보육료 지원	4,554,799	3,047,366	1,507,433	66.9
의료급여경상보조	5,985,016	4,532,692	1,452,324	75.7
생계급여	3,373,473	2,698,778	674,695	80.0
가정양육수당 지원사업	1,677,950	1,101,768	576,182	65.7
보육돌봄서비스	1,035,302	496,945	538,357	48.0
국가예방접종실시	556,259	256,843	299,416	46.2
장애인연금	848,896	561,443	287,453	66.1
주거급여	1,384,176	1,107,341	276,835	80.0
장애인활동지원	686,310	452,727	233,583	66.0
어린이집 지원	400,390	177,636	222,754	44.4
장애인거주시설 운영 지원	633,465	427,763	205,702	67.5
지역아동센터 지원	284,480	136,347	148,133	47.9

자료: 서정섭·조기현(2015).

2. 지역사회복지재정 세출구조의 전망과 과제

재정의 소득재분배 기능을 위해서는 수입면의 차등과세 제도와 목적세 제도도 중요하지만 지출면의 저소득층 우선제도도 중요하다. 우리나라 예산의 비중을 보면 포괄적 항목으로서의 사회개발비의 순위는 그리 낮은 것이 아니다. 그러나 복지재정 지출인 사회개발비가 지나치게 포괄적이어서, 정작 복지재정이라 할 수 있는 부분은 그 가운데 미미한 비중을 차지하는 사회보장비에 불과하다. 그리고 지방정부의 복지재정에 대한 국비의 지원율도 갈수록 낮아져 지방자치단체의 재정을 압박하고 있는 실정이다.

지역사회복지서비스에 대한 수요는 지속적으로 증가하고 있다. 그러나 주민생활안정, 주민의 삶의 질 향상을 위한 지방자치단체의 복지서비스는 지금까지 저소득층을 위한 생활안정과 시설, 보호사업에 집중하는 경향을 보이고 있다. 또한 이러한 복지서비스의 주민전달체계는 체계성이 부족하여 적시에 적절한 지원이 이루어지지 못하는 실정이다. 이에, 지출체계의 체계성을 강화하는 한편 다양한 수요에 따라 지출항목을 다양화하고 복지재정 지출에 행정신축성을 확대하여야 할 필요가 있다.

제 4 절 지역사회복지재정의 전망과 과제

1. 지역사회복지재정의 전망

사회복지서비스에 대한 주민들의 기대와 수요는 지속적으로 증가하고 있다. 더군다나, 향후 우리나라의 경제구조는 지속적으로 고도화 될 것으로 전망되어 빈부격차의 확대와 함께 사회취약계층의 비중은 증가될 것으로 전망된다. 이에 따라 실업문제, 빈곤가정의 아동문제, 노인문제 등의 사회문제는 더욱 심각해 질 것으로 보여진다.

열악한 지방자치단체의 재정여건을 감안할 때, 지역사회복지서비스의 수요확대와 재정지출의 확대로 지방자치단체의 재정부담은 점차 증가되고 있다. 특히 2005년 사회복지사업의 지방이양과 중앙정부의 사회복지정책의 강화로 사회복지관련 국고보조사업이 증가되고 있어 지방자치단체의 재정적인 부담이 증가되고 있는 실정이다. 지방자치단체의 가용재원(지방세+세외수입+지방교부세)은 2005년~2010년 동안 연평균 7.2%~7.3% 정도 증가한데 비하여, 지방이양 사회복지사업의 지방비 부담은 연평균 27%씩, 국고보조사업의 지방비부담은 31.5%씩 증가하였다(서정섭, 2010). 이로 인해 지방자치단체는 기존 사업의 축소 또는 신규사업을 하지 못하는 재정경직성 및 재정압박이 가중되고 있다. 이러한 어려움은 재정자립도가 낮은 자치단체에서 더욱 심각한 것으로 드러나고 있다. 서정섭(2010)의 연구에 따르면 재정자립도가 낮은 자치단체일수록 총지출에서 사회복지비 지출이 차지하는 비중이 크게 증가한 것으로 분석되었다. 또한 재정자립도가 높은 단체일수록 사회복지분야의 자체재원비율이 높은 것으로 분석되어 자치단체 간의 재정력의 격차가 사회복지서비스의 격차를 가져올 수 있음을 보여주고 있다.

앞으로 지역사회복지재정은 더욱 확대될 것이다. 단순 수치상의 확대만이 아닌 진정한 지역의 복지서비스 향상을 가져오는 재정의 확대가 이뤄지기 위해서는 중앙/지방의 사무배분의 원칙에 따른 사무배분과 재정배분이 이뤄져야 할 것이다.

2. 지역사회복지재정의 과제

　　복지재정의 지출은 지속적으로 증가하고 있다. 주민생활과 일차적인 연관이 있는 지방자치단체의 경우, 늘어나는 복지서비스의 수요와 복지재정의 지출증가로 재정운용에 어려움을 겪고 있는 것이 사실이다. 우리나라의 경우 선진국의 복지세와 같이 복지재원을 안정적으로 확보할 수 있는 복지관련 목적세목이 없어 복지재정의 수입은 일반세목 수입의 일부를 할애받고 있다. 이에, 복지관련 목적세목을 신설하여 지방자치단체의 복지재정으로 활용하는 방안이 필요할 것이다. 또한 지방자치단체의 복지서비스는 저소득층을 위한 생활안정과 시설, 보호사업에서 다문화가정 지원 등으로 서비스범위를 확대하고 전달체계를 개선해야 할 것이다. 지역별 특성에 맞는 다양한 복지수요에 대응할 수 있는 지출항목을 신설하거나 지방자치단체별로 복지재정 지출에 행정적인 신축성을 확대하여야 할 필요가 있다.

　　그리고 중앙과 지방간의 사회복지사업의 기능재조정이 필요하다. 사회복지관련 사업의 중앙·지방간의 배준의 기준은 형평성, 효율성, 실행성의 원칙을 기준으로 살펴봐야 한다. 형평성의 측면에서 지방자치단체가 재정지출에 소극적인 취약계층을 대상으로 하는 사업의 경우에는 국가 전체적인 복지서비스의 형평성을 고려하여 중앙정부가 책임을 지는 것이 바람직하다. 반면 효율성의 측면에서 사업의 외부효과가 큰 경우에는 외부효과에 대한 비용을 고려할 수 있도록 중앙정부에서 전국적으로 시행하는 것이 효율적이다. 실행성의 차원에서는 지방자치단체의 재정만으로 시설 및 설비투자와 같은 수요에 대응하기 어려운 사무일 경우 중앙정부의 사무로 추진될 필요가 있다.

　　뿐만 아니라 사회복지 형평성을 제고하기 위한 지역간 재정 조정방안의 마련이 필요하다. 지역간의 재정력의 격차에 따라 사회복지 예산의 차이가 발생하고 이는 사회복지서비스의 지역간 불평등을 가져올 우려가 있다. 보통교부세, 분권교부세, 부동산 교부세 등의 지방교부세 수요의 산정에 있어서 사회복지수요를 제대로 반영하도록 재설계해야 할 것이며, 국고보조사업의 경우에는 자치단체의 재정력에 따른 차등보조율의 적용을 확대 실시할 필요가 있다. 장기적으로는 사회복지 국고보조사업의 국고보조율이 인상되어야 한다. 특히 기초생활보장의 성격이 강하고, 전국민이 동일한 혜택을 받아야 할 재배분적 성격이 강한 서비스에 대해서는 국가의 부담이 100%에 근접되어야 할 것이다.

탐구학습

1. 주요개념과 요약
   · 사회복지재정
   · 지역사회복지재정의 해당 업무

2. 토론과 과제
   · 우리나라 사회복지재정의 특징
   · 사회복지재정의 전망과 과제

참고문헌

국회예산정책처(2010), 복지재정 운영실태와 정책과제, 예산현안분석 제35호.

국회예산결산특별위원회(2015), 지방자치단체 복지재정의 분담실태와 정책방향.

김종순 외(2008), "사회복지분야 국고보조금이 지방자치단체간 재정불균형에 미치는 영향 분석", 한국지방재정논집, 제13권 제1호.

김태수 외(2003), 복지행정론, 서울: 대영문화사.

박인화 외(2008), "복지재정의 효율성 제고를 위한 정책과제", 사회보장연구, 제24권 제4호.

서정섭(2010), 지방자치단체 사회복지지출의 영향분석과 구조개선 방안, 한국지방행정연구원.

서정섭·이희재(2015), 지방자치단체 사회복지수요 전망과 재원확충방안, 한국지방행정연구원.

서정섭·조기현(2015), 의무성 국고보조사업의 기준보조율 법정화 및 개선방안 연구, 한국지방행정연구원.

이상용 외(2007), "고령사회에 대비한 지방복지재정제도의 개선방안", 한국지방재정논집, 제12권 제1호.

최성재 외(2008), 사회복지행정론, 서울: 나남출판.

황진수(2004), 현대복지행정론, 서울: 대영문화사.

행정자치부(2015a), 지방자치단체 통합재정 개요.

행정자치부(2015b), 2016년도 지방자치단체 예산편성 운영기준 및 기금운영계획수립기준.

현외성(2003), 사회복지정책강론, 서울: 양서원.

제 26 장

외국의 지방재정제도

제1절 선진국의 지방세 세원 배분

1. 조세 대비 지방세 비중

OECD 국가의 조세 중 지방세 비중은 국가별 편차가 크다. 지방세 비중은 스페인 65.1%, 미국 45.6%, 일본 42.8%, 덴마크 27.1%이다. 영국의 지방세는 자산세인 카운슬세 단일 항목으로 되어 있으며, 지방세 비중이 4.8%이다. 한국의 지방세 비중은 21%로 OECD 국가 중 고분권 국가의 평균 40.9%의 절반 정도이다.

〈표 26-1〉 OECD 국가 중 고분권 국가의 지방세 비중(2012년)

(단위: %)

국 가	지방세 비중	국 가	지방세 비중
이탈리아	24.0	미국	45.6
아이슬란드	26.7	독일	48.6
덴마크	27.1	스위스	53.1
프랑스	28.6	캐나다	54.6
핀란드	32.6	스페인	65.1
스웨덴	42.1	평균	40.9
일본	42.8	한국	21.0

자료: 하능식 외(2014: 50).

2. 지방세 과세 유형

지방세의 과세는 소득과세, 재산과세, 소비과세, 가타과세로 구분할 수 있다. 지방세의 과세 비중을 보면 독일, 프랑스, 일본은 소득과세 위주이고, 미국, 한국은 재산과제 위주이며, 스페인은 재산과세와 소비과세 중심이며, 이탈리아는 소비과제 위주이다. 주요 선진국의 경우 지방세의 소비과세 비중이 확대되고 있다.

〈표 26-2〉 주요 선진국의 지방세 과세별 비중(2012년)

(단위: %)

국 가	소득과세	재산과세	소비과세	기타과세
독일	79.3	14.7	5.9	0.1
미국	4.9	73.3	21.8	-
스페인	20.8	38.6	35.7	4.9
프랑스	51.8	23.8	24.4	-
이탈리아	25.6	15.5	30.2	28.7
일본	49.1	29.7	19.6	1.6
한국	17.7	44.4	25.6	22.3

자료: 하능식 외(2014: 109).

제2절 외국의 지방세입 구조

1. 일본

일본의 지방세입은 지방세 35.0%, 지방교부세 17.4%, 기타(세외수입) 16.5%, 국고지출금(국고보조금) 16.3%, 지방채 12.2%, 지방양여세 2.5%, 지방특별교부금 0.1%로 구성된다. 지방세는 주민세(도부현민세, 시정촌민세), 사업세, 지방소비세, 고정자산세, 부동산취득세, 담배세, 골프장이용세, 자동차세, 광구세, 경유취급세, 수렵세, 수리지익세, 광산세, 특별토지보유세, 법정외세 등이 있다.

법정외세는 지방세법에서 정한 세목(법정세) 이외에 지방자치단체의 조례로 세목을 신설하여 과세하는 것이다. 법정외세는 2012년 4월 1일 현재 도도부현세로 석유가격조

정세, 핵연료세, 핵연료등취급세, 핵연료물질등취급세, 산업폐기물세, 숙박세 등이 있고,
시정촌민세로 별장등소유세, 모래채취세, 역사문화환경세, 사용핵연료세, 협소거주집합
주택세, 공항연결교량이용세, 임야모래채취세, 환경미래세, 환경협력세 등이 있다. 법정
외세는 모든 지방자치단체에서 과세하는 것이 아니라 지역의 특정한 자원에 부과하기
때문에 대략 특정의 1개 단체 정도에서 과세하고 있다. 법정외세는 해당 지방자치단체
와 총무대신 간의 협의·동의하에 신설된다. 법정외세 수입은 2012년 기준으로 355억엔
으로 지방세 총액의 0.1%정도이다.

〈표 26-3〉 일본의 지방세입 현황

(단위: 억엔, %)

국 가	2011년		2012년	
	규 모	구성비	규 모	구성비
지방세	344,608	34.5	353,743	35.0
지방양여세	22,715	2.3	25,588	2.5
지방특별교부금	1,275	0.1	1,255	0.1
지방교부세	182,898	18.3	175,955	17.4
국고보조금	154,593	15.5	164,470	16.3
지방채	123,379	12.4	122,849	12.2
기타	168,961	16.9	167,138	16.5
세입합계	998,429	100	1,010,988	100

자료: 총무성(2015: 7) 및 http://www.soumu.go.jp(2016.2.5. 방문).

지방양여세는 원래 지방자치단체에 과세권이 있지만 과세기술상의 편의 등으로 징
수사무를 국가가 대행하고 징수지에 되돌려주기 때문에 지방세의 성격이 매우 강하다.
지방양여세는 지방휘발유양여세, 석유가스양여세, 자동차중량양여세, 항공기연료양여세,
특별톤양여세, 지방법인특별양여세의 6종류이며, 지방법인특별양여세가 전체의 80%정
도를 점한다. 지방양여세는 국세로서 징수한 금액을 그대로 징수지에 양여하는 환부세
(還付稅)로서 지방재정조정의 기능을 전혀 갖지 않는 것(특별톤양여세), 다소의 지방재
정조정기능을 갖는 것(지방휘발유양여세)으로 구분되지만, 재정조정 그 자체가 일차 목
적은 아니며 환부세로서의 성격을 지닌다고 할 수 있다. 지방양여세의 특징은 국고지원
금이라기 보다도 지방세로서의 성격을 지니고 있다.

<표 26-4> 지방양여세 개요

(단위: 억엔, %)

구 분	지방휘발유양여세	석유가스양여세	자동차중량양여세	항공기연료양여세	특별톤양여세	지방법인특별세양여세
양여총액	지방휘발유세 전액	석유가스세 1/2	자동차중량세 1/3	항공기연료세 2/13	특별톤세 전액	지방법인특별세 전액
과세표준	휘발유거래량	석유가스거래량	경자동차대수	항공기연료량	입항외국무역선 톤수	기준법인소득할, 수입할
양여단체	도도부현, 시정촌 (특별구 포함)	도도부현, 지정도시	시정촌 (특별구 포함)	공항관련 도도부현, 시정촌	개항소재 시정촌	도도부현
양여기준	도로연장, 면적	도로연장, 면적	도로연장, 면적	착륙료 수입, 소음세대수	입항 특별톤세 상당액	인구, 종업원수
2012년 규모	2,663	100	2,585	147	125	21,234

자료: http://www.soumu.go.jp(2016.2.5. 방문).

2. 미국

미국 지방정부의 세입은 크게 정부간 이전수입(보조금)과 일반세입(자체세입)으로 구분할 수 있다. 일반세입은 조세수입과 경상세외수입의 순수자체수입, 순수공공서비스수입(공기업수입), 주류판매수입, 사회보험료신탁수입으로 구성된다.

조세는 재산세, 소비세(일반소비세, 연료세, 주세, 담배세, 공공서비스판매세, 기타), 개인소득세, 법인세, 차량면허세, 기타 세제 등이다. 경상세외수입은 고등교육기관 수업료, 병원운영수입, 도로수입, 공항·주차장·항만 운영수입, 천연자원수입, 공원여가시설운영수입, 주택지역개발수입, 하수도사업수입, 청소사업수입 등이 있으며, 이외 이자수입, 재산매각수입 등이다. 순수공공서비스수입은 상수도사업수입, 전기사업수입, 가스사업수입, 대중교통사업수입 등이 있다. 사회보험신탁수입은 실업급여기여금, 공무원퇴직연금기여금, 직장산재 대비 기여금 등이다.

〈표 26-5〉 미국 주 및 지방정부 세입 현황(2013년)

(단위: 십억 달러, %)

국 가		주 · 지방정부계	주정부		지방정부	
			세입액	점유비	세입액	점유비
세입총계		3,419	1,710	50.0	1,709	50.0
	정부간 이전수입	584	44	7.6	540	92.4
	일반세입	2,835	1,666	58.8	1,168	41.2
	· 자체일반세입	2,105	1,158	55.0	947	45.0
	- 조세수입	1,455	847	58.2	608	41.8
	- 경상적세외수입	650	311	47.9	339	52.1
	· 순수공공서비스수입	157	14	8.6	144	91.4
	· 주류판매수입	9	7	84.0	1	16.0
	· 사회보험신탁수입	562	487	86.5	76	13.5

자료: 임재근(2015: 37).

연방, 주정부, 지방정부의 과세유형별 세수입의 비중을 보면 연방정부는 소득과세, 주정부는 소비과세, 지방정부는 재산과세 중심이다. 2013년 기준으로 연방정부의 소득 과세 비중은 92.1%, 주정부의 소비과세 비중은 55.6%, 지방정부의 재산과세 비중은 71.9%이다(박훈, 2015: 25).

프로리다 주 지방정부(County, City)의 지방세는 재산세, 일반판매세, 연료세, 관광 세, 공공서비스세(utility tax),[1] 기타 등이다. 경상세외수입은 건축물허가, 사업소등록, 각종 면허 수수료, 개발부담금, 개발이익부담금 등이다. 정부간 이전수입은 연방 및 주 보조금, 지방정부간 보조금, 지방교부세(주정부와 지방정부간 공동세), 연방세 및 주세 징수교부금, 지방정부간 공동세 등이다. 공공서비스 수입은 수도, 전기, 가스 등의 공공 요금이다. 기타수입은 이자수입, 과태료 및 벌금, 재산매각 및 임대수입, 기부금, 기타이 다. 미국의 경우 지방채는 지방정부의 수입에 포함하지 않는다.

3. 영국

영국 지방정부의 세입은 지방정부가 스스로 조달하는 자체세입과 중앙정부로부터 지원 받는 이전세입으로 구분된다. 자체세입은 지방세수입, 세외수입, 기타수입으로 구

---

1) 전기, 가스, 케이블TV, 하수도 및 쓰레기 등 공공서비스의 이용료와 별도로 세금이 부과됨.

분되며, 중앙정부 이전세입은 교부금과 기타보조금으로 구분된다(김의섭, 2013: 40-41).

지방세는 지역의 자산을 대상으로 부과되는 카운슬세(Council Tax)²⁾의 한 개 항목으로 구성되어 있다. 기업과 공공기관에 부과되는 비주거레이트(Non Domestic Rate)는 과거에 지방세였으나 1990년 4월 이후 국세 수입으로 이전되었다. 비주거레이트 수입은 지역인구수, 기타 사회·경제적 변수 등을 기준으로 각 지역에 정부의 보조금 유형으로 배분되며 실질적으로 지방정부의 자체재원의 성격을 지니고 있다. 세외수입은 사용료·수수료·부담금과 같이 지방정부가 특정한 서비스를 제공한 대가로 지역주민에게 부과하는 지방세 이외의 수입이며 지방정부가 보유하는 주택 등 각종 자산의 임대료도 포함된다. 기타 수입은 이자수입, 자산매각수입, 복권발행수입 등과 같은 세입으로 구성된다(김의섭, 2015: 18).

이전세입은 일반보조금의 성격을 지닌 세입지원교부금(Revenue Support Grants), 비주거레이트 등이 있으며, 이들 보조금은 공식배분보조금이다. 특정·특별보조금(Specific Grants)은 각 중앙부처의 사업부서에서 직접 지원하는 보조금이다. 이외 주택보조금은 별도의 계정으로 지방정부의 주택관리회계(Housing Revenue Account)를 지원하고, 자본계정보조금(Capital Grant)은 지방정부의 자본지출 부족분을 보조하기 위한 보조금이다.

〈표 26-6〉 영국 지방정부의 세입 분류

자체세입	이전세입
· 지방세: 카운슬세 · 사용료·수수료·부담금 · 카운슬 임대수입 · 기타 수입 : 이자수입, 기타	· 세입지원교부금 · 비주거레이트 · 특정·특별보조금 · 주택보조금 · 자본계정보조금 · 기타보조금

자료: 김의섭(2013: 40).

영국 잉글랜드 지방정부의 자체세입 가운데 가장 큰 비중을 점하는 것은 카운슬세

---

2) 영국의 지방세는 전통적으로 레이트(rate)라는 한 개의 세목으로 구성된 자산과세(property tax)이었다. 대처 정권은 레이트 제도의 개혁으로 주민부담금(Community Charge) 또는 인두세(Poll tax)를 도입하였으나 국민의 납부 거부 운동이 일어나 결국 실패하였으며, 메이져 정권이 1993년 4월 1일 주민부담금제도를 폐지하고 카운슬세를 도입하여 현재까지 유지하고 있다. 카운슬세의 과세 대상은 지역 내 주민이 거주하는 주택의 자산가치이며, 주택에 거주하는 18세 이상 성인수를 반영하여 부과한다. 18세 이상 성인 2인이 기준이며 1인인 경우 25% 감면된다(김의섭, 2013: 47-55).

로 2013-2014회계년도에 234억 파운드이다. 중앙정부의 보조금 중 특정보조금이 2005년 이후 크게 증가하였는데, 이는 주로 지방정부의 주민보호 지원사업과 지방정부간 재정력 격차를 조정하기 위한 중앙정부 보조금 확대에 기인한다(김의섭, 2015: 42-43).

　　2013-2014회계년도 잉글랜드 지방정부 세입은 자체세입 42%, 중앙정부 이전수입 58%이다. 세원별로 비중을 보면, 자체세입은 지방세(카운슬세) 14.8%, 세외수입(사용료·수수료·부담금 및 주택임대수입) 12.6%, 기타수입(잉여금, 이자수입, 자본수입, 기타소득 및 조정액) 14.8%이다. 중앙정부로부터의 보조금은 특정·특별보조금 26.5%, 세입지원교부금 9.6%, 기타보조금 21.6%이다.

〈표 26-7〉 영국 지방정부의 세입 현황

(단위: 백만 파운드)

구 분	2012-2013	2013-2014
· **중앙정부 총 보조금**(Total Grant Income)	97,692	90,982
- 세입지원교부금	448	15,175
- 비주거레이트	23,129	-
- 경찰보조금	4,224	7,565
- 특정·특별보조금	41,820	41,760
- 지방서비스지원보조금	223	77
- 일반광역보조금	18,850	18,417
- 주택계정보조금	-791	-795
- 자본계정보조금	9,739	8,782
· **자체세입**(Total Local-Funded Income)	48,771	57,319
- 지방세(Council Tax)	26,715	23,371
- 잉여금(Retained Income from Rate Retention Scheme)	-	10,719
- 사용료·수수료·부담금	12,201	12,695
- 주택임재수입	6,916	7,215
- 이자수입	815	839
- 자본수입	2,124	2,481
· **기타소득 및 조정액**	8,842	9,253
· **총수입**	155,306	157,554
· **총수입 중 보조금 비율**	63%	58%

자료: DCLG, Local Government Financial Statistics England, No. 25, 2015.

제3절 외국의 지방재정위기 관리

1. 미국

1) 재정위기의 역사와 원인

미국 지방정부는 대공황 직후인 1930년대, 오일쇼크에 의한 1970년대, 닉슨과 카터 행정부로부터 대두된 신연방주의(new federalism)에 따른 연방정부의 지방정부에 대한 보조금 삭감 등으로 1980년대 이후 재정위기가 발생하였다. 1990년대에는 오렌지카운티와 같이 자금투자에 의한 손실에 의해 회복불가능한 재정파산의 사례도 있다(서정섭, 1997). 2013년에도 디트로이트시가 자동차 산업의 몰락 및 인구 유출, 과잉복지정책 등으로 인해 재정파산을 하였다(서정섭 외, 2014).

재정위기의 발생은 단기적으로는 금융기관의 공채인수 거부로부터 시작된다. 하지만 재정위기는 경제침체속에서 인구의 교외이전, 수지불균형, 안일한 재정관리방식, 사전적 위기대응 부재, 보조금 삭감, 투자손실, 과잉복지 등 다양한 요인에 의하여 발생하고 있다. 미국 지방정부 재정위기의 원인을 정리하면 〈표 26-8〉과 같다.

〈표 26-8〉 미국 지방정부 재정위기 발생원인과 사례

유형구분		주요 원인	도시 및 연도
·도시내적 요인	·지역경제	·지역경제불황, 복지비 증가, 세수 감소, 빈곤층 유입 및 부유층 유출	·첼시시(1991) ·부릿지포트시(1991) ·디트로이트(2013)
	·행정관리	·투자손실	·오렌지카운티(1994)
		·공채발행 및 누적적자	·뉴욕시(1975, 1993)
·세계경제 및 국가경제 요인		·경기침체, 재산세수입감소, 실업구제 재정수요 팽창, 공채부담 증가	·뉴욕, 시카고, 디트로이트, 피츠버그, 보스턴 등(1930년대 대공황 시기)
·정부간 재정관계 요인		·보조금 삭감 및 누적적자	·워싱톤 D.C(1995)

주: ( ) 내의 연도는 재정위기 선언연도임.
자료: 서정섭(1997).

2) 재정위기관리제도

미국 지방정부의 재정위기관리는 2가지 차원에서 이루어진다. 하나는 지방정부 스스로 재정위기가 발생하지 않도록 관리하는 것이고, 다른 하나는 재정위기가 발생하여 자체적으로 재정위기를 해결하지 못하였을 경우 주정부나 연방법원이 관여하여 해결하는 제도가 있다.

먼저 지방정부 스스로 재정상태와 재정운영을 종합적으로 진단하는 재정동향모니터링시스템(Financial Trend Monitering System: FTMS)이 있다. 이는 미국 지방정부의 연합회(International City Management Association: ICMA)에서 1986년에 미국 도시의 재정 관리를 위해 개발한 재정상태의 측정시스템으로, 미국지방정부에서 재정 관리

| 그림 26-1 | 재정동향모니터링시스템(FTMS)의 기본 모형 |

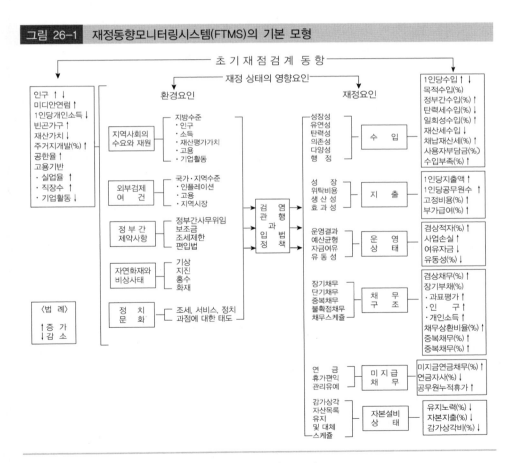

자료: Sanford M. Groves & Maureen Godsey Valente(1986: 6).

와 재정문제의 진단을 위한 조기경보시스템으로 이를 적절히 운영하여 재정위기의 발생을 사전에 예방하고 있다. FTMS는 지방자치단체의 재정에 영향을 미치는 요인들을 밝혀내고 그 요인을 분석하는 틀이다. 이를 통해 지방정부가 직면하고 있거나 대두될 수 있는 재정문제를 파악하고 해결할 수 있는 예방책을 개발하는데 목적을 두고 있다. FTMS에 의하면 지방자치단체의 재정상태는 환경요인, 조직요인, 재정요인의 3개의 요인에 의해 영향을 받으며, 구체적으로 환경요인으로는 지역사회의 수요와 자원, 외부경제상황, 정부간 제약상황, 자연재해와 긴급사태, 정치문화를, 조직요인으로는 재정관리관행과 입법정책을, 재정요인으로는 세입, 세출, 운영상태, 채무구조, 미적립부채, 자본설비 상태 등 12가지 정도의 요인에 의해 영향을 받고 있음을 제시하였다.

다음으로 지방정부 스스로 해결하지 못할 정도의 재정위기가 발생할 경우 주정부나 연방법원이 관여하여 해결하는 제도가 있다. 전자는 주정부의 지방재정위기법, 후자는 연방파산법의 적용을 받으며 각각 관여하는 기준과 방법이 정해져 있다. 주정부에서는 주법으로 지방정부의 재정위기선언기준이 규정되어 있으며 기준에 부합하면 재정관리인 등을 파견하여 세금인상, 구조조정, 세출조정, 채무조정, 주정부 지원 등을 통해 재정위기를 해결한다. 주정부별로 지방정부의 재정위기선언기준은 동일하지 않다. 연방파산법은 지방정부의 신청을 기본으로 지방정부 재정파산 조항에 부합할 경우 파산을 선언하고 채무조정 중심으로 재정위기를 해결한다. 연방파산법에 의한 지방정부의 재정파산은 잘 받아들여지지 않아 그 사례가 드물며, 지방공기업이나 시설구 등에서 파산의 사례가 많다. 지방정부에서 재정위기가 발생하여 이를 해결하기 위한 방법으로 주정부의 재정위기법을 적용받을 경우 자치권이 제약받으며, 연방파산법을 적용 받을 경우 자치권에는 제약이 없다.

미국 정부간자문위원회(Advisory Commission on Intergovernmental Relation: ACIR)는 주정부가 지방정부의 재정위기를 결정할 수 있는 가이드라인을 제공하고 활용을 권고하였다. ACIR에서 권고한 지방정부 재정위기선언기준은 ① 채무상환불이행, ② 세금, 연금부담, 기타 위임부담 등 정부간 부담의 일정기간 불이행, ③ 공무원봉급, 연금지급의 일정기간 불이행, ④ 경상계정에서 전년도 총세출의 10%를 초과하는 유동부채 등이다(서정섭, 1997: 117).

오하이오 주법의 재정위기 요건은 ① 30일 이상 채무를 갚지 않았거나, 지불중지상태일 때, ② 30일 이상 급료지급 불이행 상태가 지속될 때, ③ 지방정부의 채무나 보증이 전년도 지방세 및 세외 수입의 1/6을 넘을 때 등이다. 펜실바니아 주법에서는 지방정부의 재정위기 요건으로 ① 채무불이행 사태가 180일 이내에 해결되지 못하였거나 예상되는 경우, ② 필수 행정서비스를 계속하지 못할 것이 확실시 되는 경우, ③ 재정조정관의 재정회생 계획안의 적용 혹은 집행에 실패했을 경우 등이다((Municipalities Financial Management Revocery Act, 2013). 프로리다주의 지방정부 재정위기 요건은 ① 회계 연도 안에 도래하는 단기채무 혹은 장기채무 지불을 위한 예산이 부족할 경우, ② 채권자의 채무이행 요청이 있은 후, 90일 이내에 응하지 못했을 경우, ③ 공무원 임금 혹은 은퇴자 연금 지급을 위한 예산이 부족할 경우, ④ 사회보장, 연금, 퇴직금 등 재원이전을 적기 불이행했을 경우 등이다(The Local Government Financial Emergency Act, 2013). 미시건주의 경우 미시건 주법에서는 구체적인 재정위기 결정기준은 정하고 있지 않으나 재정위기 결정 절차에 대해 규정하고 있다. 우선 예비검토3)를 통해 주 재정당국에서 심사하고, 주 정부의 재정당국에서 주지사에게 검토 팀 파견 권고, 주지사가 검토 팀 파견 및 결과 보고를 받고, 해당 지방정부의 청문회 이후 재정위기여부를 결정한다(서정섭 외, 2014).

2. 일본

1) 재정위기의 역사와 원인

일본 지방자치단체의 재정위기는 패전 이후 경제불황 시기인 1950년대, 오일쇼크에 의한 1970년대, 버블붕괴에 의한 장기불황의 1990년대 이후 발생하였다(라휘문, 2014). 일본의 경우 최근 재정파산의 상태에 이르렀던 자치단체로 아케이케정(福岡縣 赤池町, 재건기간 1991~2002)과 유바리시(北海道 多張市, 재건기간 2007~2024)가 있다. 아케이케정는 재정적자의 누적과 지방공기업(토지공사·병원회계)의 적자처리 등으로 재정이 악화되어 파산하였다. 유바리시는 시의 재정능력을 초과하는 투자지출과 제3섹터(석탄역사촌 관광주식회사)의 적자보전 등으로 인한 적자누적으로 파산하였다. 일본의 지방자치단체의 경우 과도한 투자지출로 인한 적자누적이 재정파산을 가져온 원인이 되

---

3) 예비검토 기준은 ① 시 의회나 시장이 사전 상태 심사를 요청한 경우, ② 채권자로부터 문서로 된 요청서를 받았을 경우, ③ 유권자들이 지방정부의 특정한 혐의(allegation)를 포함한 탄원을 한 경우, ④ 주 정부의 재정담당부서에 지방정부가 임금과 수당 및 현재 고용인들에 대한 기타 보상이나 은퇴자에 대한 혜택 등에 대해 정해진 지불 기간을 7일 이상 연체했다는 문서로 된 통지가 도착한 경우 등이다.

었다. 이들 단체는 법에 의거 국가의 관리하에 재정을 재건하였거나 시행 중에 있다.

2) 재정위기관리제도

일본의 지방자치단체 재정위기관리는 재정지수표와 지방공공단체 재정건전화에 관한 법률에 근거하고 있다.

재정지수표는 지방자치단체 스스로 유사단체와 재정상태 혹은 재정운영 등을 비교하여 진단하도록 총무성에서 매년 작성하여 제공한다. 산업구조와 인구규모로 도도부현 및 시정촌을 유형화하여 작성한다.

일본은 1954년 34개의 도도부현과 2,247개의 시정촌에서 재정적자를 기록하게 됨에 따라 1955년 12월 29일 지방재정재건특별조치법을 제정하였다. 이 법에서 규정하고 있는 재건단체나 혹은 이로 전락할 상황에 있는 경우 재정위기로 볼 수 있다. 재정재건단체의 기준은 보통회계에서 전년도의 실질수지적자가 표준재정규모(표준세입, 보통교부세, 지방양여세의 합)에서 차지하는 비율이 도도부현의 경우 5%, 시정촌의 경우 20%를 초과하는 단체로 규정하였다. 재정재건단체는 중앙정부의 지도에 의거 재정재건계획을 수립하고 세금 인상, 사용료·수수료 인상, 조직 감축, 인건비 삭감 등을 시행해야 된다. 그리고 부족재원을 해소하기 위해 지방재정재건특별조치법에 근거하여 지방채발행을 할 수 있도록 했다.[4]

2007년 3월 6일 유바리시 재정재건계획에 대해 총무대신이 동의함으로써 재정재건단체가 되었다(이후 재정재생단체로 전환). 유바리시의 재정파산을 교훈 삼아 일본은 2007년 6월 22일 기존의 지방재정재건특별조치법을 지방공공단체 재정건전화에 관한 법률로 개정후 공표하여 조기건전화기준과 재정재생기준 등을 제시하였다. 조기건전화단체에 대하여는 건전화계획의 수립·시행, 외부감사 등이 의무화되어 있으며, 재정재생단체에 대하여는 재정재생계획수립, 계획수립시 국가 동의, 지방채발행의 제한 및 재생특별지방채 발행, 국가의 예산변경 권고 등을 통해 중앙정부의 관리가 강화된다. 이외 공영기업에 대하여도 경영건전화기준을 마련하여 그 기준을 초과하면 경영건전화단체로 지정하여 건전화를 하고 있다.

지방공공단체 재정건전화에 관한 법률에 따르면 건전단체는 총무성이 제시한 재정지표에 대하여 감사위원회의 심사와 함께 의회에 보고하고 공표토록 하고 있다. 재정조

---

4) 1955년 이후 재정재건단체로 선정된 단체는 290개 단체(도도부현 2개 단체)이다.

기건전화단체는 자주적인 개선 노력으로 재정건전화를 하도록 하고 있으며, 재정건전화 계획의 수립 및 외부감사의 의무화를 하고 있으며, 조기건전화가 곤란한 때에는 총무대신과 도지사가 필요한 권고를 할 수 있도록 하고 있다. 재정재생단체는 국가의 관여로 확실한 재생을 하기 위하여 재생계획의 수립 및 외부감사의 의무화, 재생계획 불이행시 국가가 예산변경 등을 권고 등을 할 수 있다. 일본은 유바리시의 재정파산 사례를 경험 삼아 일반회계에서 공영기업특별회계 및 제3섹터에 이르는 전 재정범위에 걸쳐 재정위기 관리기준을 설정하고 있다.[5]

지방자치단체 재정건전화에 관한 법률의 제정으로 지방자치단체의 재정위기 단계별로 대응책을 마련하였다. 재정지표로는 기존의 실질적자비율에 연결실질적자비율, 장래부담비율, 공영기업자금부족비율을 추가하였다.

- ·실질적자비율: 일반회계 대상으로 실질적자의 표준재정규모에 대한 비율
- ·연결실질적자비율: 전 회계 대상으로 실질적자의 표준재정규모에 대한 비율

〈표 26-9〉 일본의 재정조기건전화, 재정재생, 경영건전화 대상범위와 기준

구 분	지방채협의·허가이행기준	조기건전화기준	재정재생기준
·실질적자비율 - 일반회계 실질적자비율	·도도부현: 2.5% ·시정촌: 재정규모에 따라 2.5~10%	·도도부현: 3.75% ·시정촌: 재정규모에 따라 11.25~15%	·도도부현: 5% ·시정촌: 20%
·연결실질적자비율 - 전 회계의 실질적자비율	-	·도도부현: 8.75% ·시정촌: 재정규모에 따라 16.25~20%	·도도부현: 15% ·시정촌: 30%
·실질공채비비율 - 공채비와 이에 준하는 경비의 비율	18%	·도도부현·시정촌: 25%	·도도부현·시정촌: 35%
·장래부담비율 - 지방채잔고 외에 일반회계 등이 장래부담해야할 실질적인 부채를 포함한 비율	-	·도도부현·정령시: 400% ·시정촌: 350%	

---

5) 2015년 현재 지방자치단체재정건전화에관한법률의 적용을 받는 지방자치단체는 재정재생단체 1개(홋카이도 유바리시), 조기건전화단체 2개(아오모리현 오오와니마찌, 오사카부 이즈미사노시)이며, 또한 지방공기업의 경우 법률에 의해 경영건전화 대상기업을 지정하는데 현재 20개로 교통사업 3개, 병원 4개, 시장 2개, 도축 1개, 택지조성 4개, 관광시설 5개, 기타 1개이다.

·공영기업자금부족비율 　-공영기업 등의 자금부족 비율	10%	·(경영건전화 기준) 　20%	-

자료: http://www.soumu.go.jp/main_content/000067366.pdf.

- ·실질공채비비율: 일반회계 등이 부담하는 원리상환금의 표준재정규모 대한 비율임
- ·장래부담비율: 일반회계 등이 장래 부담(지방채누적액, 채무부담행위, 퇴직수당 지급예정액, 지방공기업 부담액 등)해야 할 실질적인 부담의 표준재정규모에 대한 비율
- ·공영기업자금부족비율: 각 공기업별 자금부족액의 사업규모에 대한 비율

　재정건전화판단지표의 대상이 되는 회계 범위를 도식화하면 [그림 26-2]와 같다. 지방공공단체 재정건전화에 관한 법률에서는 지방자치단체뿐만 아니라 조합, 지방공사, 제3섹터까지 범위를 확대하여 지방재정위기를 관리하고 있다.

그림 26-2　건전화판단지표의 회계 범위

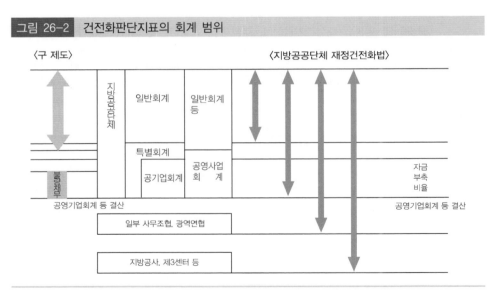

자료: http://www.soumu.go.jp/iken/zaisei/kenzenka/index2.html.

3. 유럽국가

영국, 프랑스, 독일은 자치단체의 재정파산을 미연에 방지하기 위한 규제와 감시제도 등이 정비되어 있기 때문에 파산제도를 따로 두고 있지 않다.

영국은 지방정부재정법에 자치단체 재정통제의 내용이 있다. 예산상 수지균형의 의무, 채무변제준비금의 확보의무, 지방채의 차입상한규제 등이다.

프랑스는 지방자치종합법전에 경상·자본 각 부문의 수지균형의무, 지방채의 투자적 경비 한정 등 재정통제 기준이 있다. 중앙정부의 관여로는 임명도지사가 예산상 수지불균형 등의 위반이 있으면 지도하고 결산상 일정비율 이상의 적자단체에 대하여 다음 연도의 적자해소를 지도한다. 임명도지사의 결정(세출삭감, 세입확보)에 대해 불복하는 자치단체는 행정재판소에 제소한다.

독일(노드라인-베스트팔렌주)은 주법에 수지균형의 원칙, 지방채의 투자적 경비 한정 등의 재정통제 기준이 있다. 주정부의 관여로는 자치단체의 예산을 공포하기 전에 확인하고, 수지불균형의 자치단체에 대하여 재정균형계획의 수립을 의무화하고 동 계획을 인가한다. 주정부는 자치단체에 대하여 명령, 대집행 등을 행하는 것이 가능하다.

〈표 26-10〉 유럽국가의 지방재정 규제 및 감시제도

구 분	영 국	프랑스	독 일
근거법	· 지방정부재정법 등	· 지방자치종합법전	· 주법 (노드라인-베스트팔렌주)
재정 통제	· 예산상 수지균형 원칙 · 채무상환준비금 확보의무 · 지방채발행 상한규제 · 지방채 투자적 경비 한정	· 경상·자본 수지균형의무 · 지방채 투자적 경비 한정	· 수지균형의 원칙 · 지방채 투자적 경비 한정
중앙·주 관여	· 재정악화 단체 지방채 발행 제한	· 예산상 수지불균형 시 도지사가 기초단체 지도 · 결산상 일정비율 이상 적자단체에 해소 지도 · 도지사의 결정(세출삭감, 세입확보)에 불복하면 행정재판소에 제소	· 주가 자치단체 예산 공포 전 확인 · 주는 수지불균형 자치단체에 재정균형계획 수립 의무화·확인 · 주는 자치단체에 대하여 명령, 대집행 할 수 있음
중앙·주 지원	· 없음	· 재정악화 자치단체에 특별 보조금(예외적)	· 없음(재정균형보조금 지원 예 있음)

자료: 서정섭(2010: 34).

탐구학습

1. 주요개념과 요약
- 외국의 중앙과 지방간 세원배분
- 외국의 지방세입구조
- 미국, 일본의 지방재정위기 역사와 원인

2. 토론과 과제
- 미국, 일본, 영국 등의 중앙과 지방재정관계
- 미국, 일본, 유럽국가의 지방재정위기관리

참고문헌

김의섭(2013), 영국의 지방세 제도, 한국지방세연구원.

김종순(2003), 지방재정학, 서울: 삼영사.

임재근(2015), 미국의 세외수입 제도, 한국지방세연구원.

라휘문(2014), 지방재정론, 서울: 한국행정DB센터.

박훈(2015), 미국의 지방세제도, 한국지방세연구원.

서정섭(1997), 미국도시재정위기의 발생원인과 대응사례, 한국지방행정연구원.

서정섭(2010), "지방재정 위기관리제도의 현황과 한계", 지방세와 지방재정, 통권 34호, 한국지방
　　　재정공제회.

서정섭·신두섭·이희재·배정아(2014), 지방재정위기관리제도의 개선방안, 한국지방행정연구원.

총무성(2015), 지방재정백서(http://www.soumu.go.jp).

하능식·임상수·이선영(2014), OECD 주요국의 조세체계 비교분석, 한국지방세연구원.

DCLG(2015), *Local Government Financial Statistics England*, No. 25.

Groves, S. M. and M. G. Valente(1986), *Evaluating Financial Condition : A Handbook for Local
　　　Governmeent*, Washington D.C. : International City Management Association.

제 27 장

지방재정의 전망과 과제

제 1 절 지방재정 전망의 전제

1. 지방자치와 지방재정

지방자치에 있어 재정의 역할은 너무나 중요하다. 지역의 사무를 스스로 처리하는 지방자치에서 재원의 확보가 스스로 이루어지지 않는다면 진정한 자치일 수 없다. 지방자치란 지역주민의 참여와 책임에서 이루어지며 여기서 책임은 자치경비에 대한 자율적인 분담을 의미하기 때문이다. 이렇게 조달된 재원이 주민의 복리를 위해 얼마나 효율적으로 활용되느냐는 지방자치단체의 재정관리능력과 운영방법에 달린 것으로 이 또한 지방재정의 영역이 된다. 자율적인 재원의 확보와 효과적인 재원의 운용은 바로 지방재정의 과제이며 이는 지방자치의 본질적인 요소라 할 수 있다.

하지만 우리나라 지방재정의 세입 구성을 보면 지방자치단체 스스로 조달하는 재원과 중앙정부로부터 이전받는 재원의 비중이 유사하다. 지역의 사무나 사업에 필요한 비용을 지방자치단체 스스로 조달할 수 있는 능력이 취약한 실정이다. 2014년~2015년 동안 지방재정의 세입예산 구성에서 보면 지방자치단체 스스로 재원을 조달하는 지방세, 세외수입의 자체수입 비중은 전체 예산의 46% 정도이며 나머지는 중앙정부, 지방채 등의 외부재원으로 조달하고 있다.

〈표 27-1〉 지방재정 세입예산 구성

(단위: 억원, %)

구 분		2014	2015
합 계		1,635,793 (100.0)	1,732,590 (100.0)
자체수입		750,896 (45.9)	797,012 (46.0)
	지방세	544,751 (33.3)	594,523 (34.0)
	세외수입	206,145 (12.6)	202,489 (11.7)
이전수입		316,006 (42.3)	733,766 (42.4)
	지방교부세	316,006 (19.3)	315,849 (18.2)
	보조금	376,584 (23.0)	417,917 (24.1)
보전수입등 및 내부거래		143,580 (8.8)	153,605 (8.9)
지방채		48,727 (3.0)	48,207 (2.3)

주: 일반회계 및 특별회계의 당초예산, 순계 기준.
자료: 행정자치부(2015: 31).

지방자치단체의 자주재원 확보방안은 여러 갈래로 접근될 수 있다. 그 중 무엇보다 중요한 자주재원은 지방세수이다. 그런데 국세와 지방세의 비율은 지방자치가 실시된 이후 전혀 변화가 없이 8 대 2의 상태를 유지하고 있다(행정자치부·한국지방행정연구원, 2015: 267). 지방자치단체의 자주재원 강화를 위해서 지방세제의 개선책이 우선 강구되어야 한다. 이를 위해서는 국세와 지방세원의 재조정이 절실한 과제이다.

소득과세나 소비과세 등에 있어서 국가와 지방이 세원을 공유하며 각기 분할 징수할 수 있는 세원의 혼합을 인정하지 않고서는 지방세수의 확충을 기할 수 없게 되었는바, 2010년에 지방소비세, 지방소득세가 도입되었다. 이처럼 지방자치의 건전한 발전은 재정의 충실화 없이는 이루어질 수 없는바, 지방재정의 과제는 재정자주권의 확보라 할 수 있다. 재정자주권의 확보는 첫째, 과세 등에 의해 재원을 조달할 권리, 둘째, 특정 목적을 위해 지출할 수 있는 권리, 셋째, 세입과 세출의 양면을 계획, 기획 및 관리하는 권

〈표 27-2〉 국세 대 지방세 비중

(단위: 억원, %)

구 분	규 모		비 중	
	국세	지방세	국세	지방세
1995	567,745	153,160	78.8	21.2
2000	929,347	206,006	81.9	18.1
2005	1,274,657	359,774	78.0	22.0
2010	1,777,184	491,598	78.3	21.7
2011	1,923,812	523,001	78.6	21.4
2012	2,030,149	539,381	79.0	21.0
2013	2,019,065	537,789	79.0	21.0
2014	2,164,529	581,842	78.8	21.2
2015	2,211,421	594,523	78.8	21.2

자료: 행정자치부·한국지방행정연구원(2015: 267) 및 행정자치부(2015: 153).

리 등을 지방자치단체가 완전하게 가지는 것을 의미한다.

지방정부의 재정자치권 성숙을 위하여 역점적으로 추진되어야 하는 과제는 다음과 같은 세 가지 범주로 나누어 생각해 볼 수 있다. 첫째는 지방자치의 성숙과 지방의 경쟁력을 제고하기 위하여 지방세, 지방교부세, 국고보조금, 지역발전특별회계 등 지방재정의 재원이 어떻게 구조화되는 것이 바람직한지에 대한 방향을 설정하는 것이다. 둘째는 새로운 지방재정 구조하에서 자치단체가 보다 효율적으로 재정운영을 하고, 보다 높은 성과를 창출할 수 있도록 재정관리제도를 개선하는 것이다. 마지막으로 지방정부가 주민에게 보다 높은 수준의 재정서비스를 제공할 수 있도록 서비스 역량을 강화해 가는 것이다(윤석완, 2007: 8).

2. 국가재정과 지방재정

지방재정은 지방자치뿐만 아니라 국가재정과도 깊이 관련되어 있다. 지방재정과 국가재정의 관계를 보면, 지방재정은 국가재정의 지원 아래에서 원활한 운용이 가능하고 국가재정은 지방재정의 보조 위에서 목적달성이 가능하다. 특히 오늘날 복지국가의 등장·발전으로 양자의 관계는 더욱 심화되고 있다.

일반적으로 정권의 변화 또는 교체시점을 제외한다면 조세제도와 정부간 재정이전제도 즉 보조금 제도가 지방재정의 세입부문에 가장 중요한 영향을 미치는 요인으로 작용한다. 현행 재정 시스템에서 국세(내국세 포함)·지방세제도의 변화와 세수 변화는 각종 보조금, 즉 지방교부세, 국고보조금, 지역발전특별회계의 재원규모에 변화를 초래하면서 지방재정 전반에 걸쳐 직접적인 영향을 미친다(임성일, 2005: 58). 현행 우리나라의 중앙과 지방의 예산규모, 중앙정부의 보조금 등을 통한 지방자치단체와의 영향 관계를 도식화하면 [그림 27-1]과 같다.

〈표 27-3〉 국가재정과 지방재정(지방교육재정 제외)의 구성(2015년)

(단위: 억원)

예산규모 비교(합계 459조 5,528억원)							
중앙정부 286조 2,938억원 (62.3%)		지방자치단체 173조 2,590억원 (37.7%)					
		이전재원(42.4%)		자체재원(57.6%)			
국 세	기 타	교부세	보조금	지방세	세외수입	지방채	보전수입등
2,211,421	651,517	315,849	417,917	594,523	202,489	48,207	153,605

자료: 행정자치부(2015).

그림 27-1 중앙-지방(지방교육 포함) 간 재정관계의 구조

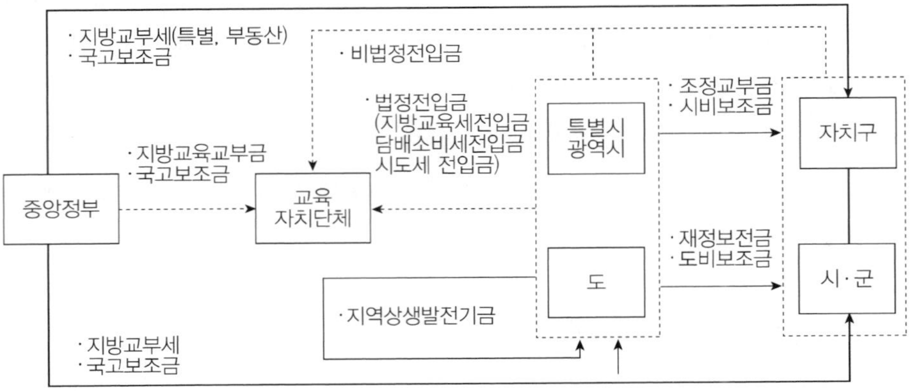

자료: 주만수(2014: 14).

그리고 국가재정이 지방재정에 대하여 간여하는 형태는 세출과 세입에 의해서 나타난다. 먼저 세출면에서 보면, 세출예산 편성의 기본방향을 중앙정부가 지방예산편성지침을 통해서 정하며 예산에 계상되어야 할 경비 또는 계상해서는 안 되는 경비 등을 정

한다. 또한 금액의 최상선 또는 최하선을 정한다. 그리고 세출예산안의 승인, 국고보조금의 지급과 동시에 당해 사업에 대한 지방예산의 부담지출지시, 국가적 시책사업에 대한 지방비 부담금의 지출 강제 등을 한다.

그리고 세입면에서는 지방세의 종류, 세율, 과세표준, 감·면세 등 세부사항까지 법률로 정하고, 지방채 대상사업에 대한 방침 결정 및 발행을 승인하며, 지방교부세의 세종, 교부율 등을 법률로 정하고, 교부기준을 설정하여 각 자치단체에 교부한다. 나아가 엄격한 조건을 정하여 보조금을 지급하고 그 용도에 대해서 규제하고 감독하고 있다.

3. 지역생활권과 지방재정

박근혜 정부는 지역행복생활권의 설정을 통해 지역 주도의 맞춤형 지역발전 정책을 추진하고 있다. 2개 이상의 시·군이 자율적으로 행복생활권을 설정하고, 권역별 발전전략을 수립하고 구체적인 프로그램을 마련하도록 하고 있다.

이러한 지역행복생활권 사업의 추진을 위해 국가균형발전특별법을 개정하여 기존의 광역·지역발전특별회계를 지역발전특별회계로 재편하였다. 즉, 새로운 지역발전 정책에 맞추어 명칭 및 계정을 변경하고, 포괄보조금 편성권을 현행 시도에서 시군구까지 확대하는 등 지역의 자율성을 강화하기 위해 국가균형발전특별법을 개정하였다. 기존의 지역개발계정은 생활기반계정으로 명칭이 변경되었으며, 광역발전계정은 경제발전계정으로 명칭이 변경되었다. 생활기반계정은 20개 포괄보조사업으로 운영되고 있으며, 이로써 지방자치단체의 사업시행 및 재정운영의 자율성이 강화되고 있다.

제 2 절 지방재정의 실태와 전망

1. 지방재정의 실태

1) 재정자립 수준의 취약과 지역간 재정불균형

지방재정규모는 1995년 36.6조원이던 것이 2015년 173.2조원으로 4.7배 증가하였다. 지방자치단체의 재정력을 나타내는 재정자립도[1])는 1995년 63.5%에서 2015년 50.6%로 낮아졌다. 이는 그동안 지방의 재원확충이 지방세 및 세외수입의 자체재원 확충보다는 지방교부세와 국고보조금의 이전재원 중심으로 확충되었음을 나타내는 것이다.

〈표 27-4〉 지방재정자립도 추이

(단위: %)

연 도	1995	2000	2005	2010	2015
평균	63.5	59.4	56.2	52.2	50.6(45.1)
특·광역시	97.3	84.8	80.3	68.3	65.8(61.2)
도	46.7	37.9	36.6	31.6	34.8(30.3)
시	53.7	50.6	40.6	40.0	35.9(31.1)
군	23.8	22.0	16.5	18.0	17.0(11.6)
자치구	54.3	46.9	44.3	35.4	29.2(25.8)

주: ( ) 내는 2014년에 세외수입 과목개편에 따라 산출한 재정자립도임.
자료: 행정자치부(2015).

국세와 지방세의 세원배분을 보면 8 대 2의 구조로 국세중심의 조세구조이다. 이는 지방자치 실시 이후 변화가 없는 실정으로 지방의 과세자주권이 취약함을 나타내고 있다. 또한 지방세는 재산과세 중심이다. 지방세 중 재산과세가 42.1%로 가장 높고 다음은 소비과세 24.4%와 소득과세 18.6%이다. 재산과세는 세수의 탄력성이 낮아 신장성이 약하며, 부동산경기의 영향을 많이 받는 취약점이 있다.

〈표 27-5〉 국세 대 지방세 비율(2015년 순계예산)

(단위: 조원, %)

국세 대 지방세 비율(78.8 : 21.2)	
국세(221.1조원)	**지방세(59.5)**
· 소득세(57.3)	· 취득세(15.1)
· 법인세(46.0)	· 재산세(8.6)
· 부가가치세(58.9)	· 지방소비세(5.8)
· 개별소비세(7.7)	· 지방소득세(9.8)
· 기타(51.2)	· 기타(20.2)

자료: 기획재정부(2015: 22) 및 행정자치부(2015: 54).

---

1) 재정자립도는 일반회계기준 총 세입예산 중에서 지방세와 세외수입의 비중으로 산출된다.

〈표 27-6〉 지방세의 과세유형별 분포(2012년 부과액기준)

(단위: 조원)

소득과세	소비과세	재산과세	기타과세
10.9(18.6%)	14.2(24.4%)	24.6(42.1%)	8.9(15.2%)
지방소득세	· 지방소비세, 등록면허세(면허분), 지역자원시설세(자원분), 담배소비세, 자동차세, 레저세	· 재산세, 지역자원시설세(부동산분), 취득세, 등록면허세(등록분), 주민세(재산분), 도시계획세	· 지방교육세, 주민세(균등분), 지난년도 수입

자료: 하능식 외(2014: 24).

우리나라는 지역간 재정격차가 심하다. 특히 수도권 대 지방, 대도시 대 중소도시·과소농촌에 불균형이 심하다. 따라서 이전재원은 지방재정의 불균형을 완화하는 기능을 수행하도록 개편이 요구된다.

〈표 27-7〉 재정자립도 분포(2015년 일반회계 기준)

(단위: %)

구분	특별시	광역시	특별자치시	도	특별자치도	시	군	구
평균		47.6		30.3		31.1	11.6	25.8
최고	80.4 (서울)	57.7 (인천)	43.9 (세종)	49.9 (경기)	29.9 (제주)	59.1 (경기 화성)	45.1 (울산 울주)	60 (서울 강남)
최저		39.0 (광주)		14.5 (전남)		8.4 (경북 상주)	4.5 (경북 영양)	9.9 (대구남구)

주: 2014년 세외수입 과목변경 반영(전국 평균 재정자립도 45.1).
자료: 행정자치부(2015: 257).

2) 사회복지지출의 증가와 지역간 가용재원의 격차

정부의 사회복지정책의 강화·확대로 지방자치단체의 사회복지비 부담이 가중되고 있다. 영유아보육, 기초연금 등 사회복지비 지출의 확대로 최근 지방예산은 평균 3.9% 증가한 반면 사회복지비는 9.0% 급증하였다. 사회복지사업 대부분이 국고보조사업이며, 여기에는 지방재원이 보충되기 때문에 지방자치단체의 자체사업에 활용될 가용재원을 잠식하게 된다. 또한 이는 결국 부유한 지방자치단체와 그렇지 못한 지방자치단체 간 자체사업 재원의 격차를 가져와 지역간 다른 공공서비스 및 경제력 격차의 확대를 발생시킬 우려가 있다.

〈표 27-8〉 지방자치단체 예산 중 사회복지비 증가율 현황

(단위: 조원, %)

구 분	2010	2011	2012	2013	2014	2015	평 균
전체예산	139.8	141.0	151.1	156.8	163.5	173.2	3.9
증가율(%)	1.7	0.9	7.2	3.8	4.3	5.9	
사회복지	26.5	28.5	30.9	35.0	40.1	44.1	9.0
증가율(%)	9.9	7.5	8.4	13.3	14.6	10.0	

자료: 대통령소속 지방자치발전위원회(2015) 및 행정자치부(2015).

3) 비효율적 재정운용과 부채 증가

국세와 지방세의 비중이 8 : 2인데 비해 중앙과 지방의 재정사용은 4 : 6으로 국가와 지방 모두 비효율적이다. 지방자치단체는 열악한 재정상황하에서 사업계획의 불안정성과 예산확보의 불확실성으로 중앙정부의 사업예산을 편성받기 위해 경쟁하고 있다. 이러한 비효율로 인해 지방재정운영의 창의성과 책임성 그리고 투명성이 결여되어 결국 지방자치발전의 걸림돌이 된다.

〈표 27-9〉 중앙정부와 지방자치단체의 재정사용액 비교(2015년 예산 기준)

(단위: 조원, %)

계	중앙정부	지방재정	지방교육
392.7(100.0)	166.9(42.5)	169.5(43.1)	56.4(14.4)

자료: 행정자치부(2015: 25).

지방자치 20년 동안 지방부채의 규모가 확대되었다. 특히 지방공기업의 부채 확대와 일부 지방자치단체의 방만 경영이 문제이다. 이는 지방자치단체의 가용투자재원이 부족하기 때문이다.

〈표 27-10〉 지방자치단체 채무 및 지방공기업 부채규모 현황

(단위: 조원)

구 분	2008	2009	2010	2011	2012	2013	2014
지방자치단체 채무	19.0	25.5	28.5	27.7	26.7	28.3	27.8
지방공기업 부채	47.3	58.2	62.8	67.8	72.5	73.9	73.6

주: 지방자치단체 채무에는 채부부담행위액 제외(2014년의 경우 보증채무이행책임액 1,207억원(태백) 포함).
자료: 대통령소속 지방자치발전위원회, 2013년~2014년의 지방자치단체 채무(재정고) 및 지방공기업 부채 (클린아이).

4) 중앙지향의 재정행태와 재정건전성 미흡

지방자치단체의 재정투자가 지방주도의 능동적 행태보다는 국가정책에 부응하는 수동적 행태로 의존형 재정행태가 되고 있다. 또한 지방자치단체의 정책은 창의에 기반한 내발지향보다는 외발지향적 정치적 행태를 띠고 있다. 지방자치단체장의 이전재원확보에 대한 의존성이 높다는 점, 현행 지방자치단체의 내생적 한계로 말미암아 능동적 재정운용의 계획 및 실행에 한계가 있다는 점 등이 재정행태의 문제로 지적되고 있다(이성근 외, 2016). 지방자치단체의 외부 의존적 재정운영은 결국 재원확보에는 적극적 노력을 하나 성과관리 등에는 소홀하기 때문에 예산의 낭비 및 투자의 비효율을 발생시켜 재정건전성을 악화시키는 요인이 되고 있다.

2. 지방재정의 전망

1) 지방자치의 확대와 자주재원 조달기능 미흡

분권화 및 지방화의 진전으로 지방자치는 더욱 확대될 것이다. 지방자치가 확대될수록 지역발전을 위한 사업의 집행이 증가하므로 이를 뒷받침하기 위한 지방재정수요는 점차로 증가할 것이다. 이처럼 지방재정수요는 급격하게 증가하는 반면에, 지방자치단체의 세입은 상대적으로 증가속도가 느리게 나타나고 있다. 이로 인해 지방자치의 확대 및 지방자치에 대한 요구가 증가함에도 불구하고 지방자치단체는 중앙정부에서 제공하는 이전재원에 의존하는 문제점이 나타나고 있다.

우리나라의 국세 대비 지방세 비중은 수십 년간 20% 수준에 불과하며, 총수입 중지방세 비중도 30.8% 수준으로 자율적 재원조달 능력이 미흡하다. 지방의 자체수입으로 인건비조차 충당하지 못하는 지방자치단체가 30%(2015년 기준 243개 단체 중 74개 단체)나 되는 실정이다. 국고보조금이나 지방교부세 등과 같은 의존재원 비중은 계속 증가하여 재정이 열악한 자치단체일수록 중앙정부 의존성이 증가하고 있다.

2) 저성장 지속과 세입증가 둔화

국가경제의 저성장 지속은 우선 내국세의 증가가 둔화되거나 혹은 총액이 감소되어 지방재정조정액(지방교부세 및 국고보조금)의 감소로 이어질 가능성이 있다. 이는 지방재정 세입에 부정적 영향을 주는데 국세중심의 재정운영에 따른 것이다. 또한 국세와

마찬가지로 지방 자주재원의 핵심인 지방세도 저성장 경제의 영향을 많이 받는다. 재산
과세 중심의 지방세구조는 부동산 경기의 민감성 등으로 지방세수 안전성, 신장성의 한
계로 이어진다. 최근 5년 국세 증가율은 5.1%이나 지방세 증가율은 2.6%에 불과하다.

2010년 지방소비세·지방소득세의 도입으로 인해 지방자치단체의 자주재원은 다소
확충되었다. 하지만 지방자치단체의 세입에서 지방세가 차지하는 비중은 취약한 편이
며, 지방자치단체의 예산 중에서 지방교부세와 국고보조금 등 이전재원의 규모가 확대
되는 경향이 나타나고 있다. 현재와 같이 취약한 지방세 비중은 지방자치단체의 재원조
달 책임성과 지출 책임성 간의 연계를 약화시켜 재정운용의 비효율을 증가시킨다. 중앙
정부의 이전재원을 중심으로 지방재정이 운용되는 경우에는 지방정부의 재원조달 책임
(revenue-raising responsibility)과 지출 책임(expenditure responsibility) 간의 괴리가 발
생하며, 재원조달의 책임을 지지 않는 지방자치단체는 지출을 증대하려는 행태를 나타
내게 된다. 뿐만 아니라 지방 정치인과 지역 주민들도 중앙정부의 이전재원을 공유자원
(common pool resources)처럼 인식하기 때문에 공공서비스의 과다공급을 요구하게 되
고, 지방정부의 재정운용을 주의 깊게 감시하려고 하지 않게 된다(김대영, 2010: 49; 홍
근석·김종순, 2012: 117).

3) 재정환경 변화와 세출 재구조화

국가주도의 지역개발사업은 지방자치단체의 재정부담을 가중시킨다. 국가 전체적으
로 고령사회에 진입하고 있으며, 지역별로 보면 많은 지방자치단체가 초고령사회로 진
입되어 과소 지방자치단체가 발생하고 있다. 또한 지방중심 행정서비스의 수요가 증대
하고 있다. 이러한 변화를 수용하는 세출구조의 재구조화가 국가재정과 지방재정 모두
에서 요구받고 있다.

정부의 사회복지정책의 강화는 지방 세출에서 사회복지비의 비중 증가로 이어지고
세출이 재구조화되고 있다. 지방자치단체는 지역의 정치, 경제, 사회 변화에 대응하는
재정지출로 새롭게 구조화되어 가고 있다. 향후 사회복지수요는 기초연금 시행, 기초생
활보장제도 확대, 영유아보육 지원 강화, 장애인연금 시행 등 정부의 사회복지정책의 확
대·강화로 크게 증가할 것이다. OECD 국가 평균으로 GDP 대비 사회복지비 지출 비
중이 1990년 17.9%에서 2014년 21.6% 해마다 조금씩 증가하였다. 일본의 경우 1990년
11.1%에서 2011년 23.1%로 증가하였다. 우리나라의 경우도 1990년 2.8%에서 2014년

10.4%로 2009년 이전에는 매년 큰 폭으로 증가하였으며, 2009년 이후에도 매년 사회복지정책의 확대·강화로 조금씩 증가하고 있다. OECD 국가의 GDP 대비 사회복지비 지출이 평균적으로 20%를 초과하고 있는 것에 비하여 우리나라는 10%를 넘긴 상태로 앞으로도 사회복지비 지출이 지속적으로 증가될 전망이다(서정섭 외, 2015: 16-17).

4) 중앙권한의 이양과 지방재정수요 증가

지방자치단체의 재정운용은 자율과 책임성 확대로 지방자치발전의 시대적 요구에 부응해야 한다. 중앙정부에서는 지방자치단체의 자주재원이 확충될 수 있도록 재정 자율성을 인정할 필요가 있다. 한편 중앙권한의 지방이양 확대에 따른 재정수요 증가가 예상된다. 국가총사무재배분에 의한 이양가능사무의 필요재원, 일괄이양법 제정에 따른 사무이양의 필요재원, 특별지방행정기관업무의 이양가능사무에 따른 재원, 자치경찰 등 지방분권 가속화에 따른 재원 등이 요구될 전망이다.

지방자치발전위원회에 따르면 중앙과 지방 간 사무재배분으로 향후 지방자치단체가 수행해야 할 자치사무가 전체 국가(중앙+지방)사무의 40%까지 증대될 경우 최대 약 12조원의 추가적인 지방재정부담이 발생할 것으로 추정하고 있다(지방자치발전위원회, 2015: 174).

제 3 절   지방재정의 과제

1. 기본방향

첫째, 자주재원의 확충이다. 국세·지방세간 합리적 조정을 위해 지방소비세율 인상 조정 등 국세의 지방세 이양으로 지방세의 비중을 확대해야 하고, 지방세 비과세 감면 축소, 주민세 등 정액세율의 현실화, 신세원 발굴 등 지방세제의 개편이 필요하다.

둘째, 이전재원의 조정이다. 지방교부세 제도개선 및 지방교육재정 교부금 운영개선을 위해 교부세율 인상 조정이 필요하다. 또한 국고보조사업 정비 및 포괄보조금 확대를 위해 유사·중복사업 통·폐합, 포괄보조금 확대를 시행하여야한다.

셋째, 지방재정의 건전성 강화이다. 지방자치단체 자주노력 강화를 위해 지방세 및

세외수입 체납징수율 제고와 경상경비 절감 등 세출구조 조정이 필요하다. 그리고 지방
공기업 재무건전성 관리를 위해 지방공기업 부채감축 관리와 과도한 복리후생개선 등
구조조정으로 강화하여야 한다.

넷째, 지방재정의 효율화와 성과극대화이다. 궁극적으로 지방재정의 목표는 한정된
지방재정의 효율화와 성과극대화이다. 이를 위해서는 국가재정과 지방재정의 합리적 배
분과 협업적 재정운용에 있다. 또한 재정집행결과의 성과극대화를 위해 성과관리시스템
이 구축되어야 한다.

2. 자주재원의 확충

1) 국세·지방세 간 합리적 조정

근원적인 지방재정 구조개선을 위해서는 현재 8:2의 국세·지방세 비중을 조정하여
지방세의 비중을 높여야 한다. 정부의 사회복지 정책의 강화·확대에 따른 추가적인 재
정수요가 발생하고, 향후 중앙과 지방간 기능조정 및 사무이양에 따른 지방재정수요에
대응하기 위해서는 지방소비세율의 단계적 인상 조정 등이 필요하다. 그리고 종합부동
산세의 지방세 전환이 필요하다. 종합부동산세는 재산세 성격이 강하고, 현재도 전액이
지방에 교부되고 있어 지방세로 전환할 필요가 있다. 또한 개별소비세의 지방세 전환
및 부동산 관련 세제의 지방세로의 일원화 등도 검토할 필요가 있다.

2) 지방세의 비과세·감면 축소

지방자치발전종합계획에서는 일몰이 도래하는 감면 제도들을 원점에서 재검토하여
2017년까지 지방세의 비과세·감면율을 국세 수준인 15% 이하로 축소하도록 하고 있
다. 2014년 정비실적은 일몰도래 감면 138건(3조원) 중 90건(0.87조원)을 정비하였고,
2015년 일몰도래 감면은 178건, 약 2.9조원이다. 지방세의 비과세·감면 축소로 지방세
수를 추가적으로 확보해야 하며, 일몰이 도래하는 감면에 대해 종료를 원칙으로 하되
취약층 지원 등의 경우에는 예외로 해야 한다.

3) 지방세제 개편

첫째, 신세원의 발굴이 필요하다. 먼저 지역사회에 환경오염 등을 유발하는 LNG·

LPG 정제·비축시설, 대형폐기물 처리시설 등에 대해 지역자원시설세의 과세대상에 포함해야 한다. 현재 발전용수, 지하수, 지하자원, 원자력, 화력발전, 특정부동산 등이 과세대상이다. 다음으로 다른 유사 과세대상과 달리 레저세가 부과되지 않고 있는 카지노, 체육진흥투표권, 복권에 과세를 검토해야 한다. 경마, 경륜, 경정, 소싸움에는 레저세가 부과 중이다.

둘째, 정액세율의 현실화가 필요하다. 1991년 이후 24년간 세율이 고정되어 있는 주민세, 영업용 자동차세 등 정액세율의 현실화를 검토해야 한다.

셋째, 지방자치단체의 기업·투자유치 활동과 세수증대와의 연계 강화가 필요하다. 현재 지방소득세의 독립세화를 통해 국가시책에 따른 법인세 감면의 영향을 차단하여 지방세수의 증대를 기하고 있다. 또한 지역특화 지방소득세제 운영을 통한 지역경제 활성화를 도모하고 장기적으로 지방세수를 증대해야 한다. 이에 더해 지방소비세의 확대 및 주민세 법인균등분 조정으로 지역 내 기업활동과 지방세수의 연계를 추진해야 한다.

3. 이전재원의 운영 개선

1) 지방교부세의 제도개선과 지방교육재정교부금의 운영개선

첫째, 지방교부세의 제도개선 및 교부세율의 조정이 필요하다. 지방교부세의 제도개선은 복지수요, 균형발전 등 환경변화를 반영하여 기준재정수요 측정항목 및 산정방식을 합리화해야 한다. 지방자치단체의 세입확충 자체노력에 대한 인센티브의 확대와 특별교부세의 투명한 운영개선도 필요하다. 또한 지방교부세 법정률의 인상 조정이 필요하다. 지방교부세의 제도개선, 기능조정 및 사무이양과 연계하여 지방교부세 법정률의 인상 조정을 검토해야 한다.

둘째, 지방교육재정교부금 제도개선 및 교부금률의 조정이다. 지방교육재정교부금의 제도개선은 교부금 배분 및 인력운용기준에서 학생 수 비중 강화 등 교부기준의 합리화가 필요하다. 또한 지방교육재정 통합공시 포탈 구축, 재정운용 성과평가 실시, 특별교부금 운영의 투명화, 그리고 학교 통·폐합 등에 따른 인센티브를 강화해야 한다. 지방교육재정교부금률의 조정은 누리과정, 교육환경개선 등 의무지출성 경비의 우선 편성체계 마련 및 어린이집 누리과정 예산의 원활한 편성·집행과 학생수 감소, 학교시설 현대화 등 실태조사를 통해 교부금률을 조정해야 한다.

2) 국고보조사업 정비와 포괄보조금의 확대

첫째, 유사·중복사업의 통·폐합이 필요하다. 지방재정 부담 완화, 불필요한 재정지출 요인 제거 등 재정지출의 효율성 제고를 위해 유사·중복사업을 정비해야 한다. 국고보조사업은 2005년 359개(지방비 부담 7조원, 32%)에서 2013년 928개(23조원, 40%)로 증가하였다. 2016년 이후에도 유사·중복사업 통·폐합 가이드라인에 따라 지속적인 국고보조사업 정비가 되고 있다.

둘째, 포괄보조금의 확대를 적극적으로 해야 한다. 지방재정 운용의 자율성과 책임성을 제고하는 방향으로 포괄보조금의 확대를 추진해야 한다. 이를 위해 2015년 지역발전특별회계의 포괄보조금을 확대하여 편성하였다. 또한 기존 국고보조사업(경제, 문화분야) 및 지역밀착형 국고보조사업(소하천, 지역일자리 사업 등)을 지역발전특별회계 생활계정으로 이관하였다.

4. 지방재정의 건전성 강화

1) 지방자치단체 자구노력의 강화

첫째, 지방세와 세외수입 체납징수율을 제고해야 한다. 정부는 2013년 27%의 지방세 체납징수율을 2017년 30%로 제고한다는 목표를 가지고 있다. 체납징수율을 높이기 위해서는 중앙·지방 간 체납정보공유로 체납처분(동산 압류 등) 및 행정제재(출국금지, 신용정보 제공 등)를 강화하고 고액체납자 명단공개기준 확대(기존 3천만원에서 1천만원으로 변경) 및 지방세 범칙처분 활성화 등을 강화해야 한다. 또한 정부는 2013년 11%의 세외수입 체납징수율을 2017년 15%로 제고한다는 목표를 가지고 있다. 체납액 일제 정리기간 운영(과태료 체납차량 번호판 전국 합동영치) 등 지방자치단체별 특성에 맞는 세외수입 체납액 징수대책을 추진해야 한다. 지방세외수입금의 징수 등에 관한 법률 적용대상 확대 및 관허사업 제한 등 체납자에 대한 간접 제재수단을 강화하고, 효율적인 체납징수를 위한 지방자치단체별 세외수입 징수 전담조직의 설치·운영, 그리고 지방자치단체별 세외수입 운영실적의 진단·공개, 인센티브 및 컨설팅을 적극적으로 해야 한다.

둘째, 경상경비 절감 등 세출구조 조정을 적극적으로 해야 한다. 이를 위해서는 지방자치단체의 경상경비·행사축제경비 등의 축소노력 평가와 공개를 해야 하고, 지방자치단체 합동평가, 재정분석 및 지방교부세 배분 등에 반영해야 하며, 재정공시 등을 통해 주민에게 공개해야 한다. 또한 지방자치단체의 대규모 투자사업에 대한 사전검토를 강화해야 한다. 대규모 지방투자사업의 경우 타당성 조사 전문기관을 통한 타당성조사를 강화해야 하며 지방자치단체의 국제대회・축제・행사 유치 및 공모사업 신청 관련하여 지방재정영향평가를 실시토록 하여 지방재정의 비효율을 방지해야 한다.

2) 지방공기업의 재무건전성 관리

우선, 지방공기업의 부채를 감축해야 한다. 이를 위해 부채가 과다한 지방자치단체는 부채감축계획을 수립하여 시행해야 한다. 현재 부채비율 200% 이상 또는 부채 1천억원 이상인 지방공기업(2015년 26개 지방공기업)은 부채중점관리기관으로 선정되어 공기업별로 부채감축계획을 마련하여 시행하고 있다. 그리고 지방공기업의 과도한 복리후생 개선 등의 구조조정이 필요하다.

5. 지방재정 운용의 효율화

1) 협업적 재정운용

협업적 재정운용시스템의 도입이 필요하다. 이는 국가와 지방간, 광역간, 광역과 기초간, 기초간, 그리고 정부와 민간부문간에 공동사업의 발굴과 추진과정에 협업적 예산편성이 요구된다. 특히 특별지방행정기관과 지방정부간에 유사중복 기능에 대해 상호협의과정을 통해 예산편성을 하도록 하여 재정운용의 효율화를 도모해야 한다.

2) 재정운용의 성과극대화

재정운용에 대한 모니터링과 사후평가시스템을 강화해야 한다. 성과평가에 따라 사업을 등급화하고 차년도 예산에 반영하도록 해야 한다. 특히 사업예산의 경우 집행결과에 대한 성과평가를 철저히 수행하고 환류시스템을 구축해야 한다.

3) 지방재정 운용의 행태 변화

중앙과 지방의 비효율적 재정행태가 변화되어야 한다. 정부의 국정과제에도 지방재정의 건전성과 투명성 강화가 포함되어 있다. 향후 참여민주주의가 확대되고 지방의 내발적 발전이 요구된다. 국가정책에 따라 재정투자가 행해지는 수동적 행태에서 지방주도의 지역정책에 따라 능동적 행태로의 변화가 요구된다.

6. 종합

지방재정의 핵심과제는 자주재원의 확충, 이전재원의 조정·확대, 건전성·투명성 강화 그리고 지방재정의 효율화이다.

먼저 자주재원 확충의 핵심가치는 지방재정의 자주성에 있다. 이는 지방자치의 기본 이념과 기능면에서 대단히 중요한 의미를 갖는다. 재정의 자주성은 지방자치단체의 자율성과 책임성 그리고 창의성 확보가 필수적이다. 지난 지방자치 20년 동안 재정자주성의 미흡은 성숙한 지방자치발전에 큰 한계로 나타났다. 이제 중앙정부는 지방재정의 자주성을 크게 신장시켜야 한다.

둘째는 이전재원의 조정과 확대의 필요성이다. 우리나라의 지방자치단체들은 인구와 면적 그리고 경제규모면에서 다양한 형태를 띠고 있다. 지방은 수도권과 지방, 대도시와 중소도시, 그리고 과소농촌 등 다양하다. 이들 지방자치단체들은 세원과 재정규모면에서 격차가 크고 불균형적이다. 이와 같은 재정불균형을 시정하는 것이 지방재정조정제도이다. 이전재원의 핵심가치는 균형성에 있다. 이전재원의 조정과 확대는 지방자치단체의 중앙 의존성과 지방의 재정불균형을 해소할 수 있다. 이를 조정하는 원칙과 기준은 부족한 지방재정의 보충성과 지방의 다양성에 대한 차등성 그리고 이전재원의 포괄성에 기반해야 한다.

셋째는 지방재정의 건전성과 투명성의 강화이고, 이의 핵심가치는 건전성에 있다. 이를 위해서는 재정운용에서 예측성과 투명성 그리고 합목적성이 확보되어야 한다.

마지막으로 지방재정의 효율화와 성과극대화이다. 이의 핵심가치는 협업성에 있다. 이를 위해서는 지방재정의 재정운용에서 중앙과 지방간, 광역자치단체와 기초자치단체간, 기초자치단체간, 지방자치단체와 민간부문간에 협업적 체계가 구축되어야 한다.

탐구학습

1. 주요개념과 요약
   - 지방세입예산 구성
   - 국가재정과 지방재정의 영향관계
   - 재정자립도와 가용재원
   - 지방자치단체 채무와 지방공기업 부채

2. 토론과 과제
   - 지방재정의 전망
   - 지방재정의 과제

참고문헌

기획재정부(2015), 2015년도 나라살림.

김대영(2010), 지방소비세의 평가와 과제: 한·일 지방소비세 비교를 중심으로, 한국지방자치학회 하계학술대회 발표논문집.

서정섭·이희재(2015), 지방자치단체 사회복지수요 전망과 재원확충방안, 한국지방행정연구원.

윤석완(2007), "신정부의 지방재정 전략과 과제", 지방재정, 제2007-6호, 한국지방재정공제회.

임성일(2005), "지방자치 10년의 지방재정 변화와 향후전망: 2006년도 지방재정의 세입, 세출 전망과 과제", 지방재정, 제2005-6호, 한국지방재정공제회.

주만수(2014), "지방자치 20년, 지방재정 성과와 과제: 지방재정분야", 제1차 지방세네트워크 포럼 및 한국지방재정학회 춘계학술대회 발표논문 자료집.

조기현 외(2008), 지방재정관리제도 운용실태와 개선방안, 한국지방행정연구원.

지방자치발전위원회(2015), 지방재정 수요 변화와 사무구분체계 변경에 따른 지방재정운용체계 연구.

하능식·임상수·이선영(2014), OECD 주요국의 조세체계 비교 분석, 한국지방세연구원.

홍근석·김종순(2012), "재정분권과 정부지출규모 간의 관계: Leviathan 가설과 Collusion 가설의 검증", 지방정부연구 16(1): 103-120.

행정자치부(2015), 2015년도 지방자치단체 통합재정 개요.

행정자치부·한국지방행정연구원(2015), 지방자치 20년 평가.

찾 아 보 기

사항

저자 소개

이성근 / 대표저자
서울대학교 대학원 환경계획학과(도시및지역계획학전공) 졸업
행정학박사
현재 영남대학교 정치행정대학
지역및복지행정학과/새마을국제개발학과 교수
SKL2682@ynu.ac.kr

박의식
영남대학교 대학원 지역개발학과 졸업
행정학박사
현재 경상북도 구미시 부시장
pes327@hanmail.net

서정섭
단국대학교 대학원 지역개발학과 졸업
행정학박사
현재 한국지방행정연구원 선임연구위원
sjs@krila.re.kr

이현국
서울대학교 행정대학원 졸업
행정학박사
현재 대전대학교 사회과학대학 행정학과 조교수
hklee@dju.kr

한국지방재정론

2016년 3월 25일 초판 인쇄
2016년 3월 30일 초판 1쇄발행

저 자　이 성 근　외　3 인
발행인　배　효　선

발행처　도서
　　　　출판　　**法 文 社**

주 소　10881　경기도 파주시 회동길 37-29
등 록　1957년 12월 12일 제2-76호(倫)
전 화　031-955-6500~6, 팩 스　031-955-6525
e-mail(영업) : bms@bobmunsa.co.kr
　　　(편집) : edit66@bobmunsa.co.kr
홈페이지 http://www.bobmunsa.co.kr
조　판　광　암　문　화　사

정가 28,000원　　　ISBN 978-89-18-02448-6